21 世纪体育传播丛书第二辑

冬季奥运项目报道手册

Winter Olympics Reporting Manual

陈岐岳 编著

中国传媒大学出版社
·北 京·

2015年7月31日，马来西亚吉隆坡，国际奥委会主席巴赫接过马来西亚羽毛球名宿拉-西德克手中的信封。打开信封后，清晰念出了“北京”，并向公众展示了信笺的内容。北京获得2022年冬奥会举办权，将成为奥运历史上第一个既举办过夏奥会，又将举办冬奥会的城市，这是属于我们的荣耀！

贺 信

申办冬奥会代表团：

北京携手张家口获得了2022年第二十四届冬季奥林匹克运动会的举办权，我向你们致以热烈的祝贺。

你们为申办冬奥会付出了巨大的努力。希望你们再接再厉、扎实工作，在全国各族人民大力支持下，把2022年冬奥会办成一届精彩、非凡、卓越的奥运盛会。

国家主席习近平

2015年7月31日

我们成功举办了北京奥运会，实现了全国人民的百年奥运梦想。现在，我们比以往任何时候都接近实现中华民族伟大复兴的目标。我们每个人的梦想、体育强国梦都与中国梦紧密相连。

国家主席习近平

（在看望参加2014年俄罗斯索契冬奥会中国代表团时的讲话）

序:讲好中国故事

一部名叫《摔跤吧！爸爸》的印度影片在中国电影市场“火”了,受到不同观众群体的一致好评。影片不仅把摔跤这项看似枯燥的比赛拍出了意外的精彩,更用体育的方式讲述着热血人生的励志哲理。由摔跤项目到运动人生,影片诠释了体育的力量,解读了梦想、天赋、付出、自律、苦功、挑战与突破,展现了建立自我、成就自我、找回自我、超越自我这一系列自我意识的崛起。

看到《摔跤吧！爸爸》的“火”,让人不得不问:我们的体育电影呢？我国运动健儿中那么多可歌可泣的人与事怎么没有被如此精彩地展现出来呢？

恰在这时,我校一位青年老师的著作《冬季奥运项目报道手册》出现在我的面前。

众所周知,2022 年北京冬奥会是我国重要历史节点的重大标志性活动,是展现国家形象、促进国家发展、振奋民族精神的重要契机。那么,如何在互联网时代报道好这届奥运会,如何在报道中讲好中国的故事,如何让人们通过我们的报道感悟和体验运动人生,这一系列的“如何”,不仅值得我们思考,值得我们借鉴他人成功的经验,也值得我们总结以往奥运大赛报道的经验教训。

陈岐岳,一位毕业于中国传媒大学播音主持专业的研究生,由于从小就喜欢体育,毕业以后来到首都体育学院担任新闻教研室的老师,在讲授“播音主持艺术”“广播电视新闻学”“体育解说与评论”“运动项目分析”等课程的同时,对体育赛事文化建设、体育传播角色定位、奥运会报道、体育解说等展开研究。对冬奥会,对短道速滑,他更是情有独钟,长期熬夜观看各种比赛,情感使然,他从申奥成功开始就积累材料,一定要出一本书,从报道的视角解读奥运。

作为年轻的学者，陈岐岳编著的《冬季奥运项目报道手册》试图从冬季奥运项目报道要点的角度分析17个奥运冬季项目的特点，尝试从冬季奥运项目报道策略和方法的角度解读不同类别的报道，这样的视角在以往的《奥运会项目手册》《奥运会宣传手册》《奥运会观赛手册》中是不多见的。

希望《冬季奥运项目报道手册》的出版会给我国从事奥运宣传报道的同仁们启示和帮助，会促进形成我国体育报道中突出项目文化对人的影响的理念，也使作者在与读者的交流中不断加深对体育报道的认识，通过赛事中的人和事，讲好中国故事。

钟秉枢
首都体育学院校长
中国传播学会体育传播专业委员会副主任委员
2018年3月22日

目 录

第一章 冬季奥林匹克运动概说 / 1

第一节 冬季奥林匹克运动会的产生 / 1

第二节 冬季奥林匹克运动的发展 / 3

第三节 冬季奥林匹克运动在我国的发展 / 6

第四节 冬季奥林匹克运动会的大数据 / 10

第二章 历届冬季奥林匹克运动会回顾和介绍 / 45

第一节 1924 年第一届夏蒙尼冬奥会 / 45

第二节 1928 年第二届圣莫里茨冬奥会 / 51

第三节 1932 年第三届普莱西德湖冬奥会 / 56

第四节 1936 年第四届加米施-帕滕基兴冬奥会 / 60

第五节 1948 年第五届圣莫里茨冬奥会 / 64

第六节 1952 年第六届奥斯陆冬奥会 / 69

第七节 1956 年第七届科蒂纳丹佩佐冬奥会 / 75

第八节 1960 年第八届斯阔谷冬奥会 / 80

第九节 1964 年第九届因斯布鲁克冬奥会 / 86

第十节 1968 年第十届格勒诺布尔冬奥会 / 91

第十一节 1972 年第十一届札幌冬奥会 / 96

第十二节 1976 年第十二届因斯布鲁克冬奥会 / 102

第十三节 1980 年第十三届普莱西德湖冬奥会 / 107

第十四节 1984 年第十四届萨拉热窝冬奥会 / 113

第十五节　1988 年第十五届卡尔加里冬奥会　/ 119
第十六节　1992 年第十六届阿尔贝维尔冬奥会　/ 125
第十七节　1994 年第十七届利勒哈默尔冬奥会　/ 133
第十八节　1998 年第十八届长野冬奥会　/ 139
第十九节　2002 年第十九届盐湖城冬奥会　/ 147
第二十节　2006 年第二十届都灵冬奥会　/ 156
第二十一节　2010 年第二十一届温哥华冬奥会　/ 166
第二十二节　2014 年第二十二届索契冬奥会　/ 180
第二十三节　2018 年第二十三届平昌冬奥会　/ 193
第二十四节　2022 年第二十四届北京—张家口冬奥会　/ 206

第三章　冬季奥运项目报道角度　/ 210
第一节　最小圈的竞速运动——短道速滑　/ 210
第二节　历史最悠久的冰上运动——速度滑冰　/ 219
第三节　冰上的芭蕾舞蹈——花样滑冰　/ 223
第四节　冰上的智慧游戏——冰壶　/ 234
第五节　由原始狩猎演变而来的运动——冬季两项　/ 239
第六节　最古老的冬季运动——越野滑雪　/ 245
第七节　充满速度与激情的运动——高山滑雪　/ 250
第八节　雪上极速跳远——跳台滑雪　/ 254
第九节　雪上的全能之王——北欧两项　/ 258
第十节　滑雪与体操技巧的融合——自由式滑雪　/ 261
第十一节　雪上冲浪运动——单板滑雪　/ 266
第十二节　冬季方程式赛车——有舵雪橇　/ 271
第十三节　雪上烙铁运动——无舵雪橇　/ 274
第十四节　没有轮胎的雪上赛车——俯式冰橇　/ 277
第十五节　速度最快的球类运动——冰球　/ 279
第十六节　冰上曲棍球（表演项目）——班迪　/ 284
第十七节　超速高山滑降（表演项目）——速度滑雪　/ 288

第四章　冬季奥运项目报道策略与方法　/ 292
第一节　评述性报道　/ 292
第二节　调查性报道　/ 326
第三节　解释性报道　/ 330
第四节　突发事件报道　/ 339
第五节　赛事赛前报道　/ 344
第六节　体育赛事报道　/ 364
第七节　非体育赛事报道　/ 378
第八节　出镜记者现场报道　/ 390

主要参考书目和网站　/ 407

后　记　/ 408

第一章　冬季奥林匹克运动概说

第一节　冬季奥林匹克运动会的产生

冬季奥林匹克运动会(以下简称冬奥会),在全世界各国家和地区轮流举行,是世界规模最大的冬季综合性运动会。冬奥会参与国分布在世界各地,包括欧洲、非洲、美洲、亚洲、大洋洲。由国际奥林匹克委员会(International Olympic Committee,以下简称“国际奥委会”)主办,按实际举行次数计算届数。

19 世纪末 20 世纪初,随着国际体育运动的兴起,冬季运动得到了较大的关注,一些冰雪运动如滑雪、滑雪橇、滑冰、冰球等项目在欧美国家逐渐得到普及和发展。各种项目组织在欧美国家纷纷建立,一些跨国性的冬季运动单项赛会也相继举行。如 1880 年美国纽约布鲁克林区举行的国际速度滑冰对抗赛,1883 年挪威举行的霍尔门科伦国际传统滑雪赛和瑞士达沃斯国际无舵雪橇赛,以及 1885 年德国汉堡和芬兰吕伐登举行的国际速度滑冰冠军赛等。随后,1887 年挪威成立了世界上第一个滑雪俱乐部,1890 年加拿大成立了世界上第一个冰球协会,1892 年国际滑冰联盟在荷兰成立,1893 年在阿姆斯特丹举行了首届男子速度滑冰锦标赛。然而由于冬季项目自身的局限性和最初的小众性,在 1896 年首届奥运会筹办的时候,冬季项目并未纳入竞赛范围。

在冰雪运动日益普及的情况下,现代奥运会创始人顾拜旦建议单独举办冬奥会。1901 年在欧洲斯堪的纳维亚半岛举行的两项运动比赛非常成功,获得了认可和好评,但冬奥会建议未被采纳。主要的原因是缺少挪威和瑞典等冰雪强国的支持,这样的设想不得不暂时搁浅。1908 年,法国又成立了世界范围的国际冰球联合会。

令人高兴的是，1908 年第四届夏季奥运会上增加了花样滑冰项目。4 月 27 日，来自瑞典、德国、俄国、奥地利以及英国的 21 名花样滑冰运动员，在伦敦的普林西斯人造滑冰馆进行了男子规定滑、男子自由滑、女子单人以及双人滑四个项目的比赛，这是现代冬奥会花样滑冰的起源。比赛吸引了大量观众，花样滑冰高雅的艺术魅力给大家留下了深刻的印象。一些冬季项目的参与者在倍感欣慰的同时，开始酝酿如何真正单独举办冬奥会。

1911 年，当时的国际奥委会委员意大利人康特·布伦内塔·迪瑟乌希首次在布达佩斯第 11 次会议上提出单独举办冬奥会的建议，但是遭到了其他国家的明确反对，专家分析反对者担心举办冬奥会将影响传统的霍尔门科伦滑雪大赛以及北欧运动会的国际地位。更让人出乎意料的是，第五届奥运会的组织者瑞典甚至都没有将花样滑冰比赛列入比赛项目，也不修建滑冰馆，从话语和行为上都采取了排斥的态度。

尽管如此，冰雪运动参与者并没有放弃，年轻的后来人不但努力让花样滑冰在 1920 年举办的第七届奥运会上回归，而且还增加了一项新的集体项目，那就是冰球。花样滑冰和冰球加入奥运会后引起了观众的极大兴趣，但因天气条件给组织者带来诸多不便，这两个项目都提前在 4 月份进行，而大多数比赛项目和奥运会的开幕式直到 8 月中旬才举行。这使得一届奥运会要持续长达 5 个月的时间，在人力、物力上耗费太大。鉴于此，人们倾向于把冰雪项目从奥运会中分离出来，单独进行冰雪项目的奥运会。

1921 年 7 月 2 日，第七届奥林匹克代表大会在洛桑举行，讨论了法国的提议，并向国际奥委会建议单独举办冬奥会。因为对后续的发展难以预测，同时避开敏感的“冬奥会”字眼，出于保守考虑，1922 年在巴黎举行的会议上决定将这次比赛命名为“国际冬季体育运动周”。

随后，在法国的夏蒙尼市承办了当时被称为“国际冬季体育运动周”的运动会，来自 16 个国家的 258 名运动员在夏蒙尼进行了 7 个项目的比赛，良好的竞赛氛围和影响力，让人们感受到了冬季奥运项目的魅力。由于与巴黎世界博览会同时举办，本届奥运会实质上变成了世博会的一部分，成了招揽观众的体育表演，因此本届奥运会的大部分宣传品上都没有出现“奥林匹克”的字样。虽然被“淹没”在世界博览会中，但女性运动员的首次参与还是开创了奥林匹克运动的历史。

1925 年在布拉格举行的第 22 次会议上决定追认 1924 年夏蒙尼“国际冬季体育运动周”为第一届冬季奥林匹克运动会。

冬奥会最初规定每四年举行一次，与夏奥会在同年、同一国家举行。从 1928 年第二届冬奥会开始，冬奥会与夏奥会的举办地点改在不同的国家举行。

1924 年 1 月 25 日，是冬季奥林匹克运动会的传承者们永远不会忘记的一天，正是这天，叩响了冬季奥林匹克运动诞生的大门。如果没有近代奥林匹克创始人顾拜旦先生的坚持，如果没有冬季项目在欧美的群众基础，也许人们就感受不到当今的冰雪运动魅力了。正是这位现代奥林匹克之父，促进了夏奥会与冬奥会的和谐发展。

第二节　冬季奥林匹克运动的发展

1908 年第四届和 1920 年第七届奥运会，曾将花样滑冰、冰球列为比赛项目。1924 年第八届奥运会前，在法国的夏蒙尼举行“国际冬季体育运动周”，进行冬季运动项目比赛。1925 年国际奥委会布拉格会议决定每四年举行一次这类运动会，并将夏蒙尼“国际冬季体育运动周”作为第一届冬奥会。

自 1924 年第一届冬奥会开始，每四年一届，截至 2018 年已经举办了 23 届。1986 年，国际奥委会全会决定从 1994 年起将冬奥会和夏奥会分开，间隔两年举行，1992 年冬奥会是最后一届与夏季奥运会同年举行的冬奥会。

冬奥会先后在欧洲、北美洲、亚洲等国家成功举办，共有 94 个国家和地区先后参加冬奥会。参赛人数由 1924 年的 258 人，增至 2018 年的2 920人。冬奥会的影响力已经从欧美冰雪体育强国逐渐向世界各国扩散，参赛国家已经遍布五大洲。虽然冬奥会在参赛地域和影响力上无法与夏奥会相比拟，但它已经成为国际奥委会竞赛活动非常重要的组成部分，其特有的内涵与魅力吸引了大量冰雪运动爱好者的参与。

第二十三届冬奥会于 2018 年 2 月 9 日至 2 月 25 日在韩国平昌落幕。第二十四届冬奥会将于 2022 年 2 月 4 日至 2 月 20 日在中国北京和张家口举行。冬奥会的举办城市与夏奥会举办城市的差别在于举办城市属性。夏奥会一般都是在首都或者大城市举办，而冬奥会在首都举办的仅有两次，早期的举办地更多地是较偏远、降雪量多的山城小镇。

随着人们对奥林匹克内涵认识的加深，冬奥会的外延不断扩大，其物质文化建设逐渐丰富起来。会徽、奖牌、火炬、海报、吉祥物的设计是每一届奥运会的必要组成部分。会徽的意义超越奖牌、吉祥物、主体育场造型等一切奥运元素，它具有跨越国界的力量，它向全世界展示主办国家及城市对于奥林匹克精神的理解。从早期复杂的招贴画式会徽到今天简约抽象的艺术性徽记，城市与民族的痕迹深深地烙印在每一届奥运会会徽上面。

开幕式是每届奥运会的一大亮点，是举办国对外展示与宣传的窗口。奥运会的入场仪式随着时间的推移而日趋完善，随着世界大环境的变迁，奥林匹克理想已超越政治制度、意识形态、文化传统、种族肤色的差异，具有极强的兼容性和广泛性，被世界各国人民所接受和推崇。

从20世纪80年代开始，关心下一代、尊重大自然相继被纳入奥运会的主题和目标。冬奥会努力倡导儿童参与，1988年首次将点燃主火炬的光荣使命授予少年。1994年开幕式由两个明星和六名儿童组成的“家庭”共同主持，扮演女主人的是国际儿童基金会的友好使者。1994年冬奥会将圣火改用酒精作为燃料。1998年冬奥会，为了减少火炬燃烧的二氧化碳，采用丙烷代替传统石蜡作为燃料，并且将“提倡儿童的参与，尊重大自然、和平与友谊”作为目标。组织者在场馆设计和建设的过程中，力求减少砍伐树木，同时注意保护动物，比赛场地的开发建设都经过专家评估，并遵循自然优先的原则。

从早期的指定城市举办奥运会，到现在的竞争申办奥运会，变化的背后看重的是冬奥会给举办城市、举办国家带来的新变化。运动会的会期只不过半个月左右的时间，但通过举办运动会带动城市的建设和发展的红利则能持续造福几十年。

比如通过拓宽马路，改扩建机场、车站等交通枢纽，可以使城市的基础设施更加完善；通过新建体育场馆，可以丰富城市的体育设施，让市民进行体育活动时有更多的选择；通过举办全球性的体育盛会，还能吸引世界各国的游客纷至沓来，促进旅游业的发展，带动并激活整个经济产业链，使举办城市乃至整个国家进入一个崭新的快速发展阶段。运动会所带来的这些好处是真真切切的，它是造福社会的一种表现形式，是千载难逢的发展机遇，这就是各国争相举办冬奥会的重要原因。

媒体在冬奥会的发展过程中也扮演着重要角色。报道冬奥会的媒体形态由单一到多样，经历了平面媒体主导、广电媒体主导、网络媒体主导和多媒体融合这四个时期。媒体在冬奥会的位置经历了由边缘到中心，由从属到主导的变化，围绕媒体出现了国际奥委会、奥运会组委会、赞助商、广告商、政治集团等诸多利益群体的博弈，媒体自身也存在着平面媒体、广播、电视及以网络和手机为标志的新媒体之间的博弈。这些博弈不仅影响到冬奥会及其报道媒体的发展，而且对媒体服务的对象、目标、内容、标准及方式等各个方面也产生了深刻影响，从而决定冬奥会媒体服务的基本走向。

截至 2018 年平昌冬奥会，从历届冬奥会获得前三名的国家所属地域统计来看，获得前三名的国家的次数共计 66 次。其中，中欧 21 次（民主德国 5 次、德国联队 1 次、德国 8 次、奥地利 4 次、瑞士 3 次）；北欧 21 次（挪威 14 次、芬兰 3 次、瑞典 4 次）；东欧 13 次（苏联 9 次、独联体 1 次、俄罗斯 3 次）；北美洲 13 次（美国 10 次，加拿大 3 次）；西欧 1 次（法国 1 次）。由此可见，欧洲国家有 56 次进入奖牌榜前三位，占 81.6%，美洲国家 13 次，占 18.8%，欧美等冰雪强国垄断了冬奥会奖牌榜的前三位，而亚洲、非洲以及大洋洲等冬奥会的参与国还没有跻身前三名的实力，亚洲的最好成绩是 2010 年温哥华冬奥会韩国代表团的第五名。虽然现今五大洲都有参与，但是由于自然地理等因素的限制，很难有好的训练和备战环境，像大洋洲的澳大利亚能取得金牌实属不易，其他国家更多地则是重在参与。参与冬奥会次数最多的运动员分别是来自瑞典的埃里克松、澳大利亚的科茨、奥地利的埃德尔和英国的迪克森，他们各自参加过 6 届冬奥会。

冬奥会的比赛项目由首届冬奥会所设置的 4 个大项、7 个分项、16 个小项，发展到 2022 年第二十四届冬奥会的 7 个大项、15 个分项、109 个小项。

从冬奥会的大项设置来看，从第一届冬奥会的 4 个大项发展为第二十四届的 7 个大项，整体呈现出了“缓慢式、渐进式”的上升趋势，总体增幅不大。冬奥会设置的滑雪、滑冰、冰球、有舵雪橇、冬季两项、无舵雪橇和冰壶等 7 个大项，已经覆盖了所有冰雪运动的大项。其中，冰上占 3 项，雪上占 4 项。

从冬奥会的分项设置来看，自第一届冬奥会的 7 个分项发展到第二十四届的 15 个分项，分项增长 2. 1 倍。15 个分项里，冰上项目占到了 5 项，雪上项目占到了 10 项，雪上项目为冰上项目数量的两倍。分项设置作为大项设置的纽带，能确保冬奥会项目设置的平稳增长与协调发展。

从冬奥会的小项设置来看，自首届的 14 个小项，发展到第二十四届的

102 个小项，增长 7.28 倍。增长幅度很大的原因，一方面是冰雪运动的迅猛发展，另一方面是女性社会地位提高，她们参与竞技运动的积极性也相应地提高了。

在大项设置趋于饱和、分项设置稳步拓展的态势下，项目设置的发展趋势主要是大项增加缓慢，小项发展快速；增设项目的空间集中表现在小项的数量增加上，主要是参赛人数的变化以及女性项目的增加和竞赛方式与方法的变化。女子项目和女运动员比例逐渐增大，女子项目的增加将会成为优先考虑的重点。男女项目设置即将逐步走向平等；按照男女项目均衡发展的基本思路，由于男女小项设立不均衡，适当增加女子小项或压缩男子小项将成为今后冬奥会小项变化的主要趋势。随着冬奥会参与人数和国家的增多，东道主在每届比赛的小项设置上也会做微幅调整。总体原则是要符合近些年国际奥委会控制比赛周期和人数的要求。

冬奥会的竞技格局呈现出强者恒强的态势，强势区域与弱势区域界限清晰，两极分化严重，长时间内这种状态会持续，弱势区域很难升级到强势区域。以俄罗斯、德国、挪威、美国为代表的欧美强势国形成长期区域垄断，项目发展相对均衡；较强国家项目发展不均衡，存在明显的选择性优势；弱势国家根据各自的国情，有重点地选择突破，形成了良好的发展态势。强势区域的激烈竞争、弱势区域的突破崛起，导致金牌分布趋于分散，各区域的竞技实力差距在此消彼长中逐渐减小。

在冬奥会的发展过程中，和平与友谊依然是永恒的主题，商业化和职业化的色彩也将越来越浓重，反兴奋剂斗争和保证裁判的执法公正将是长期的任务所在。

第三节　冬季奥林匹克运动在我国的发展

与冬季奥林匹克运动会相对应的是中华人民共和国冬季运动会（National Winter Games of the People's Republic of China），简称“全国冬运会”或“冬运会”，是中国规模最大、级别最高的冬季综合性体育赛事，每四年举办一次。第一届全国冬季运动会于 1959 年 2 月在哈尔滨市和吉林市举行，此后基本上是每四年举办一次，至今已举办 12 届（第二届停办但届次照算）。第一至第四届作为全国运动会的冬季项目，与全运会的夏季项目一起作为一项赛事举办。1983 年以后，冬季运动会从全国运动会中分离，另行举办。

1959 年第一届全国运动会没有设冰雪项目，但冰雪项目在 2 月份单独举行了运动会，称为“1959 年全国冬季运动会”。运动会分两地举行，滑雪项目在吉林市、冰上项目在哈尔滨市，参加的单位有北京市等 12 个。其中参加滑雪项目的有 5 个单位的 122 名运动员。

1965 年第二届全国运动会举行，当时依旧没有包括冬季项目，而由于同期冰雪项目没有像首届全国冬运会那样单独举行类似的综合性赛会，故没有第二届全国冬季运动会。

第三届全国冬季运动会于 1976 年 1 月 16 日至 26 日、2 月 18 日至 23 日在黑龙江省哈尔滨市举行，共有 14 个代表队的 972 名运动员参加。比赛项目有速度滑冰、花样滑冰、冰球、高山滑雪和越野滑雪 5 个分项，67 个小项。有 607 名运动员参加了比赛。

第四届全国冬季运动会于 1979 年分别在黑龙江省尚志市、新疆乌鲁木齐市、北京市三地举行，竞赛项目有速度滑冰、花样滑冰、冰球、高山滑雪、越野滑雪，共 5 个分项，60 个小项。参赛的有 12 个单位的 227 名运动员。

第五届全国冬季运动会于 1983 年 3 月 12 日至 22 日由黑龙江省哈尔滨市承办，运动会设有花样滑冰、速度滑冰、短道速滑、冰球、高山滑雪、越野滑雪和现代冬季两项等 7 个分项，49 个小项。共有 607 名运动员参加了比赛。

第六届全国冬季运动会于 1987 年 3 月 8 日至 16 日由吉林省吉林市承办，共设速度滑冰、短道滑冰、花样滑冰、冰球、高山滑雪、越野滑雪、冬季两项和跳台滑雪 8 个分项，共有 15 个代表团的 573 名运动员参加了比赛。

第七届全国冬季运动会于 1991 年 2 月 2 日至 9 日由黑龙江省哈尔滨市承办。本届冬运会有 35 个代表团参加，运动会设速度滑冰、花样滑冰、冰球、高山滑雪、越野滑雪、冬季两项、跳台滑雪 7 个分项，57 个单项和 1 个表演项目——自由式滑雪（两个单项）。

第八届全国冬季运动会于 1995 年 1 月 14 日至 24 日由吉林省吉林市承办。来自全国 33 个代表队的 579 名冰雪运动员参加了 9 个分项 58 个小项的比赛。

第九届全国冬季运动会于 1999 年 1 月在吉林省长春市举行，共 30 个代表团的 1 168 名运动员参赛。本届冬运会包括速度滑冰、短道速滑、花样滑冰、冰球、越野滑雪、高山滑雪、跳台滑雪、自由式滑雪和冬季两项9个分项的比赛。

第十届全国冬季运动会于2003年1月5日至18日在黑龙江省哈尔滨市举行。本届冬运会设置10个大项、74个小项,来自34个代表团的846名运动员参加了比赛。

第十一届全国冬季运动会于2008年1月18日至28日在黑龙江省齐齐哈尔市举行。本届冬运会共设11个分项,90个小项,来自北京等地的35个代表团的1 000多名运动员参加了本届冬运会,在参赛人数、比赛项目和赛事规模上都创造了新的纪录。

第十二届全国冬季运动会于2012年1月3日至13日由吉林省承办,本届冬运会是首次由省级政府承办的大型综合性冬季赛会,5个大项、12个分项、105个小项共吸引了43个代表团的1 067名运动员参加。

第十三届全国冬季运动会于2016年1月在新疆维吾尔自治区举行。此次冬运会是经国务院批准,由国家体育总局主办、新疆维吾尔自治区人民政府承办的综合性全国冬季运动会,这是新疆第一次举办全国综合性运动会。共有1 389名运动员在5个大项、11个分项和97个小项里展开了激烈的角逐。

结合中国的实际情况,在稳步发展的基础上,我们逐渐形成了具有中国特色的冬季重点发展项目:体能类的短跑道速度滑冰、大道速滑短距离;技巧类的花样滑冰、自由式滑雪空中技巧、单板滑雪U型池和技术与智慧并重的冰壶等。

我国于1980年首次派队参加冬奥会,在参加的18个单项比赛中没有一人进入前10名;1984年第十四届冬奥会上,在参加的26个单项比赛中没有人进入前6名,在49个参赛代表团中排名第23位;1988年卡尔加里冬奥会,李琰在女子短道速滑表演赛中获1 000米金牌和500米、1 500米铜牌,使五星红旗首次在冬奥会赛场上升起;1992年第十六届阿尔贝维尔冬奥会,叶乔波带伤顽强拼搏,夺得500米和1 000米两项速滑的银牌,虽与金牌擦肩而过,但实现了奖牌的突破;1994年第十七届冬奥会,中国代表团排名第19位;1998年长野冬奥会,中国夺得多面银牌,错失金牌良机,成为世纪的遗憾;2002年的盐湖城冬奥会上,杨扬为我国实现冬奥会金牌“零的突破”;2006年第二十届都灵冬奥会,中国以2金4银5铜的成绩排名第14位;2010

年第二十一届温哥华冬奥会,中国代表团用 5 金 2 银 4 铜奖牌榜第 7 位的历史最佳战绩,让“中国红”飞扬在加拿大这个美丽的枫叶之国;2014 年第二十二届索契冬奥会,中国获得 3 金 4 银 2 铜,奖牌总数 9 枚,取得了较好的运动成绩,表现出良好的精神风貌,获得了双丰收。2018 年第二十三届平昌冬奥会,中国代表团克服重重困难获得 1 金 6 银 2 铜,排在奖牌榜第 14 位。伴随着平昌冬奥会的落幕,冬奥会正式进入了北京时间。

实现冬季奥运会金牌零的突破,这个目标是那样令人向往,而过程又是那样艰辛。从 1980 年中国首次参加美国普莱西德湖冬奥会,到 1998 年日本长野冬奥会,叶乔波、李琰、张艳梅、李佳军、陈露等众多中国冰雪健儿为夺取冬奥会金牌进行了不屈不挠的努力。9 银 5 铜的成绩尽管距离冠军仅一步之遥,但这始终不能令人满意(短道速滑 1992 年之前是表演项目,因此成绩不被计入)。2002 年美国盐湖城冬奥会让所有中国人、中国冰雪人多年的苦苦等待和期盼如愿以偿,而这一切都归功于一个名叫杨扬的短道速滑运动员。

美国当地时间 2 月 16 日 20 点 50 分,当杨扬风驰电掣般地冲过盐湖城冬奥会女子 500 米决赛的终点线之后,杨扬将全身的力量和激情凝聚于自己的双拳,仿佛帮助自己摘得首枚冬奥会金牌的并非是她的双脚,而是双拳;紧随杨扬冲过终点线的王春露,尽管只得到了一枚铜牌,但脸上开心的笑容却要比冠军还要灿烂,而看台上一直高悬着心观看比赛的杨阳和孙丹丹则已经泪流满面。

中国选手杨扬在美国盐湖城冬奥会的短道速滑女子 500 米比赛中赢得金牌,实现了金牌零的突破后,世界三大通讯社——法新社、美联社和路透社均发表署名文章,对杨扬的成功和中国在冬季项目上的突破给予了高度评价。

中国冰雪健儿在世界舞台上奋力拼搏,争金夺银,树立了良好的国际形象。历史会铭记杨扬、申雪/赵宏博、韩晓鹏、王濛、武大靖、周洋、张虹、李坚柔、叶乔波、李琰、张艳梅、王曼丽、李佳军、陈露、庞清/佟健、张丹/张昊、隋文静/韩聪、李妮娜、徐囡囡、郭心心、刘佳宇、张鑫、王北星、王春露、任慧、王冰玉/柳荫/岳清爽/周妍等运动员,他们开创和延续了中国的传统优势项目,同时还有很多优秀的运动员也值得我们尊重和敬佩。

自 1959 年第一届全国冬季运动会召开至今,我国冬季运动项目已经走过了近60年的风雨历程。通过回首中国代表团征战冬奥会的参赛史，我们可以欣喜地看到，我国冰雪健儿正在用自己的不懈努力书写着中国冬季奥林匹克运动辉煌的篇章。

与夏季奥运会相比，我国的冬奥会项目起步很晚，发展过程中表现出明显的项目不均衡的现象，在冰雪项目我们还有很多空白，但具有一定的后发优势。与冬季项目相关的科学研究水平和装备制造业相对落后，北京—张家口2022年冬奥会申办成功之后，将会对此有很大的促进作用。面对未来的发展机遇，我们应当再次剖析现实情况，有重点地发展优势项目，扶持潜在优势项目，打造一些有竞争力的一般项目。努力提高冬奥会的项目发展水平，促进项目发展科技创新，为冬奥会项目提供技术保障。开阔视野，以国际化视野加强冬奥会发展的制度、文化、物质建设，实现我国冬奥会城市与环境的可持续发展。在政治上，加大政府宏观调控力度，保证夏季运动项目和冬季运动项目协调发展。在经济上加大投入，以冰雪产业促进冬季运动项目的全面开展。在文化上提升冰雪文化的内涵，引导群众性健身活动与竞技运动共同开展。在社会认同上深化冬季运动项目改革，激发人民的参与热情。

第四节　冬季奥林匹克运动会的大数据

一、奖牌榜统计数据

表1-1　各国家和地区冬奥会奖牌统计表(1924—2018年)

国家和地区	参加冬奥会时间	金牌	银牌	铜牌	合计
挪威	1924年至今	132	125	111	368
美国	1924年至今	105	110	89	304
德国	1928年至今	100	94	65	259
苏联	1956—1988年	78	57	59	194
加拿大	1924年至今	73	63	63	199

续表

国家和地区	参加冬奥会时间	金牌	银牌	铜牌	合计
奥地利	1924 年至今	64	81	87	232
瑞典	1924 年至今	57	45	55	157
瑞士	1924 年至今	54	46	52	152
俄罗斯(含独立代表)	1994 年至今	51	46	44	141
荷兰	1928 年至今	45	44	41	130
芬兰	1924 年至今	43	62	61	166
意大利	1924 年至今	40	36	48	124
民主德国	1956—1988 年	39	36	35	110
法国	1924 年至今	36	35	51	122
韩国	1948 年至今	31	25	14	70
日本	1928 年至今	14	22	22	58
中国	1980 年至今	13	28	21	62
联邦德国	1952—1988 年	11	15	13	39
英国	1924 年至今	10	4	16	30
捷克	1994 年至今	9	11	11	31
独联体	1992 年	9	6	8	23
白俄罗斯	1994 年至今	8	5	4	17
波兰	1924 年至今	7	7	8	22
澳大利亚	1936 年至今	5	5	5	15
克罗地亚	1992 年至今	4	6	1	11
爱沙尼亚	1928 年至今	4	2	1	7
斯洛伐克	1994 年至今	3	4	1	8
乌克兰	1994 年至今	3	1	4	8
捷克斯洛伐克	1924—1992 年	2	8	15	25
斯洛文尼亚	1992 年至今	2	5	10	17
列支敦士登	1936 年至今	2	2	6	10
哈萨克斯坦	1994 年至今	1	2	3	6

续表

国家和地区	参加冬奥会时间	金牌	银牌	铜牌	合计
比利时	1924 年至今	1	2	3	6
保加利亚	1936 年至今	1	1	3	5
西班牙	1936 年至今	1	0	3	4
乌兹别克斯坦	1994 年至今	1	0	0	1
拉脱维亚	1924 年至今	0	4	4	8
南斯拉夫	1924—2006 年	0	3	1	4
匈牙利	1924 年至今	0	2	4	6
卢森堡	1928 年至今	0	2	0	2
新西兰	1952 年至今	0	1	2	3
朝鲜	1964 年至今	0	1	1	2
丹麦	1948 年至今	0	1	0	1
罗马尼亚	1928 年至今	0	0	1	1

注:获奖牌数不含第四届冬奥会花样滑冰以及第七届奥运会花样滑冰和冰球比赛的奖牌,第四届和第七届冬奥会分别设有花样滑冰、花样滑冰和冰球 2 个大项目,但因客观原因其产生的奖牌数都未计入冬奥会统计表。

二、历届奖牌数据

表 1-2　第一届(法国夏蒙尼 1924 年)各国家和地区奖牌统计表

名次	代表团	金牌	银牌	铜牌	总数
1	挪威	4	7	6	17
2	芬兰	4	4	3	11
3	奥地利	2	1	0	3
4	瑞士	2	0	1	3
5	美国	1	2	1	4
6	英国	1	1	2	4
7	瑞典	1	1	0	2
8	加拿大	1	0	0	1
9	法国	0	0	3	3
10	比利时	0	0	1	1
	总数	16	16	17	49

表 1-3　第二届(瑞士圣莫里茨 1928 年)各国家和地区奖牌统计表

名次	代表团	金牌	银牌	铜牌	总数
1	挪威	6	4	5	15
2	美国	2	2	2	6
3	瑞典	2	2	1	5
4	芬兰	2	1	1	4
5	法国	1	0	0	1
6	加拿大	1	0	0	1
7	奥地利	0	3	1	4
8	比利时	0	0	1	1
9	瑞士	0	0	1	1
10	英国	0	0	1	1
11	德国	0	0	1	1
12	捷克斯洛伐克	0	0	1	1
	总数	14	12	15	41

表 1-4　第三届(美国普莱西德湖 1932 年)各国家和地区奖牌统计表

名次	代表团	金牌	银牌	铜牌	总数
1	美国	6	4	2	12
2	挪威	3	4	3	10
3	瑞典	1	2	0	3
4	加拿大	1	1	5	7
5	芬兰	1	1	1	3
6	奥地利	1	1	0	2
7	法国	1	0	0	1
8	瑞士	0	1	0	1
9	德国	0	0	2	2
11	匈牙利	0	0	1	1
	总数	14	14	14	42

表 1-5　第四届（德国加米施-帕滕基兴 1936 年）各国家和地区奖牌统计表

名次	代表团	金牌	银牌	铜牌	总数
1	挪威	7	5	3	15
2	德国	3	3	0	6
3	瑞典	2	2	3	7
4	芬兰	1	2	3	6
5	瑞士	1	2	0	3
6	奥地利	1	1	2	4
7	英国	1	1	1	3
8	美国	1	0	3	4
9	加拿大	0	1	0	1
10	法国	0	0	1	1
11	匈牙利	0	0	1	1
	总数	17	17	17	51

表 1-6　第五届（瑞士圣莫里茨 1948 年）各国家和地区奖牌统计表

名次	代表团	金牌	银牌	铜牌	总数
1	挪威	4	3	3	10
2	瑞典	4	3	3	10
3	瑞士	3	4	3	10
4	美国	3	4	2	9
5	法国	2	1	2	5
6	加拿大	2	0	1	3
7	奥地利	1	3	4	8
8	芬兰	1	3	2	6
9	比利时	1	1	0	2
10	意大利	1	0	0	1
11	匈牙利	0	1	0	1
12	捷克斯洛伐克	0	1	0	1
13	英国	0	0	2	2
	总数	22	24	22	68

表 1–7　第六届(挪威奥斯陆 1952 年)各国家和地区奖牌统计表

名次	代表团	金牌	银牌	铜牌	总数
1	挪威	7	3	6	16
2	美国	4	6	1	11
3	芬兰	3	4	2	9
4	联邦德国	3	2	2	7
5	奥地利	2	4	2	8
6	加拿大	1	0	1	2
7	意大利	1	0	1	2
8	英国	1	0	0	1
9	荷兰	0	3	0	3
10	瑞典	0	0	4	4
11	瑞士	0	0	2	2
12	匈牙利	0	0	1	1
13	法国	0	0	1	1
	总数	22	22	23	67

表 1–8　第七届(意大利科蒂纳丹佩佐 1956 年)各国家和地区奖牌统计表

名次	代表团	金牌	银牌	铜牌	总数
1	苏联	7	3	6	16
2	奥地利	4	3	4	11
3	芬兰	3	3	1	7
4	瑞士	3	2	1	6
5	瑞典	2	4	4	10
6	美国	2	3	2	7
7	挪威	2	1	1	4
8	意大利	1	2	0	3
9	德国联队	1	0	1	2
10	加拿大	0	1	2	3
11	日本	0	1	0	1
12	波兰	0	0	1	1
13	匈牙利	0	0	1	1
	总数	25	23	24	72

表 1-9　第八届(美国斯阔谷 1960 年)各国家和地区奖牌统计表

名次	代表团	金牌	银牌	铜牌	总数
1	苏联	7	5	9	21
2	德国联队	4	3	1	8
3	美国	3	4	3	10
4	挪威	3	3	0	6
5	瑞典	3	2	2	7
6	芬兰	2	3	3	8
7	加拿大	2	1	1	4
8	瑞士	2	0	0	2
9	奥地利	1	2	3	6
10	法国	1	0	2	3
11	波兰	0	1	1	2
12	荷兰	0	1	1	2
13	捷克斯洛伐克	0	1	0	1
14	意大利	0	0	1	1
	总数	28	26	27	81

表 1-10　第九届(奥地利因斯布鲁克 1964 年)各国家和地区奖牌统计表

名次	代表团	金牌	银牌	铜牌	总数
1	苏联	11	8	6	25
2	奥地利	4	5	3	12
3	挪威	3	6	6	15
4	芬兰	3	4	3	10
5	法国	3	4	0	7
6	联邦德国	3	3	3	9
7	瑞典	3	3	1	7
8	美国	1	2	3	6
9	荷兰	1	1	0	2
10	加拿大	1	0	2	3
11	英国	1	0	0	1
12	意大利	0	1	3	4
13	朝鲜	0	1	0	1

续表

名次	代表团	金牌	银牌	铜牌	总数
14	捷克斯洛伐克	0	0	1	1
	总数	34	38	31	103

表 1–11　第十届（法国格勒诺布尔 1968 年）各国家和地区奖牌统计表

名次	代表团	金牌	银牌	铜牌	总数
1	挪威	6	6	2	14
2	苏联	5	5	3	13
3	法国	4	3	2	9
4	意大利	4	0	0	4
5	奥地利	3	4	4	11
6	荷兰	3	3	3	9
7	瑞典	3	2	3	8
8	联邦德国	2	2	3	7
9	美国	1	5	1	7
10	芬兰	1	2	2	5
11	民主德国	1	2	2	5
12	捷克斯洛伐克	1	2	1	4
13	加拿大	1	1	1	3
14	瑞士	0	2	4	6
15	罗马尼亚	0	0	1	1
	总数	35	39	32	106

表 1–12　第十一届（日本札幌 1972 年）各国家和地区奖牌统计表

名次	代表团	金牌	银牌	铜牌	总数
1	苏联	8	5	3	16
2	民主德国	4	3	7	14
3	瑞士	4	3	3	10
4	荷兰	4	3	2	9
5	美国	3	2	3	8

续表

名次	代表团	金牌	银牌	铜牌	总数
6	联邦德国	3	1	1	5
7	挪威	2	5	5	12
8	意大利	2	2	1	5
9	奥地利	1	2	2	5
10	瑞典	1	1	2	4
11	日本	1	1	1	3
12	捷克斯洛伐克	1	0	2	3
13	波兰	1	0	0	1
14	西班牙	1	0	0	1
15	芬兰	0	4	1	5
16	法国	1	2	0	3
17	加拿大	1	0	0	1
	总数	38	34	33	105

表 1-13　第十二届(奥地利因斯布鲁克 1976 年)各国家和地区奖牌统计表

名次	代表团	金牌	银牌	铜牌	总数
1	苏联	13	6	8	27
2	民主德国	7	5	7	19
3	美国	3	3	4	10
4	挪威	3	3	1	7
5	联邦德国	2	5	3	10
6	芬兰	2	4	1	7
7	奥地利	2	2	2	6
8	瑞士	1	3	1	5
9	荷兰	1	2	3	6
10	意大利	1	2	1	4
11	加拿大	1	1	1	3
12	英国	1	0	0	1
13	捷克斯洛伐克	0	1	0	1
14	瑞典	0	0	2	2

续表

名次	代表团	金牌	银牌	铜牌	总数
15	列支敦士登	0	0	2	2
16	法国	0	0	1	1
	总数	37	37	37	111

表 1-14　第十三届(美国普莱西德湖 1980 年)各国家和地区奖牌统计表

名次	代表团	金牌	银牌	铜牌	总数
1	苏联	10	6	6	22
2	民主德国	9	7	7	23
3	美国	6	4	2	12
4	奥地利	3	2	2	7
5	瑞典	3	0	1	4
6	列支敦士登	2	2	0	4
7	芬兰	1	5	3	9
8	挪威	1	3	6	10
9	荷兰	1	2	1	4
10	瑞士	1	1	3	5
11	英国	1	0	0	1
12	联邦德国	0	2	2	4
13	意大利	0	2	3	5
14	加拿大	0	2	0	2
15	匈牙利	0	1	1	2
16	日本	0	1	0	1
17	捷克斯洛伐克	0	0	1	1
18	法国	0	0	1	1
19	保加利亚	0	0	1	1
	总数	38	40	40	118

表 1–15　第十四届(南斯拉夫萨拉热窝 1984 年)各国家和地区奖牌统计表

名次	代表团	金牌	银牌	铜牌	总数
1	民主德国	9	9	6	24
2	苏联	6	10	9	25
3	美国	4	4	0	8
4	芬兰	4	3	6	13
5	瑞典	4	2	2	8
6	挪威	3	2	4	9
7	瑞士	2	2	1	5
8	联邦德国	2	1	1	4
9	加拿大	2	1	1	4
10	意大利	2	0	0	2
11	英国	1	0	0	1
12	捷克斯洛伐克	0	2	4	6
13	法国	0	1	2	3
14	日本	0	1	0	1
15	南斯拉夫	0	1	0	1
16	列支敦士登	0	0	2	2
17	奥地利	0	0	1	1
	总数	39	39	39	117

表 1–16　第十五届(加拿大卡尔加里 1988 年)各国家和地区奖牌统计表

名次	代表团	金牌	银牌	铜牌	总数
1	苏联	11	9	9	29
2	民主德国	9	10	6	25
3	瑞士	5	5	5	15
4	芬兰	4	1	2	7
5	瑞典	4	0	2	6
6	奥地利	3	5	2	10
7	荷兰	3	2	2	7
8	联邦德国	2	4	2	8
9	美国	2	1	3	6
10	意大利	2	1	2	5

续表

名次	代表团	金牌	银牌	铜牌	总数
11	法国	1	0	1	2
12	挪威	0	3	2	5
13	加拿大	0	2	3	5
14	南斯拉夫	0	2	1	3
15	捷克斯洛伐克	0	1	2	3
16	日本	0	0	1	1
16	列支敦士登	0	0	1	1
	总数	46	46	46	138

表 1–17　第十六届(法国阿尔贝维尔 1992 年)各国家和地区奖牌统计表

名次	代表团	金牌	银牌	铜牌	总数
1	德国	10	10	6	26
2	独联体	9	6	8	23
3	挪威	9	6	5	20
4	奥地利	6	7	8	21
5	美国	5	4	2	11
6	意大利	4	6	4	14
7	法国	3	5	1	9
8	芬兰	3	1	3	7
9	加拿大	2	3	2	7
10	韩国	2	1	1	4
11	日本	1	2	4	7
12	荷兰	1	1	2	4
13	瑞典	1	0	3	4
14	瑞士	1	0	2	3
15	中国	0	3	0	3
16	列支敦士登	0	2	0	2
17	新西兰	0	1	0	1

续表

名次	代表团	金牌	银牌	铜牌	总数
18	捷克斯洛伐克	0	0	3	3
19	朝鲜	0	0	1	1
19	西班牙	0	0	1	1
	总数	57	58	56	171

表 1-18 第十七届(挪威利勒哈默尔 1994 年)各国家和地区奖牌统计表

名次	代表团	金牌	银牌	铜牌	总数
1	俄罗斯	11	8	4	23
2	挪威	10	11	5	26
3	德国	9	7	8	24
4	意大利	7	5	8	20
5	美国	6	5	2	13
6	韩国	4	1	1	6
7	加拿大	3	6	4	13
8	瑞士	3	4	2	9
9	奥地利	2	3	4	9
10	瑞典	2	1	0	3
11	日本	1	2	2	5
12	哈萨克斯坦	1	2	0	3
13	乌克兰	1	0	1	2
14	乌兹别克斯坦	1	0	0	1
15	白俄罗斯	0	2	0	2
16	芬兰	0	1	5	6
17	法国	0	1	4	5
18	荷兰	0	1	3	4
19	中国	0	1	2	3
20	斯洛文尼亚	0	0	3	3
21	英国	0	0	2	2
22	澳大利亚	0	0	1	1
	总数	61	61	61	183

表 1-19　第十八届(日本长野 1998 年)各国家和地区奖牌统计表

名次	代表团	金牌	银牌	铜牌	总数
1	德国	12	9	8	29
2	挪威	10	10	5	25
3	俄罗斯	9	6	3	18
4	加拿大	6	5	4	15
5	美国	6	3	4	13
6	荷兰	5	4	2	11
7	日本	5	1	4	10
8	奥地利	3	5	9	17
9	韩国	3	1	2	6
10	意大利	2	6	2	10
11	芬兰	2	4	6	12
12	瑞士	2	2	3	7
13	法国	2	1	5	8
14	捷克	1	1	1	3
15	保加利亚	1	0	0	1
16	中国	0	6	2	8
17	瑞典	0	2	1	3
18	乌克兰	0	1	0	1
18	丹麦	0	1	0	1
20	白俄罗斯	0	0	2	2
21	哈萨克斯坦	0	2	2	4
22	英国	0	0	1	1
22	澳大利亚	0	0	1	1
22	比利时	0	0	1	1
	总数	69(1 枚并列)	70	68	207

表 1-20　第十九届(美国盐湖城 2002 年)各国家和地区奖牌统计表

名次	代表团	金牌	银牌	铜牌	总数
1	德国	12	16	7	35
2	挪威	11	7	6	24
3	美国	10	13	11	34
4	俄罗斯	6	6	4	16
5	加拿大	6	3	8	17
6	法国	4	5	2	11
7	意大利	4	4	4	12
8	芬兰	4	2	1	7
9	荷兰	3	5	0	8
10	瑞士	3	2	6	11
11	克罗地亚	3	1	0	4
12	奥地利	2	4	10	16
13	中国	2	2	4	8
14	韩国	2	2	0	4
15	澳大利亚	2	0	0	2
15	西班牙	2	0	0	2
17	爱沙尼亚	1	1	1	3
18	英国	1	0	2	3
19	捷克	1	0	1	2
20	瑞典	0	2	4	6
21	保加利亚	0	1	2	3
22	日本	0	1	1	2
22	波兰	0	1	1	2
24	白俄罗斯	0	0	1	1
24	斯洛文尼亚	0	0	1	1
	总数	79	78	77	234

注:西班牙和俄罗斯的运动员因药检呈阳性各被剥夺 1 金;花样滑冰双人滑并列 2 金;男子越野滑雪追逐赛并列 2 银。

表 1-21　第二十届(意大利都灵 2006 年)各国家和地区奖牌统计表

名次	代表团	金牌	银牌	铜牌	总数
1	德国	11	12	6	29
2	美国	9	9	7	25
3	奥地利	9	7	7	23
4	俄罗斯	8	6	8	22
5	加拿大	7	10	7	24
6	瑞典	7	2	5	14
7	韩国	6	3	2	11
8	瑞士	5	4	5	14
9	意大利	5	0	6	11
10	法国	3	2	4	9
10	荷兰	3	2	4	9
12	爱沙尼亚	3	0	0	3
13	挪威	2	8	9	19
14	中国	2	4	5	11
15	捷克	1	2	1	4
16	克罗地亚	1	2	0	3
17	澳大利亚	1	0	1	2
18	日本	1	0	0	1
19	芬兰	0	6	3	9
20	波兰	0	1	1	2
21	白俄罗斯	0	1	0	1
21	保加利亚	0	1	0	1
21	英国	0	1	0	1
21	斯洛伐克	0	1	0	1
25	乌克兰	0	0	2	2
26	拉脱维亚	0	0	1	1
	总数	84	84	84	252

表 1-22　第二十一届(加拿大温哥华 2010 年)各国家和地区奖牌统计表

名次	代表团	金牌	银牌	铜牌	总数
1	加拿大	14	7	5	26
2	德国	10	13	7	30
3	美国	9	15	13	37
4	挪威	9	8	6	23
5	韩国	6	6	2	14
6	瑞士	6	0	3	9
7	中国	5	2	4	11
7	瑞典	5	2	4	11
9	奥地利	4	6	6	16
10	荷兰	4	1	3	8
11	俄罗斯	3	5	7	15
12	法国	2	3	6	11
13	澳大利亚	2	1	0	3
14	捷克	2	0	4	6
15	波兰	1	3	2	6
16	意大利	1	1	3	5
17	斯洛伐克	1	1	1	3
17	白俄罗斯	1	1	1	3
19	英国	1	0	0	1
20	日本	0	3	2	5
21	克罗地亚	0	2	1	3
21	斯洛文尼亚	0	2	1	3
23	拉脱维亚	0	2	0	2
24	芬兰	0	1	4	5
25	哈萨克斯坦	0	1	0	1
25	爱沙尼亚	0	1	0	1
	总数	86	87	85	258

表 1-23　第二十二届(俄罗斯索契 2014 年)各国家和地区奖牌统计表

名次	代表团	金牌	银牌	铜牌	总数
1	俄罗斯	13	11	9	33
2	挪威	11	5	10	26
3	加拿大	10	10	5	25
4	美国	9	7	12	28
5	荷兰	8	7	9	24
6	德国	8	6	5	19
7	瑞士	6	3	2	11
8	白俄罗斯	5	0	1	6
9	奥地利	4	8	5	17
10	法国	4	4	7	15
11	波兰	4	1	1	6
12	中国	3	4	2	9
13	韩国	3	3	2	8
14	瑞典	2	7	6	15
15	捷克	2	4	2	8
16	斯洛文尼亚	2	2	4	8
17	日本	1	4	3	8
18	芬兰	1	3	1	5
19	英国	1	1	2	4
20	乌克兰	1	0	1	2
21	斯洛伐克	1	0	0	1
22	意大利	0	2	6	8
23	拉脱维亚	0	2	2	4
24	澳大利亚	0	2	1	3
25	克罗地亚	0	1	0	1
26	哈萨克斯坦	0	0	1	1
	总数	99	97	99	295

表 1-24　第二十三届(韩国平昌 2018 年)各国家和地区奖牌统计表

排名	国家/地区(代表团)	金牌	银牌	铜牌	总数
1	挪威	14	14	11	39
2	德国	14	10	7	31
3	加拿大	11	8	10	29
4	美国	9	8	6	23
5	荷兰	8	6	6	20
6	瑞典	7	6	1	14
7	韩国	5	8	4	17
8	瑞士	5	6	4	15
9	法国	5	4	6	15
10	奥地利	5	3	6	14
11	日本	4	5	4	13
12	意大利	3	2	5	10
13	俄奥运独立代表	2	6	9	17
14	捷克	2	2	3	7
15	白俄罗斯	2	1	0	3
16	中国	1	6	2	9
17	斯洛伐克	1	2	0	3
18	芬兰	1	1	4	6
19	英国	1	0	4	5
20	波兰	1	0	1	2
21	乌克兰	1	0	0	1
21	匈牙利	1	0	0	1
23	澳大利亚	0	2	1	3
24	斯洛文尼亚	0	1	1	2
25	比利时	0	1	0	1
26	新西兰	0	0	2	2
26	西班牙	0	0	2	2
28	哈萨克斯坦	0	0	1	1
28	拉脱维亚	0	0	1	1
28	列支敦士登	0	0	1	1
	总数	103	102	102	307

三、历届冬奥会举办地数据

表 1-25　历届冬奥会举办地

届数	年份	洲际	国家	城市
第一届	1924	欧洲	法国	夏蒙尼
第二届	1928	欧洲	瑞士	圣莫里茨
第三届	1932	美洲	美国	普莱西德湖
第四届	1936	欧洲	德国	加米施-帕滕基兴
第五届	1948	欧洲	瑞士	圣莫里茨
第六届	1952	欧洲	挪威	奥斯陆
第七届	1956	欧洲	意大利	科蒂纳丹佩佐
第八届	1960	美洲	美国	斯阔谷
第九届	1964	欧洲	奥地利	因斯布鲁克
第十届	1968	欧洲	法国	格勒诺布尔
第十一届	1972	亚洲	日本	札幌
第十二届	1976	欧洲	奥地利	因斯布鲁克
第十三届	1980	美洲	美国	普莱西德湖
第十四届	1984	欧洲	南斯拉夫	萨拉热窝
第十五届	1988	美洲	加拿大	卡尔加里
第十六届	1992	欧洲	法国	阿尔贝维尔
第十七届	1994	欧洲	挪威	利勒哈默尔
第十八届	1998	亚洲	日本	长野
第十九届	2002	美洲	美国	盐湖城
第二十届	2006	欧洲	意大利	都灵
第二十一届	2010	美洲	加拿大	温哥华
第二十二届	2014	欧洲	俄罗斯	索契
第二十三届	2018	亚洲	韩国	平昌
第二十四届	2022	亚洲	中国	北京-张家口

欧洲举办冬奥会的次数最多，共 14 次，虽然基数大且举办国分布较广，但以北欧、中欧为主；美洲举办过 6 次，其中美国有 4 次；近些年亚洲逐渐在冬奥会版图上活跃起来，已举办了 3 次。

四、历届冬奥会比赛设项数据

表 1-26　历届冬奥会比赛设项数据

届数	项目数
第一届	4 个大项/7 个分项/14 个小项
第二届	4 个大项/8 个分项/14 个小项
第三届	4 个大项/7 个分项/14 个小项
第四届	4 个大项/8 个分项/17 个小项
第五届	4 个大项/9 个分项/22 个小项
第六届	4 个大项/8 个分项/22 个小项
第七届	4 个大项/8 个分项/24 个小项
第八届	5 个大项/8 个分项/27 个小项
第九届	6 个大项/10 个分项/34 个小项
第十届	6 个大项/10 个分项/35 个小项
第十一届	6 个大项/10 个分项/35 个小项
第十二届	6 个大项/10 个分项/37 个小项
第十三届	6 个大项/10 个分项/38 个小项
第十四届	6 个大项/10 个分项/39 个小项
第十五届	6 个大项/10 个分项/46 个小项
第十六届	7 个大项/12 个分项/57 个小项
第十七届	6 个大项/12 个分项/61 个小项
第十八届	7 个大项/14 个分项/68 个小项
第十九届	7 个大项/15 个分项/78 个小项
第二十届	7 个大项/15 个分项/84 个小项
第二十一届	7 个大项/15 个分项/86 个小项
第二十二届	7 个大项/15 个分项/98 个小项
第二十三届	7 个大项/15 个分项/102 个小项
第二十四届	7 个大项/15 个分项/109 个小项

冬奥会的比赛项目由首届冬奥会所设置的 4 个大项、7 个分项、14 个小项，发展到 2022 年第二十四届冬奥会的 7 个大项、15 个分项、109 个小项。第十三届冬奥会时有 10 个分项，到第十九届冬奥会时稳定在了 15 个分项。

表 1-27　1980—2010 年冬奥会比赛项目设置情况

比赛项目	第十三届	第十四届	第十五届	第十六届	第十七届	第十八届	第十九届	第二十届	第二十一届
速度滑冰	√	√	√	√	√	√	√	√	√
短道速滑	—	—	—	√	√	√	√	√	√
花样滑冰	√	√	√	√	√	√	√	√	√
冰球	√	√	√	√	√	√	√	√	√
冰壶	—	—	—	—	—	√	√	√	√
冬季两项	√	√	√	√	√	√	√	√	√
越野滑雪	√	√	√	√	√	√	√	√	√
跳台滑雪	√	√	√	√	√	√	√	√	√
北欧两项	√	√	√	√	√	√	√	√	√
高山滑雪	√	√	√	√	√	√	√	√	√
自由式滑雪	—	—	—	√	√	√	√	√	√
单板滑雪	—	—	—	—	—	√	√	√	√
有舵雪橇	√	√	√	√	√	√	√	√	√
无舵雪橇	√	√	√	√	√	√	√	√	√
卧式雪橇	—	—	—	—	—	—	√	√	√

五、历届冬奥会参赛国家和地区数据

表 1-28　第一届至第二十三届冬奥会参赛国家和地区数量

届数	参赛国家和地区数量
第一届	16
第二届	25
第三届	17
第四届	28
第五届	28

续表

届数	参赛国家和地区数量
第十届	37
第六届	30
第七届	32
第八届	31
第九届	36
第十一届	35
第十二届	37
第十三届	37
第十四届	49
第十五届	57
第十六届	64
第十七届	67
第十八届	72
第十九届	77
第二十届	80
第二十一届	85
第二十二届	88
第二十三届	92

参赛国家和地区大事记：

1924 年——第一届法国夏蒙尼冬奥会于 1924 年 1 月 25 日至 2 月 4 日举行。参赛国有冰雪运动水平较高的挪威、芬兰、瑞典、瑞士、奥地利、美国、加拿大、法国，以及对比赛结果不抱多大希望但颇有兴趣的英国、意大利、比利时、捷克斯洛伐克、拉脱维亚、匈牙利、南斯拉夫、波兰，共 16 个国家。

1928 年——首次参赛的国家有德国、荷兰、罗马尼亚、立陶宛、卢森堡、墨西哥、日本、阿根廷和爱沙尼亚。

1932 年——本届冬奥会东道国向 56 个国家发出了邀请，但当时正值经济危机席卷世界各国，应邀参加的只有 17 个国家。

1936 年——奥运会史上第三次也是最后一次冬、夏季奥运会在同一国家举行。

1948 年——德国、日本因是第二次世界大战策源地，被拒于奥运会门外。首次参加的有冰岛、丹麦、黎巴嫩、智利和韩国。

1952 年——首次参加的有新西兰、葡萄牙。日本又回到了奥运会赛场上。德国在战后分成了民主德国和联邦德国两个国家，联邦德国参加了本届比赛。

1956 年——首次参加的有伊朗、玻利维亚、苏联，民主德国和联邦德国经过协商，组成了德国联队参赛。

1960 年——因为旅费等问题，欧洲削减了参加人数，大会也没有首次参赛的国家，规模比上届略小些。

1964 年——第一次参赛的有朝鲜民主主义人民共和国、印度和蒙古国。

1968 年——首次参加的国家有摩洛哥。民主德国和联邦德国自 1956 年组成德国联队参加了 1956 年至 1964 年三届冬季奥运会，从本届开始均独立组队参赛。

1972 年——首次参加的有菲律宾、中国台湾地区。

1976 年——首次参加的有安道尔、圣马力诺。

1980 年——中国、哥斯达黎加和塞浦路斯第一次参加。

1984 年——丹麦、葡萄牙曾报名参加，但在大会开幕前夕退出。首次参赛的有波多黎各、维尔京群岛、塞内加尔、摩纳哥。维尔京群岛派出唯一的黑人选手，这也是冬季奥运会自创办以来首次有黑人运动员出席。以往各届，参赛代表团从未超过 40 个，本届猛增到 49 个，表明冰雪运动已在更多国家和地区得到广泛开展。

1988 年——首次参加的国家和地区有斐济、牙买加、关岛、危地马拉和荷属安的列斯。

1992 年——首次参加的有阿尔及利亚、百慕大、巴西、克罗地亚、洪都拉斯、爱尔兰、斯洛文尼亚和独联体等国家和地区。由于民主德国和联邦德国合并，德国以单一队参赛。从南斯拉夫分离出来的克罗地亚和斯洛文尼亚，苏联的爱沙尼亚、拉脱维亚和立陶宛三国均独立组队参赛。苏联解体后，原各加盟共和国由俄罗斯、乌克兰、白俄罗斯、哈萨克斯坦、乌兹别克斯坦五国组队，以独联体名义参赛，共派出 141 名运动员。但在开幕式入场时，该队以奥林匹克五环旗为前导。

1994 年——首次出席冬奥会的国家和地区有亚美尼亚、白俄罗斯、波斯尼亚和黑塞哥维那、格鲁吉亚、以色列、哈萨克斯坦、特立尼达和多巴哥、乌克兰、乌兹别克斯坦、斯洛伐克、摩尔多瓦以及俄罗斯。

1998 年——无论是参赛代表团数目还是参加运动员人数,都是历来最多的一届,是冬奥会历史上最大的一次盛会;首次参赛的有乌拉圭、阿塞拜疆、马其顿。

2002 年——共有来自 77 个国家和地区的共 2 399 名运动员参加了本届盛会(其中女运动员 886 名、男运动员 1 513 名),夺取金牌的选手来自多达 18 个代表团,创历史最高纪录。盐湖城击败了另外三个对手,取得了主办权。但此后不久,便曝出了盐湖城奥申委贿赂国际奥委会官员的丑闻,导致多名国际奥委会官员宣布辞职或被解职。

2006 年——本届冬奥会是继 1956 年科蒂纳丹佩佐冬奥会后意大利第二次举办冬奥会。共有创纪录的 80 个国家和地区的 2 508 名运动员参赛,其中有 26 个国家在奖牌榜上留名。

2010 年——本届冬奥会有 85 个国家和地区的 2 566 名运动员参赛。另外,有志愿者大约 25 000 人,新闻媒体约 1 万人。比赛共在 3 个地方举行,分别是温哥华以及小城里士满、距温哥华 120 公里以外的惠斯勒雪山、距温哥华 30 多公里以外的塞普里斯雪山。

2014 年——有 88 个国家或地区的运动员取得参赛资格。多米尼克、马耳他、巴拉圭、东帝汶、多哥、东加和津巴布韦等 7 个国家首次在冬奥会上亮相。另一方面,尽管南非、波多黎各和阿尔及利亚均有 1 名运动员取得参赛资格,但这些国家的奥林匹克委员会并没有参加本届冬奥会。参加本届冬奥会的运动员总数最后确定为 2 873人,其中男子运动员 1 714 人,女子运动员 1 159 人,都创造了历史纪录。

2018 年——2011 年 7 月 6 日在南非德班举行的国际奥委会第 123 次全会上,韩国平昌击败慕尼黑和昂西获得 2018 年冬奥会的主办权。这是韩国第一次举办冬季奥林匹克运动会,也是亚洲第三次举办冬奥会。同时,韩国也继法国、美国、德国、意大利和日本之后，成为世界上第 6 个举办过夏季奥运会、世界杯足球赛、冬奥会三项大赛的国家。本届冬奥会的政治色彩浓重，共有来自全球 92 个国家和地区的2 920名选手参赛，其中男选手有1 708名，女选手有1 212名。马来西亚、新加坡、厄瓜多尔、厄立特里亚、科索沃、尼日利亚等 6 个国家是首次参加冬奥会。受兴奋剂事件影响，俄罗斯代表团被集体禁赛，只有个别符合要求的运动员以俄奥独立代表的身份参赛，大大削弱了俄罗斯冰雪强国的实力。在国际奥委会的特许下，朝鲜组建代表团参赛，其中 12 人加入韩朝女子冰球联队，此事引发争议。

2022 年——第二十四届冬季奥林匹克运动会，将于 2022 年 2 月 4 日至 20 日在中国北京市和张家口市联合举行。2015 年 7 月 31 日 17 时 57 分，国际奥委会第 128 次全会在吉隆坡举行，北京以 44:40 击败阿拉木图，获得举办权。这将是中国历史上第一次举办冬奥会，北京也将成为奥运史上第一个举办夏季奥林匹克运动会和冬季奥林匹克运动会的城市。中国举办冬奥会，将在世界五分之一的人口中更好地传播奥林匹克团结、友谊、和平的宗旨和理念，将推动 3 亿中国人以不同方式投身冰雪运动及相关产业，并将为健康中国、国际奥林匹克运动作出新贡献。

六、历届冬奥会持续天数数据

表 1-29　历届冬奥会持续天数数据

届数	赛事持续天数
第一届	11
第二届	9
第三届	12
第四届	11
第五届	10
第六届	12
第七届	11
第八届	11

续表

届数	赛事持续天数
第九届	12
第十届	13
第十一届	11
第十二届	12
第十三届	12
第十四届	12
第十五届	16
第十六届	16
第十七届	11
第十八届	16
第十九届	17
第二十届	16
第二十一届	17
第二十二届	17
第二十三届	17
第二十四届	17

七、历届冬奥会参赛人数数据

表 1-30　历届冬奥会参赛人数

届数	参赛人数
第一届	258
第二届	464
第三届	252
第四届	646
第五届	669
第六届	694
第七届	821
第八届	665

续表

届数	参赛人数
第九届	1 091
第十届	1 158
第十一届	1 006
第十二届	1 123
第十三届	1 072
第十四届	1 272
第十五届	1 423
第十六届	1 801
第十七届	1 737
第十八届	2 176
第十九届	2 399
第二十届	2 508
第二十一届	2 566
第二十二届	2 873
第二十三届	2 920

第一届至第二十三届冬奥会运动员参赛人数基本上呈现出增长的曲线变化(见图 1-1),历史上出现了 6 次“拐点”,分别是第三、第五、第八、第十

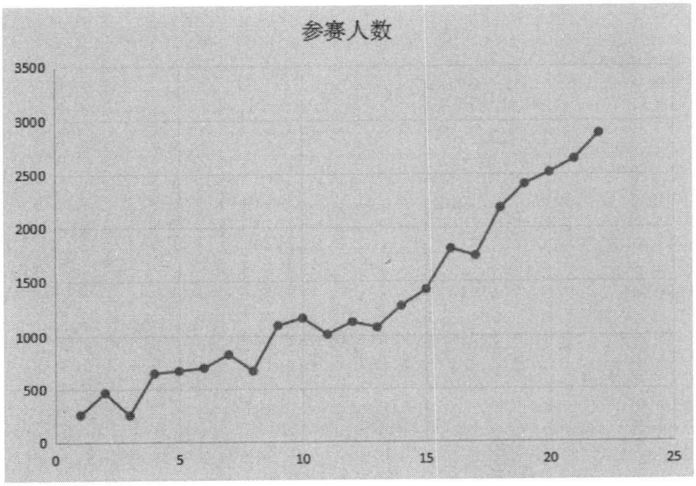

图 1-1　历届冬奥会参赛人数统计

一、第十三和第十七届冬奥会，原因是：第三届冬奥会，由于经济危机和参赛经费的问题，欧洲一些冰雪运动发达国家只派出少数运动员参加比赛；第五届冬奥会，由于两次世界大战迫使两届冬奥会中断；第五届冬奥会时隔 12 年之后再次举办，处于小幅爬坡阶段；第八届冬奥会，同样是由于经济危机和参赛经费的问题，欧洲一些冰雪运动发达国家只派出少数运动员参加比赛；第十一届冬奥会，是冬奥会第一次在欧洲和美国以外的地区举办，也是亚洲举办的第一届奥运会，在这届奥运会上，职业运动员的参赛问题再次成为焦点，国际奥委会严禁参加奥运会的运动员接受任何金钱酬劳，否则取消职业运动员资格；第十三届冬奥会，普莱西德湖这个人口不多的山间小镇，成为美国冬季运动活跃的场所之一，大会组委会虽然做了不少努力，但仍碰上了很多难题，人工造雪第一次出现在冬奥会赛场；第十七届冬奥会于 1994 年举行，由于是首次与夏奥会间隔两年进行，而上届奥运会于 1992 年刚刚结束，因此参赛人数受到影响。

这些“拐点”现象形成的原因，与经济危机、世界大战及政局变化息息相关。可见，体育发展与政治、经济之间是高度关联的。

从数据统计（见图 1-2）可以看出，第一届冬奥会参赛人数为 258 人，到第二十二届参赛人数已经达到2 873人（其中男运动员1 714人、女运动员1 159人），人数增长了 11 倍。冬奥会无论从参赛队伍、参赛人数，还是从参赛规模与赛事影响等方面都在逐步地扩大与完善，但与夏季奥运会相比还存在不少差距。

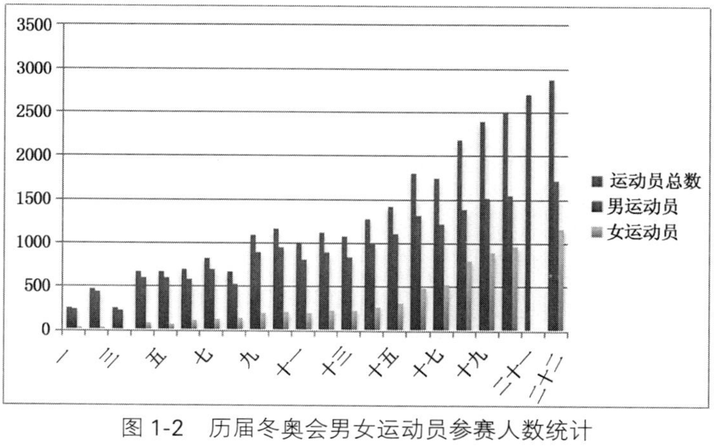

图 1-2　历届冬奥会男女运动员参赛人数统计

八、历届冬奥会获得 5 枚以上金牌运动员数据

表 1-31　历届冬奥会获得 5 枚以上金牌的运动员统计表(1924—2018 年)

运动员姓名	性别	项目	国家和地区	金牌	银牌	铜牌
比约根	女	越野滑雪	挪威	8	4	3
奥勒・埃纳尔・比约恩达伦	男	冬季两项	挪威	8	4	1
伯恩・达赫利	男	越野滑雪	挪威	8	4	0
柳博芙・叶戈罗娃	女	越野滑雪	俄罗斯	6	3	0
维克多・安(安贤洙)	男	短道速滑	俄罗斯(韩国)	6	0	2
利迪娅・斯科布利科娃	女	速度滑冰	苏联	6	0	0
拉伊莎・斯麦塔妮娜	女	越野滑雪	俄罗斯	5	5	1
克劳迪娅・佩希施泰因	女	速度滑冰	德国	5	2	2
拉丽莎・拉祖蒂娜	女	越野滑雪	俄罗斯	5	1	1
克拉斯・图恩伯格	男	速度滑冰	芬兰	5	1	1
托马斯・阿尔斯加德	男	越野滑雪	挪威	5	1	0
鲍妮・布莱尔	女	速度滑冰	美国	5	0	1
埃里克・海登	男	速度滑冰	美国	5	0	0

九、历届冬奥会中国运动员获得奖牌数据

表 1-32　历届冬奥会中国运动员获得奖牌数据统计表(1992—2018 年)

运动员姓名	性别	项目	年度	金牌	银牌	铜牌
叶乔波	女	速度滑冰 500 米	1992		√	
叶乔波	女	速度滑冰 1 000 米	1992		√	
李　琰	女	短道速滑 500 米	1992		√	
张艳梅	女	短道速滑 500 米	1994		√	
叶乔波	女	速度滑冰 1 000 米	1994			√
陈　露	女	花样滑冰单人滑	1994			√
安玉龙	男	短道速滑 500 米	1998		√	
李佳军	男	短道速滑 1 000 米	1998		√	

续表

运动员姓名	性别	项目	年度	金牌	银牌	铜牌
杨　扬	女	短道速滑 500 米	1998		√	
杨　扬	女	短道速滑 1 000 米	1998		√	
杨扬/杨阳/王春露/孙丹丹	女	短道速滑 3 000 米接力	1998		√	
徐囡囡	女	自由式滑雪空中技巧	1998		√	
李佳军/安玉龙/袁野/冯凯	男	短道速滑 5 000 米接力	1998			√
陈　露	女	花样滑冰单人滑	1998			√
杨　扬	女	短道速滑 500 米	2002	√		
杨　扬	女	短道速滑 1 000 米	2002	√		
杨扬/杨阳/王春露/孙丹丹	女	短道速滑 3 000 米接力	2002		√	
李佳军	男	短道速滑 1 500 米	2002		√	
王春露	女	短道速滑 500 米	2002			√
杨阳	女	短道速滑 1 000 米	2002			√
李佳军/安玉龙/袁野/冯凯/郭伟	男	短道速滑 5 000 米接力	2002			√
申雪/赵宏博	组合	花样滑冰双人滑	2002			√
王　濛	女	短道速滑 500 米	2006	√		
韩晓鹏	男	自由式滑雪空中技巧	2006	√		
李妮娜	女	自由式滑雪空中技巧	2006		√	
王曼丽	女	速度滑冰 500 米	2006		√	
张丹/张昊	组合	花样滑冰双人滑	2006		√	
王　濛	女	短道速滑 1 000 米	2006		√	
杨　扬	女	短道速滑 1 000 米	2006	√		
王　濛	女	短道速滑 1 500 米	2006			√
任　慧	女	速度滑冰 500 米	2006			√
申雪/赵宏博	组合	花样滑冰双人滑	2006			√
李佳军	男	短道速滑 1 500 米	2006			√
王　濛	女	短道速滑 500 米	2010	√		

续表

运动员姓名	性别	项目	年度	金牌	银牌	铜牌
王　濛	女	短道速滑 1 000 米	2010	√		
周　洋	女	短道速滑 1 500 米	2010	√		
王濛/周洋/孙琳琳/张会	女	短道速滑 3 000 米接力	2010	√		
申雪/赵宏博	组合	花样滑冰双人滑	2010	√		
庞清/佟健	组合	花样滑冰双人滑	2010		√	
李妮娜	女	自由式滑雪空中技巧	2010		√	
郭心心	女	自由式滑雪空中技巧	2010			√
刘忠庆	男	自由式滑雪空中技巧	2010			√
王北星	女	速度滑冰 500 米	2010			√
王冰玉/柳荫/岳清爽/周妍	女	冰壶	2010			√
李坚柔	女	短道速滑 500 米	2014	√		
张　虹	女	速度滑冰 1 000 米	2014	√		
周　洋	女	短道速滑 1 500 米	2014	√		
韩天宇	男	短道速滑 1 500 米	2014		√	
徐梦桃	女	自由式滑雪空中技巧	2014		√	
武大靖	男	短道速滑 500 米	2014		√	
范可新	女	短道速滑 1 000 米	2014		√	
贾宗洋	男	自由式滑雪空中技巧	2014			√
陈德全/韩天宇/石竟男/武大靖	男	短道速滑 5 000 米接力	2014			√
武大靖	男	短道速滑 500 米	2018	√		
刘佳宇	女	单板滑雪女子 U 型场地	2018		√	
隋文静/韩聪	组合	花样滑冰双人滑	2018		√	
张鑫	女	自由式滑雪空中技巧	2018		√	
贾宗洋	男	自由式滑雪空中技巧	2018		√	

续表

运动员姓名	性别	项目	年度	金牌	银牌	铜牌
李靳宇	女	短道速滑 1 500 米	2018		√	
武大靖/韩天宇/许宏志/陈德全	男	短道速滑 5 000 米接力	2018		√	
高亭宇	男	大道速滑 500 米	2018			√
孔凡钰	女	自由式滑雪空中技巧	2018			√

十、媒体报道数据——以《人民日报》为例(1980—2010 年)

表 1-33 《人民日报》稿件情况统计(1980—2010 年)

届(年)	举办中稿件数	举办前稿件数	举办后稿件数	总计
第十三届(1980 年)	41	7	2	50
第十四届(1984 年)	19	8	2	29
第十五届(1988 年)	29	15	3	47
第十五届(1992 年)	40	13	1	54
第十七届(1994 年)	48	7	3	58
第十八届(1998 年)	45	10	1	56
第十九届(2002 年)	69	25	0	94
第二十届(2006 年)	92	18	3	113
第二十一届(2010 年)	97	16	0	113
总 计	480	119	15	614

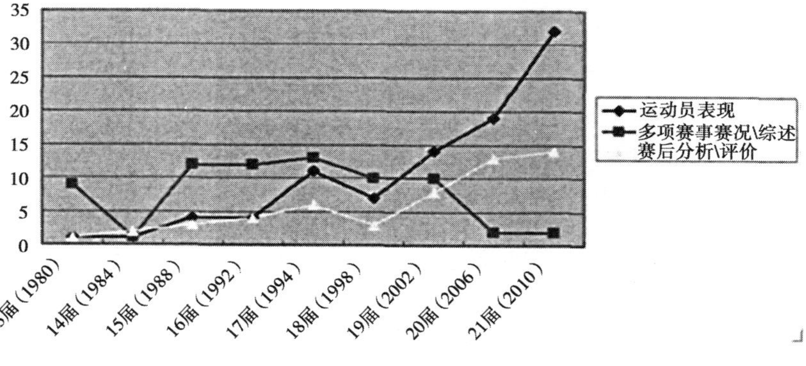

图 1-3 《人民日报》冬奥会三类主要报道角度统计(1980—2010 年)

表 1-34　《人民日报》冬奥会成绩成败报道百分比统计(1980—2010 年)

届(年)	报道总量	胜利	百分比%	失败	百分比%
第十三届(1980 年)	41	13	31.71	0	0
第十四届(1984 年)	19	2	10.53	0	0
第十五届(1988 年)	29	12	41.38	1	3.45
第十六届(1992 年)	40	12	30.00	3	7.50
第十七届(1994 年)	48	10	20.83	7	14.58
第十八届(1998 年)	45	14	31.11	2	4.44
第十九届(2002 年)	69	16	23.19	10	14.49
第二十届(2006 年)	92	24	26.09	4	4.35
第二十一届(2010 年)	97	35	36.08	8	8.23
合　计	480	138	28.75	35	7.29

来源:王巍.《人民日报》冬奥会新闻报道研究(1980—2010 年)[D].北京:北京体育大学,2011.

表 1-35　冬奥会媒体转播收入统计表(1980—2018 年)

年份	举办地	收入
1980	普莱西德	0.21 亿美元
1984	萨拉热窝	1.03 亿美元
1988	卡尔加里	3.25 亿美元
1992	阿尔贝维尔	2.92 亿美元
1994	利勒哈默尔	3.53 亿美元
1998	长野	5.13 亿美元
2002	盐湖城	7.48 亿美元
2006	都灵	8.31 亿美元
2010	温哥华	11.27 亿美元
2014	索契	12.60 亿美元
2018	平昌	12.60+亿美元

冬奥会的电视转播总体上呈现持续增长的发展趋势。国际奥委会期望通过电视转播,突破国家、地区等冬季运动的局限性,扩大冬奥会影响的范围,并为此做出坚持不懈的努力。1994 年利勒哈默尔冬奥会是第一次冬夏交替举行的冬奥盛会,电视转播信号覆盖 120 个国家和地区;1998 年长野冬

奥会转播的国家和地区达 180 个,转播时间 600 小时;2002 年盐湖城冬奥会实现了 160 个国家和地区的直播,转播时间 900 个小时;2006 年意大利都灵冬奥会直播的国家和地区达 200 个,全球电视观众超过 30 亿人次,首次提供高清电视转播信号和手机电视信号;2010 年加拿大温哥华冬奥会全球 200 余个国家进行直播,转播频道 240 个,转播时间 57 000 个小时,累计观众达到 35 亿人次;2014 年索契冬奥会转播频道大幅增至 464 个,转播时间达 102 000个小时,实况转播的电视公司达 300 多家,仅开幕式就有 5 亿人观看,全程累计观众达到近 40 亿人次。冬奥会收视率高涨,国际奥委会首先将之归功于全球电视转播频道和转播时间的大规模增加;其次,国际奥季会认为收看冬奥会的媒介增多,收费电视、免费电视、数字高清电视,手机、平板电脑、APP、网络等全面开花。由于冬奥会的数字高清转播时间逐渐多于模拟电视,所以冬奥会的收看习惯呈现出从移动屏回归固定屏、小屏幕回归大屏幕的趋势,服务呈现多样化和个性化。

第二章　历届冬季奥林匹克运动会回顾和介绍

第一节　1924 年第一届夏蒙尼冬奥会

一、概述

开幕时间:1924 年 1 月 25 日
闭幕时间:1924 年 2 月 5 日
举 办 地:法国夏蒙尼
运 动 员:258 名(男选手 245 人、女选手 13 人)
项目数量:4 个大项/7 个分项/14 个小项

1921 年,国际奥林匹克委员会决定于 1924 年在法国的夏蒙尼举行“国际冬季体育运动周”活动。1926 年,国际奥委会正式确认这届比赛为第一届冬奥会。

在法国夏蒙尼冬奥会上,第一个决赛项目是男子 500 米速滑,美国选手查尔斯·朱特劳获得了金牌,成为冬奥会历史上的首金得主。在这届奥运会上,芬兰速滑运动员克拉斯·桑伯格夺取了 3 金 1 银 1 铜,成为获得奖牌最多的运动员。来自挪威的运动员托豪格成为越野滑雪比赛的霸主,他在 18 公里越野滑雪比赛中获得首届冬奥会第一个滑雪冠军,同时还获得 50 公里越野滑雪和北欧两项冠军,成为冬奥会历史上第一位获得 3 枚金牌的运动员。加拿大冰球队以 5 战全胜的绝对优势夺取了这届奥运会的冰球比赛金牌。

二、举办地简介

夏蒙尼被风景迷人的阿尔卑斯山脉环绕，与喜马拉雅山脉极其类似：裂缝极深的冰川从勃朗峰冰雪覆盖的山顶一路延伸到4 800米宽的谷底。由于当地特殊的地理环境，夏蒙尼成为众多雪上运动爱好者的天堂。除了雪上运动吸引游客外，夏蒙尼也成了法国著名的旅游城市，让在此旅游的众多游客感到开心与惬意。

夏蒙尼地区的滑雪历史，可以追溯到 1924 年第一届冬奥会开幕之前，也就是从那时起，夏蒙尼逐渐成为欧洲滑雪运动爱好者的天堂。夏蒙尼拥有欧洲最高、最好的缆车，能从山脚直达高3 842米的南针峰，让人在最近的距离，感受阿尔卑斯山壮丽的景色，感受富有法国风情的夏蒙尼风光。除了滑雪和登山外，这里还有更刺激的直升机游览和空中跳伞活动。

1741 年，两位年轻的英国贵族威廉·温德汉姆和理查德·波科克发现了 Priory of Chamouni 村庄（夏蒙尼村庄的原名），当时，他们并不知道，自己所发现的这个小小的高山村庄及其冰川会对整个欧洲产生影响。

1770 年，第一家旅馆开放，标志着酒店业的早期发展和首次登山探险活动的开始。1786 年，人们首次征服勃朗峰，开启了这座山峰的新时代。1816 年，第一家豪华酒店建成。

然而，夏蒙尼发展的重大转折点在于修通公路和铁路。1866 年，第一辆马车首次到达夏蒙尼村庄广场；1901 年，圣热尔韦勒法耶镇和夏蒙尼镇之间的火车开始通车，大大改善了小镇冬天的交通状况，由此开创了冬季运动旅游。

1924 年，第一届冬奥会在夏蒙尼举办，夏蒙尼山谷也被奉为冬季麦加圣城（Mecca）。小镇地理位置特殊，靠近阿尔卑斯山脉，属于高地气候，气候的差异很大，变化的速度很快。法国夏蒙尼的气候较为寒冷，地处阿尔卑斯山脉海拔1 100米以上，这里风速很快，每小时可以达到 50 公里，温度甚至可低到零下 40 度，如果再加上下雪和大雾等恶劣天气，大风将会更加强烈。这里每年的最高温度平均为 14 度，7 月份最高，可达 27 度，最低气温平均为 1 度，以 1 月份的温度最低，低至-8℃。年降水量大约为1 000毫升。

三、申办与筹备

20 世纪早期,冰雪运动就已经在欧美一些国家开展起来了。1901 年举行了北欧运动会,后来这项比赛形成了传统,直至 1926 年才停办。顾拜旦很早就设想单独举办冬奥会,国际奥委会曾就此进行过讨论,但是顾拜旦的建议遭到了斯堪的纳维亚半岛国家的强烈反对。瑞典、挪威等国的代表认为,既然已经有了一个传统的北欧运动会,再搞一个平行的冬奥会是没有必要的,还有人说古奥运会并没有冬季项目。这些国家扬言,如果国际奥委会强行举办冬奥会,他们不会参加。不言而喻,如果当时冬奥会没有瑞典、挪威等这类冰雪运动开展较普及、水平较高的国家参加,那就失去了代表性,人们会不感兴趣。

单独举办冬奥会的提议没有立即得到认同,不过 1908 年伦敦奥运会首次加入的花样滑冰比赛,引起了人们的极大兴趣。1920 年安特卫普奥运会,除花样滑冰外,还增加了冰球赛。这届奥运会各项比赛的观众都不多,唯独花样滑冰、冰球赛是例外,吸引了成千上万的冰上运动爱好者。这说明观众对这类项目是极为喜爱的,这促使单独举办冬奥会的提议再次提上了议程。1921 年国际业余田径联合会布拉格会议期间,挪威、瑞典、瑞士、法国、加拿大等国代表重新讨论举办冬奥会问题,并提出有关方案。在 1922 年国际奥委会巴黎会议上,顾拜旦竭尽全力劝说反对者,终于取得了成功,并决定在 1924 年夏季奥运会前举行这类比赛。但是回避了"奥运会"的字眼,称为"第八届国际冬季体育运动周"。当时并未将它作为传统的正式比赛,而是奥运会前夕的冰雪项目表演。

第八届奥运会东道主是法国,因此,国际奥委会也将这个体育周委托法国承办,会址定在夏蒙尼。夏蒙尼是法国一个不大的城镇,是著名疗养地和冬季运动中心,也是当时欧洲的跳雪运动点。为了这次比赛,东道主专门修建了一个冰场,成为滑冰和冰球项目的比赛场地。

四、圣火传递与开幕式

开幕式前一星期,夏蒙尼当地风雨不停,冰场变成了水池,差点儿使比赛延期。但突然一次冰冻,使大会得以顺利进行。1 月 25 日,夏蒙尼天气晴朗,大会正式开幕。法国教育部部长加斯东·维达尔主持了开幕式。

各队入场顺序与夏季奥运会略有不同,以法文字母为序,奥地利率先,东道主置后。运动员宣誓由东道主派一名代表(滑雪运动员卡米耶·曼德里翁)宣读,其他各队派一名代表复诵。

五、奥运物展

图 2-1　首届冬奥会奖牌

图 2-2　首届冬奥会海报

六、奖牌榜

名次	代表团	金牌	银牌	铜牌	总数
1	挪威	4	7	6	17
2	芬兰	4	4	3	11
3	奥地利	2	1	0	3
4	瑞士	2	0	1	3
5	美国	1	2	1	4
6	英国	1	1	2	4
7	瑞典	1	1	0	2
8	加拿大	1	0	0	1
9	法国	0	0	3	3
10	比利时	0	0	1	1
	总数	16	16	17	49

七、比赛项目

比赛设有越野滑雪、跳台滑雪、北欧两项、有舵雪橇、速度滑冰、花样滑冰和冰球共个 4 大项、7 个分项、14 个小项,同时还有冰上溜石和军事巡逻两个表演项目。

八、竞赛情况

同 1896 年夏季奥运会一样,获得第一个冬奥会冠军的也是美国人,他就是男子速滑运动员查尔斯・朱特劳。他在有 27 人参加的 500 米速滑中取胜,成绩 44 秒整。本届速滑除 500 米外,还有1 500米、5 000米、10 000米和全能。芬兰人包下了其余 4 项的全部金牌,其中克拉斯・顿贝格一人独得了 3 枚金牌(1 500米、5 000米和全能)和 1 枚银牌(10 000米),是本届成绩最出色的运动员。

奥地利在 20 世纪初期是花样滑冰强国。19 世纪末维也纳就创办了一所花样滑冰学校,培养了不少在国际上享有盛誉的运动员。这次他们派出了最优秀的选手参赛。男子单人滑中,金牌主要竞争者是两次世界冠军和1920年奥运会金牌获得者——瑞典运动员吉·格拉夫斯特隆和奥地利选手威·伯克尔。在自由滑中,两人不相上下。但在规定滑中,格拉夫斯特隆占有一定优势。不过观众不满意评分结果,当格拉夫斯特隆领取金牌时,部分观众吹起了口哨。奥地利在女子单人和男女双人项目中,夺得了他们期待的胜利。

女子单人滑中,奥地利的两次世界冠军得主黑·普兰克·索博轻松地获得了金牌。但在男女双人滑中,奥地利却碰上了强劲对手。奥地利出场的是海·恩格尔曼和阿·伯格。恩格尔曼曾获1913年的世界冠军,不过当时的舞伴是另一个人。他们的对手中有1911年世界冠军、1920年奥运会金牌获得者、芬兰的亚科布逊夫妇,还有法国名将安·若利和皮·布律内。不过开赛后恩格尔曼和伯格一切顺利,如愿以偿地获得金牌。挪威女子花样滑冰运动员索尼娅·赫妮参加本届冬奥会时只有11岁,是年龄最小的参赛选手。

在滑雪项目上北欧占有明显优势,挪威29岁的托雷夫·豪格是其中的佼佼者。1918—1923年,他在世界性的霍尔门科伦滑雪大赛中,7次在40公里、50公里和两项全能赛中获得冠军。赛前人们预测,以豪格为代表的挪威滑雪选手将是这次比赛中的主要竞争者。结果正如其所料,在滑雪4个项目(18公里、50公里、跳雪和两项全能)赛中,12枚奖牌几乎全被挪威囊括,仅芬兰的塔·尼库在18公里赛中夺走了1枚铜牌。豪格一人独得了4枚金牌中的3枚,还获得了1枚跳台滑雪铜牌。但时隔半个世纪后,国际奥委会于1974年发现,当时在跳台滑雪比赛中,豪格的分数(18.000)是因计算错误得出的,他的正确分数应是17.821,低于美国运动员安德斯·豪根的17.915分,这枚铜牌应属于美国人。于是1974年9月12日,在挪威首都奥斯陆举行的一次特别仪式上,豪格的女儿郑重地将这枚铜牌交还给豪根。

夏蒙尼奥运会之后,豪格又在霍尔门科伦滑雪大赛中夺得了50公里冠军。为了纪念这位被誉为“滑雪之王”的选手,挪威后来在他的家乡树立了纪念碑。

19世纪,雪橇运动就已在一些国家开展起来。19世纪末,瑞士圣莫里茨的居民和旅游者就不时地看到一些英、美青年坐着雪橇从山上向下滑,并举行此类比赛。1908年奥地利举行了首次全国雪橇赛,1910年德国也举办了这类全国赛。20 世纪 20 年代以后，这项运动日益发展，不少国家成立了雪橇俱乐部，并经常举办国际比赛。因此，东道主将这一项目列入了比赛。但参赛国家水平发展不平衡，开展较普及的国家派出了两个队。本届仅设 1 项男子四人座，进入前六名的队均来自欧洲。瑞士一队获得了冠军。

加拿大、美国在冰球项目方面占有明显优势。预赛中，加拿大 30∶0胜捷克斯洛伐克、22∶0胜瑞典、33∶0胜瑞士；美国 11∶0胜英国、19∶0胜比利时、22∶0胜法国。从比分来看，当时欧美水平的差距是相当大的。最后决赛时，加拿大以 6∶1胜了美国，获得金牌。

本届共设 14 个单项，挪威获得金牌 4 枚、银牌 7 枚、铜牌 6 枚；居第二名的芬兰队金牌数与挪威相等，但银牌、铜牌比挪威少，分别为 4 枚、3 枚；奥地利获得金牌 2 枚，银牌 1 枚，居挪威、芬兰之后。①

第二节　1928 年第二届圣莫里茨冬奥会

一、概述

开幕时间：1928 年 2 月 11 日
闭幕时间：1928 年 2 月 19 日
举 办 地：瑞士圣莫里茨
运 动 员：464 名（男选手 438 人、女选手 26 人）
项目数量：4 个大项/8 个分项/14 个小项

第二届冬奥会于 1928 年 2 月 11 日至 19 日在瑞士的圣莫里茨举行。参加比赛的有 25 个国家的代表队，共 464 名运动员，其中女子 26 人、男子 438 人。运动员的数量比上一届几乎增加了一倍。首次参赛的有德国、荷兰、罗马尼亚、立陶宛、卢森堡、墨西哥、日本、阿根廷和爱沙尼亚等国家。

二、举办地简介

圣莫里茨位于瑞士东南部的格劳宾登州，库尔东南、因河河谷上游，被

① 此节的部分内容引自中国奥委会官网。

山清水秀的恩嘎丁山谷环抱。四周是壮丽的阿尔卑斯山,有冰川水补给莱茵河、波河和多瑙河。这个5 000余人的小城,官方语言是德语、意大利语和罗曼什语,交通便利,有著名的雷蒂亚铁路通过,同时也是重要的国际航空站,旅游业为其支柱产业。17 世纪,圣莫里茨成为夏季游览地和矿泉疗养地,有具医疗价值的矿泉。

圣莫里茨是冬季旅游的诞生地(1864 年),是世界著名冬季运动中心之一,也是世界最著名的冬季运动天堂。这里举办过两届冬奥会和四次 FIS 高山滑雪世界锦标赛(2017 年为第五届)。著名的冰湖赛马发源于此,每年冬季还有雪地马球世界杯、美食节等各项顶级赛事与活动在这座小城举行。

三、申办与筹备

夏蒙尼"第八届国际冬季体育运动周"在世界体坛引起了巨大反响,就连斯堪的纳维亚这些原先的反对者,也不再怀疑举办冬奥会的必要性了。1925 年国际奥委会决定,此后与夏季奥运会同年举办冬奥会,但届次与夏季奥运会不同,按实际召开次数计算。并决定将"第八届国际冬季体育运动周"正式命名为第一届冬季奥运会。

瑞士申请主办第二届冬奥会的有 3 个城市:达沃斯、恩格尔堡和圣莫里茨,最后选定了圣莫里茨。

四、圣火传递与开幕式

在 1928 年 2 月 11 日的开幕式上,瑞士联邦总统埃德蒙德 · 舒尔希斯宣布本届冬奥会开幕,代表运动员宣誓的是瑞士滑雪运动员汉斯 · 埃登本茨。

五、奥运物展

图 2-3 第二届冬奥会奖牌

图 2-4 第二届冬奥会海报

六、奖牌榜

名次	代表团	金牌	银牌	铜牌	总数
1	挪威	6	4	5	15
2	美国	2	2	2	6
3	瑞典	2	2	1	5
4	芬兰	2	1	1	4
5	法国	1	0	0	1
6	加拿大	1	0	0	1
7	奥地利	0	3	1	4
8	比利时	0	0	1	1
9	瑞士	0	0	1	1

续表

名次	代表团	金牌	银牌	铜牌	总数
10	英国	0	0	1	1
11	德国	0	0	1	1
12	捷克斯洛伐克	0	0	1	1
	总数	14	12	15	41

七、比赛项目

比赛设有越野滑雪、跳台滑雪、北欧两项、有舵雪橇、卧式雪橇、速度滑冰、花样滑冰和冰球共4个大项、8个分项、14个小项。项目稍有变化，首届的有舵雪橇四人座改为五人座，表演项目只有军事滑雪射击一项。

八、竞赛情况

由于天气多变，本届圣莫里茨冬奥会速滑比赛只举行了500米、1 500米、5 000米3个项目的比赛。在500米赛时，正好碰上了大风雪天气，但运动员仍取得了较好的成绩。上届3枚金牌获得者、芬兰的克拉斯·顿贝格和挪威的贝·埃文森以43秒4的成绩同时到达终点，并列冠军；美国的约·法雷尔、芬兰的亚·弗里曼和挪威的罗·拉尔森成绩同为43秒6，各得了1枚铜牌。当时一星期前曾在达沃斯世界锦标赛获得5 000米桂冠的挪威年轻选手伊瓦尔·巴兰格鲁德这次又取得了胜利。

在随后举行的1 500米比赛中，顿贝格夺得了本届比赛的第二枚金牌。10 000米决赛时，天气突然转暖，冰雪开始融化，比赛无法进行。裁判决定中断比赛，已赛出的成绩作废。根据已赛完的成绩，美国选手贾菲最佳，挪威的埃文森次之，奥地利的奥托·波拉策克列第三。金、银、铜牌极有可能被他们获得。成绩作废的决定遭到贾菲等人反对，组委会曾考虑延期重赛。经过长时间商讨，最后组委会做出决定，取消了这个项目。

花样滑冰王国奥地利这次接连失利，遭到了全军覆没的厄运。男子单人滑中，伯克尔在规定滑中动作舒展自如，成绩明显领先。可是自由滑时却不尽如人意，再次输给了瑞典的格拉夫斯特罗姆，只得了银牌。奥地利在女子单人和男女双人滑中，也痛失上届获得的冠军宝座，只获得了2枚银牌和1枚铜牌。夺得女子单人桂冠的是挪威15岁的索妮亚·黑妮。她在自由滑中伴随着柴可夫斯基芭蕾舞剧《天鹅湖》中的《天鹅之死》乐曲，将各种造型、跳跃、旋转动作与芭蕾舞姿融为一体。这种梦幻般的舞姿与迷人的音乐巧妙融合，让人陶醉其中，博得了观众阵阵热烈的掌声。这位才华出众的冰坛小姑娘四年前刚刚11岁多一点，就在夏蒙尼奥运会获得这项比赛的第八名。黑妮获得金牌后有点骄傲地说："我多么想跟上届冠军普兰克·索博再次较量，可惜她没有来。"双人滑冠军是法国的一对未婚夫妇安德烈·若利和皮埃尔·布律内。四年后在普莱西德湖他们夫妻俩又蝉联了冠军。

滑雪比赛也碰上了反复无常的天气。赛前人们预测，挪威将像上届那样垄断这项比赛。可结果出人意料，瑞典囊括了前三名。不过，获得冠军的佩尔·埃里克·赫德伦德到达终点的时间要比上届冠军慢了一个多小时。

三天后，气温又突然下降，大地又出现了冰冻。挪威人非常习惯在这样的气候条件下滑雪，包下了18公里的全部奖牌。豪格的继承人、上届亚军约·格勒图姆斯布罗滕获第一名。第二天，他又在北欧两项比赛中再获一枚金牌。跳台滑雪冠军也被挪威的阿·安德森夺得。上届冠军、挪威的亚·图林·塔姆斯在这项比赛中受重伤，但八年后他又在夏季奥运会帆船比赛中获得一枚银牌。

五人座雪橇赛因天气变暖，只赛了两轮，而不是规定的四轮，不过仍公布了名次，美国二队、一队分获冠、亚军。卧式雪橇赛中来自美国的约翰兄弟俩杰尼逊和希顿分获冠军、亚军。

冰球赛共11个队参加。上届亚军美国队没有参赛，代表加拿大出战的多伦多大学队轻松地蝉联了冠军。

本届冬奥会上日本是亚洲唯一的代表，他们参加了越野滑雪、跳台滑雪和北欧两项的比赛。

第三节　1932 年第三届普莱西德湖冬奥会

一、概述

开幕时间:1932 年 2 月 4 日
闭幕时间:1932 年 2 月 15 日
举 办 地:美国普莱西德湖
运 动 员:252 名(男选手 231 人、女选手 21 人)
项目数量:4 个大项/7 个分项/14 个小项

本届冬奥会的参赛国家由上届的 25 个减少到 17 个,参赛运动员由 464 人减少到 252 人,其中北美运动员就占到了 140 人。"冬季运动强国"瑞典只派出了 12 名运动员,芬兰也只有 8 人参加比赛。

二、举办地简介

也许你不是一个奥运冠军,但如果你正在寻找顶尖的冬季运动目的地,普莱西德湖正是你的选择。你可以在此尝试大雪橇、滑雪、冰攀岩、速度滑冰,甚至跳台滑雪,或者只是去这个城市的精品店或餐馆中暖和一下身体,都可以得到满足。但是,普莱西德湖并不仅是冬季仙境。美丽的阿迪朗达克州立公园,比约塞米蒂国家公园或黄石国家公园更大,提供全年的户外活动。

普莱西德湖,意译为宁静湖或静湖,普莱西德湖村是美国纽约州艾塞克斯县的阿第伦达克山脉中一个村庄,位于纽约北部的马西山,周围群山环绕,海拔 600 米。普莱西德湖村居民人口 2 638 人,村庄因附近的普莱西德湖而得名。

三、申办与筹备

第一、二届冬季奥运会成功举行后,人们对冰雪比赛产生了浓厚兴趣,要求主办冬奥会的城市也逐渐增多。第三届时,申请承办的有 8 个城市,其中除加拿大的蒙特利尔外,其余 7 个均为美国城市,它们是普莱西德湖、贝尔山、丹佛、德卢斯、塔霍湖、明尼阿波利斯和约塞米特谷。国际奥委会最后将会址选在普莱西德湖。

普莱西德湖是美国东北部的一个山间小镇,地势偏僻、人烟稀少。但境内山峦起伏,景色秀丽,严冬季节(每年 12 月至来年 3 月)气候寒冷、干燥,是从事冬季运动十分理想的场所。

由于筹备经费紧张,组委会主席戈德弗雷·杜威博士捐献出了自己家的地皮,用以兴建雪橇比赛的滑道。

四、圣火传递与开幕式

运动会于 1932 年 2 月 4 日至 15 日举行。纽约州州长富兰克林·罗斯福,即后来的美国总统偕同夫人出席并主持了开幕式。他通过无线电发表了热情洋溢的讲话,指出“体育对促进各国人民之间的友谊,增进相互了解,具有极其重要的意义”。美国著名速度滑冰运动员约翰·阿米斯代表运动员宣读了誓词。

五、奥运物展

图 2-5 第三届冬奥会奖牌

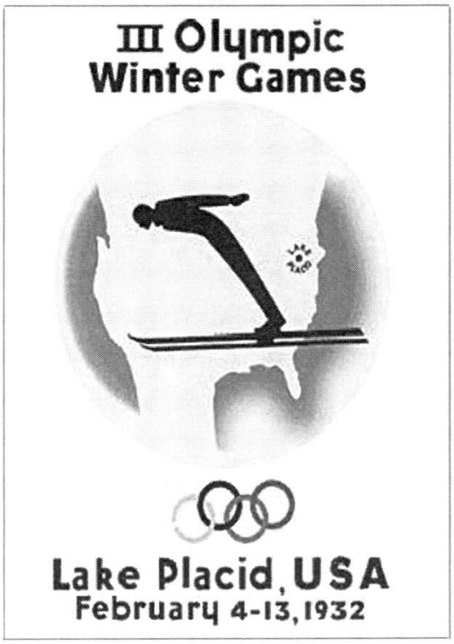

图 2-6 第三届冬奥会海报

六、奖牌榜

名次	代表团	金牌	银牌	铜牌	总数
1	美国	6	4	2	12
2	挪威	3	4	3	10
3	瑞典	1	2	0	3
4	加拿大	1	1	5	7
5	芬兰	1	1	1	3
6	奥地利	1	1	0	2
7	法国	1	0	0	1
8	瑞士	0	1	0	1
9	德国	0	0	2	2
11	匈牙利	0	0	1	1
	总数	14	14	14	42

七、比赛项目

比赛设有越野滑雪、跳台滑雪、北欧两项、有舵雪橇、速度滑冰、花样滑冰和冰球共 4 个大项、7 个分项、14 个小项。

八、竞赛情况

对于速度滑冰项目的竞赛方法,美国和欧洲国家出现了意见分歧。欧洲人仍坚持采用上两届的办法,即分两人一组比赛,最后以成绩决定名次。美国则要求采用田径比赛方式,首先分组预赛,然后成绩优秀者再决赛,以决赛成绩分名次。争执直到开幕前夕还未能得到解决。欧洲一些优秀选手,包括曾在上两届获 5 枚金牌的芬兰的运动员顿贝格提出,如果美国坚持己见,他们将拒绝参加比赛。但是美国对此置若罔闻、我行我素,最后仍按美国提出的办法行事。本届速滑取消了全能,只保留了 500 米、1 500米、5 000米、10 000米4 项,比赛也只记录了冠军成绩。美国的约·谢伊(500 米、1 500米)和欧·贾菲(5 000米、10 000米)均分了这 4 项金牌。欧洲只有挪威两名选手——贝·埃文森和伊·巴兰格鲁德各得了1枚银牌。但是,美国遭到了欧洲人的讥讽,认为他们是依靠欧洲选手不习惯的竞赛方法取胜的。

普莱西德湖的花样滑冰比赛在室内冰场进行。美国又提出了新点子,首先进行自由滑比赛,然后是规定滑比赛。男子单人赛中,35岁的瑞典老将格拉夫斯特罗姆再次露面。在第一天自由滑比赛中,他成绩出色,自认为可以第四次夺取奥运会金牌。可是他失算了,在规定滑中他输给了奥地利23岁的卡尔·舍费尔,屈居亚军。女子单人赛时,许多观众为了一睹黑妮的风姿和她优美的舞姿,将看台挤得水泄不通。黑妮的粉丝希望比赛在明亮的阳光照耀下进行,以便拍摄下黑妮的舞姿。为了满足这些人的要求,组委会将比赛延至白天举行。黑妮的表演再次赢得了观众的掌声,叫好声此起彼伏,7个裁判都给了她最高分。人们有点疯狂了,到处都是黑妮迷,要求签名留念者让黑妮应接不暇。陪同前来的黑妮父亲不得不婉言谢绝说:“黑妮需要训练,实在没有时间为大家签名。”

女子单人赛中,英国的塞西莉娅·科莱奇获第八名。她刚十一岁零两个月,是参加冬奥会年龄最小的运动员。有趣的是,双人赛中获第七名的美国人约瑟夫·萨维奇(舞伴是格特鲁德·梅雷迪思),时年53岁,是参赛选手中年龄最大的,可以说是科莱奇的奶奶辈的人了。

普莱西德湖的天气也是变幻莫测的。18公里越野滑雪时,气温突然升高,冰雪迅速融化,加之这一年降雪很少,滑道只剩下薄薄一层冰雪,比赛不得不在极其复杂和困难的条件下进行,不少运动员摔得鼻青脸肿。瑞典的斯文·乌特尔斯特罗姆和阿克尔·维克尔斯特罗姆分获了冠军、亚军。东道国的最好成绩只是第23名。

有“马拉松”之称的50公里滑雪,因为天气原因原先安排的滑雪路线已无法使用,组委会不得不临时找了一块大的林间地带,于2月14日进行了这项比赛,芬兰人维里·萨里宁摘得了桂冠。滑雪中另两项冠军被挪威夺得。比格尔·鲁德在跳台跳雪赛中取胜,上届冠军格勒图姆斯布罗滕这次又蝉联了北欧两项冠军。

天气变化也迫使雪橇比赛改期。第一次大风雪使原计划在2月8日至9日举行的双人雪橇赛不得不顺延一天,而第二次大风雪影响更大,使四人座雪橇赛延至闭幕(2月13日)后的2月14日至15日举行。美国囊括了这两项金牌。在冬、夏季奥运会上均获金牌的唯一选手——美国人埃迪·伊根(1920年安特卫普奥运会时获得拳击冠军）就是在这次四人座雪橇赛中夺冠的。据说他从未坐过雪橇，看来他获得这枚金牌自己并没花多少力气。

冰球比赛仅4个队参加，比赛为双循环制。美国、加拿大都较轻松地战胜了欧洲的德国队和波兰队。美、加交锋时，第一场美国以1∶2败北。关键性的第二场比赛使本届运动会进入了高潮，仅有3 000座位的冰场一下子涌进了7 000人。起初，美国以2∶1领先，但不久加拿大就将比分扳平，直到终场哨声吹响，双方都再无建树。加时赛仍未改变场上2∶2的局面。最后加拿大再次蝉联了冠军。

本届冬奥会受伤事故频发，在2月7日的四人座练习中，德国一队的雪橇突然脱离滑道，飞出50多米远；两天后，德国二队的雪橇也从线路中飞出，致使运动员脑震荡和骨折。最后德国队放弃了雪橇项目的比赛。美国借助天时地利人和，首次位居各代表团之首。

第四节　1936年第四届加米施-帕滕基兴冬奥会

一、概述

开幕时间：1936年2月6日
闭幕时间：1936年2月16日
举 办 地：德国加米施-帕滕基兴
运 动 员：646名（男选手566人、女选手80人）
项目数量：4个大项/8个分项/17个小项

大会于1936年2月6日至16日举行。参赛的有28个国家、646名运动员。本届大会共设4个大项、8个分项、17个小项比赛。澳大利亚、保加利亚、西班牙、希腊、土耳其和列支敦士登6个国家首次参赛。

本届冬奥会高山滑雪项目的加入，一度引发了围绕运动员参赛资格的争论。瑞士和奥地利等高山国家认为，教练员不属于职业运动员，不应限制。国际奥委会则认为高山滑雪教练员属于专业人员，并非业余性质，因此驳回了瑞士等国家的请求。

二、举办地简介

加米施–帕滕基兴是德国拜恩州南段、靠近奥地利的一个边陲小镇，海拔 732 米。这座小城的历史可以追溯到古罗马人，但是他们的遗迹几乎荡然无存。

加米施–帕藤基兴原来是两个村子，一个叫加米施，另一个叫帕滕基兴。1935 年设镇，由加米施和帕滕基兴两个老村庄合并而成。1936 年 2 月 6 日至 16 日，第四届冬奥会在这里举办，随后逐渐成为国际疗养地和欧洲滑雪胜地。帕藤基兴是老城，每间房屋的外墙上都画着精美的壁画，老城的街道上仿佛变成了童话世界。加米施比较现代化，各色店铺林立。帕藤基兴同加米施相比更加低调。该镇不仅旅游业发达，还是德国南部民族手工艺中心，以传统的铁器、艺术木器、雕刻和酿酒而闻名。

三、申办与筹备

本届申请主办城市的有德国的加米施–帕滕基兴和瑞士的圣莫里茨，最后加米施–帕滕基兴获得了承办权。同年的 1936 年夏季奥运会在柏林召开，这是奥运会史上第三次也是最后一次冬、夏季奥运会在同一国家举行。

四、圣火传递与开幕式

在大会开幕仪式上，德国总理希特勒宣布本届冬奥会开幕。1936 年上台的希特勒出于政治目的，命令手下各部门通过赛会向全世界证明“第三帝国是世界的绿洲，是一个正直、具有崇高目标的国家”。这一政治原则引起了很多国家的反感。冬奥会期间纳粹分子网罗了 300 余名记者，为其鼓吹臭名昭著的“新秩序”。代表运动员宣誓的是东道主队的滑雪运动员维尔赫姆·博格纳。

五、奥运物展

图 2-7　第四届冬奥会会徽

图 2-8　第四届冬奥会海报

图 2-9　第四届冬奥会奖牌

六、奖牌榜

名次	代表团	金牌	银牌	铜牌	总数
1	挪威	7	5	3	15
2	德国	3	3	0	6
3	瑞典	2	2	3	7
4	芬兰	1	2	3	6
5	瑞士	1	2	0	3

续表

名次	代表团	金牌	银牌	铜牌	总数
6	奥地利	1	1	2	4
7	英国	1	1	1	3
8	美国	1	0	3	4
9	加拿大	0	1	0	1
10	法国	0	0	1	1
11	匈牙利	0	0	1	1
	总数	17	17	17	51

七、比赛项目

比赛设有越野滑雪、跳台滑雪、北欧两项、高山滑雪、有舵雪橇、速度滑冰、花样滑冰和冰球，共 4 个大项、8 个分项、14 个小项。

八、竞赛情况

本届冬奥会速滑比赛恢复了以前的两人组赛，最后按成绩定名次的方法。挪威囊括了全部金牌，冰坛老将伊瓦尔・巴兰格鲁德一人独得 500 米、5 000 米、10 000米 3 块金牌；他的队友查尔斯・马蒂森获1 500米金牌，巴兰格鲁德以 1 秒之差屈居亚军。在第一、二届速滑中大显威风的芬兰队由于顿贝格退役后继无人，上届包揽速滑全部金牌的美国选手这次仅获得 1 枚铜牌。

花样滑冰男女单人滑金牌得主仍是上届旧人，奥地利的会费尔轻松地蝉联男子冠军，而挪威名将海妮仍夺得女子金牌，上届获第八名的英国小姑娘科莱奇获得银牌。男女双人滑比赛中，德国的布律内夫妇拒绝参赛，德国 15 岁的玛・赫贝尔与男子单人滑银牌得主埃・拜尔合作，夺得金牌。

本届滑雪比赛中，50 公里越野赛的前四名被以埃・维克隆德为代表的瑞典选手包揽。18 公里赛瑞典的埃・拉尔松夺冠，挪威的奥・哈根以 1 分 05 秒之差屈居亚军。不过哈根在两项全能赛中获金牌，他的队友奥・霍夫斯巴肯和斯布罗达尔包揽了银牌、铜牌。上届跳台跳雪冠军——挪威的比・鲁德再次取胜，这位奥运会金牌获得者在二战时，被入侵挪威的德国法西斯投入集中营。首次列入冬奥会的4×10公里越野滑雪接力赛中，芬兰选手奋力拼搏，以6秒钟的微弱优势赢得了冠军。阿尔卑斯山式综合滑雪的金、银牌被德国人囊括。男子项目的冠、亚军是弗·普弗尼尔和古·兰奇纳尔；女子冠、亚军获得者分别是克·克兰茨和克·格拉泽格尔，挪威16岁的莱·绍·尼尔森赢得了女子赛的铜牌，她是当时网球名将和世界滑冰能手，曾多次在网球赛中取得好成绩并多次创速滑世界纪录，因当时女子速滑未列为奥运会项目，她参加了本项比赛。

雪橇项目中，美国未能再次垄断，仅男子双人座蝉联了冠军。四人座金、银牌被瑞士一、二队夺走。冰球赛中，有11名加拿大运动员的英国队获得了这届冠军，四夺该项金牌的加拿大队在奥运会上第一次遭到失败，屈居亚军。

在本届共17个单项的比赛中，挪威队表现出色，夺回了在普莱西德湖失去的优势，获金牌7枚、银牌5枚、铜牌3枚；东道主德国得金、银牌各3枚；瑞典居挪威、德国之后，金、银、铜牌分别为2枚、2枚、3枚。余下的5枚金牌被芬兰、瑞士、奥地利、英国、美国均分。

第五节　1948年第五届圣莫里茨冬奥会

一、概述

开幕时间：1948年1月30日

闭幕时间：1948年2月8日

举 办 地：瑞士圣莫里茨

运 动 员：669名（男选手592人、女选手77人）

项目数量：4个大项/9个分项/22个小项

第五届冬奥会于1948年1月30日至2月8日举行，因二战中断了12年的奥林匹克圣火终于在瑞士的圣莫里茨重新点燃。战争的洗礼，使人们对象征和平、友谊、进步的奥林匹克运动会更加充满了热情。本届冬奥会有28个国家和地区的669名运动员参赛，其中女子77人、男子592人。联邦德国和民主德国、日本因系二战策源地,被拒于奥运会门外。首次参加的有冰岛、丹麦、黎巴嫩、智利和韩国。因是战后举行的第一次世界性运动会,吸引了广大体坛人士的注意,观看比赛的人挤满了圣莫里茨,仅采访记者人数就相当于20年前那届运动会的10倍。

瑞士是钟表行业发达的国家。这次引人注目的是在比赛场上安装了巨大的自动计时装置,对以后竞赛采用先进的计时仪器起了积极的促进作用。

本届竞赛项目大项仍为4个,但单项比以前有所增加,项目数量首次突破20大关,达到22个。新列入的项目有男女回转障碍滑雪和快速降下,另外,恢复了四轮雪车赛。

二、举办地简介

举办地简介,详见第51页。

三、申办与筹备

二战迫使两届冬奥会中断。国际奥委会曾对这两届运动会事先做过安排。1940年运动会的会址起初选在日本的札幌,因日本发动侵华战争,日本军国主义政府强令日本奥委会放弃主办权,之后会址改在瑞士的圣莫里茨;申请主办1944年运动会的有加拿大的蒙特利尔和意大利的科蒂纳丹佩佐,后来科蒂纳丹佩佐中选。但这两届运动会均因战争而告吹。

二战结束后,奥运会恢复举行。当时,1948年夏季奥运会已选定在伦敦召开,国际奥委会曾希望英国同时承办冬季奥运会,但遭到英国拒绝。随后瑞士建议由圣莫里茨承办。就这样,圣莫里茨在1928年之后20年,又成为世界冰雪人士关注的焦点,它也是第一个主办两届冬奥会的城市。另一个申办本届冬奥会的城市是美国的普莱西德湖。因为冬奥会是按实际举行次数计算,所以本届延续上届,计为第五届。

四、圣火传递与开幕式

在大会开幕式上,瑞士联邦总统恩里科·塞里奥宣布本届冬奥会开幕。代表运动员宣誓的是东道主的冰球运动员里卡多·比比·托里亚尼。

五、奥运物展

图 2-10　第五届冬奥会会徽

图 2-11　第五届冬奥会海报

图 2-12　第五届冬奥会奖牌

六、奖牌榜

名次	代表团	金牌	银牌	铜牌	总数
1	挪威	4	3	3	10
2	瑞典	4	3	3	10
3	瑞士	3	4	3	10
4	美国	3	4	2	9

续表

名次	代表团	金牌	银牌	铜牌	总数
5	法国	2	1	2	5
6	加拿大	2	0	1	3
7	奥地利	1	3	4	8
8	芬兰	1	3	2	6
9	比利时	1	1	0	2
10	意大利	1	0	0	1
11	匈牙利	0	1	0	1
12	捷克斯洛伐克	0	1	0	1
13	英国	0	0	2	2
	总数	22	24	22	68

七、比赛项目

比赛设有越野滑雪、跳台滑雪、北欧两项、高山滑雪、有舵雪橇、卧式雪橇、速度滑冰、花样滑冰和冰球，共 4 个大项、9 个分项、22 个小项。

八、竞赛情况

在冬奥会上占有优势的冰雪运动强国挪威因战争和一些名运动员的离去，运动成绩大受影响，不过其速滑项目仍居领先地位。芬·赫尔格森（500米）、斯·法斯塔德（1 500米）和雷·利亚克勒夫（5 000米）为挪威夺得了全部 4 项速滑中的 3 枚金牌。500 米赛竞争非常激烈，冠、亚军成绩仅有 0.1 秒之差。有 3 人并列亚军、4 人并列第六名。10 000米金牌为瑞典的阿·赛法尔特获得。

昔日曾在花样滑冰项目上享有盛誉的挪威、奥地利、瑞典诸国，这次均与金牌无缘。美国过去对花样滑冰并不重视，但自法国布律内夫妇、挪威黑妮等世界知名选手移民美国后，促进了这项运动的发展和技术水平的提高，涌现了不少人才。在这次男子赛中，美国成了欧洲的主要对手，其中最有威胁的是在 16 岁时即获美国比赛冠军的理查德·巴顿。在圣莫里茨，这位哈佛大学学生也刚刚18岁。他的出色表演令欧洲选手目瞪口呆。他轻松获得了男子单人项目的金牌。

女子单人金牌得主是来自加拿大渥太华的20岁选手芭芭拉·斯科特。她是欧洲观众早已熟识的明星。本届运动会前一年,她在斯德哥尔摩夺得了世界冠军。这次规定滑比赛时,她具有无可争议的优势。但是令人惊异的是,出现在第二天报刊上的标题却是"斯科特遭到了厄运""斯科特未必能赢得奥运会冠军"。这是怎么回事呢?原来她在自由滑之前抽的号码是13号,"13"对西方人来说是个不祥的数字。但是,这个不吉利的"13",并未影响她登上这次冬奥会的冠军领奖台。

欧洲只有比利时的米·努瓦和皮·博尼这对选手在男女双人滑中获得了冠军,这也是比利时第一次在冬奥会上取得这样的荣誉。从这次中断12年的冬奥会可以看出,尽管战争切断了各国运动员之间的联系,但是花样滑冰的水平还是有了很大的提高,特别是在跳跃的难度上。

瑞典在男子滑雪赛中取得了出色的成绩,接连获得了3枚金牌。以马·伦德斯特罗姆为首的3名瑞典选手,包下了18公里越野滑雪赛的全部奖牌。在50公里赛中,瑞典的尼·卡尔松和哈·埃里克松分获银牌。在4×10公里接力赛中,瑞典队又战胜了强手芬兰、挪威队,摘得了桂冠。

在山地滑雪比赛中,法国男选手亨·奥雷耶最为突出,一人独得两枚金牌(山地两项和快速降下)和1枚铜牌(回转障碍滑雪)。瑞士、奥地利的男、女选手也取得了好成绩。瑞士获金牌2枚(男子回转障碍,埃·赖约尔特尔;女子快速降下,黑·施卢内格尔),奥地利获金牌1枚(女子山地两项,特·拜泽尔)。这项比赛欧洲运动员占有明显优势。大洋彼岸仅有美国20岁的格·弗雷泽在女子回转障碍滑雪和山地两项赛中获得了1枚金牌和1枚铜牌。

共有9支队伍参加了冰球赛的角逐。美国一下子派了两个队:一个属美国奥林匹克协会(即现在的美国奥委会),另一个属美国业余冰球协会(AHA),后者不受美国奥林匹克协会管辖,但它是国际冰球联合会会员。二者都自称代表美国队。这两个球队的到来,在圣莫里茨引发了一场几乎波及整个比赛的危机。大会开幕前,美国奥委会向东道主提出了警告,如果大会接纳美国业余冰协派出的球队参赛,美国则退出本届冬奥会。但国际冰联也向瑞士施加压力,如果不让美国冰协的球队出席,则撤销对这次运动会的财政支持,而这又是这次圣莫里茨冬奥会的主要经费来源。东道主决定不顾美国奥委会的警告,让美国业余冰协的冰球队参加比赛。

为了解决这个棘手的问题,最初瑞士组委会试图从比赛项目中将冰球取消,后来发现美国冰协球队的成绩并不理想,已经失去了竞争奖牌的机会,没有使事态继续扩大。决赛中,加拿大队碰上欧洲的强劲对手捷克斯洛伐克队。两队都未能突破对方大门,积分也相等,最后只因加拿大队比捷克斯洛伐克队净胜球多2分,才险夺该项冠军。捷克斯洛伐克队中的雅罗斯拉夫·德罗布尼也是网坛骁将,6年后,他赢得了温布尔登网球锦标赛单打冠军。

卧式雪橇比赛只有6个国家的15名运动员参赛,经过4轮的比赛,最终意大利选手获得冠军。

圣莫里茨冬奥会于2月8日正式闭幕。因为这届运动会未兴建奥运村,参赛选手都住在临近赛场的旅馆内,故有人戏称这次大会为“旅馆奥运会”。

本届共22个单项。瑞典、挪威两个队,奖牌相等,均得金牌4枚,银、铜牌各3枚;瑞士的金、银牌数也和美国一样,均分别为3枚、4枚。但铜牌数,瑞士为3枚,美国为2枚。余下的8枚金牌,法国、加拿大各得2枚;奥地利、芬兰、比利时、意大利各得1枚。

第六节　1952年第六届奥斯陆冬奥会

一、概述

开幕时间:1952年2月14日

闭幕时间:1952年2月25日

举 办 地:挪威奥斯陆

运 动 员:694名(男选手585人、女选手109人)

项目数量:4个大项/8个分项/22个小项

本届冬奥会改变了一个传统,这次在大城市,尤其是在一个国家的首都举行冬奥会,在历史上还是第一次。参加本届比赛的有30个国家和地区的

694 名运动员，其中女子 109 人、男子 585 人。首次参会的有新西兰、葡萄牙。此次冬奥会上，日本又回到了赛场上。德国在战后分成了民主德国和联邦德国两个国家。联邦德国参加了本届比赛。

大会期间，挪威组委会向国际奥委会赠送了一面奥林匹克五环锦旗。它同 1920 年夏季奥运会时比利时奥委会赠送给国际奥委会的旗帜一样，不过后者是夏季奥运会的专用会旗，而挪威的则属于冬奥会的专用会旗。

二、举办地简介

奥斯陆是挪威的首都和最大的城市，是政治、经济、文化、交通中心和主要港口，是挪威王室和政府的所在地，位于挪威东南部。

奥斯陆是斯堪的纳维亚半岛上最为古老的都城，始建于公元 1048 年，从 1814 年起成为挪威首都，昔日曾称为“克里斯蒂安尼亚”，后改为现名。据传说，奥斯陆意为“上帝的山谷”，也有说意为“山麓平原”，这两种说法皆因与奥斯陆所处的地理位置有关。

挪威首都奥斯陆，坐落在奥斯陆峡湾北端的山丘上，面对大海，背靠山峦，城市布局整齐，风格独特，环境幽雅，风景迷人。城市濒临曲折迂回的奥斯陆湾，背倚巍峨耸立的霍尔门科伦山，苍山绿海相辉映。由于奥斯陆三面被群山、丛林和原野环抱，使城市既有海滨都市的旖旎风光，又有依托高山密林的雄浑气势。

奥斯陆市内没有林立的摩天大楼，街道两旁的建筑大多只有六七层，带有浓厚的中世纪色彩和独具一格的北欧风光。大街上的人远比西欧、南欧各城市的人少得多。在奥斯陆常看到人们逍遥地在露天茶座喝咖啡，还有人安详地在街头公园里休息。王宫位于市中心，王宫前面有国王卡尔 · 约翰的铜像，王宫四周的花园树高林密，草茂花香，清静幽雅。

奥斯陆还是 1952 年冬季奥运会的主办城市。1993 年 5 月，在美国的主导下，以色列和巴勒斯坦在这里签订了著名的奥斯陆协议。另外，奥斯陆也是诺贝尔和平奖的颁奖地，每年的颁奖仪式在奥斯陆市政厅举行。

三、申办与筹备

国际奥委会从挪威的奥斯陆、美国的普莱西德湖和意大利的科蒂纳丹佩佐 3 个申办城市中,选择由奥斯陆举办 1952 年第六届冬奥会。冬奥会终于回到了现代滑雪运动的诞生地挪威,这也是冬奥会首次在由当时冬季项目最为强盛的斯堪的纳维亚地区国家举办。

冬奥会从 1924 年开始,无论会址是夏蒙尼、圣莫里茨,还是普莱西德湖或加米施-帕滕基兴,都只是偏僻的山镇,人烟稀少,有的地方居民甚至只有两千来人。而奥斯陆则是一国的首都,这也是冬奥会第一次由大城市承办。奥斯陆三面环山,一面临海,景色迷人,空气清新,虽是挪威王国的首都,但人口不到 50 万。滑雪是挪威也是奥斯陆人最喜爱的运动,每年 3 月第一个星期天是滑雪节。这一天,奥斯陆男女老少都外出参加滑雪运动。挪威之所以在冬奥会上成绩出色,与它雄厚的群众基础有很大关系。奥斯陆市郊霍尔门科伦山是滑雪的理想场所,驰名世界的霍尔门科伦滑雪大赛(世界级水平),就是因在这里举行而得名的。

挪威几乎举国投入了这次运动会的筹备工作,奥斯陆到处洋溢着欢乐的节日气氛。可惜的是天公不作美,瑞士、法国等周围国家都是大雪纷飞,而奥斯陆雪量却很少。东道主不得不动员士兵将积雪从树林深处、沟壑地方集中到比赛场地的线路上,但仍然不足。国际奥委会甚至考虑临时变换比赛地点,然而正巧开幕前一天大雪纷飞,使得这届奥运会如期开幕。

四、圣火传递与开幕式

大会于 1952 年 2 月 14 日至 25 日举行,本届首次在主会场点燃了奥林匹克火焰,但与夏季奥运会不同的是,火种不是来自奥林匹亚,而是取自挪威冰雪运动奠基人松德雷·诺德海姆(1825—1897 年)生前居住过的莫尔盖达尔村的一处石头房子中。共有 94 人参与了本届圣火的滑雪传递。火炬接力途经之处都是曾在北欧运动会、霍尔门科伦滑雪大赛和冬季奥运会上取得优异成绩的挪威选手所在的城市和村镇。同夏季奥运会一样,火炬于开幕式前到达主办地,并由知名人士点燃主体育场塔上的火焰。本届点燃圣火的是挪威著名探险家弗里迪奥夫·南森的孙子埃吉尔·南森,他在主体育场绕场一周后登上圣火台,点燃主火炬。这是冬奥会自 1924 年以来,第一次在开幕式上举行点燃圣火的仪式。

在开幕式上宣布大会开幕的是挪威公主拉根希尔德，东道国挪威的跳台滑雪选手托尔比约恩·法尔坎格代表运动员宣誓。

五、奥运物展

图 2-13　第六届冬奥会会徽

图 2-14　第六届冬奥会火炬

图 2-15　第六届冬奥会海报

图 2-16　第六届冬奥会奖牌

六、奖牌榜

名次	代表团	金牌	银牌	铜牌	总数
1	挪威	7	3	6	16
2	美国	4	6	1	11
3	芬兰	3	4	2	9
4	联邦德国	3	2	2	7
5	奥地利	2	4	2	8
6	加拿大	1	0	1	2
7	意大利	1	0	1	2
8	英国	1	0	0	1
9	荷兰	0	3	0	3
10	瑞典	0	0	4	4
11	瑞士	0	0	2	2
12	匈牙利	0	0	1	1
13	法国	0	0	1	1
	总数	22	22	23	67

七、比赛项目

比赛设有越野滑雪、跳台滑雪、北欧两项、高山滑雪、有舵雪橇、速度滑冰、花样滑冰和冰球，共 4 个大项、8 个分项、22 个小项。

八、竞赛情况

本届大会的头号新闻人物是挪威 28 岁的速度滑冰老将亚马尔·安德森。冬奥会前他已驰名于冰坛。1950 年、1951 年连续两次登上世界全能冠军宝座。这次他一人包下了1 500米、5 000米、10 000米 3 个项目的金牌，成为本届最显赫的运动员。他在5 000米和10 000米两项比赛中，也创造了这两个项目奥运会历史上冠军优势最悬殊的纪录。但是，挪威未能像 1936 年巴兰格鲁德时代那样，包揽速度滑冰的全部冠军。500 米赛时，美国肯·亨利和唐·麦克德莫特分别夺走了金牌、银牌。

上届男子花样滑冰冠军、美国的理·巴顿，这次再度摘得桂冠。女子金牌得主是鲜为人知的英国运动员珍·阿特韦格。男女双人滑中出现了一些麻烦。美国一位名叫肯尼迪的牙科医生，认为金牌应属他的一双儿女卡·肯尼迪和马·肯尼迪。他指控获得冠军的联邦德国人里·法尔克和保·法尔克违反了“业余”规定。不过组委会对他的指控未予理睬，事情不了了之。肯尼迪的儿女仍只得了银牌，冠军归属德国夫妻组合。

挪威在滑雪赛中再次取得出色成绩，夺得了 18 公里(哈·布伦登)、两项全能(西·斯洛特维克)和跳台跳雪(阿·贝格曼)3 项金牌，但在 50 公里赛中失利，芬兰的韦·哈库利宁和埃·科莱赫迈宁分别夺得了该项目的冠、亚军。4×10 公里接力赛场面非常壮观，沿途观看的人达 5 万人之多。这项比赛中芬兰占有明显优势，夺金没有悬念。挪威和瑞典谁将获得银牌在前 40 公里时还伯仲难分，但最后 10 公里时，本届 18 公里冠军、挪威的布伦登战胜了上届 18 公里冠军、瑞典的伦德斯特隆，取得了亚军。第一次列入比赛项目的女子 10 公里越野滑雪赛中，以吕·维德曼为代表的芬兰 3 名选手气势逼人，囊括了全部奖牌。

上届越野滑雪赛中曾三夺金牌的瑞典本届接连失利，只得了两枚铜牌。高山滑雪项目中的男子大回转障碍赛中，挪威的斯·埃里克森对周围地形了如指掌，轻车熟路，轻易地取得了金牌。不过他后来在回转障碍赛中却输给了奥地利的奥·施奈德，只得了银牌。意大利的 33 岁老将泽·科洛是山地滑雪能手，1950 年曾获世界冠军。这次他在快速降下赛中，比其他选手技高一筹，轻松地获得了金牌。女子高山滑雪，奥地利和美国实力强大。奥地利 25 岁的格·约胡姆-拜泽尔在上届夺得两项全能冠军后，本届再次夺得了快速降下金牌。联邦德国安·布赫纳比她稍慢了一步，屈居亚军，但布赫纳对此也很满意。因为比赛那天(2 月 16 日)，恰好她满 28 周岁，以奥运会银牌作为自己的生日礼物也是令人开心的。两个障碍滑雪项目金牌均被 20 岁的美国姑娘安·劳伦斯夺得。

冰球赛共有 9 个队参加。加拿大蝉联了冠军，历史上第五次夺得该项目奥运会金牌，美国获亚军。截至 1952 年奥运会，加拿大队在历届冰球赛所参加的 41 场比赛中的总成绩为 37 胜 1 负 3 平，进球 403 个，失球 34 个。上届比赛中几乎将加拿大挤下冠军宝座的捷克斯洛伐克队这次全由青年选手组成，他们与瑞典队积分、净胜分均相等，但在争第三名的重赛中以 3∶5失利，瑞典队获得了铜牌。

本届 22 个单项比赛全部结束后，挪威再次占据奖牌榜首位，共获金牌 7 枚、银牌 3 枚、铜牌 6 枚；美国夺得了仅次于 1932 年的最好成绩，获金牌 4 枚、银牌 6 枚、铜牌 1 枚；芬兰队获得的金牌、银牌、铜牌分别为 3 枚、4 枚、2 枚。

第七节　1956 年第七届科蒂纳丹佩佐冬奥会

一、概述

开幕时间：1956 年 1 月 26 日
闭幕时间：1956 年 2 月 5 日
举 办 地：意大利科蒂纳丹佩佐
运 动 员：821 名（男选手 687 人、女选手 134 人）
项目数量：4 个大项/8 个分项/24 个小项

1956 年意大利科蒂纳丹佩佐冬奥会因为苏联的加入而具有特殊的意义，在他们第一次参加的冬奥会中，就超越所有对手，在奖牌榜上名列第一。在四项速度滑冰项目中，他们夺取 3 金。科尔钦成为第一位夺得越野滑雪金牌的非斯堪的纳维亚国家运动员，赛勒夺得全部三枚高山滑雪比赛的金牌，这也是奥运会历史上第一位横扫高山滑雪三个项目的运动员，贝尔托以 4 秒 7 的巨大优势夺得了高山速降比赛的金牌，将此作为自己的生日礼物。美国队也在这届奥运会的花样滑冰项目中崭露头角，奥尔布莱特赢得女子项目金牌，在詹金斯的带领下，美国运动员包揽了男子花样滑冰的全部奖牌。科蒂纳丹佩佐冬季奥运会也是第一次有电视转播的奥运会，这也是花样滑冰比赛最后一次在室外举行。

本届参赛的有 33 个国家和地区（代表队 32 个）、821 名运动员，其中女子 134 人、男子 687 人。首次参加的有伊朗、玻利维亚、苏联。德意志民主共和国和德意志联邦共和国经过协商，组成了德国联队参赛。无论参赛的国家还是人数以及奖牌数均超过了往届。

二、举办地简介

科蒂纳丹佩佐是意大利的一个山间小镇，当时仅有6 000人左右。但是它早就是闻名遐迩的冬季运动中心。早在1897年，这里就举行过滑雪比赛。至1908年，除滑雪、滑冰赛外，又增设了雪橇类项目的比赛。第一次世界大战后科蒂纳丹佩佐更是以新的面貌出现在旅游者和冰雪爱好者面前。新的冰雪运动设施不断出现，一幢幢旅舍、饭店拔地而起。面积达31 500公顷的多洛米蒂国家公园是取景的最佳地理位置，科蒂纳丹佩佐一年四季游人不绝，冬季来此观雪和参加冰雪运动，夏季则观赏美丽的山景。这个小镇还曾多次承办过大型国际冰雪赛，如1927年的世界滑雪锦标赛、1928年的国际大学生冬季运动会，以及1932年的世界高山滑雪锦标赛等。

三、申办与筹备

申请主办第七届冬季奥运会的有挪威的奥斯陆、美国的科罗拉多斯普林斯和意大利的科蒂纳丹佩佐3个城市。1949年国际奥委会罗马会议将科蒂纳丹佩佐选为本届冬奥会的会址。

1949年国际奥委会将这里选为会址后，科蒂纳丹佩佐又改建和新建了许多冬运设施，其中一些设施具有世界一流水平，为花样滑冰和冰球比赛专门修建了一个有四层看台、能容1万人—1.2万人的大型冰场。

四、圣火传递与开幕式

大会于1956年1月26日至2月5日举行。26日上午11时许，大会正式开幕。意大利总统乔瓦尼·格隆基出席了开幕典礼，并宣布大会开幕。点燃本届奥林匹克火炬的是意大利著名男子花样滑冰运动员吉多·卡罗利。代表运动员宣誓的是意大利上届奥运会女子高山滑雪速降比赛铜牌获得者朱里亚娜·切纳尔-米努佐。这是冬奥会有史以来第一次由女子运动员代表宣誓，她也是奥运会史上第一位执行这一光荣使命的女性，这一行为对进一步提高妇女在冬奥会上的地位、推动世界冬季体育运动的发展有着积极的意义。

五、奥运物展

图 2-17　第七届冬奥会会徽

图 2-18　第七届冬奥会圣火

图 2-19　第七届冬奥会海报

图 2-20　第七届冬奥会奖牌

六、奖牌榜

名次	代表团	金牌	银牌	铜牌	总数
1	苏联	7	3	6	16
2	奥地利	4	3	4	11
3	芬兰	3	3	1	7

续表

名次	代表团	金牌	银牌	铜牌	总数
4	瑞士	3	2	1	6
5	瑞典	2	4	4	10
6	美国	2	3	2	7
7	挪威	2	1	1	4
8	意大利	1	2	0	3
9	德国联队	1	0	1	2
10	加拿大	0	1	2	3
11	日本	0	1	0	1
12	波兰	0	0	1	1
13	匈牙利	0	0	1	1
	总数	25	23	24	72

七、比赛项目

比赛设有越野滑雪、跳台滑雪、北欧两项、高山滑雪、有舵雪橇、速度滑冰、花样滑冰和冰球，共 4 个大项、8 个分项、24 个小项。本届竞赛项目又增加了两个单项：男子 18 公里滑雪被取消，改为 15 公里、30 公里滑雪；女子增加了 3×5 公里滑雪接力赛。

八、竞赛情况

速度滑冰比赛是在海拔 1 184 米、被称为“白云石珍珠”的密苏里纳湖冰场进行的。湖的四周是覆盖着皑皑白雪的山峰和悬崖，形成了天然屏障，是速度滑冰理想的比赛场地。从 1924 年到 1952 年的历届奥运会速度滑冰比赛成绩都很不理想，无一人打破世界纪录。本届 1 月 28 日举行的 500 米比赛，打破了这种长期沉寂的局面。苏联叶夫根尼 · 格里申以 40 秒 2 首次在冬奥会上刷新世界纪录。格里申还与队友尤里 · 米哈伊洛夫同时在1 500米比赛中取得 2 分 8 秒 6 的成绩，再次刷新世界纪录，两人同登冠军领奖台。此外，苏联的鲍里斯 · 希尔科夫还在5 000米比赛中夺得了桂冠。在速滑全部 4 个项目中，苏联只有10 000米比赛未能取胜，冠军被瑞典的西格瓦德·埃里克松获得。

第一次参加冬奥会的苏联是广泛开展冰雪运动的国家。由于这位冰上新客的出现,打破了过去速滑由挪威、芬兰、美国等国家垄断的局面。

美国这次在男女花样滑冰中都取得了优异的成绩。以艾·詹金斯为代表的3名选手包揽了男子单人滑的全部奖牌;坦·奥尔布赖特和卡·海斯分获女子单人滑的金、银牌。奥尔布赖特摘得奥运会桂冠,让人无限钦佩。这种钦佩与其说是人们对她技艺的倾倒,不如说是对她从坎坷生活中奋起精神的崇敬。她登上花样滑冰艺术的高峰,比一般人付出了更多的辛劳,流了更多的汗水,甚至眼泪和鲜血。她童年时期就患有严重的疾病——骨髓白灰质炎,濒临完全瘫痪的危险。她的父亲——一位波士顿的医生——为了让8岁的女儿重新站起来,不惜资金,到处求医问药,请了昔日冰上明星维利·弗里克和迈里贝尔·文森指导进行女儿花样滑冰训练。病弱的奥尔布赖特忍受了各种痛苦,以顽强的意志战胜了病魔,成为出色的花样滑冰运动员。四年前,她在奥斯陆获得奥运会银牌,迈出了她走上冠军奖台的第一步。本届比赛前,她膝盖不幸受伤,但凭着毅力、意志和勇敢,终于登上了冠军宝座。奥尔布赖特后来继承父业,当了牙科医生,并被选为美国奥委会名誉秘书。她曾被提名为国际奥委会委员候选人,后因故未果,否则她将会是国际奥委会第一个女委员。在这次花样滑冰比赛中,欧洲只有奥地利的伊·施瓦茨和库·奥佩尔特在男女双人滑中赢得了冠军。

滑雪比赛是人们关注的焦点,因为这次冬奥会滑雪赛既是奥运会赛,又是世界锦标赛,可同时获取奥运会冠军和世界冠军。男子越野滑雪的主要竞争者是挪威、芬兰、瑞典和苏联,他们实力各有千秋,谁也不占有明显优势。比赛结果是,他们各获得1枚金牌。上届18公里冠军、挪威的哈·布伦登和50公里冠军、芬兰的韦·哈库利宁这次分别获得了15公里和30公里的金牌。瑞典的西·耶恩伯格是滑雪名将,他在15公里、30公里比赛中都功败垂成,只得了银牌,但在50公里比赛中,终如愿问鼎。苏联在4×10公里比赛中实力较强,赢得了金牌。在女子10公里越野滑雪赛中,夺标呼声最高的是1954年的世界冠军、苏联的柳博夫·科济列娃。她不负众望,夺取了胜利。首次列入比赛的女子3×5公里接力赛,苏联比芬兰迟到27秒,屈居亚军。

有“白色闪电”之称的奥地利19岁选手安东·扎勒,是本届头号新闻人物,他在速降、回转障碍和大回转障碍赛中三夺金牌。因奥运会滑雪成绩同时计为世界锦标赛成绩,3 项的总成绩列为锦标赛全能成绩,这样,扎勒一下子获得 3 枚奥运会金牌和 4 个世界冠军,成为滑雪史上取得如此出色成绩的第一位选手。日本的猪谷千春在回转障碍滑中获银牌,是亚洲在冬季奥运会上的第一个获奖者。

在女子的这三项比赛中,瑞士的马·贝尔托德和伦·科利亚尔分获速降和回转障碍滑雪两个项目的冠军,德国的奥·赖歇特夺得大回转障碍赛的第一名,这也是德国联队在本届比赛中取得的唯一金牌。

冰球赛共有 10 个队参加。当时实力最强的是加拿大、美国、苏联 3 个队。本届冬奥会的前两年,苏联首次在世界锦标赛中赢得冠军,但是随后加拿大又夺回了这项荣誉。本届决赛时美国以 0:4负于苏联,但以 4:1胜了加拿大。因此苏联对加拿大是关键的一仗,如果苏联负于加拿大,则三队积分相等,将以净胜球数定名次。苏、加开赛后,加队攻势凌厉,苏队门前经常出现险情。但加队太不走运了,未能破门,反以 0:2败北。苏联第一次获得奥运会冰球冠军。

本届冬奥会共 24 个单项,因速度滑冰有两人并列冠军,总计 25 枚金牌。冰坛新贵苏联独占鳌头,获金牌 7 枚、银牌 3 枚、铜牌 6 枚;奥地利列第二,金牌 4 枚、银牌 3 枚、铜牌 4 枚;芬兰在苏联、奥地利之后,金牌、银牌各 3 枚,铜牌 1 枚;多次在冬季奥运会上成绩领先的挪威队,这次仅列第七位,获金牌 2 枚,银牌、铜牌各 1 枚。

第八节　1960 年第八届斯阔谷冬奥会

一、概述

开幕时间:1960 年 2 月 18 日
闭幕时间:1960 年 2 月 28 日
举 办 地:美国斯阔谷
运 动 员:665 名(男选手 521 人、女选手 144 人)
项目数量:5 个大项/8 个分项/27 个小项

美国斯阔谷距离加利福尼亚州旧金山 300 公里,是海拔 1 889 米的山城,在向国际奥委会提出申办时,完全没有比赛的运动设施和场馆,斯阔谷冬季奥运会的筹办过程进展得很不顺利。雪橇比赛第一次也是唯一一次在斯阔谷冬季奥运会中缺席。因为只有9个国家报名雪橇比赛,组委会认为不值得为这次比赛大兴土木,因此宣布不举办雪橇比赛。在此届比赛中,冬季两项(包括越野滑雪和射击两项)第一次成为冬奥会的正式比赛项目,来自瑞典的运动员莱斯坦德获得这个项目的第一枚奥运金牌。

本届冬奥会组织者专门为运动员修建了冬奥会第一座奥林匹克村和能容纳1.1万名观众的奥林匹克宫,并且提供了一台“拉马克”计算机,保证比赛有条不紊地进行。

二、举办地简介

斯阔谷是加利福尼亚州内华达山脉间的一块盆地。一百多年前,这里原是印第安人聚居的地方。印第安人的习惯是,男人终年外出狩猎,妇女在家操持家务。当第一批白人移民到达这里时,只看到了一些妇女,女子按印第安人的叫法称“斯阔”。这就是斯阔谷得名的由来。

斯阔谷海拔1 889米,是美国著名的冬季运动中心之一。以往几届冬奥会会址的海拔高度都比这里低。如圣莫里茨海拔1 856米,科蒂纳丹佩佐海拔1 184米,而加米施-帕滕基兴仅732米。斯阔谷冬季奥运会是第一次在海拔较高的地点举行的冬奥会。

三、申办与筹备

第八届冬季奥运会再次从欧洲大陆转至大洋彼岸举行。和美国的斯阔谷同时申请主办的有奥地利的因斯布鲁克、瑞士的圣莫里茨以及德意志联邦共和国的加米施-帕滕基兴。1955年,国际奥委会在第51次巴黎全会上最后选定了斯阔谷。

在比赛筹备过程中,组委会专门修建了一个供运动员住宿的奥林匹克村。这是冬奥会史上第一次专门为运动员准备的运动员村。在技术方面,为减少裁判统计工作,缩短成绩公布时间,大会配备了一台“拉马克”电子计算机,供花样滑冰等比赛使用。每一项目比赛结束后,计算机只需几秒钟就用英法两种文字公布全部比赛成绩,并附有运动员的简单介绍。

四、圣火传递与开幕式

1960 年 2 月 18 日举行了隆重的开幕式,15 000 名观众出席了盛会。宣布本届冬奥会开幕的是当时还在担任美国副总统的尼克松(后任美国第 37 届总统),时任国际奥委会主席布伦戴奇出席了开幕式并致辞。在圣火点燃仪式中,两次冬奥会冠军安・劳伦斯-米德高举来自远方挪威的火种,从白雪皑皑的陡峭山坡上飞驰而下,奥运会速滑冠军肯・亨利接过火炬绕场一周,随后点燃熊熊的奥林匹克火焰,将大会气氛推向了高潮。火种同上届一样,从挪威摩耶达尔村诺德海姆故居的壁炉里点燃。美国著名的花样滑冰选手海斯代表运动员宣誓。

五、奥运物展

图 2-21　第八届冬奥会会徽

图 2-22　第八届冬奥会火炬

图 2-23　第八届冬奥会海报

图 2-24　第八届冬奥会奖牌

六、奖牌榜

名次	代表团	金牌	银牌	铜牌	总数
1	苏联	7	5	9	21
2	德国联队	4	3	1	8
3	美国	3	4	3	10
4	挪威	3	3	0	6
5	瑞典	3	2	2	7
6	芬兰	2	3	3	8
7	加拿大	2	1	1	4
8	瑞士	2	0	0	2
9	奥地利	1	2	3	6
10	法国	1	0	2	3
11	波兰	0	1	1	2
12	荷兰	0	1	1	2
13	捷克斯洛伐克	0	1	0	1
14	意大利	0	0	1	1
	总数	28	26	27	81

七、比赛项目

本届比赛设有越野滑雪、跳台滑雪、北欧两项、高山滑雪、速度滑冰、花样滑冰、冰球和冬季两项共5个大项、8个分项、27个小项。女子速滑第一次成为奥运会的正式比赛项目。本届冬奥会因为没有雪橇赛道,取消了雪橇项目。

第一次出现在冬奥会比赛中的冬季两项是由越野滑雪和射击两个完全不同的项目组成的,该比赛项目既要求运动员有良好的滑雪技术,又要具备较高的射击命中率;既锻炼人的狩猎能力,又具有军事意义,这项运动在冰雪地区开展得较为广泛。它与现代五项组成同盟,称作“现代五项和冬季两项同盟”,这是唯一一个在冬夏季奥运会上均设有比赛项目的国际体育组织。

八、竞赛情况

在速滑男子比赛中,苏联再现了上届的辉煌,夺取了4枚金牌中的3枚。在500米速滑赛中,29岁的叶夫根尼·格里申以与上届同样的40秒2的成绩蝉联冠军;苏联年仅22岁的小将科西奇金和挪威运动员奥斯共同分享了男子1 500米速滑的金牌。克·约翰内森在10 000米比赛中为挪威再添一金。在本届新增加的女子速滑项目中,苏联占有明显的优势,获3项冠军,其中著名速滑运动员利迪妞·斯科布利科娃一人独揽了1 500米和3 000米两项金牌。

芬兰的越野滑雪运动员维科·哈库利宁共获得了7枚奥运奖牌,其中包括3枚金牌,而且这3枚金牌是在三届奥运会的三个不同项目上获得的。1952年挪威奥斯陆冬奥会上,哈库利宁只参加了50公里越野滑雪的比赛,他以4分38秒的优势夺冠。在1956年意大利科蒂纳丹佩佐冬季奥运会上,他参加了30公里滑雪项目的角逐,在这个新增奥运项目的比赛中,哈库利宁以24秒的优势夺金。到1960年美国斯阔谷冬季奥运会时,哈库利宁已经是35岁的老将了,他以1米的优势为芬兰夺得一枚滑雪接力金牌,在随后进行的50公里滑雪赛中,他再添一枚银牌。

欧洲国家在本届花样滑冰赛中遭遇了自1924年冬奥会创办以来的第一次失败,没有收获一枚金牌,而美洲则出尽了风头。上届男子单人滑铜牌获得者达维德·詹金斯,这次收获了该项的冠军。美国的卡罗尔·海斯成为女单的金牌冠军,她是法国著名花样滑冰选手、两届奥运会男女双人滑冠军布律内夫妇的得意门生。本届比赛中,加拿大的巴·瓦格纳和罗·保罗夺得了男女双人滑冠军。

在1960年斯阔谷冬奥会上,欧洲在滑雪比赛项目中仍占上风,男子越野滑雪依旧是芬兰、挪威、瑞典等国争雄,此届新人黑马层出不穷,除30公里冠军、瑞典的西·耶恩伯格是上届50公里金牌获得者外,其余冠军都是新人。在女子10公里项目赛中,前四名都是苏联选手。欧洲国家在高山滑雪中表现突出,金牌除回转一项被美洲的加拿大选手安·赫格斯维特夺去外,余下的金牌都被欧洲国家获得。德国在整个滑雪项目中成绩最好,共获3枚金牌,其中乔·托马获两项全能金牌、海·雷克纳格尔获男子跳台跳雪冠军、海-拜布尔获女子速降金牌。奥地利的埃-欣特泽尔在男子回转中获胜。瑞士的罗·斯托布和伊·吕格分获男女大回转冠军。法国的让·维亚尔内在男子快速降下中获得金牌。

参加此届冰球比赛的共9个队,美国队获冠军,加拿大队获亚军。

第一次纳入冬奥会的冬季两项有英国、保加利亚、法国等10个国家和地区的30名运动员参赛,当时运动员用的步枪都是大口径,射击姿势也各不相同。最终,瑞典选手克拉斯·来斯坦德获得冠军,芬兰和苏联选手分列第二、三名。

本届共举行了27个单项比赛,苏联再次居领先地位,获7枚金牌、5枚银牌、9枚铜牌;德国联队此次成绩出色,位居第二,得4枚金牌、3枚银牌、1枚铜牌;美国作为东道主,成绩不是很理想,位居第三,收获3枚金牌、4枚银牌、3枚铜牌。挪威成绩略有提升,同美国一样获得3枚金牌,位居第四。此届冬奥会,在男子速滑中有两人并列冠军,因此共决出了28枚金牌。

闭幕式当天,大会组委会组织了一次优秀速滑运动员的破纪录比赛,苏联的格里申,成为世界上第一个用不到40秒时间滑完500米的选手,用时仅为39秒6,令人惊叹。

九、中国代表团情况

这是中国首次接触冬奥会。中国奥林匹克委员会虽获美国支持,但是需先申请加入国际滑雪总会和国际滑冰总会,因受政治影响未能及时获准,没能正式参加比赛。时任中国奥委会主席邓传楷先生担任中国代表团团长,他率团观摩了此届冬奥会,为中国今后能在冬奥会上展露风采积累了经验。

第九节　1964年第九届因斯布鲁克冬奥会

一、概述

开幕时间:1964年1月29日
闭幕时间:1964年2月9日
举 办 地:奥地利因斯布鲁克
运 动 员:1 091名(男选手892人、女选手199人)
项目数量:6个大项/10个分项/34个小项

本届冬奥会上参与国家数、人数和项目设置数都超过了往届,共有37个国家和地区奥委会派出了代表团。本届冬奥会第一次发行了纪念币,售价5英镑,比赛时间也从10天延长到了12天。

二、举办地简介

因斯布鲁克是奥地利西南部的一个城市,建立于1239年,是蒂洛尔州首府,濒临因河。这座美丽的小城坐落在阿尔卑斯山谷之中,名字的涵义为"因河上的桥"。因斯布鲁克是奥地利第五大城市,整个都市地区约有18.4万居民。位于布雷根茨-维也纳东西谷地及经过布伦纳山口南北要道的十字路口,是交通枢纽及游览城市。13世纪设市,19世纪后期布伦纳山口铁路通车后逐步发展,有服装、酿酒、机器、制药等工业,市区分布在因河两岸。

奥地利的高山,就跟它的音乐一样,是世界知名的。蒂洛尔州则是阿尔卑斯山的心脏。无论是在因斯布鲁克的哪一个角落,都能见到白雪覆盖的山峦。因为北面被山脉遮挡,所以因斯布鲁克气候宜人,是国际旅游胜地。

因斯布鲁克仍然保持着中世纪城市的容貌,在狭窄的小街上,哥特风格的楼房鳞次栉比。巴洛克式的大门和文艺复兴式的连拱廊展现出古城的风貌。在老城的东部和北部,是因斯布鲁克新城区。因斯布鲁克是著名的滑雪胜地,冬奥会曾于1964年和1976年两次在此举办。全球最大的慈善组织SOS儿童村总部即位于此。如今,因斯布鲁克是一座大学城,也是主教所在地。它的工业非常发达,并且经常举办展览会。

因斯布鲁克19世纪因铁路通车而繁荣起来。市内古建筑颇多,著名的有菲尔施滕堡、霍夫城堡和宫廷教堂等。远处雪峰与城郊古堡交相辉映,景色壮丽。这里交通便利,为奥地利交通枢纽,是奥地利的旅游与冬季运动胜地。在场馆设施方面,当时因斯布鲁克拥有一个能容1万人的体育馆,这是欧洲为数不多的冬季运动体育馆之一。

三、申办与筹备

奥地利由于因斯布鲁克的有利条件曾在第八届冬季奥运会会址选择时提出过申请,但在竞选中败给了美国的斯阔谷。1964年,因斯布鲁克最终战胜芬兰的拉蒂、瑞典的奥勒和加拿大的卡尔加里,获得了第九届冬奥会的主办权。奥地利是一个爱好冰雪运动的国家,在以往几届冬奥会上都曾取得过好成绩,在高山滑雪和花样滑冰比赛中还多次夺得金牌。

四、火炬传递与开幕式

从本届开始,火种不再取自挪威,而是同夏季奥运会一样,取自奥林匹亚。开幕式上,担负点燃奥林匹克火炬光荣使命的是奥地利高山滑雪男运动员里德尔。在开幕式的地点选择上也与以往不同,并非在滑冰场举行而是改在跳台跳雪场举行,6万余人观看了这一盛况,开幕式十分隆重。宣布本届盛会开幕的是奥地利总统阿道夫·沙尔弗,代表运动员宣誓的是奥地利的雪车选手保罗·阿斯特。

五、奥运物展

图 2-25　第九届冬奥会会徽

图 2-26　第九届冬奥会火炬

图 2-27　第九届冬奥会海报

图 2-28　第九届冬奥会奖牌

六、奖牌榜

名次	代表团	金牌	银牌	铜牌	总数
1	苏联	11	8	6	25
2	奥地利	4	5	3	12
3	挪威	3	6	6	15
4	芬兰	3	4	3	10
5	法国	3	4	0	7
6	联邦德国	3	3	3	9
7	瑞典	3	3	1	7
8	美国	1	2	3	6
9	荷兰	1	1	0	2
10	加拿大	1	0	2	3
11	英国	1	0	0	1
12	意大利	0	1	3	4
13	朝鲜	0	1	0	1
14	捷克斯洛伐克	0	0	1	1
	总数	34	38	31	103

七、比赛项目

本届冬奥会在竞赛项目上又有一些新的变化。跳台跳雪分成 90 米、70 米两个级别,不过因为此前这项比赛均为 70 米,也有人认为是新设了 90 米跳台跳雪。女子越野滑雪增加了一个 5 公里项目,上届冬奥会由于斯阔谷没有雪橇赛道的原因而被取消了的项目有舵雪橇比赛,在本届冬奥会上再度出现,并增设了无舵雪橇比赛。

八、竞赛情况

在滑雪比赛中,瑞典 35 岁的老将耶恩贝里参加了男子的全部越野赛,并且在 50 公里比赛和 4×10 公里越野接力赛中获得金牌。挪威的克努森获得了北欧两项的冠军，成就挪威第七次摘得该项桂冠的光荣历史。苏联24岁女教师博亚尔斯基赫在滑雪赛中表现出色，成功拿下5公里、10公里比赛的冠军，她还在3×5公里接力赛中获胜，成为本届滑雪项目中获得金牌最多的运动员。

在进行山地滑雪赛时，激情澎湃的奥地利观众不停地为本国运动员呐喊。奥地利选手深受鼓舞，接连拿下3项冠军。在众多优秀选手中，最值得一提的是法国的戈切尔姐妹。妹妹玛里耶勒比姐姐克里斯蒂娜小一岁多，但成绩远胜于姐姐。大回转比赛中，妹妹获金牌，姐姐得银牌；而在小回转赛中姐姐获金牌，妹妹获银牌。本届冬奥会后，姐姐克里斯蒂娜运动成绩下降，但妹妹玛里耶勒仍是冰雪场上的活跃人物。当时颇有名气的曾3次获世界冠军的30岁苏联现代冬季两项运动员梅拉宁，在本届冬奥会前的选拔赛中，成绩并不理想，仅排名第15位，差点未能入选代表队。但他在比赛中恢复了状态，发挥出了应有的水平，最后夺得该项运动的冠军。

本届的奇迹发生在速度滑冰的比赛场上。上届速度滑冰的两枚金牌获得者——24岁的苏联女选手斯科布利科娃，在比赛中包揽了4个项目的全部金牌。在女子3 000米比赛中，朝鲜选手韩弼花与苏联斯捷尼娜并列第二，收获了一枚难得的银牌。与上届相比，在这届5 000米赛中，仅有挪威的约翰内森再获金牌。在上两届比赛中称霸冰坛的32岁苏联老将格里申只在500米项目中获得了银牌。男子速滑的金牌由美国、苏联、挪威、瑞典均分。

在花样滑冰赛中，欧洲可以说是一雪前耻，上届是零金牌数，这次却从美洲人手中夺回了全部金牌，而且这些获得金牌的国家都是第一次问鼎冠军。男子单人滑冠军的获得者是德国的施内尔多费尔。在女子单人滑中，荷兰的戴克斯特拉表现突出，成为本届冬奥会上为荷兰夺得第一枚金牌的运动员。在双人滑中，冠军得主是苏联的别洛乌索娃以及普罗托波波夫。德国的一对选手成为亚军，但事后发现他们曾参加过职业性冰上轻歌舞剧演出，与运动员的“业余”规定不符，1966年银牌被追回。这是冬奥会历史上的第一次制裁事件。

本届冬奥会冰球比赛共有16个队参加，是冬奥会历史上参赛队伍最多和比赛时间持续最长的一次。苏联队战术精湛，战胜了所有对手，获得了冰球冠军，银牌和铜牌分属瑞典队与捷克斯洛伐克队。

值得一提的是，亚洲运动员在本次比赛中也有收获，朝鲜选手韩弼花在速度滑冰比赛中收获银牌，这枚银牌是继日本高山滑雪运动员猪谷千之后的亚洲第二枚奖牌。

第十节　1968 年第十届格勒诺布尔冬奥会

一、概述

开幕时间：1968 年 2 月 6 日
闭幕时间：1968 年 2 月 18 日
举 办 地：法国格勒诺布尔
运 动 员：1 158 人（男选手 947 人、女选手 211 人）
项目数量：6 个大项/10 个分项/35 个小项

在本届冬奥会上，国际奥委会医学委员会在性别和尿样两个方面进行检测，这也是第一次在奥运会赛场上检测这两个项目。在本届冬奥会上，第一次采用彩色电视信号转播。项目的符号首次出现在奖牌上，一个滑雪的小卡通人物被确定为本届奥运会的非正式吉祥物。

二、举办地简介

格勒诺布尔是一座历史悠久的城市，位于法国东南部，在首都巴黎东南 547 公里处，属于法国外省经济实力最强、欧洲经济实力排名第七的大区——罗纳-阿尔卑斯大区，是此区内仅次于首府里昂的第二大都市圈，也是伊泽尔省的省会。它位于法国五大河流之一——罗纳河的支流伊泽尔河和德拉克河的交汇处，市区人口 16 万人，郊区近 70 万人。格勒诺布尔是法国第十大都市圈，也是法国外省人口密度第二高的都市圈。它是阿尔卑斯山山区交通中心，是著名的滑雪胜地。城市周围有数座条件优异的滑雪场，每年冬季都会吸引无数来自世界各地的冰雪运动爱好者。物力、微电子产业发达，被誉为“欧洲的硅谷”。

格勒诺布尔被三座山脉环绕：东南面的贝勒多纳山脉、北面的夏尔特斯山脉及西面的韦科尔山脉，其中，花岗岩质的贝勒多纳山脉属于阿尔卑斯山的主脉,最高峰海拔 2 977 米;石灰岩质的夏特勒斯山脉和韦科尔山脉属于阿尔卑斯山的余脉,最高峰海拔分别是 2 082 米和 2 341 米。绵延的山峦镶嵌在蔚蓝的天边,驻守着这座宁静而闲适的城市。格勒地区的动植物生态十分富饶,自然景观原始多样,有山脉、山丘、森林、湖泊、河流、瀑布、溶洞、温泉等,因而深受大自然爱好者的青睐。它地处法国阿尔卑斯山区的中心,是欧洲阿尔卑斯山区的最大城市,位列奥地利因斯布鲁克和意大利波尔查诺之前,被誉为“阿尔卑斯之都”,由于其三面环山,它所覆盖的城市区域形状酷似字母 Y 的形状,因而这片被群山环抱的土地被称为“格勒诺布尔 Y”,又因其特殊形状被想象力丰富的人们称为一只“展翅欲飞的雄鹰”。这片区域构成了“格勒诺布尔盆地”,面积约 100 平方公里,与小巴黎的面积大体相当。由于地理位置极其险要,格勒在古希腊、古罗马时期就成为兵家必争之地。格勒城区循德拉克河汇入伊泽尔河的谷地,十分宽阔平坦,海拔仅 212 米,但四周的阿尔卑斯山峰峦耸立,其中不乏 2 000 米以上的高峰,它们仿佛是格勒的守护神。正如法国大文豪司汤达所说,“在每一条路的尽头,都是一座山”。站在这里的任何一个角落,山都不会远离人的视线,格勒虽然处于山区,却是法国最平坦的城市,城区里几乎没有起伏,因而深受自行车爱好者的青睐。

三、申办与筹备

此次申请承办第十届冬奥会的城市有挪威的奥斯陆、加拿大的卡尔加里、美国的普莱西德湖、芬兰的拉蒂、日本的札幌和法国的格勒诺布尔 6 个城市。在投票表决中,格勒诺布尔竞选成功。

本届冬奥会组委会本着把这次冬奥会办成“最有成效、最有组织的运动会”的目标,从获得主办权之日起,就开始积极着手准备。他们仅花了 16 个月的时间,就建成一个能容纳 1. 2 万个座位的冰场,作为冰球和速度滑冰的比赛场;冰场旁边还修建了法国第一个人造滑冰场。滑雪场地设备齐全,并建造了一个奥林匹克村。

四、火炬传递和开幕式

法国总统戴高乐宣布比赛开幕,点燃奥运圣火的是花样滑冰运动员卡尔玛,由高山滑雪运动员拉克鲁瓦代表运动员宣誓。大约有来自世界各地的 7 万观众，他们参加的开幕式极为隆重热烈，主办当局别出心裁，在运动场上空，将 3 万朵色泽艳丽的红玫瑰，从直升机上倾泻而下，节日气氛笼罩着整个会场。空中飞舞着鲜红的玫瑰花瓣，四周弥漫着沁人心脾的阵阵清香。花瓣散落在洁白的雪地上，显得鲜艳夺目。玫瑰在格勒诺布尔有着特别的含义，该城的城徽即以 3 朵红玫瑰作为标志，象征着这里的工业、文化教育、旅游和冬季运动四大特色。

五、奥运物展

图 2-29　第十届冬奥会会徽

图 2-30　第十届冬奥会海报

图 2-31　第十届冬奥会奖牌

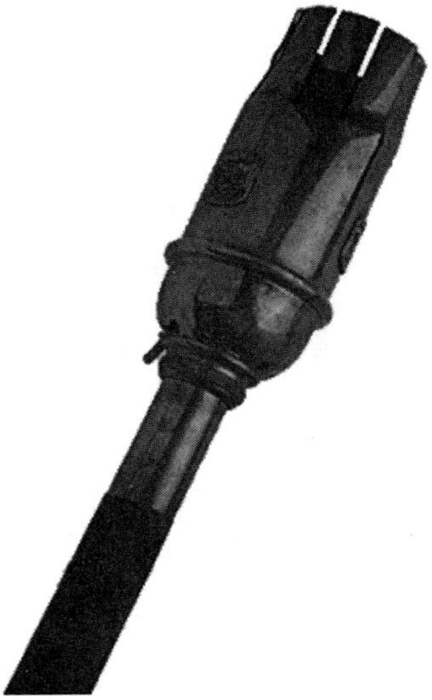

第十届冬奥会火炬

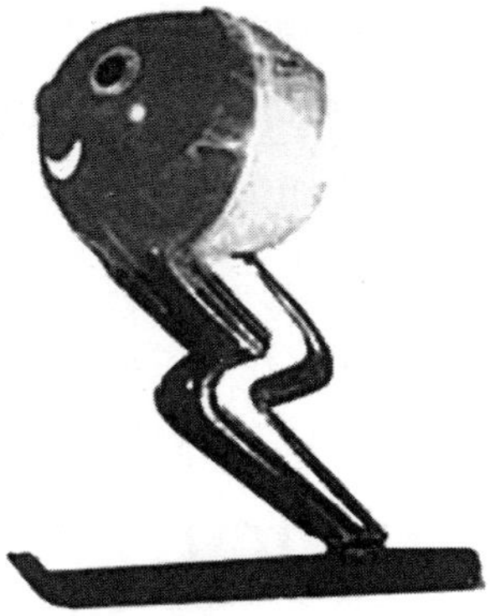

第十届冬奥会非正式吉祥物
“雪士-舒斯”

图 2-32

六、奖牌榜

名次	代表团	金牌	银牌	铜牌	总数
1	挪威	6	6	2	14
2	苏联	5	5	3	13
3	法国	4	3	2	9
4	意大利	4	0	0	4
5	奥地利	3	4	4	11
6	荷兰	3	3	3	9
7	瑞典	3	2	3	8
8	联邦德国	2	2	3	7
9	美国	1	5	1	7
10	芬兰	1	2	2	5
11	民主德国	1	2	2	5

续表

名次	代表团	金牌	银牌	铜牌	总数
12	捷克斯洛伐克	1	2	1	4
13	加拿大	1	1	1	3
14	瑞士	0	2	4	6
15	罗马尼亚	0	0	1	1
	总数	35	39	32	106

七、比赛项目

比赛设有越野滑雪、跳台滑雪、北欧两项、高山滑雪、速度滑冰、有舵雪橇、无舵雪橇、花样滑冰、冰球和冬季两项，共 6 个大项、10 个分项、35 个小项。冬季两项 4×7.5 公里接力赛第一次被列入冬奥会比赛项目中。

八、竞赛情况

越野滑雪 30 公里金牌的获得者是来自意大利的选手弗兰科·诺内斯，这是意大利自 1924 年参加冬奥会以来，首次在该项目上夺得金牌，同时也是北欧国家在本届冬奥会越野滑雪项目上失去的唯一一枚金牌。在男女越野滑雪中挪威选手表现优秀，格伦宁根夺得男子 15 公里冠军，埃勒塞特夺得 50 公里冠军，他们还在男女两个接力项目中取胜，总共为挪威获得了 4 枚金牌。

在男子山地滑雪赛中，24 岁的法国选手基利在大回转、回转障碍滑雪和快速降下比赛中接连夺冠。奥运会结束后，基利转为职业运动员，从而失去了参加奥运会的资格。苏联的别洛乌索夫和捷克斯洛伐克的拉什卡分获 90 米、70 米跳台滑雪的金牌，他们两人首次在男子个人滑雪中为各自的国家赢得了荣誉。

在花样滑冰男子单人滑中，奥地利摘得了这项桂冠。获得多次世界冠军、美国 19 岁的明星弗莱明获得了女子单人滑金牌。苏联别洛乌索娃和普罗托波波夫蝉联男女双人滑冠军。

共有 14 支球队参加冰球比赛。决赛期间，在苏联以 4∶5输给捷克斯洛伐克后，形势变得非常微妙。苏联、捷克斯洛伐克、加拿大3队都各负一场，积分均为10分。谁打好最后一场，谁就将赢得冠军。捷克斯洛伐克与夺冠无望的瑞典对阵，以2:2战和，而苏联却出人意料地以5:0轻松取胜加拿大，摘得这项桂冠。

现代冬季两项个人赛金牌的主要争夺者是挪威的索尔贝格和苏联的吉洪诺夫。最终，索尔贝格更胜一筹，获得冠军。但在4×7.5公里接力赛中，苏联战胜挪威，取得了团体第一名。

运动雪橇，按规定需要进行4轮比赛，因天气原因，只赛完3轮。奥地利的施密德荣获男单座冠军，意大利的莱希纳获女单座冠军，获得男子双座冠军的是民主德国的选手。意大利斩获本届有舵雪橇男子双人座和四人座的冠军。

苏联男子速滑正处于青黄不接的阶段，因此，苏联在男子速滑中的表现并不理想，苏联老将叶·格里申再次出现在冰场上，但只在500米比赛中获得第四名，这还是苏联取得的最好名次。女子情况稍好一些，柳·季托娃夺得了500米冠军，但上届囊括女子速滑金牌的利·斯科布利科娃这次却接连失利，仅在3 000米比赛中获得了第6名。

荷兰女队表现出色，卡·盖伊森和约·舒特分别摘得了1 000米和3 000米桂冠。自1936年奥地利花样滑冰男子单人滑夺冠32年以来，奥地利终于又摘得了这项桂冠。

第十一节　1972年第十一届札幌冬奥会

一、概述

开幕时间：1972年2月3日
闭幕时间：1972年2月13日
举 办 地：日本札幌
运 动 员：1 006人（男选手800人、女选手206人）
项目数量：6个大项/10个分项/35个小项

札幌冬奥会是首次在亚洲举办的冬季奥林匹克运动会。应邀参赛的有

35 个国家和地区，首次参加的有菲律宾、中国台湾地区。札幌运动会引起了新闻界极大的兴趣，采访大会的各类记者达 3 895 人。

二、举办地简介

札幌，是一座位于日本北海道道央地区的都会城市，为全日本人口第五多的城市，也是日本的政令指定都市之一。由于札幌市是北海道政府以及石狩支厅办公室所在地，因此也成为北海道的行政中枢。札幌市位于北海道石狩平原西南部，是日本人口过百万的都会区中地理位置在最北方的一个。除此之外，由于日本是个岛国，主要城市大都临海，札幌遂成为少见的内陆城市，是城市中人口最多的一个内陆城市。

札幌除了是北海道的行政中心，也是北海道的工商业中心，位于市中心的带状公园大通公园也是每年札幌雪祭的举办场地，因此札幌也是个国际知名的观光都市。札幌市区沿平川的河道伸展，这条河穿过市中心，将城市分为东西两区，城市的人行道两旁都种着洋槐树，因而札幌又有“洋槐之都”的美称。街道整齐具有北欧风情，市内有两条特别宽阔的马路，互相交叉成直角状，其交叉点就是札幌的中心点。初夏，札幌的紫丁香花、金合欢树花盛开，这样绚丽多彩的自然风光一直延续到雪季来临之前。入冬之后，整个城市一片雪白，墨绿色的常青树叶像雪原中动物的眼睛一样。札幌冰雪节、冬季奥运会、冬季亚运会等国际盛会都曾经在札幌举行。札幌作为一个国际性大都会而闻名于世。

札幌是个典型的北国城市，具有浓厚的北国风情。札幌每年都有以冰雪为主题的户外活动，这就是札幌雪祭的由来。雪祭的主会场设在大通公园，郊区的真驹被开辟为第二会场，专供儿童玩耍。后来又在支笏湖国家公园开辟了第三会场，供游人体验冰山探险的乐趣。雪祭分为雪雕和冰雕两大部分。雪雕的造型以人物为主，表面呈白色粉末状，四周设置的投射灯光打在上面，突出了人物的纯洁质感。雪祭的参赛者们把自己的想象力发挥到了极致，作品从人物、动物到世界名胜，包罗万象，应有尽有。

札幌是日本十大城市之一，周围丘陵起伏，山地较多，南有大仓山和藻岩山，西有手稻山。每年 10 月开始降雪，12 月至第二年 3 月下旬都是白雪皑皑。特别是受到白令海峡寒流南下的冲击和太平洋暖流北上的影响，冬季多雪但却不十分寒冷，2 月平均气温一般在-3℃左右，是日本著名的冬季运动中心。

三、申办过程与比赛筹备

早在 1935 年，札幌就向国际奥委会提出过申办冬奥会的申请。但 1936 年在加米施-帕滕基兴召开的国际奥委会会议上，由于在运动员业余资格问题上存在分歧，讨论承办 1940 年冬奥会之事没能成功。1937 年日本政府因为热衷于侵略战争，在华沙举行的第 37 届国际奥委会会议上，奥委会拒绝在札幌举办冬奥会。日本在申办的时候，虽然在冰雪运动成绩上不够理想，但是却击败了美国盐湖城、芬兰拉赫蒂、加拿大班夫和瑞典的奥勒等诸多城市，获得了主办权。奥运会在不同的国家召开，更有利于奥林匹克精神的传播，对亚洲冰雪运动的推广起到了积极作用。

在札幌冬奥会期间，札幌市民沉浸在冬奥会的欢乐之中，丝毫没受到二月北海道异常气候的影响。中央区的大街小巷呈现出一派节日的气氛，正赶上日本一年一度的传统雪节，各具特色的雪雕、冰雕拔地而起，为赛会增添了欢乐的气氛。总之，良好的比赛设施、东道主严密而高效率的组织工作使赛会举办得相当成功。

四、火炬传递与开幕式

这届冬奥会同 1964 年东京第十八届夏季奥运会一样，日本组织了声势浩大的火炬接力活动。火炬从奥林匹亚传到日本本土后，大会组织了 1.5 万名年龄在 11 到 20 岁之间的青少年进行了火炬接力跑。在 2 月 3 日的开幕式上，一位名叫高田秀喜的学生点燃了大会圣火。

日本天皇裕仁宣布开幕。开幕式选在札幌森林公园内的真驹室外体育场举行。来自世界各地的约 5 万名观众坐满了体育场的看台。国际奥委会主席布伦戴奇在致辞中高度赞誉日本人民为举办这次赛会作出的巨大努力。速度滑冰运动员铃木敬一和浅木文雄分别代表运动员和裁判员宣誓。

五、奥运物展

图 2-33　第十一届冬奥会会徽

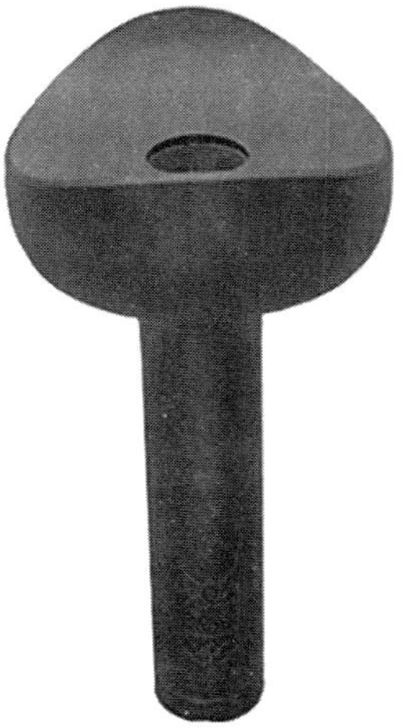

图 2-34　第十一届冬奥会火炬

图 2-35　第十一届冬奥会海报

图 2-36　第十一届冬奥会奖牌

六、奖牌榜

名次	代表团	金牌	银牌	铜牌	总数
1	苏联	8	5	3	16
2	民主德国	4	3	7	14
3	瑞士	4	3	3	10
4	荷兰	4	3	2	9
5	美国	3	2	3	8
6	联邦德国	3	1	1	5
7	挪威	2	5	5	12
8	意大利	2	2	1	5
9	奥地利	1	2	2	5
10	瑞典	1	1	2	4
11	日本	1	1	1	3
12	捷克斯洛伐克	1	0	2	3
13	波兰	1	0	0	1
14	西班牙	1	0	0	1
15	芬兰	0	4	1	5
16	法国	1	2	0	3
17	加拿大	1	0	0	1
	总数	38	34	33	105

七、比赛项目

比赛设有越野滑雪、跳台滑雪、北欧两项、高山滑雪、速度滑冰、有舵雪橇、无舵雪橇、花样滑冰、冰球和冬季两项，共 6 个大项、10 个分项、35 个小项。

八、竞赛情况

速度滑冰当时除 500 米外的各项男子项目，荷兰都居领先地位，男子中的强劲运动员是阿尔德·申克。赛前,这位荷兰冰上飞人早已成为引人注目的人物。速滑爱好者纷纷预测,他将夺取全部金牌,男子第一项比赛是5 000米速滑,申克先声夺人,争得冠军。但是500米赛时,他途中摔倒,失去了夺冠机会,冠军得主是上届冠军——联邦德国的艾·克勒。随后在1 500米、10 000米比赛中申克都获得了冠军。这位飞人成为继巴兰格鲁德、安德森之后第三个在一届奥运会上夺得3枚金牌的男子速滑运动员。

33岁的阿·克伦·迪尔斯特拉是荷兰女队的代表人物。虽然她是女子各项距离速滑赛中的有力竞争者,但这次她的成绩很不理想,尽管各项都进入了前六名,并获取了3枚奖牌(1银2铜),但没有收获金牌。相比之下,荷兰的斯·凯泽表现突出,在3 000米赛中赢得了冠军。出人意料的是,美国也在两项比赛中取胜,安·亨宁获得了500米的冠军,黛·霍勒姆获得了1 500米的金牌。

苏联在越野滑雪比赛中表现突出。维切斯夫·韦杰宁在男子30公里赛中成为本届第一个冠军,他也是苏联在男子越野滑雪个人赛中第一个金牌得主,韦杰宁还参加了4×10公里赛并为苏联取得了金牌。苏联29岁的滑雪能手加琳娜·库拉科娃是本届成绩最杰出的女选手,她在5公里、10公里以及3×5公里接力项目中均拿到了金牌。

在花样滑冰比赛中,翁德雷·内佩拉以绝对优势为捷克斯洛伐克赢得第一枚冬奥会花样滑冰金牌,女子单人金牌被20岁的奥地利选手贝特利克斯·舒芭夺得,双人滑金牌则被苏联选手收入囊中。

日本选手在70米跳台跳雪中包揽了全部奖牌,笠谷幸生、金野昭次和青地清二夺得金、银、铜3枚奖牌,日本乃至整个亚洲都为之振奋,他们三人在亚洲人参加冬奥会的运动史上写下了光辉的一页。波兰第一次取得90米跳台跳雪冠军的佳绩是由沃·福尔图纳带来的。在高山滑雪赛中,意大利20岁的古斯达沃·托尼在大小回转障碍赛中分获金牌、银牌。本届瑞士队成为高山滑雪成绩最突出的队伍,在男女项目中共获得3枚金牌,他们分别是男子快速降下的贝·鲁西和在女子快速降下和大回转滑雪比赛中都夺得两枚金牌的玛丽·泰雷兹·纳迪希。

挪威的索尔伯格蝉联了冬季两项的个人冠军,苏联再次获得了接力赛的金牌。

在这次运动雪橇比赛中，民主德国大显身手，男女单人的全部奖牌被以沃·沙伊德尔和安·米勒为首的6名选手包揽；在男子双人项目中，也与意大利队并列第一名。有舵雪橇男子双人的冠军得主为联邦德国，而四人两项则由瑞士夺金。

此次共有11支球队参加了冰球赛。虽然苏联队不少老将退役，新手不够成熟，但是他们在赛场上沉着应对、打出了高水平，连胜美、捷等队，只与瑞典战平，再次登上冠军宝座。美、捷两队虽然最后积分同为6分，而且捷队净胜球还比美国多10个，但因捷队在决赛时以1:5输给了美国队，捷克队最终排名第三。

第十二节　1976年第十二届因斯布鲁克冬奥会

一、概述

开幕时间：1976年2月4日
闭幕时间：1976年2月15日
举 办 地：奥地利因斯布鲁克
运 动 员：1 123人（男选手892人、女选手231人）
项目数量：6个大项/10个分项/37个小项

本次赛会由于运动员平均年龄小、年轻选手增多以及气候变化突然，约24%的运动员患上了感冒，竞赛活动一度受到了阻碍，许多运动员带病上场，在一定程度上影响了竞赛成绩。从此，一些国家在参加冬奥会前会进行“耐寒锻炼”。

二、举办地简介

举办地简介，详见第86页。

三、申办与筹备

随着体育运动的蓬勃发展，越来越多的城市申请主办奥运会，获取主办权的难度越来越大，最终在各个城市中脱颖而出赢得最后胜利的则被视为无上光荣，然而美国丹佛市却是一个例外。西班牙的格拉纳达、加拿大的温哥华、芬兰的坦佩雷、瑞士的锡昂以及美国丹佛市都申请主办1976年第十二届冬季奥运会。最终，美国的丹佛市在竞选中脱颖而出，赢得了本届冬奥会的主办权。不幸的是，1974年该市人民强烈反对在丹佛市举行运动会并掀起了群众运动。冬奥会已经不可能获得州政府的资金补助，而联邦政府的补助也由此自动停止，因此美国当局不得不放弃这次主办权。随后，奥地利因斯布鲁克、法国夏蒙尼、芬兰坦佩雷和美国普莱西德湖立即向国际奥委会提出申请接办这届冬奥会。此前，因斯布鲁克曾承办过第九届冬季奥运会，国际奥委会对该市各方面的工作留有深刻的印象，比较放心由因斯布鲁克接办此届冬奥会，因此将主办任务再次交给了这个城市。这样，因斯布鲁克市便成了继圣莫里茨后第二个两次举办冬季奥运会的城市。

四、火炬传递与开幕式

第十二届因斯布鲁克冬奥会于2月4日举行了隆重的开幕式。在开幕式上，奥地利总统鲁道夫·克尔什拉格宣布了大会开幕。按惯例，只要在主体场燃起一个奥林匹克火焰塔就可以了。但主会场设有两个火焰塔，一个是12年前承办第九届冬奥会时留下的，一个是为本届冬奥会新建的火焰塔。开幕式上，奥地利的雪橇运动员约瑟夫·费斯特曼特尔首先点燃了新建塔上的火焰，然后高山滑雪运动员克里斯特尔·哈斯点燃了旧火焰塔。两个火焰塔同时燃烧，标志着这个蒂洛尔州首府承办了两次冬季奥运会。此外，代表运动员宣誓的是奥地利雪车选手维尔纳·戴尔-卡尔特，而代表比赛官员宣誓的是奥地利的北欧两项裁判员威利·科斯廷格。

五、奥运物展

图 2-37　第十二届冬奥会会徽

图 2-38　第十二届冬奥会海报

图 2-39　第十二届冬奥会奖牌

图 2-40　第十二届冬奥会火炬

图 2-41　第十二届冬奥会吉祥物小雪人“斯诺曼”

六、奖牌榜

名次	代表团	金牌	银牌	铜牌	总数
1	苏联	13	6	8	27
2	民主德国	7	5	7	19
3	美国	3	3	4	10
4	挪威	3	3	1	7
5	联邦德国	2	5	3	10
6	芬兰	2	4	1	7
7	奥地利	2	2	2	6
8	瑞士	1	3	1	5
9	荷兰	1	2	3	6
10	意大利	1	2	1	4
11	加拿大	1	1	1	3
12	英国	1	0	0	1
13	捷克斯洛伐克	0	1	0	1
14	瑞典	0	0	2	2
15	列支敦士登	0	0	2	2
16	法国	0	0	1	1
	总计	37	37	37	111

七、比赛项目

比赛设有越野滑雪、跳台滑雪、北欧两项、高山滑雪、速度滑冰、有舵雪橇、无舵雪橇、花样滑冰、冰球和冬季两项，共 6 个大项、10 个分项、37 个小项。在竞赛项目上，新增了冰上舞蹈和男子 1 000 米速滑，此外，女子 3×5 公里接力改为 4×5 公里接力。

八、竞赛情况

苏联队在上届男女速滑比赛中连连失利，这次可谓东山再起，共获得了

4 枚金牌，其中，男子 1 金由 25 岁的叶夫根尼·库利科夫在 500 米比赛中获得，女子 3 金由 25 岁的塔吉亚娜·阿维里娜和 27 岁的加·斯杰潘斯卡娅获得。塔吉亚娜·阿维里娜赢得了 1 000 米、3 000 米两项比赛的金牌；加·斯杰潘斯卡娅夺得了1 500米的冠军。挪威队的扬·埃·斯托霍尔特和斯·斯滕森分获了1 500米、5 000米冠军，不仅如此，挪威还收获了两项亚军。与上届相比，荷兰这次成绩并不理想，仅皮·克莱因一人在10 000米、5 000米两项长距离赛中收获金、银牌各 1 枚。首次列入的1 000米项目的冠军由美国的彼·米勒夺得。美国 25 岁的希拉·扬夺得 500 米项目的冠军。扬是当时世界著名速滑和自行车运动员，且分别在 1973 年、1975 年、1976 年三度获短距离速滑世界锦标赛全能冠军，并创造过世界纪录，另在 1973 年、1976 年在世界自行车比赛中夺标。

在花样滑冰单人滑中，美国 19 岁的多·哈米尔以优异成绩摘得了桂冠。在男子单人滑比赛中，英国约·柯里摘得了桂冠。苏联的伊·罗德尼娜再次以她优美的舞姿和熟练的技巧，在男女双人滑中战胜了所有对手，不过这次她的舞伴是苏联另一位选手亚·扎伊采夫。苏联在首次列入比赛的冰上舞蹈项目上有明显优势，曾在世界和欧洲锦标赛中多次夺冠的柳·帕霍莫娃和阿·戈尔什科夫、伊·伊谢耶娃和安·米宁科夫两对苏联选手分获了金、银牌。

男女越野滑雪主要是苏联、芬兰两国争雄。男子项目中，苏联的尼·巴朱科夫和谢·萨维利耶夫分获 15 公里、30 公里的冠军。芬兰队除伊·福尔莫在 50 公里赛中取胜外，还在 4×10 公里接力赛中夺标。两国各得两枚金牌，可谓势均力敌。女子比赛中，芬兰黑·塔卡洛和苏联拉·斯麦塔尼娜分别赢得 5 公里、10 公里的金牌，又是平分秋色。但在 4×5 公里接力赛中，苏联战胜了芬兰，夺得了 1 枚金牌。

高山滑雪成就突出的是联邦德国 25 岁的罗·米特迈尔，她在快速降下和回转障碍滑中两夺桂冠，仅在大回转障碍中以百分之十二秒之差输给了加拿大的卡·克雷纳，屈居亚军。在男子速降赛中则出现了精彩一幕，东道主选手弗兰茨·克拉默由于滑降速度太快，几乎无法控制住身体平衡，跌跌撞撞地飞快冲过终点线而夺冠。

雪橇项目虽然列入冬季奥运会的时间较早，但无论有舵雪橇还是无舵雪橇，在世界各地开展得并不广泛。本届雪橇赛中，民主德国、联邦德国、奥地利和瑞士包揽了全部男女5个项目的前六名，而成绩更胜一筹的民主德国又囊括了全部金牌，这在冬奥会史上是没有先例的。在前两届冬奥会上，苏联在冬季两项个人赛中每次只要越野滑雪成绩领先，射击中就总有脱靶现象出现，以致功亏一篑，这次总算如愿以偿，尼·克鲁格洛夫夺下了这项金牌。接力赛则由苏联蝉联了冠军。

冰球赛中，加拿大队和瑞典队因有职业选手参加，被取消了参赛资格，余下共12支球队参加。苏捷之战是冠军之争，但由于此前捷克队已负波兰一场，而苏队则是全胜，因此形势对捷克队非常不利，不过开赛后，捷克队勇猛顽强，奋力拼搏，打得很有声色，曾以2:0、3:2领先，后因体力不支等原因，终以3:4输给了对手。苏联第五次摘得这项桂冠。

本届冬奥会共举行了37个单项比赛。苏联取得了空前的胜利，获金牌13枚、银牌6枚、铜牌8枚；民主德国再次成绩卓著，较稳固地取代了往昔在冬奥会上优势明显的挪威、美国的地位，对苏联也逐渐形成了威胁，这次共得金牌7枚、银牌5枚、铜牌7枚；居第三位的美国队金牌、银牌各3枚，铜牌4枚。挪威队与美国金牌、银牌数相等，但铜牌只有1枚。

九、中国代表团情况

中国台湾地区派出18名男运动员参加了本届比赛，并无女运动员参加。

第十三节　1980年第十三届普莱西德湖冬奥会

一、概述

开幕时间：1980年2月13日
闭幕时间：1980年2月24日
举 办 地：美国的普莱西德湖
运 动 员：1 072人（男选手840人、女选手232人）
项目数量：6个大项/10个分项/38个小项

国际奥委会共有37个成员国/地区参加了本届冬奥会比赛，其中，中国、塞浦路斯和哥斯达黎加是第一次参加。大会共招募到6 703名志愿服务者。

二、举办地简介

举办地简介，详见第56页。

三、申办与筹备

美国普莱西德湖在与加拿大温哥华竞争1980年冬奥会主办权时，由于温哥华在投票前临阵退出，而使美国普莱西德湖最终成为唯一申办者，成为继圣莫里茨、因斯布鲁克之后第三个两次承办冬奥会的城市。

自1932年冬奥会在这里召开之后，普莱西德湖这个人口不多的山间小镇，成为美国冬季运动活跃的场所之一。但是近半个世纪过去了，原有的设施已很难适应再次承办奥运会的需要。因此，当决定再次在这里举办冬奥会之后，美国冬季奥运会组委会从1977年就开始大兴土木，他们新建了一座奥林匹克村，改建了奥林匹克中心滑冰运动场，修造了两个跳雪台以及雪橇滑道等。在全球范围的经济大萧条的影响下，这届奥运会的筹办工作受到了极大的经济困扰，组委会主席杜威捐出自己家族的一块地，用于兴建雪橇比赛车道。

当然其他许多困难也层出不穷，例如交通运输问题，曾使大会组织者煞费苦心，主办者虽然做了许多努力，但仍旧出了一些纰漏。如本届第一个项目30公里滑雪比赛结束后，负责授奖的国际奥委会副主席姆扎利所乘的车辆竟被堵在路上，结果不得不临时请基拉宁主席替代。雪的问题也使组委会大伤脑筋，这年冬季，普莱西德湖雪量颇少，大会只好搞人造雪，但老天好像故意为难似的，人工雪刚造好，在开幕前一天来了一场暴风雪，因为人造雪和天然雪很难融为一体，组委会又不得不组织大量人力清扫。

这届冬奥会总耗资1.5亿美元，相当于1932年冬奥会耗资的135倍。在组委会的积极努力下，一个个难题得到了妥善解决，使得冬奥会于2月13日至24日顺利举行。

四、火炬传递与开幕式

这届大会的奥林匹克之火是 1 月 30 日在奥林匹亚点燃的，于开幕前一天传到主办地。火炬接力从约克镇出发，历时 9 天，穿过 6 个州，行程 1 600 余公里，于 2 月 8 日到达普莱西德湖镇中心。

正式开幕那天，2 月 13 日当地时间下午两时半，大雪初晴，蓝天白云，群山连绵，普莱西德湖一眼望去，分外壮观。虽然天气寒冷，但看台上仍挤满了两万多名衣着绚丽的观众。在组委会主席费尔、国际奥委会主席基拉宁先后讲话后，副总统蒙代尔代表东道主美国总统宣布大会开幕，随后是隆重的入场仪式。

这次点燃运动场火炬仪式，与以往不同，点燃火炬的人不是本国知名运动员或社会名流，而是一位年纪 45 岁并有 5 个孩子的普莱西德湖普通市民查尔斯·摩根·克尔博士。代表运动员宣誓的是美国 21 岁的速滑选手、世界冰坛名将埃里克·海登，代表官员宣誓的是速度滑冰裁判员泰里·麦克德莫特。

五、奥运物展

图 2-42　第十三届冬奥会会徽

图 2-43　第十三届冬奥会海报

图 2-44　第十三届冬奥会火炬

图 2-45　第十三届冬奥会吉祥物北美浣熊“罗尼”

图 2-46　第十三届冬奥会奖牌

六、奖牌榜

名次	代表团	金牌	银牌	铜牌	总数
1	苏联	10	6	6	22
2	民主德国	9	7	7	23
3	美国	6	4	2	12
4	奥地利	3	2	2	7
5	瑞典	3	0	1	4
6	列支敦士登	2	2	0	4
7	芬兰	1	5	3	9
8	挪威	1	3	6	10

续表

名次	代表团	金牌	银牌	铜牌	总数
9	荷兰	1	2	1	4
10	瑞士	1	1	3	5
11	英国	1	0	0	1
12	联邦德国	0	2	2	4
13	意大利	0	2	3	5
14	加拿大	0	2	0	2
15	匈牙利	0	1	1	2
16	日本	0	1	0	1
17	捷克斯洛伐克	0	0	1	1
18	法国	0	0	1	1
19	保加利亚	0	0	1	1
	总数	38	40	40	118

七、比赛项目

本届竞赛项目中增加了一项现代冬季两项10公里个人赛。比赛战幕在开幕式前一天就已拉开。赛区比较分散：奥林匹克中心冰场进行滑冰和冰球比赛；怀特菲斯山进行滑雪比赛；英特维尔雪场进行跳雪比赛；现代冬季两项和雪橇在霍文伯格山进行比赛。

八、竞赛情况

本届冬奥会众多优秀运动员成绩卓著，仅男女速度滑冰的9个项目就有63人108次打破奥运会纪录，并重写1项世界纪录。普莱西德湖的男子速滑运动员海登包揽了全部5个速滑项目的金牌，这在冬奥会历史上是绝无仅有的，他被授予“第十三届冬奥会杰出运动员”称号。女子的4项冠军被荷兰、民主德国、挪威、苏联均分。

男子速滑选手海登是普莱西德湖冬奥会的头号新闻人物，1976年，当时年仅17岁的海登就已出现在因斯布鲁克奥运会冰场上，那时的他一无所获，不过此后不久，他锋芒毕露，多次创下世界纪录并获得世界冠军，成为冰坛无人能及的人物。2月14日,他在500米赛中,击败世界纪录保持者——苏联的叶·库利科夫,以38秒03的成绩刷新奥运会纪录,夺得了他运动生涯中的第一枚金牌。两天后,他又在5 000米比赛中战胜了另一位世界纪录保持者挪威的凯·斯滕斯耶梅特,以7分02秒29的成绩获得第二枚金牌,这也是奥运会的新纪录。随后他在1 000米、1 500米、10 000米项目中接连夺冠,并以14分28秒13的成绩创造了10 000米的世界新纪录。

在男子越野滑雪赛中,齐米亚托夫在30公里、50公里和接力赛中三夺金牌,成为冬奥会第一个取得这样成绩的滑雪运动员。女子10公里和接力项目则是由民主德国的佩措尔包揽两枚金牌。

苏联在现代冬季两项中重现雄风,获20公里个人和接力团体冠军。民主德国在雪橇赛中收获颇丰,获全部5项中的4项冠军。民主德国的乌尔里希获得新设的10公里个人赛的金牌。

值得一提的是,在滑雪赛中,民主德国27岁的韦林在北欧两项比赛中斩获金牌,他成为第一个在这些比赛中连续3次夺冠的选手。奥地利两名滑雪运动员也大爆冷门,20岁的替补队员施托克,在快速降下中意外取胜,他的同龄队友因瑙尔带伤上阵,在70米跳台跳雪中也独占鳌头。

男女高山滑雪成绩出众的是瑞典和奥地利。瑞典名将英格马尔·斯滕马克和列支敦士登女将汉尼·文策尔分别在男女大小回转障碍滑中夺标,各获两枚金牌。列支敦士登是一个只有两万多人口的小国,这次获两枚金牌、两枚银牌,名列本届冬奥会第六位。如果按人口平均计算,当居各国之首。民主德国在雪橇赛中仍占有较大优势,获全部5项中的4项冠军。苏联在现代冬季两项中重现了上届成就,获20公里个人(安·阿利亚比耶夫)和接力团体冠军。在新设的10公里个人赛中,金牌由民主德国弗·乌尔里希获得。

冰球是本届比赛时间最长、最紧张激烈的项目,比赛于大会开幕前一天开始,到闭幕日才结束。其中,苏、美之争使赛场气氛达到高潮。这支美国历史上最年轻的冰球队在比分三度落后的不利形势下顽强奋战,结果以4-3反败为胜。消息传开,轰动了整个美国,美国总统亲自打电话向运动员表示祝贺,并邀请他们去白宫做客。2月24日美国对芬兰再以4-2取胜,实现了他们东山再起的宿愿,打破了苏联自1964年以来垄断冰球冠军的局面。

本届比赛中苏联成绩仍继续领先,获金牌10枚,银牌、铜牌各6枚;居第二位的民主德国金牌比苏联少 1 枚,而银牌、铜牌却比苏联各多 1 枚;东道主美国列第三,金牌、银牌、铜牌分别获得 6 枚、4 枚、2 枚。

九、中国代表团情况

本届冬奥会是中国奥委会在 1979 年恢复了国际奥委会合法席位后的首次出席,共派出 28 名运动员,参加了速度滑冰、花样滑冰、越野滑雪、高山滑雪和现代冬季两项 5 个分项 18 个小项的比赛。首次参赛的我国选手成绩不理想,无一人进入前十名。在速度滑冰比赛中,王年春以 39 秒 73 的成绩取得了由 36 名运动员参加的 500 米比赛的第 23 名。女子组,曹桂凤以 44 秒 43 获得第 21 名。在男子 1 000 米和 1 500 米比赛中,赵伟昌分别以 1 分 20 秒 97 和 2 分 05 秒 48 的成绩获得第 24 和第 25 名。在滑雪比赛中,王桂珍获得了高山滑雪女子小回转项目的第 18 名。这些经历,对第一次参加冬奥会的中国年轻选手来说,都是一笔宝贵的财富。

第十四节　1984 年第十四届萨拉热窝冬奥会

一、概述

开幕时间:1984 年 2 月 8 日
闭幕时间:1984 年 2 月 19 日
举 办 地:南斯拉夫的萨拉热窝
运 动 员:1 272 人(男选手 998 人、女选手 274 人)
项目数量:6 个大项/10 个分项/39 个小项

此次是冬奥会第一次来到社会主义国家。南斯拉夫国民对这次冬奥会来到萨拉热窝非常重视,志愿者就达到了 10 450 人,他们以极大的热忱欢迎各国运动员。东道主运动员弗兰柯在大回转比赛赢得 1 枚银牌,成为南斯拉夫历史上第一位获得冬奥会奖牌的运动员。本届冬奥会组委会还与夏季奥运会洛杉矶组委会联合发行了友谊纪念章,这在奥运史上还是第一次。

二、举办地简介

萨拉热窝建于1263年,二战后萨拉热窝曾是南斯拉夫社会主义联邦共和国波斯尼亚与黑塞哥维那社会主义共和国的首都,在中部萨瓦河支流博斯纳河上游附近,群山环抱,是一座风景秀丽的古城。人口37.5万人,连郊区共44.9万人。1914年6月28日奥匈帝国王储在此被塞尔维亚爱国者刺死,这个事件成为第一次世界大战的导火线。萨拉热窝市是陆运交通枢纽,工业有动力设备、汽车制造、金属加工、化学、纺织、陶瓷、食品加工等。旧市区中心以生产东方特色的铜、银手工艺品而著名;设有大学、科学院、博物馆等。市中心保存有土耳其时代的旧建筑。城郊有帕莱、伊利扎疗养地。城周山地较多,积雪长达半年之久。

这座名城,既是第一次世界大战爆发地,又是南斯拉夫人民在第二次世界大战时反击法西斯的光荣城市。后来,它又以多次举办世界性体育比赛,如第三十二届世界乒乓球锦标赛、1983年世界杯滑雪赛等闻名于世界体坛。

三、申办与筹备

瑞典的耶特堡(哥德堡)和日本的札幌与南斯拉夫的萨拉热窝都同时向国际奥委会提出申请承办本届冬奥会,最终,萨拉热窝获得了胜利,成为这次盛会的主办地。

1978年,萨拉热窝被选为第十四届冬奥会会址后,南斯拉夫着手开展各方面的准备工作,不仅整修和扩建了科舍沃体育场及相邻的泽特拉体育馆以及其他比赛场地,而且还新建了奥林匹克村。筹委会的出色工作,赢得来自各方的赞誉。

四、火炬传递与开幕式

南斯拉夫联邦主席团主席米-什度利亚克出席并宣布大会开幕,萨马兰奇参加了大会。大会于2月8日下午两时半正式开幕,55 000名观众冒雪参加了开幕式。本届采取了与以往不同的传递方式,圣火于1月29日从希腊运到南斯拉夫海滨城市杜布罗伏尼克,分南北两路进行火炬接力,最后于波斯尼亚-黑塞哥维那会合。开幕式上,21 岁的南斯拉夫女子花样滑冰冠军桑-杜布拉夫奇克点燃了主体育场火焰。

五、奥运物展

图 2-47　第十四届冬奥会会徽

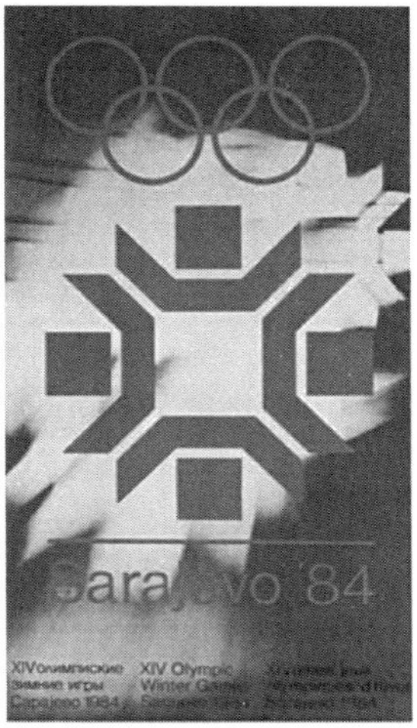

图 2-48　第十四届冬奥会海报

图 2-49　第十四届冬奥会火炬

图 2-50　第十四届冬奥会吉祥物狼“乌吉克”

图 2-51　第十四届冬奥会奖牌

六、奖牌榜

名次	代表团	金牌	银牌	铜牌	总数
1	民主德国	9	9	6	24
2	苏联	6	10	9	25
3	美国	4	4	0	8
4	芬兰	4	3	6	13
5	瑞典	4	2	2	8
6	挪威	3	2	4	9
7	瑞士	2	2	1	5
8	联邦德国	2	1	1	4
9	加拿大	2	1	1	4
10	意大利	2	0	0	2
11	英国	1	0	0	1
12	捷克斯洛伐克	0	2	4	6
13	法国	0	1	2	3
14	日本	0	1	0	1
15	南斯拉夫	0	1	0	1
16	列支敦士登	0	0	2	2
17	奥地利	0	0	1	1
	总数	39	39	39	117

七、比赛项目

本届比赛在原来的项目中增加了 1 项女子 20 公里越野滑雪,使原先的 38 个单项增至 39 个,6 个大项没有变化。

八、竞赛情况

本届冬奥会的速滑比赛天气一直不好,客观上影响了比赛成绩的提高。在男子 500 米比赛中,苏联 21 岁默默无闻的谢尔盖·福基切夫打败了日本名将黑岩彰满,荣获冠军。在 5 000 米比赛中,瑞典名将斯·托马斯·古斯塔夫松凭借丰富的比赛经验和过人的技术,战胜苏联 19 岁的伊戈尔·马尔科夫。但在 10 000 米比赛中,马尔科夫战胜了古斯塔夫松,获得了金牌。加拿大的盖坦·鲍彻在 1 000 米、1 500 米项目中战胜了世界纪录保持者、苏联的谢尔盖·赫列布尼科,获两项金牌。

在女子速滑中,民主德国取得了空前的成就,包揽了全部 4 项冠军。其中,上届 500 米金牌获得者,23 岁的卡琳·恩克夺得 1 000 米、1 500 米速滑的两项冠军,并以 2 分 03 秒 42 的成绩创造了 1 500 米世界纪录,这是本届速滑比赛中唯一的新纪录,恩克还在另两项比赛中获两枚银牌。她的队友克里斯塔·罗腾布格尔获 500 米金牌,安德烈亚·舍内获 3 000 米金牌。

泽特拉体育中心的花样滑冰和冰上舞蹈,表演精彩,带给冰上运动爱好者一种艺术享受。男子单人滑冠军是来自美国、身高仅 1.59 米、25 岁的汉密尔顿,他优美流畅的动作,使观众的心随之一起跳动、一起旋转。在女子单人比赛中,年仅 18 岁的卡塔丽娜·维特以其新颖的编排和杰出的表演战胜了美国选手,使民主德国再次蝉联了冬奥会这个项目的冠军。英国冰上舞蹈运动员托维尔和迪安是本届冬奥会的明星,他们精彩迷人的表演把观众带入了梦幻般的境地,两人在比赛中获得了所有裁判员给予的艺术分满分,给人们留下了不可磨灭的印象,国际奥委会主席萨马兰奇亲自为他们颁奖。

在越野滑雪赛中,瑞典夺得 3 项冠军。上届 15 公里冠军、28 岁老将托马斯·瓦斯伯格,这次夺得 50 公里冠军;22 岁的年轻滑雪选手贡德·斯万在15公里中取胜,首次获奥运会冠军;瑞典还获得接力赛冠军。上届3枚金牌获得者、苏联的尼古拉·齐米亚托夫这次只获30公里赛金牌。不过,本届唯一获得3枚金牌的运动员是芬兰的“越野滑雪女王”海迈莱伊宁,她已年满28岁,但身体素质好,意志顽强,她在前两届奥运会成绩不佳,仅分别获第22名和第28名。这届冬奥会她奋力拼搏,在10公里、5公里、20公里比赛中连续夺魁,是冬奥会滑雪史上第一个取得如此成就的女选手。

美国在男女高山滑雪赛中,囊括全部金牌。威·约翰逊获男子快速降下金牌,菲·马尔获男子回转障碍赛冠军,戴·阿姆斯特朗夺得女子大回转障碍赛冠军。

本届比赛项目增加了女子20公里越野滑雪一项,其余与上届相同。2月9日,各项比赛陆续开始,但风雪交加的恶劣气候有时使个别项目被迫推迟,成绩也受到一定的影响。男子速滑无一人突破冬奥会纪录,与气候不无关系。

美国在男子快速降下、小回转和女子大回转中夺标,共获3枚金牌,这是美国在滑雪比赛中成绩最辉煌的一次。

有舵雪橇和无舵雪橇比赛在萨拉热窝东南海拔1 600米的特雷别维奇山北坡新建的雪橇场举行,两条冰道均安装有人工制冷设备。有舵雪橇双人座和四人座的金银牌均被民主德国运动员获得,无舵雪橇民主德国包揽所有女子单人项目奖牌,男子单人和双人金牌被意大利与联邦德国分享。

冰球比赛历时13天,共有12支队伍参赛,苏联队第六次登上了冬奥会冠军宝座,捷克斯洛伐克和瑞典分获第二、三名。美国队因为大部分队员加入了职业队,因而实力大打折扣,仅获得第七名。

本届冬奥会期间,国际奥委会于萨拉热窝举行了第87次全会,决定从下届起,会期由12天延长至16天,还决定将冰壶、技巧滑雪和短道速滑列为下届表演项目。本届大赛的特点是新手不断涌现,除冰球外,获得38枚金牌的全部选手平均年龄仅23岁。

九、中国代表团情况

中国运动员是第二次参加冬奥会,此次中国派出37名选手参加了速度滑冰、花样滑冰、越野滑雪、高山滑雪、现代冬季两项5个项目的比赛,成绩较上届有进步，中国台北队派出 14 人参加了本届冬奥会。这是海峡两岸的中国选手第一次同时参加奥运会。

第十五节　1988 年第十五届卡尔加里冬奥会

一、概述

开幕时间：1988 年 2 月 13 日
闭幕时间：1988 年 2 月 28 日
举 办 地：加拿大的卡尔加里
运 动 员：1 423 人（男选手 1 122 人、女选手 301 人）
项目数量：6 个大项/10 个分项/46 个小项

1988 年加拿大卡尔加里第十五届冬奥会首次将比赛时间从 12 天延长到了 16 天，横跨三个周末，让来自世界各地的冰雪爱好者们一睹为快。57 个国家和地区的 1 423 名运动员参加了规模空前的本届冬奥会，其中女选手有 301 名，首次参加的国家和地区有斐济、牙买加、关岛、危地马拉和荷属安的列斯。在这届冬奥会上，花样滑雪列为表演项目，高山滑雪的超级大回转和高山结合项目首次成为奥运会的比赛项目，北欧两项和跳台滑雪的团体项目也成为冬季奥运会的正式比赛项目。速度滑冰比赛首次从室外场地移到室内体育场地，以绕圈的方式进行。

二、举办地简介

卡尔加里，又称卡城。是加拿大的第四大城市，比邻加拿大艾伯塔省南部落基山脉，海拔约 1 048 米，卡尔加里一词的意思是“清澈流动的水”。卡尔加里是艾伯塔省的经济、金融和文化中心，卡尔加里市区的人口数量为 1 230 915人（2015 年），都会区的人口数量为 1 406 721 人（2014 年），是艾伯塔省最大的城市。卡尔加里的工程师密度是全加拿大第一，多次被评为“世界上最干净的城市”，2012—2014 年连续被《经济学人》排在全球最宜居城市第五位。卡尔加里的天气以多变著称，甚至还有“一天之中你会体会到一年四季”

的说法。卡尔加里拥有四季分明的气候,春、秋、冬三季较长,夏季较短,而且即便是在夏天,出现冰雹的几率也比较大。卡尔加里最冷的月份一般集中在2月和3月。该市阳光充沛,平均年日照时间居全国之首,卡城气候四季分明,7月平均温度22.7℃,1月平均温度-9℃。卡尔加里属落基山脉的"脚山"地带,以终年不化的壮美雪山为城市背景。相信来自世界各地的运动员、教练员以及裁判员在紧张的比赛之余还可以享受到"四季之美景"。

18世纪70年代,开始有欧洲殖民者在此定居,后来成为西北皇家骑警管辖的一所驿站,之后加拿大的太平洋铁路修建至此,卡尔加里也随着经济贸易的需要以及人口数量增加逐渐发展为城市。1941年,地质学家在这里发现了丰富的石油和天然气,从此城市得到了迅速的发展。世界上包括中国在内的众多石油公司(中石油、中石化和中海油)在这里均设有常驻机构,很多能源公司的加拿大总部也设在这里。因此卡尔加里是加拿大的能源中心以及北美第二大能源中心。卡尔加里人均世界500强公司数居全加拿大第一。1988年第十五届冬奥会作为赛场的室内滑冰场位于知名学府卡尔加里大学的校区内。

三、申办与筹备

为了成功举办本届冬奥会,卡尔加里在为期6年的筹备工作中,兴建了许多运动场馆与设施,最令人称道的是为本届冬奥会特地建成的奥林匹克椭圆馆,它是世界上第一个有400米速滑跑道的全封闭场馆。速滑类比赛也正是从本届冬奥会开始,第一次由室外转入馆内,这是冬奥会发展的标志之一。多年来,冬奥会常为冰雪苦恼,有时甚至不得不中止比赛。本届冬奥会首次将滑冰安排在室内冰场进行,并第一次使用计算机控制的人工造雪机,解决了历年的难题。著名的麦克马洪体育场中可以容纳5万观众,冬奥会开幕式就在这里举行。奥林匹克公园内有跳台和人工制冷冰道,供雪橇和跳台赛在园内举行,高山滑雪比赛在纳斯基卡滑雪中心进行。

本届冬奥会的比赛设施堪称一流。每个比赛项目都是在最好的状况下举行的,组织工作极为出色。为此,萨马兰奇向本届冬奥会组委会授予了奥林匹克金质奖章。

四、圣火传递与开幕式

火炬是在希腊奥林匹亚赫拉神殿由女祭司从祭坛中取出的火种点燃，跨越大西洋，空运抵达加拿大东岸纽芬兰省的信号山，从这里开始了历时 88 天的火炬接力长跑。2 月 13 日下午，本届冬奥会在卡尔加里大学的麦克马洪体育场开幕。本届冬奥会组委会主席弗兰克-金致欢迎词，国际奥委会主席萨马兰奇在欢呼声中致词后，加拿大总督让 · 索维夫人宣布本届冬奥会开幕，会场顿时彩旗飞舞，看台上观众组成的彩色五环和“88”字样以及枫叶等图案，更增添了喜庆的气氛。奥运圣火由 12 岁的业余花样滑冰运动员罗宾-蓓莉点燃，这是冬奥会自 1952 年举行圣火点燃仪式以来第一次将这一荣誉给予少年业余运动员。加拿大滑雪运动员哈威代表运动员宣誓，开幕式上还进行了带有阿尔伯塔西部风格的表演。在开幕式上，57 个代表队在雄壮的乐曲声中步入体育场，其中，引人注目的是菲律宾代表队，只有 1 人，此人名叫奥卡姆波，他既是旗手又是运动员。

五、奥运物展

图 2-52 第十五届冬奥会会徽

图 2-53 第十五届冬奥会海报

图 2-54　第十五届冬奥会火炬

图 2-55　第十五届冬奥会吉祥物北极熊“海蒂”

图 2-56　第十五届冬奥会奖牌

六、奖牌榜

名次	代表团	金牌	银牌	铜牌	总数
1	苏联	11	9	9	29
2	民主德国	9	10	6	25
3	瑞士	5	5	5	15
4	芬兰	4	1	2	7
5	瑞典	4	0	2	6

续表

名次	代表团	金牌	银牌	铜牌	总数
6	奥地利	3	5	2	10
7	荷兰	3	2	2	7
8	联邦德国	2	4	2	8
9	美国	2	1	3	6
10	意大利	2	1	2	5
11	法国	1	0	1	2
12	挪威	0	3	2	5
13	加拿大	0	2	3	5
14	南斯拉夫	0	2	1	3
15	捷克斯洛伐克	0	1	2	3
16	日本	0	0	1	1
16	列支敦士登	0	0	1	1
	总数	46	46	46	138

七、比赛项目

本届冬奥会有高山滑雪、越野滑雪、现代冬季两项、北欧两项、跳台滑雪、冰球、花样滑冰、速度滑冰、雪车和雪橇10个正式比赛项目。其中新增了7个小项,有男女超大回转、男女阿尔卑斯式混合、男子90米跳台团体、男子北欧式团体、女子5 000米速度滑冰等,共设46枚金牌。表演项目有冰壶、自由式滑雪和短道速滑。

八、竞赛情况

本届速滑比赛场地条件好,诞生了多项世界纪录,民主德国运动员延斯·乌韦迈在男子500米比赛中以26秒45的成绩创造了该项世界新纪录获冠军,乌韦迈还以1分52秒06打破1 500米世界纪录并获金牌;瑞典的古斯塔夫松以13分48秒20的成绩打破男子10 000米速滑世界纪录并获金牌,接着他又以6分44秒63的成绩打破5 000米速滑世界纪录获冠军,亚军和季军是荷兰的维塞尔和凯姆克斯，他们也分别以6分44秒98和6分45秒92的成绩打破这个项目的世界纪录。女子速滑比赛中，荷兰的万·詹妮普一人独得1 500米、3 000米、5 000米3枚金牌，是本届冬奥会得金牌最多的运动员，她还以4分11秒94打破3 000米速滑世界纪录；在女子速滑1 000米比赛中，民主德国的罗森博格和卡妮亚分获金牌、银牌，并同时打破这个项目的世界纪录；女子500米速滑的冠军被美国老将尼·布莱尔夺得，她还以39秒10的成绩刷新了本项目的纪录。

在短道速滑这个新增的表演项目中，英国的奥赖利以44秒88的成绩创男子500米短道速滑世界纪录；日本队以4分48秒32的成绩创女子3 000米短道接力赛世界新纪录；日本的狮子并英子以5分25秒44的成绩刷新短道速滑女子3 000米世界纪录；英国的奥赖利以1分33秒的成绩打破男子1 000米短道速滑世界纪录；不满20岁的中国姑娘李琰在女子短道1 000米、1 500米和500米速滑比赛中夺得1枚金牌，2枚银牌。

花样滑冰男子单人滑的冠军被美国的博依塔诺夺得，女子单人滑的金牌之争在民主德国的维特和加拿大新秀曼蕾银之间进行，金牌最后被维特夺得，世界花样滑冰名将美国黑人选手托马斯因失误只获铜牌。双人滑的金牌被苏联的葛第娃和格林科夫夺得。冰舞的冠军、亚军都被苏联运动员夺走，他们是冠军得主贝斯捷米诺娃和布金，亚军得主克里莫娃和波诺马林科。

在越野滑雪赛中，苏联占有很大优势，囊括了男子50公里越野滑雪、女子10公里的前两名和女子20公里的前三名；女子5公里越野滑雪的金牌被芬兰的迈提卡宁夺得；男子山地大回转障碍赛的金牌被意大利的托姆巴夺得；女子山地大回转障碍赛中瑞士的斯克尼德获胜；男子高山速降比赛中瑞士的楚布里根获金牌；男子高山全能的金牌被奥地利的斯特里茨夺得。

芬兰的尼凯宁在以229.1分获男子70米跳台滑雪冠军后，又在90米跳台滑雪中获金牌，被人们称为“不可战胜的芬兰人”。

民主德国在现代冬季两项、男子单人雪橇和双人有舵雪橇比赛中获胜；联邦德国则取得了北欧两项的团体冠军；苏联蝉联冰球冠军，这是苏联第21次获世界冠军的称号。

九、中国代表团情况

由于未取得冰球的参赛资格，高山滑雪、跳台滑雪和现代冬季两项的水平较低，雪车、雪橇两项又未开加，因此，本届冬奥会中国仅派出 20 人的代表团，13 名运动员仅参加了速滑、花样滑冰、越野滑雪 3 项共计 18 枚金牌的竞争。值得庆贺的是，中国运动员李琰在本届冬奥会女子短道速滑表演赛中获 1 000 米金牌和 500 米、1 500 米铜牌，使五星红旗首次在冬奥会赛场升起，1 000 多张“中国龙”的大幅宣传海报布满卡尔加里的街头。中国台北队的 13 名运动员参加了滑雪、花样滑冰、雪车和雪橇等项目的比赛。

第十六节　1992 年第十六届阿尔贝维尔冬奥会

一、概述

开幕时间：1992 年 2 月 8 日
闭幕时间：1992 年 2 月 23 日
举 办 地：法国阿尔贝维尔
运 动 员：1 801 人（男选手 1 313 人、女选手 488 人）
项目数量：7 个大项/12 个分项/57 个小项

1992 年第十六届法国阿尔贝维尔冬奥会是最后一届与夏季奥运会在同一年举行的冬奥会。在全部的 57 个比赛项目中只有 18 个是在阿尔贝维尔本地举行，其余的比赛在阿尔贝维尔东南方 1 000 平方公里的奥林匹克公园内的 13 个冬奥比赛场馆中举行，这届冬奥会也因此成为有史以来场地最分散的一届冬奥会。首次参加冬奥会的有阿尔及利亚、百慕大、巴西、克罗地亚、洪都拉斯、爱尔兰、斯洛文尼亚和独联体等 9 个国家和地区。由于东、西德合并，德国以单一队参赛。从南斯拉夫分离出来的克罗地亚和斯洛文尼亚，以及爱沙尼亚、拉脱维亚和立陶宛三国均独立组队出席。苏联解体后，原各加盟共和国由俄罗斯、乌克兰、白俄罗斯、哈萨克斯坦、乌兹别克斯坦五国组队，以独联体名义参加，共派出141名运动员，但在开幕式入场时，该队要以奥林匹克五环旗为前导。这种权宜之计，在奥运会历史上是一种新的尝试。

二、举办地简介

阿尔贝维尔是法国萨瓦省的一座高山旅游型城市，以瓦努瓦斯国家公园最为著名。阿尔贝维尔位于阿尔利河畔，靠近与发源于意大利边境的阿尔卑斯山脉伊泽尔河的汇合处，它是法国值得参观的城市之一，有着悠久的历史、充满魅力的自然风光和浓郁的艺术氛围，2003年春季被评为“艺术和历史之镇”。街道两旁林立的飘着香味的咖啡馆、提供地道阿尔贝维尔美食的饭店、有着世界各地美食的餐厅、收藏着当地古老家具、珠宝和服饰的博物馆以及展现阿尔贝维尔当年举办运动会的珍贵照片的奥林匹克之家，这都是人们品味美食，了解当地历史、文化和艺术生活的好去处。

阿尔贝维尔的瓦努瓦斯国家公园是著名的高山旅游区，当地为举办冬季运动会曾在山区多处新建现代化冰雪运动设施，可容纳万人的体育场、400米椭圆形冰场、可供比赛的高山滑雪场以及便于观众观看的滑雪道都值得一游。

三、申办与筹备

1986年10月17日国际奥委会于洛桑举行第91届全会，经过投票表决，法国的阿尔贝维尔赢得了第十六届冬奥会的主办权。申办本届冬季奥运会的城市有保加利亚的索菲亚、瑞典的法伦、挪威的利勒哈默尔、美国的安克雷奇、意大利的科蒂纳丹佩佐、德国的贝希特斯加登和阿尔贝维尔。

阿尔贝维尔位于法国的东南部，在与瑞士和意大利交界的阿尔卑斯山上，是一座山城。本届冬奥会筹委会副主任委员是法国滑雪金牌选手让·克洛洗·基利，他向国际奥委会保证以他多次参加冬奥会的经验，一定会承办一届最完美的冬奥会。在筹委会的组织下，本届冬奥会的赞助商与国际奥委会、筹委会签订了许多赞助计划，约有58项，同时还招募了8 647名志愿者为大会服务，因此各项筹备工作进行得比较顺利，为大会的圆满成功奠定了基础。

萨瓦省和阿尔贝维尔为举办第十六届冬奥会，在山区多处新建现代化冰雪运动设施。在阿尔贝维尔新建可容3万人的体育场和400米椭圆形冰场，分别用于开、闭幕式和冰上项目比赛；莱萨尔克和莱赛西这两处滑雪场供越野滑雪和现代冬季两项比赛使用，莱赛西滑雪场采取新式设计，将滑雪道修成奥运五环的形状，便于观众观看比赛。新建的莱梅男尔和瓦勒迪泽尔高山滑雪场供男子比赛使用，而梅里贝勒雪场则供女子高山滑雪比赛使用。此外，这里还修建了可以容纳6 000名观众的冰球场。阿尔贝维尔是个仅有1.8万人口的小镇，且比赛场地分散，但大会组委会安排得当，确保了比赛的顺利进行，因此受到了国际奥委会主席萨马兰奇的赞扬。

四、圣火传递与开幕式

本届冬奥会的圣火仍按惯例从奥林匹亚点燃，首次使用飞机传递至法国的巴黎。从巴黎开始，由5 000名15—20岁的青少年继续传递，途经了法国22个地区的60个城市，全程5 000公里，最后点燃圣火坛的是足球明星普拉蒂尼和当地一个男孩儿格朗热。将圣火点燃的荣誉给予夏季项目的运动员，这在冬奥会历史上还是第一次。

第十六届冬奥会于2月8日下午开幕。本届冬奥会的开幕式由两位冬奥会主席：当年的世界滑雪冠军让·克洛洗·基利和为办本届冬奥会作出贡献的米歇尔·巴尔尼埃主持。国际奥委会主席萨马兰奇致简短贺词，并由法国总统密特朗宣布第十六届冬奥会开幕。被视为法国英雄的世界著名球星普拉蒂尼，郑重地将火炬交给一名爱好多种体育运动的9岁小学生格朗热，并由他引燃本届冬奥会的圣火。闻名于世界的雷鸟飞行队的8架银鹰，在会场上空进行了特技飞行表演。法国著名花样滑冰运动员舒丽娅·鲍娜丽和高山滑雪裁判员皮尔·波纳特分别代表运动员和裁判员宣誓。

五、奥运物展

图 2-57　第十六届冬奥会会徽

图 2-58　第十六届冬奥会火炬

图 2-59　第十六届冬奥会海报

图 2-60　第十六届冬奥会吉祥物流星“麦吉柯”

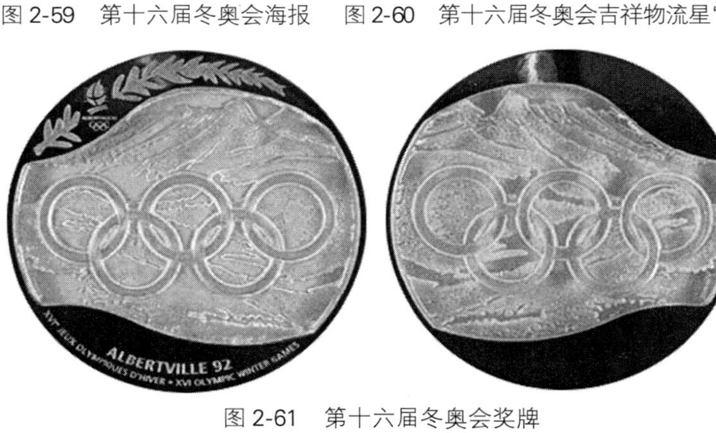

图 2-61　第十六届冬奥会奖牌

六、奖牌榜

名次	代表团	金牌	银牌	铜牌	总数
1	德国	10	10	6	26
2	独联体	9	6	8	23
3	挪威	9	6	5	20
4	奥地利	6	7	8	21
5	美国	5	4	2	11
6	意大利	4	6	4	14
7	法国	3	5	1	9
8	芬兰	3	1	3	7
9	加拿大	2	3	2	7
10	韩国	2	1	1	4
11	日本	1	2	4	7
12	荷兰	1	1	2	4
13	瑞典	1	0	3	4
14	瑞士	1	0	2	3
15	中国	0	3	0	3
16	列支敦士登	0	2	0	2
17	新西兰	0	1	0	1
18	捷克斯洛伐克	0	0	3	3
19	朝鲜	0	0	1	1
19	西班牙	0	0	1	1
	总数	57	58	56	171

七、比赛项目

在本届冬奥会中，自由式滑雪和短道速滑成为冬奥会的正式比赛项目，同时被新列为冬奥会正式比赛项目的还有女子冬季两项。本届冬奥会经基利的策划和建议，比赛项目由上届的 6 个大项、46 个小项，增加到 7 个大项和 57 个小项。比赛项目增设了 11 个小项：男子 10 公里、女子 30 公里越野滑雪，短道速滑男子 1 000 米和 5 000 米接力以及女子 500 米和 3 000 米接力等 4 项，自由式滑雪男子和女子雪上技巧，女子冬季两项 7.5 公里、15 公里、3×7.5 公里 3 项。而 70 米跳台滑雪则改为 120 米跳台滑雪。此外，还增加了 8 项表演赛，如高空芭蕾、花样滑雪、速度滑雪等，在项目设置上出现了划时代的变化。此外，还设有花样滑雪、速度滑雪和冰壶 3 个表演项目。

八、竞赛情况

速滑比赛在阿尔贝维尔中心露天滑冰场进行，尽管由于气候和冰质等因素影响，成绩普遍下降，但是竞争差距有所缩短。在男子速滑比赛中，德国选手成绩突出，乌韦迈获男子速滑 500 米金牌；在男子 1 000 米速滑中青克·奥拉夫获胜；男子 5 000 米速滑的金牌被挪威选手卡尔斯塔德夺得；有“冰上马拉松”之称的男子万米速滑冠军被荷兰的费尔德坎普·巴特夺得。在女子速度滑冰 500 米比赛中，美国名将布莱尔以 40 秒 33 的成绩获得冠军；中国的叶乔波以 40 秒 51 的微弱差距获亚军，这是中国第一次在冬奥会上取得奖牌，实现了“零的突破”。布莱尔在 1 000 米速滑比赛中又以 1 分 21 秒 90 的成绩再获 1 枚金牌；而叶乔波仅以 0.02 秒的差距屈居亚军，又为中国夺得 1 枚银牌。女子速滑的其他金牌均被德国选手夺得，她们是1 500 米冠军波尔内、3 000 米冠军和 5 000 米冠军尼曼·贡达。

短道速滑在本届冬奥会上首次被列为正式比赛项目，亚洲运动员展现出了较强的竞争力。女子短道速滑 3 000 米接力的冠军被加拿大选手夺得；男子 500 米短道速滑的金牌被韩国的金琪勋夺得，加拿大的布莱克本·弗雷德里克获银牌，韩国的李俊浩获铜牌，他们都打破了 1 分 31 秒 80 的世界纪录；女子短道速滑 500 米的冠军被美国的图尔纳·卡迪夺得，中国选手李琰摘得了这个项目的银牌，朝鲜的黄玉石获铜牌，这是朝鲜选手在冬奥会历史上获得的唯一 1 枚奖牌；男子短道速滑 5 000 米接力的冠军被韩国选手夺得，他们还以 7 分 14 秒 02 的成绩打破了 7 分 22 秒 12 的世界纪录，获银牌、铜牌的加拿大和日本队都打破了这个项目的世界纪录。

花样滑冰比赛的男子单人滑金牌被独联体的彼得连科摘得，女子单人滑金牌被美国的克利斯蒂·山口夺得，中国的陈露获第六名，这是中国在冬奥会花样滑冰比赛中的最好成绩；双人滑金牌被独联体的米库唐尼奥克和德米特里夫夺得；冰舞自由舞的金牌也被独联体的选手夺得，克利莫娃和波马克连科夫妇以精彩的表演赢得了 9 名裁判 5.9 分的高分。

男子 10 公里越野滑雪和 30 公里越野滑雪的冠、亚军均被挪威选手夺走，有趣的是，戴利获 10 公里赛冠军，于尔旺获亚军，于尔旺获 30 公里赛冠军，戴利获亚军，戴利还获有“雪上马拉松”之称的男子 50 公里越野滑雪冠军；挪威队还获得 4×10 公里越野滑雪赛的冠军。女子 10 公里、15 公里越野滑雪的冠军都被独联体的叶戈罗娃夺得；女子 5 公里越野滑雪的金牌被芬兰的玛尼特夺得；意大利获女子 30 公里越野赛冠军。

高山滑雪男子回转障碍赛冠军由挪威的加格夺得；男子大回转障碍赛的金牌被意大利的汤巴·阿尔贝夺走。女子高山滑雪回转障碍赛中奥地利的克伯伯格·贝拉特获胜；德国的维贝格·佩妮拉获女子大回转障碍赛冠军；在女子超回转障碍赛中意大利的孙帕尼奥尼·德博拉获金牌。

在女子速降滑雪比赛中加拿大的李·加特纳获金牌，男子高山滑雪的桂冠被意大利的波利夺得；奥地利的奥尔特伯获男子高山滑雪的速降赛冠军；90 米跳台滑雪的冠军被奥地利的韦托里夺得；自由式滑雪女子全能的冠军也被奥地利的选手佩查夺得。

花样滑雪的男女冠军分别被法国的贝克尔和瑞士的基斯林夺得；作为表演项目的速度滑雪，法国的普里·米凯尔和芬兰的穆拉莉·达尔贾分获男女冠军。

男子冬季两项 10 公里、20 公里的冠军分别被德国的柯钦诺尔和独联体的列季金·叶夫古尼夺得；女子现代冬季两项 15 公里、7.5 公里的金牌也分别被德国的米塞斯基·安切和独联体选手列什卓娃夺得；北欧两项冠军被法国的基伊夺走；日本队则获得北欧两项男子团体冠军，这是亚洲第一次获冬奥会金牌。

男子单人雪橇比赛，德国的哈克尔获得金牌；女子单人雪橇冠军归属奥地利；男子双人雪橇的金牌、银牌都被德国夺走；男子四人雪车的金牌、银牌、铜牌得主分别是奥地利、德国和瑞士。

本届冬奥会获得冰球比赛入场券的 12 支队伍分两组进行小组循环赛，两组的前三名参加最后 1—6 名的角逐。最终独联体问鼎冠军，加拿大和捷克斯洛伐克分获第二、三名。从比赛来看，各队的水平趋于接近，比赛的节奏和攻防转换进一步加快,欧洲和美洲在打法上的差异基本消失。

德国队共夺 10 枚金牌,居各队之首。这是德国人在原民主德国于 1976 年、1984 年两届获奖牌总数第一后,第三次获这一殊荣;由俄罗斯等 5 个国家组成的独联体队,共获 23 枚金牌,排奖牌榜第二位;挪威此次也取得了优异成绩,除乌尔万格和代赫利在越野滑雪中包揽 5 金外,在男子高山滑雪、男子速滑赛中各取胜两次,最后共得到 9 枚金牌、20 枚奖牌。金牌数与独联体并列,这也是挪威自 1924 年参赛以来获奖牌最多(共 20 枚)的一次。

本届冬奥会,中国、日本、韩国、新西兰等国均是首次获得奖牌。

亚洲选手取得了历史性胜利,中国、韩国、日本、朝鲜共获 15 枚奖牌,其中 3 枚金牌、6 枚银牌、6 枚铜牌。韩国运动员获得了男子短跑道速滑两项冠军,并打破世界纪录。

在本届 16 天的比赛中,统一后的德国表现出强大的实力,夺取了 26 枚奖牌,其中,金牌 10 枚、银牌 10 枚、铜牌 6 枚;独联体队夺得 23 枚奖牌,金银铜牌分别为 9 枚、6 枚、8 枚;挪威名列第三,所得金牌、银牌、铜牌分别为 9 枚、6 枚、5 枚。

九、中国代表团情况

中国自 1980 年首次参加冬奥会以来,经过 12 年的努力,终于在本届实现了奖牌“零的突破”。本届参加比赛的队员有 34 人,参加了滑雪、滑冰、冬季两项等 34 个小项比赛,共获银牌 3 枚,第四名 2 项,是一个可喜的进步。其中女选手叶乔波,在比赛中带伤上阵,顽强拼搏,夺得 500 米和 1 000 米两项速滑的银牌,虽与金牌擦肩而过,但她所表现出来的不屈不挠的精神,为广大运动员和观众赞叹不已。女子 3 000 米接力,中国队一路领先,最后一圈临近终点时张艳梅不慎跌倒,以致失去金牌,来自牡丹江的李琰获得 500 米银牌,她和叶乔波首次在冬奥会的史册上写下了中国人的名字。

第十七节　1994年第十七届利勒哈默尔冬奥会

一、概述

开幕时间:1994年2月12日
闭幕时间:1994年2月27日
举 办 地:挪威利勒哈默尔
运 动 员:1 737人(男选手1 215人、女选手522人)
项目数量:6个大项/12个分项/61个小项

国际奥委会于1988年第93次卡格利全会上决定,自本届起冬奥会与夏奥会不在同一个奥运年举行,相互间隔两年,这是一项具有划时代意义的改革。为了迎合这一改变,1994年的挪威利勒哈默尔冬季奥运会与1992年法国阿尔贝维尔冬季奥运会间隔两年,这也是唯一一次间隔时间只有两年的两届奥运会。本届冬奥会最大的贡献是呼吁和平,推广"奥林匹克休战"。

本届冬奥会的参加者有67个国家和地区的1 737名运动员,其中女选手522名。首次出席冬奥会的国家和地区有亚美尼亚、白俄罗斯、波斯尼亚和黑塞哥维那、格鲁吉亚、以色列、哈萨克斯坦、特立尼达和多巴哥、乌克兰、乌兹别克斯坦、斯洛伐克、摩尔多瓦以及俄罗斯。

二、举办地简介

利勒哈默尔是挪威中部偏南的城镇。在米约萨湖北端,近洛根河入湖口,南距首都奥斯陆140公里,人口2.2万人,是古德布兰斯达尔谷地的商业和旅游中心。这里是夏季和冬季体育运动胜地,以气候宜人著称,有纺织、木材、面粉、啤酒、家具和房屋预构件制造业等。城东南有民间博物馆,内有著名传说《吉因老爷》的茅屋等。

麦豪根露天博物馆展示了挪威近500年来的工作和生活方式。其中,"乡村风情展"展示了整个居德布兰德斯河谷地区的全貌,在这里可以看到豪华的农场别墅、茅草屋、木板教堂、牧师宿舍、殖民者的避暑胜地和小巧的垂钓小屋。“城镇”描绘了一个内陆小镇，利勒哈默尔的住宅区、药房、理发店、面包房、商店、邮局、平房和后院，应有尽有。这是北欧地区唯一一座展示了奥林匹克运动会全部历史的博物馆，包含从公元前776年的古希腊奥运会直至今日的所有历史，这是挪威最大最重要的体育博物馆，它管理着让挪威人痴迷了百余年的文化宝藏，馆里珍藏着超过7 000件奥林匹克物品。博物馆分为三个部分，包括历史展区、1994年的利勒哈默尔以及奥林匹克房。奥林匹克房是挪威的体育荣誉殿堂。在挪威奥林匹克博物馆还举办有“从1952年奥斯陆运动会到1994年利勒哈默尔冬奥会所使用过的电信设备”展览和“从夏蒙尼到利勒哈默尔(关于女子运动项目)”展览。

利勒哈默尔市中心有高雅的利勒哈默尔艺术博物馆，很多人都认为它是挪威国内领先的视觉艺术博物馆，这里陈列着挪威艺术家创作的很多重要作品。

在2008年8月22日于斯塔万格举行的国家博物馆大会中，利勒哈默尔艺术博物馆被投票选举为“2008年度博物馆”。

三、申办与筹备

第十七届冬奥会于1994年2月17日至27日在挪威的利勒哈默尔举行。本届奥运会的组织工作取得了极大的成功，挪威人对冬季运动项目的热爱为这届冬奥会增加了不少的激情。

挪威在冬奥会的历史上有过辉煌的成绩，利勒哈默尔继1952年奥斯陆之后再次承办冬奥会，深得各国的信任。利勒哈默尔是挪威的一个小城镇，居民仅两万多人，但有市政府的支持和直接管理，各项筹备工作进展得非常顺利。

对于在1992年奥运会申办中以微弱差距失利的利勒哈默尔，能够赢得1994年冬奥会的举办权可谓是众望所归，而且从时间和地点上来说都正好合适。本次冬奥会的电视转播权由CBS电视台斥资2.95亿美元购得，超过100万游客来到利勒哈默尔，创造了自1988年卡尔加里奥运会以来的最大数量。

利勒哈默尔新建了各种场馆与设施,并将冬奥会之后的用途设计在内。如哈孔体育馆,可容纳 10 500 人,馆内附设保龄球馆、射击场、体能训练中心以及会议厅、餐厅等。市区建有 1 座 6 500 平方米的花样滑冰馆。在市区附近的山林中建造了一座冰宫,主体是奥林匹克滑冰馆,可容纳 8 000 人,是世界一流的速滑冰场,还附有可容 5 000 人的大厅,以及贵宾室、游泳池、大餐厅和停车场等,坐落于格约威克的冰球馆一半在地上一半在地下,并且一直延伸到山脚下。

四、圣火传递与开幕式

本届冬奥会火炬从希腊运至挪威以后,有 6 000 人参加接力传递活动,途经 19 个县 70 个城镇,历时 75 天。赛会还邀请了 12 个国家的 30 位著名冰雪运动员参加了火炬接力仪式,其中包括我国速滑运动员王秀丽,这是冬奥会历史上第一次有非主办国代表参与火炬接力活动。传递活动与各地的娱乐活动相结合,并有 3 000 名艺术工作者参与,4 000 名职业或半职业演艺人员做各种表演,还有艺术、绘画、舞蹈和音乐等与之配合,形成了较具规模的奥林匹克艺术节。整个活动至大会闭幕才结束。

2 月 12 日,哈拉尔德五世国王在雄伟的高山滑雪场地的山脚下宣布大会开始,开幕式由挪威著名的人类学家、探险家托尔·海亚达尔和著名的女演员利夫·乌尔曼以及 6 名儿童组成的“家庭”共同主持。国际奥委会主席萨马兰奇出席开幕式并在致辞中指出:“十年前在萨拉热窝充满了理解、友谊与和平,而两年多来,萨拉热窝人民却饱受战争的灾难。”他呼吁:“停止战争,放下武器。”并号召所有朋友和全世界电视机前的观众为战火纷飞的萨拉热窝静默 1 分钟。

跳台跳雪运动员斯登·哥鲁本手持奥运圣火飞跃了 100 多米降落在主体育场内后,由滑雪运动员凯瑟林·诺丁尼斯交给哈肯·马格努斯王子点燃火炬。随后,来自东道国的越野滑雪运动员维加德·乌尔万格和花样滑冰裁判卡里·卡林分别代表运动员和官员宣誓。

五、奥运物展

图 2-62　第十七届冬奥会会徽

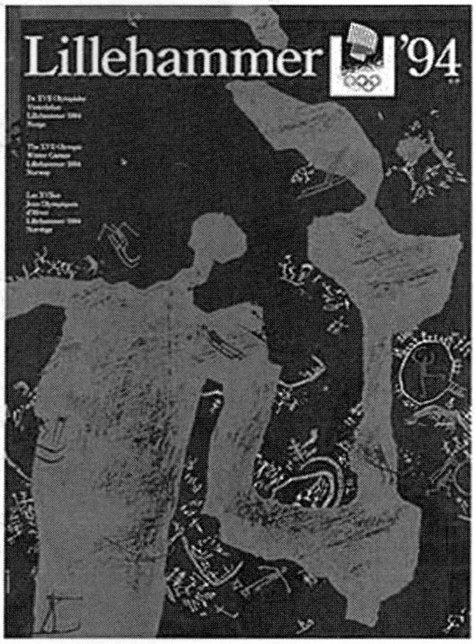

图 2-63　第十七届冬奥会海报

图 2-64　第十七届冬奥会火炬

图 2-65　第十七届冬奥会吉祥物“海康与克莉汀”

图 2-66　第十七届冬奥会奖牌

六、奖牌榜

名次	代表团	金牌	银牌	铜牌	总数
1	俄罗斯	11	8	4	23
2	挪威	10	11	5	26
3	德国	9	7	8	24
4	意大利	7	5	8	20
5	美国	6	5	2	13
6	韩国	4	1	1	6
7	加拿大	3	6	4	13
8	瑞士	3	4	2	9
9	奥地利	2	3	4	9
10	瑞典	2	1	0	3
11	日本	1	2	2	5
12	哈萨克斯坦	1	2	0	3
13	乌克兰	1	0	1	2
14	乌兹别克斯坦	1	0	0	1
15	白俄罗斯	0	2	0	2
16	芬兰	0	1	5	6
17	法国	0	1	4	5
18	荷兰	0	1	3	4
19	中国	0	1	2	3
20	斯洛文尼亚	0	0	3	3

续表

名次	代表团	金牌	银牌	铜牌	总数
21	英国	0	0	2	2
22	澳大利亚	0	0	1	1
	总数	61	61	61	183

七、比赛项目

本届大会的竞赛项目为 6 个大项、61 个小项。新增加的小项是自由式滑雪中的空中技巧(原来只有雪上技巧项目),短道速滑中增加了男子 500 米和1 000米两项。

八、竞赛情况

速滑比赛在哈马尔镇米约萨湖畔新建的海盗船滑冰馆进行。挪威老将科斯表现出色,分别获男子 1 500 米、5 000 米和 10 000 米速滑冠军,并打破了这三个项目的世界纪录。美国名将詹森在上届和这届冬奥会的决赛中多次因滑倒而影响了成绩,但他终于把握住最后的机会,在这届冬奥会男子1 000米速滑项目上获得了他的第一项冬奥会冠军,并打破了该项目的世界纪录。“速滑女皇”、美国的布莱尔获得女子 500 米、1 000 米速滑冠军,这是她在冬奥会上连续第三次获得女子 500 米速滑冠军。亚洲运动员的成绩虽然不如上届,但总体水平有所提高,特别是中国男子运动员有两次进入前四名。

亚洲运动员再一次显示出在短道速滑项目中的优势,夺得了 6 个项目中的 4 枚金牌、2 枚银牌和 1 枚铜牌,收获颇丰。

越野滑雪是挪威的传统强项,他们包揽了男子项目除 50 公里和 4×10 公里接力之外的另外 3 个项目的金牌。俄罗斯女子越野滑雪名将叶戈罗娃获得 3 项冠军,使她的奥运金牌数达到 6 枚。

俄罗斯花样滑冰运动员获得男子单人滑、双人滑和冰舞 3 项冠军。其中双人滑伴侣戈尔杰耶娃/格林科夫以无可争议的优势蝉联双人滑冠军。遗憾的是,格林科夫于 1995 年被突发性心脏病夺去了生命。戈尔杰耶娃悲痛之际,发誓再不与他人合作表演双人滑。陈露在女子单人比赛中勇夺铜牌,为中国赢得了花样滑冰历史上的第一枚奖牌。

引人注目的是，俄罗斯男子冰球队首次与奖牌无缘，仅获第四，瑞典男子冰球队在被称为冬奥史上最激烈的冰球决赛中，以点球险胜加拿大队，获得该队历史上第一个冬奥会冰球冠军。

这届冬奥会上的体育明星，莫过于波斯尼亚和黑塞哥维那的队了。这是一个由不同民族的运动员组成的队伍：一个克罗地亚人、两个波斯尼亚人和一个塞尔维亚人，这成为奥运精神的最佳体现。

本届冬奥会获得金牌前三名的是：俄罗斯第一，获金牌 11 枚、银牌 8 枚、铜牌 4 枚；挪威第二，获得的金牌、银牌、铜牌分别为 10 枚、11 枚、5 枚；德国第三，金牌、银牌、铜牌数分别为 9 枚、7 枚、8 枚。中国名列第十八位。

九、中国代表团情况

中国健儿于第十六届冬季奥运会中首次获得 3 枚银牌后，本届冬奥会又选派了 27 名选手（男 8，女 19），教练、职员 30 人，组成 57 人的代表团，由袁伟民担任团长，赵常熊、屠铭德任副团长，参加了速度滑冰、短道滑冰、花样滑冰、现代冬季两项等项目的竞赛。在比赛中健儿们不负众望，又获得了 3 枚奖牌。其中，张艳梅获女子 500 米短滑道银牌（39 秒 61）。老将叶乔波获女子1 000米速度滑冰铜牌（1 分 20 秒 22）。陈露获女子花样滑冰单人赛铜牌。在本届冬奥会上，中国运动员共有 8 人次分别在 5 个项目中获得前八名。本届冬奥运会上中国台北只派了 3 名运动员参加双人有舵雪橇比赛。代表团团长由张至满担任，教练、职员各 4 人，共 8 人，另有徐亨夫妇、吴经国夫妇也应邀前往出席。双人座有舵雪橇比赛于 2 月 19 日、20 日两天举行，中国台北队由驾驶手孙光明、推车手张明荣参加比赛，结果四轮总成绩为 3 分 39 秒 44，在 43 支参赛队中名列第三十五名。

第十八节　1998 年第十八届长野冬奥会

一、概述

开幕时间：1998 年 2 月 7 日

闭幕时间：1998 年 2 月 22 日

举 办 地：日本长野

运 动 员：2 302 人（男选手 1 488 人、女选手 814 人）

项目数量：7 个大项/14 个分项/68 个小项

1998 年第十八届长野冬奥会是冬奥会时隔 26 年后再一次来到日本，也是 20 世纪最后一场冬奥会。乌拉圭、阿塞拜疆、马其顿首次参赛，最终德国获得 12 枚金牌，排在金牌榜第一，东道主日本获得 5 枚金牌，排在第七位。本届冬奥会共有 72 个国家和地区的 2 302 名运动员参加比赛，其中女运动员 814 名，男运动员 1 488 名。无论是参赛代表团数目还是参赛运动员人数，都是历届以来最多的一次，也是冬奥会历史上最大的一次盛会。参与报道本届赛会的新闻记者共计 8 329 名，其中，文字记者 2 586 名，广播记者 5 743名。共招募了 32 000 名志愿服务者。

本届冬奥会确立的“爱与参与”的宗旨和关爱下一代、尊重大自然、实现和平与友好的三个目标，再一次表达了人类对奥林匹克理想和美好未来的向往。

二、举办地简介

长野县是日本的一个县份，位于日本本州岛中部，介于东经 138. 38 度、北纬 36. 69 度之间，是日本少有的内陆县份之一。处于关西、关东之间，在素有“日本屋脊”之称的中央高地上，东邻群马县，西接岐阜县，南接山梨县和静冈县，北连新潟县和富山县，是日本八大内陆县之一，也是全日本面积第四大的县。

以长野市为中心的北信和以松本市为中心的南信两部分，分为长野地域、北信地域、大北地域、上小地域、松本地域、佐久地域、木曾地域、诹访地域、上伊那地域以及饭伊地域等十个大区域。整体呈现东西狭窄南北修长的高原与盆地地形，许多山峦属于那须、富士、乘鞍岳三个火山带。长野西面屹立着号称“日本阿尔卑斯山”的飞驒山脉、木曾山脉，群峰高度都在 3 000米以上，东边挡着赤石山脉、三国山脉和关东山地，千曲川、天龙川、木曾川等大小河流发源于周围高山，汇入中央的星罗棋布的小盆地，被称作日本的屋脊。除北部多降雪属日本海洋性气候外，大部分属于大陆性气候。

全县地势较高，所以平均气温也偏低，天气较干燥，同时温差非常大，尤其是南北较长的地形，北方靠近新潟县境附近，在冬季即使平地也都会有 3 米以上的积雪，而南方靠近太平洋一侧的有些地方却比较温暖。晚秋季节时就会开始下雪，直到来年 4 月初。因高山与盆地的地形影响，气温的落差相当大，是本州岛降雪较早、较多的县份（仅次于北海道）。这就为其举办冬奥会提供了极大的气候优势。

长野县是日本少有的农业县之一，林业较为发达，木曾山的桧林号称日本三大美林之一；加之高原果树和蔬菜栽培也很发达，因此号称“园艺王国”。除此之外，长野的观光资源丰富，有北阿尔卑斯山的穗高群峰、日本历史最长的城堡天守阁，还有日本司法博物馆、日本浮世绘博物馆、善光寺和长野市立博物馆等，被称为“日本的瑞士”，是日本屈指可数的观光县。县都长野作为善光寺的门前町，是文化、商业发达地区。东部的轻井泽是日本著名的避暑别墅区，高尔夫球场、网球场、跑马场等娱乐设施齐备。诹访、冈谷由于自然条件的关系，是制丝、精密机械工业城市。天龙川边的伊那和饭田将伊那谷商圈分为两部分。冬奥会的举办，无疑为这座县城增光添彩，使其第三产业迅速崛起，这也为当地经济发展带来了可观的收益。

1998 年，长野县举办了 20 世纪最后一届冬奥会，同年，举办了冬季残疾人奥林匹克运动会，这也是冬季残疾人奥林匹克运动会首次在亚洲国家举办。这里有“白马”“志贺高原”“野泽温泉”等日本屈指可数的滑雪游览胜地。每年都有大批游客前来观光游览。另外，从长野来往东京、名古屋、京都等主要城市的交通十分方便，还毗连着日本引以为豪的富士山、高山、立山黑部高山山道等知名的旅游胜地。优越的地理环境、丰富的物产资源、深厚的文化底蕴，让这个内陆县成为日本乃至整个东亚的明珠，熠熠生辉。

三、申办与筹备

长野县是日本本州岛中部一座古老的城市，地处东京西北方向 200 公里，人口总数达 36 万人。长野县地处本州岛中部的火山区，单海拔 3 000 米以上的火山就有 13 座。可想而知，在白雪皑皑的大山群中举办冬奥会，定会别有一番情趣。

对长野的广大民众来说,能够成功地举办一届冬奥会是他们期待、盼望了几十年的梦想。长野曾经在1940年获得主办权,但是由于二战的关系,冬奥会不得已停办,因此无缘举办这项盛会(冬奥会1940年及1944年因战争停办两届,1948年才恢复举办),因此,对这一次1998年长野冬奥会自然是相当重视的。他们通过不懈的努力击败了西班牙的哈卡、美国的盐湖城、瑞典的厄斯特松德和意大利的瓦尔达奥斯塔后,终于重新获得了冬奥会的主办权。

早在一年前,甚至两年前,日本就已经热闹起来。长野冬奥会的旗帜、海报布满大街小巷,随处可见的赞助商的广告、商品、标签也都打着奥运五环的标志,电视台上的宣传广告更是目不暇接。电视机里频频出现"幸运之风会不会吹来?"之类的标题,因为类似滑雪等项目的比赛,运动员必须借助风势才能跳跃得更高、更远,想要打破纪录,天时地利自是锦上添花,可助运动员一臂之力。

大会组委会更是做了精心准备:从火炬接力到开幕式,从比赛场馆到奥林匹克村,都安排得井然有序、几近完美。特别是奥林匹克村的落成,更是给长野带来了新的气象。它不仅可以容纳2 000多名运动员、1 000多名教练员和官员,而且还有很完善的娱乐设施,如电影院、舞厅、商店、餐馆和健身房等。即便冬奥会结束,这些遗留的场馆、娱乐场所在稍作改造之后,便可长久地为日本经济带来可观的收益。

四、圣火传递与开幕式

长野冬奥会圣火分三路从不同方向传递,经过日本的47个都、道、县、府,以及长野县的17个市、36个镇和67个村,在长野市中心广场举行会合仪式。本届冬奥会的主题是"人类与自然共存"。开幕式上,在日本世界级指挥大师小泽征尔的指挥下,来自全球5个城市的歌唱家们通过卫星传输技术合唱了一曲《欢乐颂》,给20世纪最后一届冬奥会染上了一抹动人的色彩。随后,日本明仁天皇宣布本届冬奥会开幕,前冬奥会女子花样滑冰冠军、日本花样滑冰选手伊藤绿点燃了大会圣火,运动员荻原健司和花样滑冰裁判员平松纯子则分别代表运动员和官员们宣誓。

五、奥运物展

图 2-67　第十八届冬奥会会徽

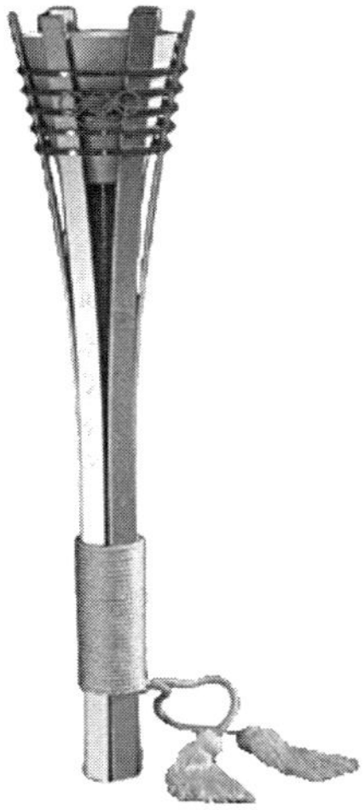

图 2-68　第十八届冬奥会火炬

图 2-69　第十八届冬奥会海报

图 2-70　第十八届冬奥会奖牌

图 2-71　第十八届冬奥会吉祥物雪貂“斯诺波”

六、奖牌榜

名次	代表团	金牌	银牌	铜牌	总数
1	德国	12	9	8	29
2	挪威	10	10	5	25
3	俄罗斯	9	6	3	18
4	加拿大	6	5	4	15
5	美国	6	3	4	13
6	荷兰	5	4	2	11
7	日本	5	1	4	10
8	奥地利	3	5	9	17
9	韩国	3	1	2	6
10	意大利	2	6	2	10
11	芬兰	2	4	6	12
12	瑞士	2	2	3	7
13	法国	2	1	5	8
14	捷克	1	1	1	3
15	保加利亚	1	0	0	1
16	中国	0	6	2	8
17	瑞典	0	2	1	3
18	乌克兰	0	1	0	1
18	丹麦	0	1	0	1
20	白俄罗斯	0	0	2	2
21	哈萨克斯坦	0	2	2	4
22	英国	0	0	1	1

续表

名次	代表团	金牌	银牌	铜牌	总数
22	澳大利亚	0	0	1	1
22	比利时	0	0	1	1
	总数	69(1 枚并列)	70	68	207

七、比赛项目

在本届冬奥会上,单板滑雪项目第一次成为冬奥会的正式比赛项目,冰壶也重新成为奥运会的正式比赛项目。在本届冬奥会上,冰球比赛第一次向职业运动员开放,女子冰球也成为奥运会的正式比赛项目,捷克队获得了女子冰球项目的第一枚金牌。这届冬奥会的比赛共设 7 个大项、68 个小项,新增加的项目有女子冰球、雪上滑板和冰壶。

八、竞赛情况

长野冬奥会上进步最快的是荷兰,一举夺得 5 金、4 银、2 铜的战绩,从以往金牌榜上的十几名一下子上升到本届第六名,令人惊叹。这其中的奥秘与“冰刀革命”有关。荷兰人用了 10 年时间,发明了一种名叫“斯莱普”的新型冰刀。以往的冰刀是鞋与刀相互固定,但斯莱普却将鞋跟与刀柄松开,从而加大了步幅,减少了阻力,故有“神奇冰刀”之称。荷兰选手穿这种冰鞋,取得了优异的成绩:男子速滑选手以 6 分 22 秒 20 的成绩获得 5 000 米的金牌,比原来的成绩提高了 7 秒,还以 13 分 15 秒 33 的成绩夺得 10 000 米的金牌,比原来成绩缩短了 15 秒。因此荷兰人在本届冬奥会上得到一个美称——“飞翔的荷兰人”。

短道速滑比赛的竞争集中在韩国、中国、加拿大和日本等国。男子1 000 米决赛,名将李佳军一路领先,眼看胜利在望,没料韩国选手在冲过终点线时奋力一搏,只是一个冰刀尖儿的差距,李佳军遗憾地收获了一枚银牌,但这一成绩至今仍是 20 世纪中国男子短道速滑在冬奥会上的最佳表现。女子 500 米决赛,出现了中国和加拿大二打二的局面,发令枪响,王春露利用起跑的优势迅速冲在前面,小杨阳则被外道的伊莎贝尔 · 查雷斯特的冰刀碰了一下，身体失去重心，落在最后一位。王春露一路领先，但又突然被查雷斯特莫名撞倒，佩雷欧尔趁机率先冲过终点。不能不说，这是一场非常遗憾的比赛，大多数媒体评论认为是不完善的规则损害了中国运动员的利益，同时，对加拿大队不干净的竞赛行为表示不满，中国再次错失千载难逢的实现金牌零突破的机会。后续的比赛中，中国队一次又一次和金牌擦肩而过。

在花样滑冰比赛中，俄罗斯再次显示出优势，连续摘取了双人、男单和冰上舞蹈 3 枚金牌。女单金牌被美国运动员利平斯基获得，银牌归属美籍华人关颖珊，陈露在一曲唯美的《梁祝》伴奏下，再次摘得铜牌。滑行结束，陈露潸然泪下，在冰面上长跪不起，圆满地完成了自己的谢幕演出。

本届冬奥会的另一大焦点是 NHL 巨星们首次在奥运赛场的亮相。随着奥运会冰球比赛向职业球员敞开大门，为北美洲最大的职业冰球组织——国家冰球联盟（National Hockey League，NHL）效力的世界上最优秀的职业冰球运动员终于在长野首次登上了奥运会赛场。维恩·格雷茨基、斯蒂夫·艾泽曼、亚罗米尔·亚戈尔和谢尔盖·费多罗夫等超级巨星的到来令日本球迷如痴如醉。以 NHL 球员为主组成的六大“梦之队”（加拿大队、美国队、俄罗斯队、捷克共和国队、瑞典队和芬兰队）更是以其出神入化的精彩表演令全世界观众大饱眼福。结果由亚戈尔和哈塞克领军的捷克队力挫群雄，夺得了这枚分量十足的金牌。女子冰球比赛有加拿大、美国、芬兰、中国、瑞典和日本等 6 支队伍参赛，最终中国队获得第四名。

在男子北欧滑雪比赛中，挪威的比约恩·达赫里一人夺取 3 块金牌，成为冬奥会历史上第一位在历届比赛中共获 8 块金牌、12 块奖牌的运动员。美国 15 岁的塔拉·利平斯基则在花样滑冰女子单人滑中击败同国竞争对手关颖珊，力夺冠军，成为冬奥会历史上夺得个人项目冠军年龄最小的选手。高山滑雪运动员赫尔曼·迈耶则诠释了奥林匹克精神，本届参加四个单项比赛的他在速降赛中发生意外，身体在空中飞行了三四秒钟，飞行距离达 100 多米，落到了两道护栏外才站住，幸好他并没有受伤。三天后，他顽强地出现在了赛场上，并最终在超级大回转和大回转两个项目中夺得了冠军。

第一次被纳入冬奥会正式比赛项目的冰壶在长野县东部的轻井泽镇冰上溜石馆举行，最终丹麦女队获得金牌，瑞士男队问鼎冠军。

本届冬奥会总共创造 7 项世界纪录、20 项奥运纪录。获金牌前三名的是：德国第一，获金牌 12 枚、银牌 9 枚、铜牌 8 枚；挪威第二，获金牌 10 枚、银牌10枚、铜牌5枚；俄罗斯第三，获金牌9枚、银牌6枚、铜牌3枚。美国队在本届冬奥会上获得6金、3银、4铜，名次与上届同为第五名，但仔细看来却不大相同：上届美国在速滑项目上夺得4金，这次一金未得。这次获得金牌的项目是自由式滑雪3金，花样滑冰1金。特别是花样滑冰项目，水平明显高出其他选手。黑马荷兰是本届冬奥会进步最快的国家，共夺得5金、4银、2铜，跃居到第六名，借用电影片名，被誉为"飞翔的荷兰人"。东道主日本队借主办国之利，夺得5金、1银、4铜，超过了昔日亚洲冰雪霸主韩国的3金、1银、2铜，成为亚洲冬季运动的领跑者。中国名列第十六位，比上届略有进步。

国际奥林匹克委员会主席萨马兰奇高度赞扬本届赛会取得的成功，他在闭幕式上公开称赞主办当局所作出的努力。他说："恭喜长野，恭喜日本。你们向世界呈献了一次历来办得最好的奥运会。"日本报章也对组织委员会大加称赞，声称特别是在经济增长放缓和频频发生财务丑闻的时刻，他们的优秀表现有助于振奋国家的精神。

九、中国代表队情况

中国代表团参加了滑冰、冰球、滑雪、冬季两项4个大项，短道速滑、大道滑冰、女子冰球、花样滑冰、自由式滑雪、冬季两项、越野滑雪等共40个单项的比赛。中国冰雪健儿团结奋战，出现了许多感人的场面。尤其是在短道速滑项目上，在男女6个项目中，项项都有奖牌进账……中国代表团本届共获银牌6枚、铜牌2枚，排在日韩之后，位居亚洲第三，是历年来取得奖牌最多的一次，但遗憾的是，因为各种各样的原因，仍未实现金牌"零的突破"，留下了世纪的遗憾。

第十九节 2002年第十九届盐湖城冬奥会

一、概述

开幕时间：2002年2月8日

闭幕时间：2002年2月24日

举 办 地：美国盐湖城

运 动 员:2 399 人(男选手 1 513 人、女选手 886 人)

项目数量:7 个大项/15 个分项/78 个小项

第十九届冬奥会于 2002 年 2 月 8 日至 24 日在美国犹他州盐湖城举行,这届奥运会共设有 78 项比赛,比上一届长野冬奥会多出 10 项,俯式冰橇重新成为冬奥会的比赛项目,新加入了女子有舵雪橇项目。这是冬奥会史上比赛项目最多的一次,同时本届奥运会参赛的选手也创下新高,有获得金牌运动员的国家达到创纪录的 18 个。全世界约有 35 亿观众收看了开幕式,275 万观众亲临现场,约 10 亿人通过电视收看了比赛。

本届冬奥会是美国遭受恐怖袭击后首次举办的全球性体育盛会,因此安全问题成为主办者考虑的重中之重。为确保本届冬奥会“是最安全的”,美国共投入了 19 亿美元巨资,其中,在安全防范上就花掉了超过 3 亿美元,出动的军人、警察和联邦调查局特工约有 16 000 人。

二、举办地简介

盐湖城是美国犹他州的首府,以紧靠大盐湖而得名,市内人口 20 万人,大都市区人口为 115 万人,名列美国西部内陆城市的第三位,仅次于丹佛和凤凰城。1847 年由杨百翰率领一批耶稣基督后期圣徒教会的信徒在此拓荒,建成盐湖城,此后,该教会的总会一直设立在此。目前超过半数的当地居民为该教会教徒。

盐湖城属于典型的高原气候地区,紫外线辐射力强。盐湖城高原低压、缺氧环境对运动员的比赛成绩会产生直接影响。盐湖城位于犹他州北部,是犹他州州府所在地。地处北纬 41 度、西经 111 度,属美国西部内陆高原,冬季干燥寒冷;该地区的大盐湖是北美洲面积最大、盐分最高的咸水湖,面积约 4 500 平方公里,与中国的青海湖面积相当。

盐湖城是美国西部山区的重要城市,因其优美的环境、良好的治安、发达的医疗水准,是美国最适合居住的城市之一。1870 年随铁路的建成而兴起,1896 年成为州府。第二次世界大战以来,随着工商业的兴旺,城市也得到较快的发展,成为重要的交通枢纽。盐湖城也是美国西部山区的矿业中心,金属冶炼和加工工业发达。城区东、西两侧的山区是国内重要的铜、铅、钴等金属矿产地。城西南的宾厄姆是世界著名铜矿区之一,矿石在城西的马格纳和加菲尔德冶炼加工。在城郊灌溉农业的基础上,建立了规模较大的食品工业,以制糖、罐头、食品、乳品、肉类加工等为主。电子工业发展很快,已成为主要工业部门,其他有矿山机械、炼油、宇航等。当地是横贯大陆运输线的要冲,有多条铁路、公路伸向周围地区,又是重要的航空站,与全国各地联系方便。长期以来盐湖城已成为西部山区主要的商业中心,市内有数条小溪穿过。

采矿业和第一条横贯铁路的兴建带来了盐湖城的经济繁荣,城市以工业为主,电子产业和生物技术相当发达,该市有“西部十字路口”的别称。盐湖城都市区是美国重要的金融中心、商业中心以及度假胜地,是诸多其他观光小镇及国家公园的入口。进入 21 世纪,该市大力发展户外活动旅游(包括滑雪和自行车),举办了 2002 年冬奥会。

三、申办与筹备

回首以往诸多城市申办奥运的种种艰辛,不得不重提一颗堪称奥运史上最具杀伤力的“原子弹”——盐湖城行贿丑闻。这一事件,给具有 100 多年历史的国际奥委会造成了巨大的震撼,国际奥委会的存亡就在一瞬间,此事件将奥运会置于存废的生死关头。

如果没有庞大的商机,如果没有了名与利,现代奥运会也许不会成为众多城市倾力追逐的目标。早期举办奥运会,主要是靠城市和国家的财源支持,由于收入与支出相差悬殊,财务负担沉重,成为令每个主办城市和国家头痛的问题。二战后,有了新兴国家的参与,奥运会的规模得以日益扩大;加之传播科技的发展,电视转播使奥运会的影响覆盖全球。然而几乎每届奥运会在闭幕后,都让主办单位背上沉重的财政赤字。1984 年的洛杉矶奥运会,却是奥运会彻底转型的分水岭,它让奥运会变得一切都不一样了。然而正是庞大的商机与巨大的利益,使得奥运会的申办遇到前所未有的激烈竞争。各个申办城市绞尽脑汁、各出奇招,就是为了获得国际奥委会的青睐。但是,在利益驱使与为达目的不择手段的思想的支配下,奥运会所秉承的公平竞争的理念与精神也受到严峻的挑战,曝出了 1999 年惊动全球的美国盐湖城冬奥会丑闻。

共有欧美的八个城市对举办本届冬奥会表示了兴趣,最后进入申办投票的是美国的盐湖城、瑞典的厄斯特松德、加拿大的魁北克和瑞士的锡永。1998 年,盐湖城在绝佳条件下,以压倒性的 58 票的优势,一举成为 2002 年冬奥会的东道主。当时盐湖城的竞争对手之一,加拿大魁北克市市长在投票的第二天,见到所有国际奥委会委员时,都以掉头就走的态度表达对此投票的失望与愤怒。盐湖城的获胜,使得申办委员会主席威尔奇与副主席大卫·约翰逊这对最佳商人拍档,一跃成为盐湖城的大英雄。但就在 1998 年 12 月,瑞士籍委员贺德勒突然向国际体坛披露盐湖城申办过程存在弊端,甚至还有国际奥委会委员收受贿赂的不法勾当。此后不久,便曝出了盐湖城奥申委贿赂国际奥委会官员的丑闻,一时引起轩然大波。这一事件导致多名国际奥委会官员宣布辞职或被解职,之后事态才得以平息。

四、圣火传递与开幕式

本次奥运会的火炬传递从 2001 年 12 月 4 日开始,经过美国的 46 个州,历时 65 天,于 2 月 8 日传递到盐湖城,行程近 22 000 公里,来自全球的 11 500名选手参加了火炬传递。在传递过程中,还有一支庞大的雪佛兰车队伴随,这在冬奥会历史上是罕见的。

本届冬奥会是在“9·11”事件之后举行的,恐怖袭击激发起的美国人的爱国热情在本届冬奥会开幕式上再度高涨。在开幕式正式开始前,纽约警察代表演唱了《天佑美国》,8 名运动员托举着从世贸大楼废墟中带出来的残破的美国国旗入场,成为冬奥会开幕式特有的内容。在 2 月 8 日的开幕式上,美国总统布什宣布本届冬奥会开幕。随后,奥运圣火由曾于 1980 年夺得冬奥会冰球金牌的美国国家队全体 20 名成员点燃。骨架雪橇运动员吉姆·谢亚和高山滑雪裁判员阿兰·彻齐则分别代表运动员和裁判员宣誓。

五、奥运物展

图 2-72　第十九届冬奥会会徽

图 2-73　第十九届冬奥会海报

图 2-74　第十九届冬奥会火炬

图 2-75　第十九届冬奥会吉祥物雪靴兔Powder、北美草原小狼 Copper 和美洲黑熊 Coal

图 2-76　第十九届冬奥会奖牌

六、奖牌榜

名次	代表团	金牌	银牌	铜牌	总数
1	德国	12	16	7	35
2	挪威	11	7	6	24
3	美国	10	13	11	34
4	俄罗斯	6	6	4	16
5	加拿大	6	3	8	17
6	法国	4	5	2	11
7	意大利	4	4	4	12
8	芬兰	4	2	1	7
9	荷兰	3	5	0	8
10	瑞士	3	2	6	11
11	克罗地亚	3	1	0	4
12	奥地利	2	4	10	16
13	中国	2	2	4	8
14	韩国	2	2	0	4
15	澳大利亚	2	0	0	2

续表

名次	代表团	金牌	银牌	铜牌	总数
15	西班牙	2	0	0	2
17	爱沙尼亚	1	1	1	3
18	英国	1	0	2	3
19	捷克	1	0	1	2
20	瑞典	0	2	4	6
21	保加利亚	0	1	2	3
22	日本	0	1	1	2
22	波兰	0	1	1	2
24	白俄罗斯	0	0	1	1
24	斯洛文尼亚	0	0	1	1
	总数	79	78	77	234

注:西班牙和俄罗斯运动员因药检呈阳性各被剥夺 1 金;花样滑冰双人并列 2 金;男子越野滑雪追逐赛并列 2 银。

七、比赛项目

本届冬奥会的设项增加到 7 个大项、15 个分项、78 个小项,新增加的两个项目是骨架雪橇和女子雪车两个大项目。其中骨架雪橇项目曾于 1928 年瑞士圣莫里茨奥运会上进行过比赛,分为男、女各一项比赛。女子雪车则是首次进入奥运会,此次列入的是双人项目。

八、竞赛情况

短道速滑女子 500 米决赛中,中国选手大杨扬获得冠军,实现中国冬奥会金牌零的突破。杨扬获得了中国队自 1992 年首次参加阿尔贝维尔冬奥会以来的首枚冬奥会金牌。杨扬曾五次获得世界冠军。决赛有两名中国选手,其中大杨扬抽签十分有利,分在内道,另一名中国选手王春露在最外道。发令枪响后,杨扬即取得领先地位,并将领先优势保持到比赛结束。保加利亚选手里达诺娃获得第二,王春露获得第三。此后,杨扬又与队友一起获得了女子 3 000 米接力的银牌,并在女子 1 000 米比赛中再夺金牌。男子1 000

米比赛中，澳大利亚的史蒂文·布拉德贝里堪称是冬奥会的“幸运儿”，连续3次参加冬奥会的他以往在奥运会个人项目比赛中的最好名次只是第8名，已经度过了运动生涯巅峰期的他本届原本也只是“重在参与”。但在男子1 000米的比赛中，他首先在四分之一决赛和半决赛中接连抓住对手跌倒或者被取消资格的机会意外获胜，闯入了决赛。决赛时，他的好运气仍然在继续。比赛刚一开始，他就处在落后位置上。到比赛进入最后一圈时，他已比其他对手落后了将近半圈。就在这时，处在前边的四名运动员发生了集体碰撞，均退出了竞争。而落在后面的布拉德贝里却因祸得福，成为唯一能完成比赛的选手，终于出人意料地后来居上，获得了金牌。尽管布拉德贝里本人也为这块金牌感到极为庆幸，但他也称这是自己从事这一项目艰苦训练十年应得的回报。

本届速滑比赛最引人注目的是多项世界纪录和冬奥会纪录被刷新，被誉为“世界纪录高产”的冬奥会。荷兰、德国、美国和加拿大等传统强国依然保持着自身的优势，瓜分了全部金牌。首次参加冬奥会的荷兰小将约申·维特哈格初出茅庐便有出色表现，在5 000米比赛中，他首先以破世界纪录的成绩夺得一枚金牌。在1 500米比赛中，他再次打破了世界纪录，但这一纪录很快又被其他队员打破，他不幸只获得了银牌。最后在1万米比赛中，他又一次打破世界纪录，获得了第二枚金牌。

在花样滑冰赛场，申雪/赵宏博也在欧美选手传统垄断领域的花样滑冰双人滑项目中奋力拼下了一枚铜牌。比赛结束时，本来排名第二的加拿大搭档加米·萨莱和大卫·佩雷蒂埃抗议裁判员裁决不公。国际滑冰联盟主席奥塔维奥·辛坎塔在与国际奥委会主席雅克·罗格会晤后，于2月14日男子单人自由滑比赛结束时，召集国际滑联理事会开会，决定取消执法不公的法国裁判员的玛丽·雷内·勒古涅的执法资格，宣布加拿大同俄罗斯并列获得金牌，这在冬奥会乃至花样滑冰史上都是第一次。

加拿大男子冰球队在决赛中以5∶2击败美国队后，获得了50年来的第一个奥运会男子冰球冠军。由NHL巨星们唱主角的加拿大队主教练是一代冰球伟人维恩·格雷茨基，球员中也有名声赫赫、绰号为“超级马里奥”的老将马里奥·勒米厄。加拿大队上一次获男子冰球冠军是1952年在斯阔谷冬奥会上。

在开幕式上代表运动员宣誓的有舵雪橇运动员吉姆·谢亚以百分之五

秒的优势击败奥地利对手雷特尔后,夺取了冠军。谢亚一家堪称奥运世家,在70年前同样于美国进行的普莱西德湖冬奥会上,吉姆的祖父杰克·谢亚也曾作为东道主的代表,宣读了运动员誓言,并在随后的速滑比赛中两夺金牌。在1964年的因斯布鲁克冬奥会上,吉姆的父亲詹姆斯·谢亚则参加过三项越野滑雪的比赛。但不幸的是,在本届盐湖城冬奥会前17天,已经91岁高龄的杰克·谢亚不幸在一次司机酒后驾车的交通事故中罹难,他未能等到自己的孙子也戴上奥运金牌的光荣时刻。吉姆的父亲詹姆斯当时从看台上目睹了他夺冠的情景,而吉姆在比赛中还将祖父的照片戴在头盔上。祖父的在天之灵果然将吉姆送上了最高领奖台。

挪威的高山滑雪运动员克雷蒂尔·安德雷·阿莫特本届连夺两块金牌后,成为奥运会历史上获得高山滑雪奖牌最多的运动员,他在夺得全能金牌三天后,又在超级大回转项目中称雄,使其在参加过的历届冬奥会中获得的奖牌总数达到了创纪录的7枚。

挪威的奥勒·埃纳尔·比约恩达伦在冬季两项的所有四个单项中均取得了金牌。在20公里比赛中,他摆脱了射击两次脱靶后的不利局面,首先夺得一金。接着,他在10公里计时赛和12.5公里追逐赛中又连夺两金。最后,他又随挪威队夺得4×7.5公里接力项目的冠军。

芬兰的桑帕·拉尤南也是本届冬奥会的明星人物,他夺取了北欧两项的全部三项冠军,成为第一位在一届奥运会中夺得三块北欧两项金牌的运动员。在男子个人赛中,尽管在15公里越野赛前他名列第三,但很快就收复失地,夺取了首枚金牌。此后,他又随芬兰队夺取了这个项目的团体冠军。在计时赛中,他又得到了第三枚金牌。

本届冬奥会可以说从筹备到闭幕,经历了比以往任何一届都要多的风波和挫折。先是“9·11”事件对赛会安全和赞助带来的影响,然后是花样滑冰双人滑曝出裁判丑闻,接着是立陶宛、俄罗斯、韩国和日本等代表团又针对冰上舞蹈,花样滑冰女单和短道速滑男子1 500米、1 000米出现的裁判争议纷纷上诉和抗议,韩国甚至提出要起诉国际滑联,俄罗斯一度声称要退赛。这些纷争都给组织者带来了巨大的精神压力,也给赛会蒙上了阴影。本届冬奥会还加大了对兴奋剂查处的力度,24名运动员因违反规定被挡在了冬奥赛场之外。

九、中国代表团情况

中国此次共派出了72名运动员参赛。在短道速滑女子500米决赛中，中国队的杨扬击败了保加利亚的叶夫根尼亚·拉达诺娃和队友王春露，夺取了冠军，为中国获得了第一枚冬奥会金牌。此后，她又与队友一起获得了女子3 000米接力的银牌，并在女子1 000米比赛中再夺金牌。而申雪/赵宏博也在欧美选手垄断的领域花样滑冰双人滑项目中奋力拼下了一枚铜牌。中国体育代表团夺得2枚金牌、2枚银牌和4枚铜牌，实现了中国冬季运动项目22年的奥运金牌梦想，赢得了中国自1980年首次参加冬奥会以来最靠前的奖牌榜排名。

第二十节　2006年第二十届都灵冬奥会

一、概述

开幕时间：2006年2月11日
闭幕时间：2006年2月26日
举 办 地：意大利都灵
运 动 员：2 508人（男选手1 548人、女选手960人）
项目数量：7个大项/15个分项/84个小项

本届冬奥会是继1956年科蒂纳丹佩佐冬奥会后意大利第二次举办冬奥会。若包括1960罗马奥运会，则是意大利历史上第三次成为奥运主办国。都灵冬奥会的口号是："激情在这里燃烧（Passion lives here）"，吉祥物"内韦"和"格利兹"分别象征着雪和冰。

二、举办地简介

都灵，意大利第三大城市、皮埃蒙特大区的首府，欧洲最大的汽车产地，还是历史悠久的古城，保存了大量的古典式建筑和巴洛克式建筑，也是意甲球队尤文图斯和都灵的主场。

它的文化和历史非常丰富,让意大利人引以为傲。它拥有众多的美术馆、餐馆、教堂、宫殿、歌剧院、广场、公园、庭园、剧院、图书馆、博物馆。都灵因为它的巴洛克、洛可可和新古典主义法式建筑而举世闻名。它的很多广场、城堡、庭园和宫殿,都是由西西里建筑师菲利波·尤瓦拉建造的,他在设计时借鉴了法国经典建筑凡尔赛宫。这些法式建筑的典范包括王宫、斯图皮尼吉猎宫和苏佩尔加大教堂。都灵现在拥有意大利最好的大学、学院、高中和文科高中,如都灵大学、都灵理工大学。还有许多重要和著名的博物馆,如埃及博物馆和安托内利尖塔。它还于1911年举办世界博览会,2006年举办冬奥会。

都灵曾经是欧洲重要的政治中心。1563年,它成为皮埃蒙特-萨伏依公国的首都,随后是萨伏依王朝统治下的萨丁尼亚王国的首都,最后是意大利统一之后的第一个首都(1861—1865年)。第二次世界大战之后,它还是欧洲最重要的工业、商业和贸易的集散地。都灵是意大利大区皮埃蒙特的首府,而因为意大利三分之一的巧克力制造工厂位于皮埃蒙特,所以这里被称作意大利最甜的地方,而都灵自然也获得了“巧克力之都”的美名。

三、申办与筹备

受到盐湖城冬奥会贿赂丑闻的影响,国际奥委会对本届冬奥会的申办程序进行了改革,成立由15个人组成的选举委员会,同时禁止国际奥委会成员访问申办城市,禁止申办城市代表拜访国际奥委会成员,新的改革措施旨在防止国际奥委会成员在日后的申办过程中出现“不适当的行为”。

1999年6月19日,在韩国首尔举行的国际奥林匹克委员会第109次会议上,都灵以53比36的票数击败瑞士锡永取得第二十届冬奥会的主办权。会议前媒体原本纷纷看好锡永胜出,因为国际奥委会就位于瑞士,但最终都灵以17票的优势胜出。

四、圣火传递与开幕式

当地时间12点30分,点火仪式在距离古希腊竞技场不远的赫拉神庙举行。遗憾的是,太阳神阿波罗并没有听到女祭司夏尔库的祈祷,当天希腊古奥林匹亚镇的上空阴云密布，根本无法用聚光镜采集到火种。无奈之下，第一次担任祭司重任的舞台表演和电视两栖明星夏尔库只好使用周六彩排中保存下来的火种。自1936年奥运会开始在希腊采集火种以来，这是第四次受阴雨所累使用“备份”火种。圣火点燃后在希腊境内进行历时10天、全程2 006公里的接力，直到12月7日空运至罗马。意大利总统在奎利纳尔广场亲手点燃在意大利土地上燃烧的第一支冬奥会火炬，交给雅典奥运会马拉松冠军巴尔蒂尼。圣火从罗马传至南部的西西里岛，辗转返回北部，2月10日抵达冬奥会主办城市都灵，途径140多个城市，全程11 300公里。来自世界各地的体育、商业和文化界知名人士会聚一堂，加入到火炬传递的热情中来，他们中间有意大利最伟大的体操运动员切奇、足球明星托蒂、一级方程式赛车手特鲁利，也有世界著名时装设计师阿玛尼，还包括新任罗马教皇本笃十六世。

都灵冬奥会以“激情在这里燃烧”为口号，开幕式表演相当成功，将这一口号体现得淋漓尽致，为本届冬奥会的成功举行奠定了一个良好的开端。开幕式奉献了丰富多彩的具有意大利民族特色的文艺表演，以激情、能量、速度和时尚为主体：身后拖着长长火焰的“火神”、火红色的跳动的意大利之“心”、吹着古老号角的阿尔卑斯山老者、来自阿尔卑斯山的奶牛、跳台滑雪运动员的生动造型、意大利伟大诗人但丁《神曲》展示、意大利文艺复兴时期、巴洛克时期的表演等都给观众留下了深刻的印象，连已经宣布不再歌唱的男高音歌唱家帕瓦罗蒂也前来献唱助兴。

文艺表演之后，都灵奥组委主席瓦伦蒂诺·卡斯特拉尼、国际奥委会主席罗格依次为本届冬奥会致辞。随后，意大利总统钱皮宣布冬奥会开幕。火炬手手持冬奥会火炬进入奥林匹克体育场，经过现场传递后，火炬转交给意大利8枚冬奥会奖牌得主、36岁越野滑雪老将贝尔蒙多，贝尔蒙多代表意大利点燃了都灵冬奥会的主火炬：她将火炬轻触半环形点火口，现场顿时火花四射，甚是壮观，在开幕式现场经过多次迂回曲折后，终于传递至高高的主火炬台，奥林匹克圣火随之在主火炬台熊熊燃烧。开幕式在著名男高音歌唱家帕瓦罗蒂演绎的歌剧《图兰多》选段《今夜无人入睡》中结束。

五、奥运物展

图 2-77　第二十届冬奥会会徽

图 2-78　第二十届冬奥会海报

图 2-79　第二十届冬奥会火炬

图 2-80　第二十届冬奥会吉祥物“内韦”和“格利兹”

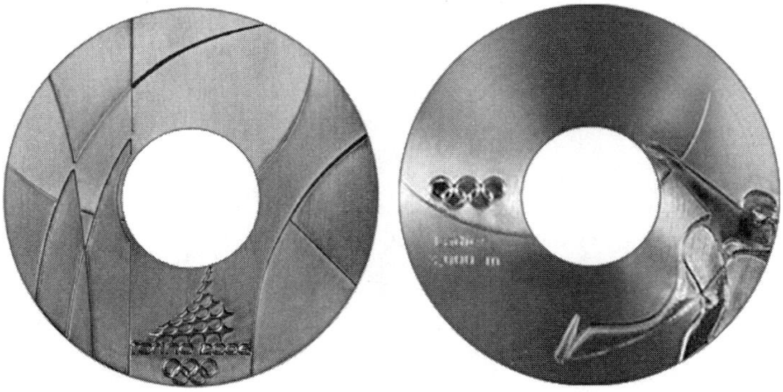

图 2-81　第二十届冬奥会奖牌

六、奖牌榜

名次	代表团	金牌	银牌	铜牌	总数
1	德国	11	12	6	29
2	美国	9	9	7	25
3	奥地利	9	7	7	23
4	俄罗斯	8	6	8	22
5	加拿大	7	10	7	24
6	瑞典	7	2	5	14
7	韩国	6	3	2	11
8	瑞士	5	4	5	14
9	意大利	5	0	6	11
10	法国	3	2	4	9
10	荷兰	3	2	4	9
12	爱沙尼亚	3	0	0	3
13	挪威	2	8	9	19
14	中国	2	4	5	11
15	捷克	1	2	1	4
16	克罗地亚	1	2	0	3
17	澳大利亚	1	0	1	2

续表

名次	代表团	金牌	银牌	铜牌	总数
18	日本	1	0	0	1
19	芬兰	0	6	3	9
20	波兰	0	1	1	2
21	白俄罗斯	0	1	0	1
21	保加利亚	0	1	0	1
21	英国	0	1	0	1
21	斯洛伐克	0	1	0	1
25	乌克兰	0	0	2	2
26	拉脱维亚	0	0	1	1
	总数	84	84	84	252

七、比赛项目

本届冬奥会的设项增加到 7 个大项、15 个分项、84 个小项，新增的四个项目是冬季两项集体出发、越野滑雪团体短距离、单板滑雪和速滑男子团体追逐。2002 年盐湖城冬奥会中的男子 50 公里和女子 30 公里越野滑雪项目在都灵赛场被等距离的自由式越野滑雪项目代替。

八、竞赛情况

本届奥运会速滑赛场上同样冷门迭爆，不过美国、荷兰和加拿大三强鼎立的局面已经初步形成，而老牌速滑德国队则面临人才匮乏的隐忧。美国队主要倚重男子运动员的表现，其中黑白双煞山尼·戴维斯和查德·赫德里克在本届冬奥会各取得 1 枚金牌。荷兰队的表现则出乎意料。赛前媒体分析他们的强项将是男子中长距离。不过比赛中荷兰队的夺金主力却变成了女将。19 岁的乌斯特和 33 岁的蒂默分别夺得 3 000 米和 1 000 米的金牌，尤其是小将乌斯特，一扫荷兰女队历届奥运会比赛的颓势，还获得了 1 500 米项目的铜牌。荷兰男队则发挥糟糕，他们不仅失去了 5 000 米这个强项的金牌，甚至在追逐赛这个必夺金牌项目上也败给了意大利人，唯有德荣的10 000米金牌给人安慰。值得注意的是，荷兰队连续两届获得的冬奥会奖牌全部来自速滑项目。加拿大队则与美国队相反，完全依赖女队的表现，尤其是王牌辛迪·克拉森的发挥直接决定着加拿大速滑队的命运。都灵比赛中克拉森在参加的五个项目中全部获得奖牌，1 金、2 银、2 铜的成绩也显示出这位女将的超人实力。意大利和俄罗斯则成为本届奥运会的两匹黑马。前者依靠法布里斯惊人的发挥从美国队手里抢来两枚金牌，后者更是在实力明显不如中国运动员王曼丽的情况下斩获金牌，不过从长远来看，意、俄两国仍将处于速滑的第二军团，暂时无法对上述四国构成威胁。女子 500 米夺金大热门王曼丽屈居亚军，这一结果出现在这位近两年称威世界赛场的名将身上，显然无法令国人和她自己满意。如果说王曼丽意外失金令人惋惜的话，那么新秀任慧夺取的一枚铜牌完全是计划外的收获，这位身材条件出色、心理素质稳定的小将横空出世，再加上获得第七名的王北星，中国速滑队在女子 500 米项目上已悄然形成了一支集团军。

短道速滑赛场上，新人王濛的过人实力，加上付天余的合作精神，使中国队抵挡住拉达诺娃等名将的强烈冲击，成功守住了自己的根据地。王濛的成功，也为整个代表团完成计划目标奠定了坚实基础。令人欣慰的是，1 500米、3 000 米接力连续被韩国人压制后，国手们看清了自己的真实实力，在压轴戏——1 000 米决赛中，虽然王濛、杨扬的配合略有瑕疵，这一漏洞使王濛在最后时刻丧失了优势地位，但她们两人的良好整体表现也让实力略强的韩国人丢掉了一枚铜牌。年已 31 岁的老将李佳军在男子 1 500 米决赛中摘得一铜，为男选手保住了一丝颜面。在都灵，中国只有王濛收获 1 金，而韩国人在短道速滑全部 8 个小项中夺得 6 金、3 银、1 铜，并依靠强势的短道速滑在都灵奖牌榜上排位第七。其中，女子速滑运动员陈善有独得 3 金，男子运动员安贤洙也夺得 3 金、1 铜。男子 500 米比赛中，中国选手李蒿楠和李佳军先后被判罚犯规，一个在四分之一决赛被直接罚下场，一个在半决赛被取消成绩，双双无缘决赛。最终冠军被美国的阿波罗夺得，成绩为 41 秒 935，加拿大的特列卜雷和韩国的安贤洙分获银牌和铜牌。

本次冬奥会花样滑冰比赛共有 5 个国家分享了 4 个项目的 12 枚奖牌。其中俄罗斯队人才济济，在四个项目上实力均衡，夺取了男子单人滑、双人滑和冰舞 3 枚金牌和女子单人滑铜牌，显示了无可争议的整体优势。日本获得了女子单人滑金牌，美国获得了女子单人滑和冰舞银牌，瑞士获得 1 枚男子单人滑银牌。男子单人滑中，上届冬奥会亚军得主俄罗斯名将普留申科凭借熟练的技术和稳定的发挥毫无悬念地登上冠军领奖台。女子单人滑的比赛结果令人有些意外。夺冠大热门俄罗斯名将斯鲁茨卡娅和美国选手萨莎·科恩在关键的自由滑中先后出现致命失误。而日本名将荒川静香则凭借稳定发挥脱颖而出，笑到最后。中国双人滑军团虽然没有夺得金牌，但参赛的三对选手均跻身四强，形成了对俄罗斯巨人的合围之势。为大家带来的作品是极富中国特色的《龙的传人》，21 岁的张丹和 22 岁的张昊在完成“抛四”这一超难度动作时，张丹不慎重摔在冰面上。重大挫折之下，张丹稍事休息后忍痛做完了全套动作，显示出过人的拼搏精神和不俗的技艺，更体现出了坚毅的品格，打动裁判的同时也为自己赢得了宝贵的银牌。名将申雪/赵宏博在赵宏博跟腱断裂伤愈不久的不利形势下，以超人的意志品质和良好的艺术表现力，征服了裁判，又一次登上了冬奥会的领奖台。另一对组合庞清/佟健也表现出色，发挥出最好水平，得分创自己历史新高，位居第四。冰舞比赛中，近两年百战百胜的俄罗斯黄金组合纳乌卡/考斯特麦洛夫在三项舞蹈中发挥稳定，凭借扎实的基本功、新颖的编排、纯熟的配合和卓越的艺术表现无可争议地获得了冠军。

默默无闻的韩晓鹏勇夺男子金牌，大红大紫的李妮娜摘得女子银牌，中国选手成为都灵冬奥会空中技巧赛场上最活跃的一支力量。赛前中国女队被看好，因为队中拥有近两年最走红的李妮娜，另三位主力郭心心、徐囡囡和王姣也曾在世界杯分站赛中笑到最后。令人遗憾的是，中国空中技巧“梦幻组合”最后时刻惜败，仅李妮娜一人登上了领奖台。一枚银牌遮挡不住中国女将的风采。郭心心、李妮娜、徐囡囡和王姣一起闯进前 12 名决赛，显示出中国队拥有的无与伦比的整体实力。男子项目决赛中，名不见经传的韩晓鹏在声名显赫的一拨欧美强手面前，表现出异常稳定的心理素质，他依靠优美的空中姿态和稳定的落地，击败了动作难度系数高过自己的达辛斯基、佩特森等名将，为中国队夺得了一枚预算外的金牌。韩晓鹏的成功也为中国赢得了雪上项目的历史第一金。

本届冬奥会上，来自德国的滑雪运动员米夏埃尔格雷斯在冬季两项的比赛中获得 3 枚金牌，来自加拿大的女子速滑运动员辛迪克拉森在参加的 6 个比赛项目中夺得 5 枚奖牌。而来自德国的运动员克劳迪娅佩希施泰因的 1 金、1 银也使得她成为速滑项目上第一位获得 9 枚奥运金牌的运动员。来自挪威的滑雪运动员克雷蒂尔安德雷奥莫特成为在同一个项目中夺取 4 枚奥运奖牌的高山滑雪运动员,也成为第一位在同一个项目中获得 4 枚金牌的高山滑雪运动员。来自加拿大的达夫·吉布森在自己 39 岁的时候夺得男子冰橇的金牌,成为冬奥会历史上夺得个人项目金牌年龄最大的运动员。

女子俯式冰橇比赛中,瑞士选手佩德森夺冠,男子有舵雪橇四人赛中,德国选手安德烈·兰格与他的三名伙伴以 3 分 40 秒 42 摘得了这枚宝贵的金牌。在本届冬奥会中,兰格还获得了有舵雪橇双人赛金牌,成为继 1984 年东德选手沃夫冈之后,第二个在一届冬奥会中获得有舵雪橇四人和双人两枚金牌的选手。

在夺得单板滑雪男子平行大回转金牌之后,26 岁的瑞士选手菲利浦·舒赫成为冬奥会历史上第一位卫冕单板赛事冠军的选手,有意思的是他还战胜了自己的哥哥、27 岁的西蒙·舒赫,这也是本届冬奥会首度出现兄弟俩包揽一个项目的冠亚军,也是单板滑雪这个项目首度出现这种情形。季军被奥地利的格拉布纳夺得。这是冬奥会历史上第三次出现两兄弟同时夺得冬奥会一个项目的冠亚军的情况。上次兄弟俩包揽冠亚军的情况还得追溯到 22 年前,1984 年高山滑雪男子回转项目中菲尔·马赫尔和史蒂弗·马赫尔兄弟让世人赞叹,最早一次则是 1928 年的事情了,美国的约翰·赫顿和乔尼森·赫顿兄弟包揽了男子有舵雪橇金、银牌。而姐妹俩垄断冠亚军的场面也曾出现过,1964 年高山滑雪回转比赛中法国的乔伊特舒尔姐妹就上演了这出好戏。

在越野滑雪女子 1.1 公里团体竞速赛中,来自加拿大的运动员萨拉伦纳不慎折断了她的滑雪杆,这时,观战的挪威主教练员将自己的滑雪杆借给萨拉使用,最终萨拉帮助加拿大队获得这个项目的银牌,而挪威队则遗憾地与奖牌无缘,但他们在赛场上体现了真正的运动精神。在越野滑雪男子 50 公里自由式集体出发的比赛中,意大利的吉奥尔吉奥·迪森塔获得金牌。

在本届奥运会中,奥地利选手称雄高山滑雪赛场,他们夺走了总共 30 枚奖牌中的 14 枚。

捷克队以令人难以置信的 3:0击败俄罗斯队,赢得都灵冬奥会男子冰球比赛铜牌。决赛中瑞典队以 3:2击败芬兰队,获得了本届冬奥会最后一枚金牌,芬兰队以一分之差屈居亚军。

四年前的盐湖城冬奥会,挪威、德国、美国三国的金牌均达到了两位数,形成三足鼎立之势。本届都灵冬奥会,首先让行家们大跌眼镜的是上届霸主挪威军团的惨败。上届冬奥会,他们依然以 13 金傲视群雄。而本届挪威居然只收获两金,被挤到了第 13 位。德国、美国是上届金牌榜的第二、第三名。挪威人退出了争夺,他们自然当仁不让。尤其是德国,时隔 8 年之后,又一次以 11 金跃居冬奥会的榜首位置。上届冬奥会有 18 个国家染指金牌、24 个国家登上奖牌榜,是冬奥会史上获金牌、获奖牌面最广的一届。都灵冬奥会获奖牌的国家达到 26 家,染指奖牌国家之多超过历届;获金牌的虽然仍为 18 家,但金牌的分布却愈加均衡。在都灵冬奥会上,亚洲参与、出头的项目尽管还比较有限,但在短道速滑、花样滑冰、自由式滑雪等几条战线上活力十足,上升势头不可逆转。

九、中国代表团情况

中国代表团参加了短道速滑、花样滑冰、速度滑冰、自由式滑雪、越野滑雪、高山滑雪、跳台滑雪、单板滑雪、冬季两项 9 个大项和 47 个小项的角逐,以 2 金、4 银、5 铜的成绩排名第 14 位。韩晓鹏在自由式滑雪男子空中技巧项目上“一鸣惊人”,夺得金牌,在自由式滑雪项目上,李妮娜、徐囡囡、郭心心分别获得第 2、第 4、第 6 名。男子空中技巧,中国以往的最好成绩只是第 17 名。本届冬奥会不仅有韩晓鹏、邱森同时闯进决赛,前者还在资格赛和决赛中均位居首位,毫无争议地夺得金牌。本届冬奥会上,中国共派出 34 名选手参加了冰上项目的 3 个大项、22 个小项的争夺。虽然只有王濛收获了 1 枚金牌,但比较都灵与盐湖城两届冬奥会均参加的 17 个冰上项目,除 1 项名次持平外,有 10 项的成绩优于上届。女子最值一提的还是 500 米项目,中国的王曼丽、任慧获得了该项目银牌、铜牌。中国年轻选手张丹、张昊在挑战四周抛跳时失误,张丹在受伤的情况下,凭借坚忍的毅力勇敢地重返赛场,以 189. 74 分为中国队拼得一枚宝贵的双人滑银牌,取得了中国在奥运会花样滑冰史上的最好成绩,名将申雪、赵宏博以 186. 91 分获得铜牌,庞清、佟健以微弱劣势获得第四名。中国代表团奖牌总数超过历届,并在一些落后项目上取得了进步,实现了运动成绩稳中有升的目标,取得了运动成绩和精神文明的双丰收:雪上实现金牌零的突破、多个项目赛出了最好成绩、不少项目首次出现了中国选手的身影。中国运动员，尤其是花样滑冰选手所表现出的良好精神风貌也为中国赢得了广泛的国际尊重。

第二十一节　2010 年第二十一届温哥华冬奥会

一、概述

开幕时间：2010 年 2 月 12 日
闭幕时间：2010 年 2 月 28 日
举 办 地：加拿大温哥华
运 动 员：2 566 人（男选手 1 522 人，女选手 1 044 人）
项目数量：7 个大项/15 个分项/86 个小项

本届冬奥会有 85 个国家和地区的 2 566 名运动员参赛。其中，开曼群岛、哥伦比亚、加纳、黑山、巴基斯坦、秘鲁和塞尔维亚为首次参加冬奥会。共有 26 个国家登上了奖牌榜。加拿大代表团在本届冬奥会上表现出色，首次在本土获得了奥运会金牌。此前在加拿大举办的两届奥运会（1976 年蒙特利尔奥运会和 1988 年卡尔加里冬奥会）上，加拿大选手都未能获得金牌。最终，他们不仅以 14 枚金牌的成绩高居金牌榜首位，成为继挪威在 1952 年奥斯陆冬奥会之后，第一个占据金牌榜首位的冬奥会东道主国家，还创造了单届冬奥会上一个国家获金牌数的最高纪录。中国代表团在本届冬奥会上获得 5 枚金牌、4 枚银牌和 2 枚铜牌，11 枚奖牌的成绩平了 2006 年都灵冬奥会时的最高纪录，而金牌数则创造了历史最高。本届冬奥会约5 500名运动员和官员参赛。另外，有志愿者大约 25 000 人，新闻媒体约 1 万人。本届冬奥会的口号是“从海洋到天空的比赛”。

温哥华冬奥会最大的收获是提高了温哥华的全球知名度，全球有 35 亿人观看了 2010 年冬奥会，由此带来大批旅游者，促进了城市的商业繁荣。12 处新体育设施的建成，城市轻轨的开通，给城市带来了新的面貌；同时也极大地鼓舞了市民对城市发展的信心；提升了人们对冬季体育运动的兴趣与参与率；尤为可贵的是，它让市民的志愿者精神空前地高涨。温哥华冬奥会后在全省举行的民调显示:81%的人认为冬奥会给大温哥华地区带来了可观的正能量;76%的人认为它也给所在的不列颠哥伦比亚省和全加拿大带来令人骄傲的全球性美誉。

二、举办地简介

当西经123度、北纬49度两条经纬线相遇的时候,我们在太平洋西岸找到了温哥华这座城市。作为不列颠哥伦比亚省的第一大城市,温哥华拥有2 900平方公里的面积和210万的人口。这里同时也是加拿大的第三大城市以及最大的港口。说起温哥华,首先,它美在濒临大海,碧波万顷的太平洋温柔地亲吻着它;而它又北依群山,雪峰连绵的海岸山守卫着它,其间一水穿流,温哥华就坐落于这山海之间的冲积平原上。这里地肥物丰,山清水秀,绝无污染,所以多年来一直被评为世界宜居城市。作为世界著名的旅游胜地,得天独厚的自然美景,再加上怡人的气候,使温哥华多次被联合国评为最适宜人类居住的城市。当浩瀚的海洋、苍翠的森林和覆盖着积雪的山峦交织在一起的时候,这是一幅美妙的画卷。

在温哥华,你可以体验多姿多彩的购物乐趣。这里不但有来自世界各地的物品,而且品类齐全,货真价实,从高级时装到新潮玩意,五光十色,琳琅满目。购物地点也有多种选择,大型商场、百货公司、特色集市,随你心愿,应你所需。还有各式各样新奇的趣味商店和时装店,让你的独特品位和个性得到充分体现。

温哥华地区有近40万华人,其华人社区也是北美最大的华人社区之一。温哥华是众多的亚裔人聚居之地,是一个把现代都市文明与自然美景和谐汇聚一身的美丽都市,令无数曾经去过的人如痴如醉。这里拥有很多大型的公园、现代化建筑、迷人的湖边小路,以及保存完美的传统建筑。温哥华居民中有着许多来自世界各地的移民,无论是何种民族,在当地不会有人觉得你是外国人,因此观光客对温哥华的第一印象多半是“亲切”。温哥华电影制片业发达,是北美洲继洛杉矶、纽约之后的第三大制片中心,素有“北方好莱坞”之称。温哥华虽深受各界欢迎,但居住在此是要付出一定的代价的。温哥华住房价格为全国最高,在2013年的全球排名中居第二位。

三、申办与筹备

加拿大共有三个城市有意申办本届冬奥会，其中，卡尔加里曾主办过1988年冬奥会，魁北克市则曾申办过2002年冬奥会。经过两轮国内的投票筛选，温哥华获得了代表加拿大申办本届赛会的资格。此外，共有包括中国哈尔滨在内的7个其他国家城市曾有意申办本届冬奥会。除哈尔滨外，还有安道尔的安道尔城、瑞士的伯尔尼、西班牙的哈卡、奥地利的萨尔茨堡、韩国的平昌和波黑的萨拉热窝。但最终只有温哥华、平昌和萨尔茨堡获准正式申办。在2003年7月2日于布拉格举行的国际奥委会第115次全会决定本届冬奥会举办权归属的投票中，萨尔茨堡在第一轮投票后首先落选。温哥华虽然在第一轮投票中落后于平昌，但他们在决定性的第二轮投票中，以56票对53票的微弱优势击败了平昌，如愿获得了本届冬奥会的举办权。

为了主办2010年冬奥会，温哥华被装点得焕然一新。他们投入了大笔资金，并期待着这项体育赛事能够在经济上带来丰厚的回报。全球性的经济危机使2010年冬奥会的筹备工作不可避免地受到了影响，其中受到冲击最大的是奥运村建设的融资问题。温哥华政府向奥运村开发商伸出了援手，贷款8 400万美元用以解决奥运村资金短缺的问题。尽管有1976年蒙特利尔奥运会“负债30年”这一前车之鉴，但是温哥华冬奥会的组织者顺利渡过了经济危机的难关。

四、圣火传递与开幕式

温哥华冬奥会圣火在希腊古奥林匹亚遗址的赫拉神庙前采集成功。采集圣火的最高女祭司同2008年北京奥运会的最高女祭司一样，是玛利亚·娜芙普利都。国际奥委会主席罗格和温哥华冬奥会组委会主席弗隆出席了在惠斯勒举行的火炬揭幕仪式。当地政府官员、社会名流和运动员代表等1 500多人出席了仪式。温哥华冬奥会火炬长约1米，流线型设计，颜色主要为白色，装满燃料后重1.6公斤，可燃烧12分钟。火炬由加拿大著名的庞巴迪公司设计，灵感来自于加拿大白雪覆盖的起伏地形和滑雪者冲下雪坡时在雪上留下的滑痕。火炬上镶有冬奥会会徽，还有一个红色的枫叶形开口。枫叶是加拿大的象征，这个枫叶形的开口也有实际功效——它是火炬的通风口。火炬手的服装由白色的夹克、裤子、无边绒帽和镶有红枫叶的手套组成，设计上既考虑了冬天环境的需要，又巧妙结合了火炬的设计理念。冬奥会火炬传递于2009年10月30日从加西维多利亚市开始，直到2010年2月12日结束，为期106天，行程4.5万公里，传递路程是冬奥会历史上最长的。期间1.2万名火炬手的足迹遍及加拿大1 000多个城镇，并最终抵达冬奥会开幕式举办地——位于温哥华市中心的不列颠哥伦比亚省大厦。

温哥华地处太平洋沿岸，面朝大海，背倚雪山。2010年冬奥会开幕式就在这样的场景下进行。加拿大又是因纽特人、印第安人、休伦人和易洛魁人等原住民的聚居地，开幕式上他们以数千年前祖先留下的隆重礼仪入场，透着原始与狂野的气息，非常震撼人心。时光倒转，珍贵的海狸皮吸引了欧洲探险家的到访，现代文明涌入激情迸发的大陆，四海的移民带来了新鲜的文化艺术。最后在欢快的小提琴声中，身着各色服装的人们翩翩起舞，红色的人影浮动在雪山之上，鳞次栉比的高楼大厦屹立在海边，橘黄嫣红的枫叶从夜空中飘落，宛如簇簇温暖的篝火照亮这个充满活力的国度。温哥华冬奥会开幕式上令人难忘的一幕，是组委会降下半旗，为了哀悼前一天在训练中丧生的格鲁吉亚男子雪橇选手诺·库马里塔什威利。

2010年2月12日在不列颠哥伦比亚体育馆举行的冬奥会开幕式上，原定最后点燃主火炬的四人是卡特里奥娜·勒梅·多恩、史蒂夫·纳什、南希·格林和韦恩·格雷茨基。但是，由于四支主火炬臂中有一支发生故障，勒梅·多恩未能成功引燃主火炬。格雷茨基在点燃主赛场的火炬后，又持火炬乘车前往科尔港，点燃矗立在那里的室外主火炬，他因此成为第一位在同一届奥运会上点燃两座主火炬的人。在开幕式上，加拿大总督米歇尔·让宣布本届冬奥会开幕。加拿大冰球女运动员哈利·维科代斯和裁判员米歇尔·维拉尔特分别宣誓。

五、奥运物展

图 2-82　第二十一届冬奥会会徽

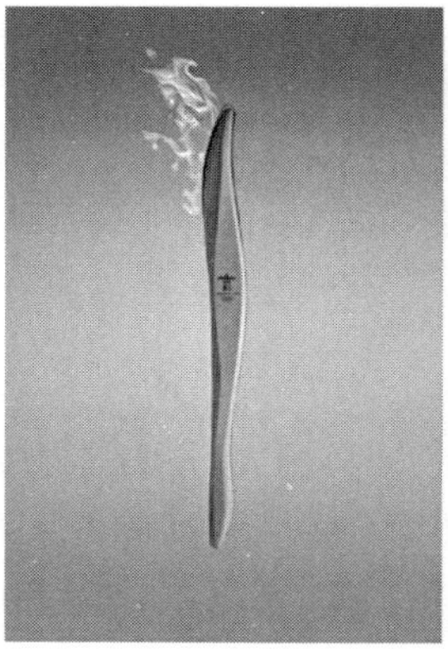

图 2-83　第二十一届冬奥会火炬

图 2-84　第二十一届冬奥会海报

图 2-85　第二十一届冬奥会吉祥物米加(北极熊)、魁特奇(北美野人)、苏米(雷鸟精灵)

图 2-86 第二十一届冬奥会奖牌

六、奖牌榜

名次	代表团	金牌	银牌	铜牌	总数
1	加拿大	14	7	5	26
2	德国	10	13	7	30
3	美国	9	15	13	37
4	挪威	9	8	6	23
5	韩国	6	6	2	14
6	瑞士	6	0	3	9
7	中国	5	2	4	11
8	瑞典	5	2	4	11
9	奥地利	4	6	6	16
10	荷兰	4	1	3	8
11	俄罗斯	3	5	7	15
12	法国	2	3	6	11
13	澳大利亚	2	1	0	3
14	捷克	2	0	4	6
15	波兰	1	3	2	6
16	意大利	1	1	3	5
17	斯洛伐克	1	1	1	3
17	白俄罗斯	1	1	1	3
19	英国	1	0	0	1

续表

名次	代表团	金牌	银牌	铜牌	总数
20	日本	0	3	2	5
21	克罗地亚	0	2	1	3
21	斯洛文尼亚	0	2	1	3
23	拉脱维亚	0	2	0	2
24	芬兰	0	1	4	5
25	哈萨克斯坦	0	1	0	1
25	爱沙尼亚	0	1	0	1
	总数	86	87	85	258

七、比赛项目

此次温哥华冬奥会比赛项目共设置了 7 个大项、15 个分项、86 个小项，也是历届冬奥会设项最多的一次，比四年前的都灵冬奥会增加了两个单项。新增的项目是自由式滑雪的男、女越野项目。比赛共在 3 个地方举行，分别是温哥华以及小城里士满、距温哥华 120 公里的惠斯勒雪山、距温哥华 30 多公里的塞普里斯雪山。

八、竞赛情况

在速滑项目总共 12 个单项中，韩国队独得 3 金、2 银共 5 枚奖牌，成为本届比赛速滑项目上的最大赢家；中国队仅仅在女子 500 米比赛中由王北星夺得 1 枚铜牌，未能追平上届冬奥会 1 银 1 铜的成绩，整体表现低于预期。在温哥华冬奥会速滑女子 500 米的比赛中，韩国选手李相花最终以 76 秒 09 的成绩爆冷夺得冠军，德国名将沃尔夫以 76 秒 14 的成绩摘得银牌，王北星以 76 秒 63 夺得季军。王北星还在1 000米的比赛中获得第 24 名。除了王北星之外，以张爽、金佩钰为代表的其他优秀中国女选手也在本届冬奥会上取得了一些成绩，其中张爽在女子 500 米比赛中获得第 7 名，金佩钰获得第 8 名，邢爱华获得第 13 名；在女子1 000米比赛中，金佩钰获得第 18 名、于静第 32 名，任慧第 33 名；1 500米比赛中，王霏获得第 20 名；此外在女子3 000米比赛中，王霏获得第 22 名、付春艳第 25 名。速滑比赛 15 日出现了罕见的状况，两辆扫冰车同时发生故障，造成比赛中断至少 1 小时。车辆故障排除后，男子 500 米比赛成为亚洲选手的天下，世界排名第 14 名的韩国“黑马”牟太钒以 69 秒 82 爆冷赢得金牌，日本选手长岛圭一郎和加藤条治收获银牌和铜牌，带伤出战的中国选手于凤桐最终名列第七。速滑传统强国荷兰队在本届冬奥会上取得 3 金、1 银、3 铜共 7 枚奖牌的成绩，延续了他们在这个项目上的优势。不过遗憾的是，荷兰速滑名将克拉默尽管在本届冬奥会上夺得男子5 000米项目的冠军，但是却因为换道失误被取消了随后在10 000米比赛中的成绩，错失了自己在本届冬奥会上的第二枚金牌。东道主加拿大队凭借最后在男子团体追逐赛项目上的夺冠，最终以 2 金、1 银、2 铜共五枚奖牌的成绩位列金牌榜的第三位。欧洲劲旅捷克队在本届冬奥会上夺得速滑项目的 2 金、1 铜，而且这三枚奖牌全部由萨布里科娃一人包办，她也因而成为本届冬奥会上速滑赛场上的“夺金王”。德国队同样是在最后的女子团体追逐赛上摘得一金，最终以 1 金、3 银共四枚奖牌的成绩位列金牌榜的第五位，此外，美国队夺得 1 金、2 银、1 铜三枚奖牌，黑人名将戴维斯包办了其中的 1 金、1 银两枚奖牌，日本、俄罗斯、挪威和波兰等队也有奖牌入账。本届冬奥会上共有三项速滑奥运会纪录被打破，其中在男子5 000米比赛中，荷兰选手克拉默以 6 分 14 秒 60 的成绩刷新了该项目新的冬奥会纪录；而在男子10 000米的比赛中，韩国选手李承勋以 12 分 58 秒 55 的成绩创造了该项目新的奥运会纪录；在最后进行的男子团体追逐赛 B 组的决赛中，克拉默领军的荷兰队以 3 分 39 秒 95 的成绩刷新了该项目的冬奥会纪录。

北京时间 2 月 27 日，当中国选手王濛以 1 分 29 秒 213 的成绩率先通过短道速滑女子1 000米决赛终点线的一刻，中国女子短道队完美谢幕。在之前的两周里，王濛和她的队友们狂揽本届女子短道速滑项目的全部金牌，成为冬奥会历史上第一支完成这一壮举的团队。回顾历届冬奥会的参赛过程，韩国无疑是在短道速滑项目上最为突出的一个国家。虽然他们在 2006 年都灵冬奥会上豪取 6 金，但包揽女子全部金牌的成绩，之前却是没有一支队伍完成过的。2010 年的温哥华，这一历史终于被打破，而它的创造者便是中国女子短道速滑队。一共有 4 名选手参加女子1 000米决赛争夺，中国选手周洋和王濛并肩作战，周洋在四分之一决赛打破冬奥会纪录，半决赛更以 1 分 29 秒 049 刷新原由王濛保持的世界纪录，可谓状态正佳；而世锦赛冠军王濛虽然受到感冒干扰，但也志在必得。王濛本届冬奥会独揽 500 米、1 000

米、3 000米接力3金，成为继韩国巨星陈善有之后，又一位一届冬奥会赢得3金的短道速滑女选手。这也是王濛职业生涯的第四块奥运金牌，她成为历史上夺得冬奥短道金牌最多的中国运动员。至此，冬奥会短道速滑比赛尘埃落定，中国队囊括了女子短道所有四个项目的金牌，实现了史无前例的大满贯。在男子500米决赛中，加拿大名将查尔斯·哈梅林终于为东道主摘得金牌，哈梅林成为短道赛场上的“双金王”。以40秒981的成绩在男子500米比赛中加冕之后，他又和队友一起以6分44秒224的成绩夺得男子5 000米接力赛冠军。韩国队在这两个项目中都与金牌擦肩而过。500米盛锡贝撞线前自己失误摔倒痛失金牌，只获得银牌。随后韩国男子接力队以6分44秒498的成绩获得银牌。在冬奥会男子短道速滑比赛中，韩国队和加拿大队平分了4枚金牌。美国老将阿波罗再次改写了由自己保持的短道速滑冬奥会夺牌总数的纪录。他随美国队获得男子接力赛季军，将自己的冬奥会奖牌数增加到8枚。由韩佳良、刘显伟、马云峰和宋伟龙组成的中国队与奖牌失之交臂。在争夺激烈的决赛中，中国队曾领先较长时间，但是在比赛还剩21圈的时候被加拿大队超越。随后，韩国队和中国队发生了身体接触，而裁判并没有作出任何判罚决定。中国队最终获得第四名。

花样滑冰比赛双人、女单、男单、冰舞共四块金牌分别由中国、韩国、美国和加拿大获得，以俄罗斯为首的欧洲传统势力土崩瓦解，而中、日、韩亚洲板块集体崛起取得2金、2银、1铜的空前佳绩，世界花样滑冰运动迎来了新的历史格局。温哥华冬奥会花滑赛场最震撼的一幕，莫过于申雪/赵宏博这对冬奥会举办九十年来年龄最大的双人滑冠军组合，他们用爱情和梦想的力量本色演出两曲堪称神品的《渴望永生》和《柔板》，终结了俄罗斯双人滑自1964年冬奥会开始的不败神话。老骥伏枥，志在千里，申雪/赵宏博在他们第四次的奥运征程中实现了中国双人滑金牌“零”的突破。踩着几代中国花滑人用青春和生命搭建起的“人梯”，37岁的赵宏博和他31岁的妻子申雪15日凭借完美的演出登上花样滑冰双人滑的世界之巅，以216.57分夺冠，中国队另一对组合庞清/佟健以213.31分名列第二。中国队由此成为继俄罗斯队之后，世界上第二个在冬奥会该项目上包揽金银牌的国家。夺冠热门、德国选手萨维琴科和索尔科维获得铜牌。中国队的张丹/张昊位居第五。值得一提的是庞清/佟健在自由滑《追梦无悔》的指引下，创造了自由滑分数的历史新高，获得自由滑第一名。俄罗斯队“冰王子”普鲁申科在男单比赛中屈居亚军,世界冠军多姆尼娜/沙巴林名列冰舞第三,这都与本届冬奥会在北美举行多少有些关系,后备人才的断档和优秀教练的流失也是俄罗斯军团成绩下滑的重要原因。如果不是后继无人,普鲁申科也用不着复出;斯鲁茨卡娅退役之后,俄罗斯队女单更是沦落到第九、第十。近年来很多俄罗斯优秀教练员前往欧美淘金,包括塔拉索娃、莫洛佐夫等,俄罗斯花样滑冰的滑坡跟这不无关联。不过,后面一届冬奥会将在索契举行,俄罗斯滑冰协会在之后的四年肯定会励精图治。塔拉索娃将重返俄罗斯,普鲁申科也有可能征战下届冬奥会。以中、日、韩为代表的亚洲新势力的崛起还是令人注目。女子单人滑冬奥会2006年由日本的荒川静香问鼎,2010年韩国的金妍儿折桂,本届冬奥会前五名竟有四张亚洲面孔(金妍儿、浅田真央、长洲未来、安藤美姬),这足以说明"亚洲时代"的到来。事实上,亚洲女选手早在20世纪90年代就体现出身材条件优势,日本的"跳跃机器"伊藤绿、中国"冰上蝴蝶"陈露自不必说,就连美国两位巨星关颖珊、克里斯蒂·山口都是亚裔选手。日本队这次虽然没有拿到金牌,但是女单有浅田真央摘银,男单有高桥大辅夺铜,在男、女八强中竟然各占三席。男子单人滑俄罗斯六连冠的梦想宣告破灭,拥有四周跳的冰王子普鲁申科却输给了使用三周跳的美国人莱萨切克。冰舞自1976年成为冬奥会正式比赛项目以来,所有金牌都被欧洲选手获得,而本届冬奥会俄罗斯名将多姆尼娜/沙巴林铩羽而归,加拿大的瓦图/莫耶尔和美国的戴维斯/怀特包揽冠亚军,标志着北美新生代的抢班夺权。亚洲冰舞的进步有目共睹,日本的混血儿瑞德姐弟表演风格另类给人印象深刻,中国的黄欣彤/郑汛在四大洲花样滑冰锦标赛历史性地获得第四名。

自由式滑雪空中技巧赛场,雪上公主李妮娜携手三名队友跻身其中。四年前的都灵,已经是世锦赛冠军的李妮娜摘得银牌。四年来,李妮娜带着腰伤坚持苦练,就是为了能够在温哥华圆奥运金牌之梦。尤其是她在2007年、2008年和2009年实现了世锦赛该项目的三连冠,冬奥会金牌看似离她那么的近。在当天的决赛中,李妮娜两跳均表现出色,特别是她的第二跳,这个她并没有百分百把握的动作,被她演绎得异常完美。这一跳过后,李妮娜流下了解脱的眼泪。然而遗憾的是,在李妮娜之后出场的澳大利亚人拉西拉发挥得更为出色,金牌最终被这匹大黑马摘得,李妮娜再次收获了一枚银牌,她的队友郭心心则获得季军。自由式滑雪空中技巧项目似乎有个无法打破的魔咒,赛前呼声最高的夺冠大热门往往与金牌擦肩而过,而金牌则被突然冒出的“黑马”抢走,中国女队似乎就是那个悲情女主角,一次次冲金,却一次次摘银,而这次男队也被传染,卫冕冠军韩晓鹏未能通过资格赛,而赛前一度被看好的小将贾宗洋最终排名第六,白俄罗斯老将格里申依靠稳定的发挥,以总分248.41圆梦温哥华。美国名将皮特森第一跳成绩一般,但依靠第二跳“飓风飞翔”的出色演绎,以总分247.21收获银牌。中国选手刘忠庆在两名队友发挥不佳的情况下顶住压力,以总分242.53摘得铜牌。

冰壶赛场,中国女队在本届比赛中发挥总体比较正常,在循环赛的比赛中取得了6胜3负的成绩排在第三位进入四强,其中以6:5力克世界顶级水平的加拿大队显示了很强的实力。在半决赛中中国队因压力过大出现了过多的失误,以4:9完败于瑞典队无缘决赛,在三、四名的比赛中以12:6大胜瑞士队夺得铜牌,第一次参加冬奥会就夺得了奖牌,实现了历史性的突破,最终瑞典收获金牌,加拿大获得银牌。中国男子冰壶队在本届奥运会上取得了2胜7负的战绩,列在第八位。这也基本上反映了中国男队在世界上的位置,他们已经具备了一定的战术水平,但在掷壶精确度、整体的战术组织、关键时刻的投壶稳定性及心理承受能力上与世界强队尚存在着明显的差距。世界名将凯文·马丁率领的加拿大男队以11战全胜的战绩夺得金牌,他们在比赛中表现出了高人一筹的稳定性和高超的技战术水准,夺得这枚金牌是当之无愧的。

戴着2009年世锦赛单板滑雪U型池项目冠军的光环,年仅18岁的小将刘佳宇怀着梦想出征温哥华。然而温哥华之路注定不平坦,因为2009年年底的一次受伤,让刘佳宇错过了冬奥会前一系列的大赛。站在温哥华的舞台上,刘佳宇表现出了最佳的自己。然而对手的发挥同样出色,刘佳宇最终排名第四无缘奖牌。

越野滑雪女子10公里自由式和男子15公里自由式比赛中,瑞典选手卡拉和瑞士选手科罗纳分别登上冠军领奖台。在女子项目中,中国的李宏雪和李馨分别名列第35和第65。在滑雪男子平行大回转中,赛前夺冠呼声最高的安德森如愿为加拿大摘得1枚金牌,同样实力不俗的奥地利选手卡尔获得亚军。在女子30公里古典式集体出发赛,波兰选手科瓦兹克最终以0.3秒的微弱优势夺得冠军,这是波兰自1972年以来夺得的第二枚冬奥会金牌，科瓦兹克也因此成为波兰首位冬奥会女冠军，挪威名将比约根获得银牌，她在本届冬奥会上共夺下3金、1银、1铜；芬兰人萨里宁也收获个人第二枚温哥华冬奥会铜牌，中国的李宏雪排名第32位。冬季两项女子4×6公里接力决赛卫冕冠军俄罗斯队以1小时09分36秒3率先冲过终点，都灵冬奥会铜牌得主法国队再进一步，以1小时10分09秒1获得亚军。德国队以4秒3之差排在法国之后摘得铜牌。由王春丽、刘显英、孔颖超、宋朝卿组成的中国队最终以1小时12分16秒9排名第九。在高山滑雪男子回转比赛中，意大利选手拉佐利险胜夺冠，为意大利摘得了在本届冬奥会上第一枚金牌。

奥地利兄弟安·林格尔和沃·林格尔在男子双人雪橇比赛中夺得金牌，成功卫冕。来自拉脱维亚的兄弟组合安·希克斯和朱·希克斯落后0.088秒，名列第二。来自德国的帕·雷特纳和阿·雷斯奇获得铜牌，总成绩比冠军慢了0.335秒。“出师未捷身先死”成为格鲁吉亚冬奥会雪橇选手库马里塔什威利的写照，他在本届冬奥会赛前训练中意外受伤身亡。库马里塔什威利2月12日在训练中飞出赛道，头部遭严重撞击最终不治身亡。由于这次重大事故，本届冬奥会男女雪橇比赛的出发点已被降低。而雪车比赛因需要更长距离的助跑，只能沿用预定的起点。不过，澳大利亚雪车选手哈维2月18日也在训练中受伤，幸无大碍。但他的受伤让更多人开始批评本届冬奥会的赛道设计过于危险。冬奥会组委会为了赛道能在冬奥会后发挥出更高的商业价值，最终决定在山高坡险的惠斯勒修建赛道。库马里塔什威利意外身亡让许多参赛运动员感到不安，在没有可能改变赛道的情况下，那些备战了四年的运动员只能继续在危险中滑行。无舵雪车男子单人座比赛中，加拿大本土选手蒙哥马利凭借着最后一轮的绝地反击，最终经过四轮激战以3分29秒73的总成绩摘得金牌，前三轮一直领先的2009—2010赛季世界杯总积分第一的拉脱维亚名将马汀·杜库瑞斯功亏一篑，以3分29秒80的成绩获得银牌，俄罗斯选手特列季亚科夫获得铜牌，成绩为3分30秒75。荷兰冬奥会代表团24日宣布，由于四人雪车队的舵手埃·范-卡克对继续参加比赛缺乏信心，因此荷兰队将退出温哥华冬奥会的这项赛事。荷兰队退赛是一系列原因造成的，包括卡克在双人雪车赛事中发生的事故，格鲁吉亚雪橇选手命丧赛道的惨案以及来自运动员家人的压力等。由于有两名队员上周在双人雪车赛事中发生翻车事故，澳大利亚队也决定放弃参加四人赛事。

瑞士选手西蒙-阿曼创造了跳台滑雪运动的历史,继取得标准台胜利后,再摘大台金牌,包揽了该项目的两项冠军,八年前他在盐湖城冬奥会上也取得了同样的佳绩。温哥华冬奥会跳台滑雪最后一个项目:大台团体决赛在惠斯勒奥林匹克公园经过两轮角逐,卫冕冠军奥地利凭借压倒性的集团优势将金牌轻松收入囊中,总积分 1107.9 分。德国和挪威分获银铜牌,积分分别为 1035.8 分和 1030.3 分。而作为世锦赛冠军的日本队最终以 1007.7 分位列第五。

本届冬奥会冰球项目首次使用了 NHL 规则的场地,即长 61 米,宽 26 米,取代了国际冰球联合会标准的 61 米×30 米的场地。这一规则变化使以 NHL 球员为主组成的加拿大、美国、瑞典、芬兰、俄罗斯和捷克共和国等豪门球队受益较大。压轴大戏冰球决赛中,加拿大队在加时赛突然死亡赛制中送出绝杀进球,以 3:2战胜美国队夺得了分量最重的一枚金牌。

相比于盐湖城和都灵冬奥会期间各出现了 7 例兴奋剂阳性,温哥华冬奥会的违禁吃药事件肯定少于前两届。国际奥委会主席罗格在回顾本届冬奥会时强调,他曾经历了彻夜未眠的难过,也为运动员的顽强拼搏精神而感动,并充分肯定温哥华冬奥会的成功。

东道主加拿大是传统冰雪强国,凭借雄厚的底蕴,加上东道主的优势,温哥华冬奥会加拿大代表团一举夺得 14 枚金牌(打破了苏联、挪威共同保持的 13 枚金牌的单届最高纪录),首次雄居金牌榜之首。分居金牌榜二至四位的德国(10 枚)、美国(9 枚)和挪威(9 枚)均是冰雪运动传统强国,以往均有扮演冬奥会金牌榜老大的历史。和加拿大一样,这三支传统劲旅都有一个共同特点:强项突出且夺金面广。金牌榜名列第五至第十二位的代表团奖牌榜数均在 8—16 枚之间,这八个国家共同组成温哥华冬奥会的第二集团军。最引人注目的是,来自东亚的韩国、中国代表团分别位居金牌榜第五、第七,成为本届冬奥会一道亮丽的风景线。

九、中国代表团情况

随着王濛将短道速滑女子1 000米金牌收入囊中,中国代表团在第 21 届温哥华冬奥会的夺金之旅画上了句号。在温哥华这个华人移民聚居的城市,在中国人最看重的新春佳节里,中国代表团用 5 金 2 银 4 铜、首次进入奖牌榜前八的历史最佳战绩，让“中国红”飞扬在加拿大这个美丽的枫叶之国。所获得的5枚金牌来自花样滑冰和短道速滑两个大项，都是冰上项目。已经是第四次参加冬奥会的花样滑冰双人滑搭档申雪/赵宏博2007年曾宣布退役，并结为伉俪。但为了一圆冬奥会夺金梦想，他们于2009—2010赛季强势复出，并展示出更为纯熟的技艺。在本届冬奥会上，他们最终如愿夺冠，并创造了总得分的世界纪录。中国另一对搭档庞清/佟健则获得了该项目的银牌。在短道速滑项目上，中国女队包揽了全部四个单项的金牌。其中，王濛不仅成功卫冕500米冠军，还夺得了1 000米和3 000米接力的金牌。她因此成为中国迄今获得冬奥会金牌（4枚）和奖牌（6枚）最多的运动员，以及第一位单届冬奥会获得3枚金牌的中国运动员。在速滑女子500米比赛中，王北星获得了铜牌。

本届冬奥会，中国队在自由式滑雪空中技巧、单板U型槽、女子冰壶等项目上也表现出强劲的冲金实力，虽然最终与金牌甚至奖牌无缘，但也同样在冬奥会的舞台上留下自己的精彩身影。中国另一个表现较为突出的项目是自由式滑雪空中技巧。在男子项目中，刘忠庆获得了铜牌；在女子项目中，李妮娜和郭心心则分别获得了银牌和铜牌。头顶2009年世锦赛冠军光环的中国女子冰壶队，历史性闯入冬奥会四强，最终收获一枚宝贵的铜牌，冬奥会集体项目赛场终于升起第一面五星红旗。仅有10年历程的中国冰壶队首次来到冬奥会就以一枚铜牌收官，成为中国冬季项目中崛起最为迅速的队伍之一。单板滑雪U型槽项目也是赛前中国队预计的“绩优股”，比赛中三名女将刘佳宇、孙志峰和蔡雪桐分别依靠全面、经验和难度向冠军发起挑战，但最终因刘佳宇受伤病困扰没有系统训练、小将缺乏大赛经验而与奖牌失之交臂，但第四名已是中国队的历史最佳战绩，女队在该项目上的实力也显露无遗。

这是中国第九次参加冬奥会，前六次都没有获得金牌。在盐湖城、都灵均夺得2金之后，本届冬奥会中国代表团的5枚金牌的确实现了振奋人心的重大突破，而且获奖面、奖牌分布范围都有所扩大，经过前个冬奥周期的努力，中国冬季体育进一步缩短了与世界强国的差距，短道速滑队的表现令国人振奋和期待。

第二十二节　2014 年第二十二届索契冬奥会

一、概述

开幕时间:2014 年 2 月 7 日
闭幕时间:2014 年 2 月 23 日
举 办 地:俄罗斯索契
运 动 员:2 873 人(男选手 1 714 人,女选手 1 159 人)
项目数量:7 个大项/15 个分项/98 个小项

本届冬奥会有 88 个国家和地区的运动员取得参赛资格。多米尼克、马耳他、巴拉圭、东帝汶、多哥、东加和津巴布韦等 7 个国家都是首次在冬奥会上亮相。由于 2012 年 12 月印度奥委会因为选举问题被暂停会籍,印度运动员使用奥运会会旗参赛。索契冬奥会与 50 多家公司建立了合作关系,赞助收入高达 13 亿美元,是温哥华冬奥会的 1.5 倍。赞助商之间的竞争也呈白热化的状态,成为“奥运会全球合作伙伴”所需的赞助费用也逐年增加。应俄罗斯联邦总统普京邀请,国家主席习近平于 2 月 6 日至 8 日在俄罗斯索契出席了第二十二届冬奥会开幕式。

二、举办地简介

索契位于俄罗斯联邦克拉斯诺达尔边疆区与格鲁吉亚接界处、黑海沿岸,宽 40—60 公里,东西长 145 公里,是俄罗斯最狭长的城市,也是俄罗斯最受欢迎的度假胜地,其道路和楼房均依山势而建,在这里乘车观光,最能体会峰回路转的视觉愉悦。得益于依山傍海的独特地理优势,索契成为地球最北的亚热带气候区。索契与中国吉林省吉林市处于同一纬度,但温度却是天壤之别,索契最低温度也不会低于 5℃,依山傍水,北部的山挡住北方西伯利亚的寒风,南部的黑海吹来温暖的海风,如此奇特的地貌带给了索契温暖的气候。索契一年有三分之二的日子艳阳高照,很多疗养院都设有日光浴室、冬季花园和被太阳晒得暖洋洋的冬季海水泳池。索契 80% 的面积是自然保护区，生长着3 000多种植物。当地居民骄傲地说，在这样的天然氧吧里，没有什么比深呼吸更令人惬意的了。

索契是黑海岸边一个非常漂亮的城市，当地有迷人的海滩和雪山，是俄罗斯最大的疗养地。这里的主要疗养资源是接近40℃的硫化氢温泉，具有调节神经系统，促进新陈代谢，治疗心血管病、皮肤病等的奇效。苏联作家尼古拉·奥斯特洛夫斯基在这里写成了《钢铁是怎样炼成的》。索契的旅游资源非常丰富，最受欢迎的是“克拉斯纳亚波良纳”雪山，它距市区只有85公里，是滑雪和体验高山伞降的好地方。市内的“坚得拉利”植物园，不仅能够观赏珍奇植物，还能饱览意式和英式园林的美景。索契有500多家餐厅，俄式大餐、土耳其烤肉、高加索风味任凭选择。索契的纪念品很实用，是刻着“索契”字样的竹筒杯和竹鞋拔。

索契是多民族聚居的城市，俄罗斯人占到当地人口的70%，亚美尼亚人占20%，乌克兰人占2%，格鲁吉亚人占2%。索契体育荣誉博物馆建于2010年6月8日，是由索契市市长帕霍莫夫发起建立的。开馆当日，时任国际奥委会主席罗格出席了博物馆的揭牌仪式。F1俄罗斯大奖赛的设立，得到了俄罗斯现任总统普京的支持，他在索契会见了F1总裁伯尼，并且和F1总裁达成协议，索契在2014年到2020年期间举办俄罗斯大奖赛。

三、申办与筹备

2007年7月4日，俄罗斯“黑海明珠”索契在危地马拉获得2014年冬奥会的举办权。从这一天算起，俄罗斯筹备冬奥会走过了近七年的历程。在申奥之前，索契和冬季运动没有半点关系。这座滨海小城是俄罗斯人最钟爱的消暑避寒胜地，棕榈树和游艇码头是这座城市的符号，城市背后的高加索雪山仅仅当作游客留影的背景。经过七年的冬奥会筹备之后，索契摇身一变成为冰雪之都，奥运给了这座小城新的内涵。2006年6月22日，国际奥委会执委会举行会议，确定了3个城市的最终候选资格，时任国际奥委会主席罗格宣布俄罗斯索契、奥地利萨尔茨堡和韩国平昌成为候选城市。在次年7月4日举行的国际奥委会第119次全会上，在危地马拉市当地时间下午3时36分开始的首轮投票中，奥地利萨尔茨堡被淘汰；9分钟后，第二轮的投票结束，国际奥委会委员们在索契和平昌之间作出抉择。下午5时，罗格宣布俄罗斯索契成功获得2014年冬季奥运会的主办权,会议现场成为俄罗斯人欢乐的海洋,结果显示,索契仅以4票的微弱优势战胜平昌。随后,俄罗斯克拉斯诺达尔边疆区行政长官和索契市市长签署了承办协议,索契冬奥会成为继1980年的莫斯科奥运会之后,俄罗斯(苏联)第二次举办的奥运会。

冬奥会筹备工作展开后,随着场馆和基础设施的建设,这座城市努力向戛纳、达沃斯这样的国际"一线小城"看齐。既有海滨,又有雪山的索契,似乎正成为戛纳和达沃斯的合体。2009年以来,索契不但建成了11座大型比赛场馆,以往落后的城市基础设施建设也跟上了步伐。索契新建了城市轨道捷运系统,改造了机场和高速公路等,整个城市的面貌焕然一新。索契申奥成功时,城里还没有一座大型体育设施,一切建设都从零开始,因此索契建成的体育设施都是最现代化、最高效、最节能的,这就是索契的优势所在。索契冬奥会"激情冰火属于你"(Hot.Cool.Yours)的口号于2012年9月25日公布。在索契冬奥会组委会主席切尔内申科看来,该口号第一个单词"Hot"既象征着火热的运动激情,也暗指冬奥会主办地索契作为南部旅游度假城市的特点;第二个单词"Cool"表明了举办冬奥会的季节,也反映出俄罗斯在其他国家心目中冰天雪地的传统形象;第三个单词"Yours"意味着缩短距离,有着全世界体育迷共同参与盛事的美好寓意。

俄罗斯人民为索契冬奥会倾注了巨大的热情。为打造"冰雪之都",属于亚热带湿润气候的索契一切从零开始,进行了大规模的工程建设,场馆、火车站、机场和高速公路拔地而起。外界披露,索契冬奥会的支出达510亿美元,堪称奥运之最。

四、圣火传递与开幕式

2014年索契冬奥会圣火采集仪式在希腊古奥林匹亚举行,组织者成功地采集到冬奥会圣火火种。俄罗斯航天局宣布,俄罗斯宇航员将于2013年11月将索契冬奥会的火炬带上国际空间站并在外太空行走。这也将是奥运火炬首次离开地球,这一伟大的壮举无疑将为2014年2月举行的索契冬奥会增色不少。当地时间2013年11月7日,哈萨克斯坦联盟号太空船成功升空。日本宇航员若田光一、俄罗斯宇航员米哈伊尔·秋林和美国宇航员里克·马斯特拉吉奥执行联盟号太空船升空任务,将奥运圣火首次带上国际空间站。“联盟”号飞船抵达国际空间站后，两名俄罗斯宇航员出舱展示火炬。莫斯科时间 11 日 6:50，携带俄罗斯索契冬奥会火炬的国际宇航员乘坐飞船抵达哈萨克斯坦境内的拜科努尔发射场，奥运火炬顺利完成史上首次“太空之旅”。2013 年 11 月 23 日，火炬从布里亚特共和国首府乌兰乌德抵达伊尔库茨克州，并且在贝加尔湖湖底成功传递。当天，在贝加尔湖附近的古代民族建筑塔列茨博物馆，当地居民身着民族服装举行了隆重的仪式迎接奥运火炬。仪式结束后，载有火炬的“曼谷斯特”快艇由安加拉河驶入贝加尔湖。火炬传递的过程处处体现出了科技的力量。

索契冬奥会开幕式犹如一部俄罗斯历史文化的交响诗，以唯美的画面、悠扬的音乐、动人的故事，搭载着俄罗斯的梦想，从古至今，娓娓道来。开幕式在一位名叫柳博芙（俄语是“爱”的意思）的女孩的梦境中展开。33 个俄文字母，每一个字母都代表着一份俄罗斯的骄傲。索契冬奥会必不可少的白熊、雪豹和兔子踩踏滑板进入体育场，他们开心地向观众打招呼，以主人公的姿态热情欢迎世界各国客人的到来。在俄罗斯作曲家格奥尔吉·斯维里多夫为电影《时间向前》所作的强劲音乐中，体育场被苏联革命的红色布满，巨型齿轮、蒸汽机车相继驶入，俄罗斯进入一个新的时代。柴可夫斯基的《天鹅湖》的经典片段响起，约 30 只“白天鹅”在夜空中翩翩起舞，其中领舞的则是俄罗斯圣彼得堡马林斯基剧院的金牌舞蹈家吉安娜·维什尼奥娃。紧接着，全场暗下，宇宙的夜空中出现了冬奥会运动员的身影，仿佛一颗颗恒星在夜空闪耀。然而开幕式上出现了意外一幕，体育场半空的一朵雪绒花没能如期盛开，奥运五环变成了四环。现场陷入一片尴尬。这一幕被现场观众以及全世界收看直播的电视观众看到了，但在俄罗斯电视台的电视转播中，五环却是完整的，有网友质疑，俄罗斯电视台的直播画面临时切到了备播带上。事后，冬奥会官网发表声明承认失误，他们表示，出现这样的问题并非事先设计，而是临场出现技术故障。组委会的这一失误很快引发了观众和媒体的热议，各种调侃与恶搞不断出现，四环 T 恤衫瞬间问世。

2014 年索契冬奥会的奥运圣火由前苏联三届冬奥会冰球冠军弗拉基斯拉夫·特列季亚克与三届冬奥会花滑冠军伊琳娜·罗德尼娜共同点燃。俄罗斯短道速滑运动员扎哈洛夫、国际级滑雪裁判维亚谢斯拉夫、滑雪教练安娜斯塔西娅分别代表运动员、裁判员和教练员宣誓。

五、奥运物展

图 2-87　第二十二届冬奥会会徽

图 2-88　第二十二届冬奥会火炬

图 2-89　第二十二届冬奥会海报

图 2-90　第二十二届冬奥会奖牌

图 2-91　第二十二届冬奥会吉祥物——雪豹、白熊和兔子

六、奖牌榜

名次	代表团	金牌	银牌	铜牌	总数
1	俄罗斯	13	11	9	33
2	挪威	11	5	10	26
3	加拿大	10	10	5	25
4	美国	9	7	12	28
5	荷兰	8	7	9	24
6	德国	8	6	5	19
7	瑞士	6	3	2	11
8	白俄罗斯	5	0	1	6
9	奥地利	4	8	5	17
10	法国	4	4	7	15
11	波兰	4	1	1	6
12	中国	3	4	2	9
13	韩国	3	3	2	8
14	瑞典	2	7	6	15
15	捷克	2	4	2	8
16	斯洛文尼亚	2	2	4	8
17	日本	1	4	3	8

续表

名次	代表团	金牌	银牌	铜牌	总数
18	芬兰	1	3	1	5
19	英国	1	1	2	4
20	乌克兰	1	0	1	2
21	斯洛伐克	1	0	0	1
22	意大利	0	2	6	8
23	拉脱维亚	0	2	2	4
24	澳大利亚	0	2	1	3
25	克罗地亚	0	1	0	1
26	哈萨克斯坦	0	0	1	1
	总数	99	97	99	295

七、比赛项目

本届冬奥会共设 7 个大项、15 个分项、98 个小项的比赛。7 个大项包括滑冰、冰球、冰壶、滑雪、冬季两项、雪车和雪橇。其中,滑冰包括速度滑冰、短道速滑和花样滑冰 3 个分项;滑雪包括越野滑雪、跳台滑雪、北欧两项、高山滑雪、自由式滑雪和单板滑雪 6 个分项,雪车包括钢架雪车和雪车 2 个分项。冬奥会项目可以分为竞速类(更快)、技巧类(更高)和综合类(更强)。竞速类包括速度滑冰、短道速滑、越野滑雪、高山滑雪、雪车、雪橇;技巧类包括花样滑冰、跳台滑雪、自由式滑雪、单板滑雪部分项目;综合类包括冰球、冰壶、冬季两项、北欧两项。

八、竞赛情况

2014 年索契冬奥会速度滑冰比赛中,张虹夺得女子1 000米金牌,是中国速滑取得的冬奥会历史上首枚金牌,结束了中国速滑 34 年的等待,美联社报道称,张虹滑出了 1 分 14 秒 02 的成绩,与克里斯 · 韦迪在 2002 年盐湖城冬奥会创造的奥运会纪录仅相差 0. 2 秒。我们在看到张虹创造历史的同时,也不能忽视默默坚持的王北星,作为温哥华冬奥会女子 500 米铜牌的获得者,王北星在索契的比赛中,女子 500 米名列第 7,女子1 000米排名第 14。

速度滑冰一共有12个项目，荷兰队拿到了8金、7银、8铜的成绩，一共23枚奖牌，距离奖牌总数的三分之二只差1枚，可见其实力强大。值得一提的是，荷兰队在男子5 000米、男子500米、女子1 500米、男子10 000米四个项目上包揽了前三名，其中在女子1 500米中甚至包揽了前四名，实力之强令其他队伍难以望其项背。究其强大的原因，荷兰队教练坦言他们的成功来自强大的群众基础。本届冬奥会，荷兰队打破了5个项目的冬奥会纪录，算上韩国队，一共有9次打破了6个项目的冬奥会纪录。荷兰队方面，卡莫尔以6分10秒76打破了5 000米的冬奥纪录，伯格斯马以12分44秒45打破了10 000米的冬奥会纪录，荷兰队以3分37秒71打破了男子追逐赛的冬奥会纪录，此外荷兰队还破了女子1 500米、女子团体追逐赛的纪录，其中荷兰队在女子团体追逐赛三破冬奥会纪录，状态非常好。女子500米，李相花也打破了冬奥会纪录。与荷兰队相比，美国、德国、捷克成绩下滑，随着在男、女团体追逐赛中首轮出局，美国队创造了一项尴尬的纪录：30年来第一次两手空空地结束冬奥会之旅。温哥华拿到1金、1银的沙·戴维斯本届最好成绩是第七名；女子世界杯排名第一位的希·理查德森也毫无收获。

短道速滑运动发展的趋势在每届冬奥会都会发生巨变，都灵冬奥会“韩流”当道，温哥华冬奥会中韩对抗重回均势，本届冬奥会则出现俄罗斯、中国和韩国“三足鼎立”的局面。“新贵”俄罗斯队凭借“传奇安”的3金统治了男子项目，两大传统强队的中国队和韩国队平分了女子项目的4块金牌，但是中国队在奖牌总数上略胜一筹。俄罗斯队在主场创造了“神话”，他们此前从未赢得过冬奥会短道速滑的奖牌，这次却以3金、1银、1铜一跃统领奖牌榜。维克托·安是东道主队的最大功臣，他一举夺得男子500米和1 000米2块金牌，随后又带领全队登上男子5 000米接力的最高领奖台。28岁的维克托·安原名安贤洙，曾在都灵冬奥会代表韩国队参赛并且勇夺3金，却因伤病无缘温哥华冬奥会后跌入职业低谷，本届冬奥会前更改国籍后再次成为“三金王”并以总计8块冬奥会奖牌的战绩追平美国名将阿波罗创下的该项目的奖牌纪录。“传奇安”为东道主带来荣耀，另一方面，俄罗斯队将“弃料”打磨成“美玉”的魄力和智慧也值得赞叹。除了维克托·安的3金、1铜，俄罗斯队的另1块银牌也同样来自“进口”，男子1 000米银牌得主格里格耶夫曾经代表乌克兰参加过两届冬奥会。男子项目的唯一一块非“俄姓”金牌来自加拿大上届冬奥会“两金王”哈梅林，他夺得1 500米金牌。传统两强中国队和韩国队对抗的主要阵地是女子项目。虽然绝对主力王濛临阵受伤无缘索契，中国女队在本届冬奥会的战绩仍然可喜可贺，李坚柔戏剧性地夺得500米金牌、周洋成功卫冕1 500米桂冠，韩国队在1 000米和女子接力上收获2金，在金牌数上与中国队平分秋色。不过从奖牌分布来看，中国队在厚度上更胜一筹，夺得男子1 500米、男子500米和女子1 000米3块银牌，并且在男子接力上收获铜牌。从温哥华冬奥会的女子4金、男子无牌，到本届冬奥会男女项目多点开花，可以看出中国队这四年在主帅李琰的调教下整体水平有了进一步提升。韩国队则严重“偏科”，所有奖牌全部来自女子项目，除了2块金牌外，还收获了1银、2铜，在男子项目上“颗粒无收”。上届冬奥会，中、韩、美、加四分天下，而四年后的索契，中、韩、俄“三国鼎立”的新局面已经形成，加拿大队以3块奖牌占据奖牌榜第四位，意大利、美国和荷兰队也都有奖牌收获，分列奖牌榜第五至第七位，短道速滑奖牌分布更加广泛。

花样滑冰比赛俄罗斯独揽团体、双人滑和女单3金，东道主成为最大的赢家。男单日本首次夺冠，冰舞美国问鼎，亚洲、美洲各自的传统优势项目，也基本上拿到令自身满意的成绩。四年前的温哥华冬奥会，俄罗斯一金未获，普鲁申科男单卫冕失败，世界冠军多姆尼娜/沙巴林只名列冰舞第三。俄罗斯四年前的惨败，固然有与冬奥会在北美举办有一定关系，但后备人才的断档和优秀教练的流失，也是成绩下滑的重要原因。索契举办冬奥会，给了俄罗斯花样滑冰重新崛起的契机。新增设的团体赛，对实力均衡的俄罗斯人而言，几乎是白送的1枚金牌。为了重塑双人滑的强势，沃洛索扎和塔兰科夫配对后，果然是强强联手，打造出一套天下无敌的组合。女单两位小将斯托尼科娃和利普尼茨卡娅，前者成为俄罗斯首位冬奥女单冠军，后者在团体赛上力助东道主夺金。虽然斯托尼科娃的登顶多少有些裁判打分的因素，但主场优势是熟知的“潜规则”。尽管金妍儿女单卫冕失败，但很多人都认为真正的冠军依然是她。浅田真央若非短节目严重失误，相信也能够登上领奖台。韩日两大女王索契冬奥会后退役，但相信未来还会涌现出新的人才。羽生结弦男单封王，肯定会极大地刺激日本男单的发展。申雪/赵宏博在温哥华为中国花滑夺取冬奥首金，索契冬奥会虽然庞清/佟健遗憾与奖牌擦肩而过，但中国双人滑基础仍在，未来依然大有希望。男单的闫涵、女单的李子君，都是颇具潜力的新秀。黄欣彤/郑讯的退役，令中国冰舞出现缺口，当然这个项目从来也不是中国的强项。

自由式滑雪空中技巧中国女队 4 名选手全部进入了世界排名前五位，中国男队则拥有世界锦标赛冠军、世界杯总冠军。无论是男子还是女子，中国队都有 2 名选手进入了索契冬奥会的四强。从 2002 年长野冬奥会到索契冬奥会，中国女队共获得了 4 枚银牌。中国男队在 2006 年都灵冬奥会上由韩晓鹏为中国实现了“零”的突破之后，又接连获得了 2 枚铜牌。中国在近几届冬奥会上摘银夺铜，但始终与金牌擦肩而过。2014 年索契冬奥会男子自由式滑雪空中技巧决赛，白俄罗斯的库什尼尔摘金，中国选手贾宗洋、齐广璞双双摔倒，贾宗洋获得铜牌，齐广璞名列第四。拥有集团优势的中国队没能把握住机会，白俄罗斯的库什尼尔最后使用难度系数高达 5. 000 的 bdFFdF，这与齐广璞的难度是完全相同的。白俄罗斯选手又赌赢了，他成功完成了全套动作，取得 134. 50 分的高分。中国空中技巧四位女将再次向冠军发起冲击，令人扼腕叹息的是，徐梦桃最终摘银，李妮娜重重摔在地上，遗憾无缘奖牌。预赛中，张鑫摔倒爆冷出局；尽管剩下三人都跻身决赛第二轮，但随着程爽无缘决赛奖牌，中国队的夺金前景又蒙上了一层阴影。结果，以最后一名晋级决赛的白俄罗斯老将茨佩尔，在比赛中得到 98. 01 的高分。第四次参加冬奥会的李妮娜，出现失误，面对身体和心理上的双重打击，奋力爬起来的冰雪公主面对镜头，还是露出熟悉的微笑，而那笑容足以融化索契的冰雪。世界第一徐梦桃尽管拼尽全力，但还是屈居第二，而这也是中国空中技巧女队第四次在冬奥会上获得银牌。

男子冰壶铜牌争夺战，中国迎战世锦赛冠军瑞典，结果中国在常规阶段 4∶4战平对手，加赛中因为两次失误，最终 4∶6告负，无缘奖牌。而首次闯入冬奥会四强的中国队也得到了两大劲敌加拿大和瑞典的盛赞。索契冬奥会对于中国女子冰壶队来说，是一波三折，从获得奥运资格开始就充满荆棘。世锦赛上中国女壶发挥不佳，最终仅获第 9 名，没有获得直通索契的机会，只能参加落选赛。年底落选赛中，中国队发挥出色，以 7 战全胜的战绩搭上了索契冬奥会的末班车。不过和四年前的铜牌相比，本届中国队成绩一般，循环赛 4 胜 5 负，获得第 7 名。最终，冰壶比赛的奖牌都发给了三个国家，男队分别是加拿大队、英国和瑞典，女队分别是加拿大、瑞典和英国，三个国家在男女项目都拿到奖牌在冬奥会冰壶比赛中还是首次。

单板滑雪历来是美国的优势项目，索契冬奥会10个小项中，他们一共拿到了3枚金牌2枚银牌，仍然占据金牌榜和奖牌榜的榜首。但随着单板滑雪在冬奥会上的“扩军”，美国的霸主地位受到了欧洲各国的冲击。本届冬奥会单板滑雪新增了男女障碍坡面技巧、男女平行回转4个小项。新项目的增加点燃了更多国家参与其中的热情，尤其是欧洲国家，他们加大投入，涌现出一批单板高手。俄罗斯、奥地利、法国、捷克都在本届冬奥会上收获了金牌，一共有14个国家拿到了奖牌。其中东道主俄罗斯收获2金。单板滑雪女子U型池决赛中，中国选手蔡雪桐以84.25分排名第六，李爽以73.25分排名第8，刘佳宇以68.25分排名第9。中国单板滑雪冲击冬奥首枚奖牌的希望再度落空。之前的男子比赛中，张义威和史万成带来惊喜，中国选手张义威以87.25分排名第6，史万成以81.00分排名第7。他们已具备了挑战肖恩-怀特这样大腕的实力。

冬奥会三大基础大项越野滑雪、冬季两项、高山滑雪总共有33枚金牌，几乎占据了雪上项目的半壁江山。这三大项也成了欧洲人的“后花园”。在越野滑雪赛场上，挪威、瑞典、芬兰等北欧国家掀起了夺金风暴，金牌几乎全部被这些国家揽入怀中。挪威女将比约根成为越野滑雪赛场最大的明星。她一人独揽3金，从2002年盐湖城冬奥会至今，比约根获得6金、3银、1铜，共10枚奖牌，追平了冬奥会两项历史纪录：女子金牌王和女子奖牌王。中国选手在越野滑雪赛场上表现平平，共有4名选手参赛，成绩最好的是年龄最大的李宏雪，30岁的她在女子30公里集体出发赛中获得第22名，这也创造了她三次冬奥会经历中的最好成绩。中国运动员所取得的成绩，是目前我国越野滑雪真实水平的反映。与北欧顶尖选手相比，中国选手在体能、技术、经验上都存在着巨大的差距。

在索契的冬季两项赛场上，创造了一项历史，40岁的挪威名将比约达伦成为了冬奥会历史上的第一人，他赢得2金，个人6届冬奥会斩获8金、4银、1铜，总奖牌数达到13枚，成为获得冬奥会奖牌数最多的选手，同时也追平了前辈比约达利冬奥会8金的纪录。此外，法国猛将马丁和白俄罗斯美女多姆拉切娃，两位多金王在索契成为该项目的新偶像。

21日晚间，乌克兰冬季两项四名女将为该国获得一枚宝贵的金牌。在这场女子4×6公里接力比赛中，乌克兰运动员表现得非常顽强，以1小时10分02秒5的成绩力压俄罗斯和老牌劲旅挪威队获得冠军。

高山滑雪是最具影响力的冬季项目。索契冬奥会设有 10 枚金牌,奥地利以 3 金、4 银、2 铜成为最大赢家,欧洲国家在这个项目上显示出强大的垄断性优势,他们一共只丢掉 6 枚奖牌。而高山滑雪历来是出明星的地方,如美国“抢镜女孩”曼库索、德国“铁娘子”里希,但在索契有一个东方面孔备受关注,她就是泰国选手、著名小提琴家陈美。虽然在大回转比赛中,她仅列 67 名,排在倒数第一,但她参赛更诠释了奥林匹克重在参与的精神,陈美无疑给高山滑雪赛场带来一抹亮色。与高山滑雪的热门相比,中国选手的表现依旧平淡。张宇欣和夏丽娜均是以“外卡”的身份,分别参加索契冬奥会的男子和女子比赛。夏丽娜在大回转排名第 66,位列倒数第二位,而张宇欣更是没有完成比赛。我国高山滑雪作为国内开展最早的雪上项目之一,多年来进步不明显。

冬奥会上开幕式旗手拿不到冠军的“传统”在索契再次被打破,俄罗斯代表团旗手亚历山大·祖波科夫继双人雪车为俄罗斯拿到该项目的第一枚金牌之后,在 23 日的男子四人雪车中继续保持强势。在他的带领下,俄罗斯队以 3 分 40 秒 60 的总成绩拿到冠军。拉脱维亚队名列第二,美国队排在第三。随后不久,在索契冬奥会进行的最后一个雪上项目越野滑雪男子 50 公里集体出发的比赛中再次传来更大的喜讯,俄罗斯包揽了这个项目的前三名。亚历山大·列赫科夫以 1 小时 46 分 55 秒的成绩率先冲过终点,他的两名同胞马克西姆·维勒格扎宁和伊利亚·切尔诺乌索夫分别拿到了银牌和铜牌。这三人几乎同时冲线,只能通过设置在终点的高速摄像机拍摄下来的照片来决定奖牌最终的归属。这是自 1936 年加米施-帕滕基兴冬奥会以来,该项目奖牌首次被来自同一支队伍的选手包揽。

男子冰球决赛是最后结束的冬奥项目,原本以为的北欧和北美的超级对抗场面并没有出现,加拿大队完全控制场面。半决赛过了美国一关后,加拿大决赛打得非常轻松,而且加拿大队一反前面的比赛中总是后卫建树的规矩,前锋开始大开杀戒。第一节芝加哥黑鹰队的泰厄乌斯首开纪录,第二节打到第 35 分钟,匹兹堡企鹅队中锋克罗斯比单刀赴会过掉门将后打入第二球。第三节打到 49 分钟,企鹅队的左翼锋库尼茨中场边侧断球后,漂亮地内切到中路强力射门,冰球飞入大门,加拿大队最终 3∶0零封杀瑞典队。加拿大男队和女队一起成功实现冰球双卫冕。

“东道主效应”再次在奥运赛场上得到印证。俄罗斯代表团在上届冬奥会列奖牌榜第十一位、遭遇历史最差战绩，此次他们强势回归，以 13 金、11 银、9 铜荣登金牌榜和奖牌榜榜首。冬季运动传统强国挪威、加拿大、美国和荷兰分列第二至第五位，成为领跑的第一集团。

索契冬奥会诞生了三位“三冠王”，加入俄罗斯国籍的韩裔运动员维克托·安夺得男子短道速滑的 3 枚金牌和 1 枚铜牌，另外两位则是白俄罗斯冬季两项女运动员多姆拉切娃和挪威越野滑雪女运动员比约根。维克托·安和比约根曾分别在都灵冬奥会、温哥华冬奥会荣膺“三冠王”称号。

九、中国代表团情况

索契冬奥会是中国参加的第十次冬奥会。有 66 名运动员参加冬奥会 4 个大项、49 个小项的比赛。共获得 3 枚金牌、4 枚银牌、2 枚铜牌，奖牌总数 9 枚，取得了较好的运动成绩，表现出良好的精神风貌，取得了运动成绩和精神文明的双丰收。由于本届冬奥会新增的 12 个小项都是冰雪运动传统强国的优势项目，中国在本届冬奥会的整体竞争难度大于上届。

中国在温哥华冬奥会实现历史性突破后，仍然保持在冬奥会的第二集团，稳固了在冬奥会竞争格局中的地位。短道速滑队，在赛前主力队员王濛意外受伤的不利形势下，全队团结一心，顶住压力，以“我能行，中国赢”激励自己，共获得 2 金、3 银、1 铜。李坚柔以她的坚守和坚韧，获得女子 500 米金牌，鼓舞了短道速滑队和整个代表团的士气。周洋在努力克服伤痛的情况下，奋勇拼搏，蝉联1 500米冠军。特别是男子短道队获得 2 银、1 铜 ，显示出中国短道速滑队强大的整体实力。中国自由式滑雪空中技巧队展现了雄厚的整体实力，男女分别有两名运动员进入前四名，虽然在最后决赛中出现失误没有获得金牌，但 1 银、1 铜的成绩同样为代表团做出了贡献。中国冰雪运动项目结构有所优化，张虹获得速度滑冰女子1 000米金牌，实现了中国在冬奥会基础大项金牌“零”的突破，圆了中国几代冰雪人的夙愿。张虹成功的背后，是几代中国速滑人不懈努力的结果。中国男子冰壶队敢于挑战强手，敢于超越自我，在比赛中发挥稳定，一路过关闯将，打进冬奥会四强，创造了中国男子集体项目参加冬奥会历史最好成绩。

索契冬奥会是我国在温哥华冬奥会实现重大历史性突破后，再次检验和展示我国冬季项目发展水平的又一次新机遇和新挑战。在索契冬奥会上取得优异成绩，是促进我国冬季和夏季项目协调发展的重要方面，是建设体育强国的必然要求，也是为我国北京联合张家口市申办 2022 年冬奥会宣传助力。

第二十三节　2018 年第二十三届平昌冬奥会

一、概述

开幕时间：2018 年 2 月 9 日
闭幕时间：2018 年 2 月 25 日
举 办 地：韩国平昌
运 动 员：2 920 人（男选手 1 708 人，女选手 1 212 人）
项目数量：7 个大项/15 个分项/102 个小项

本届冬奥会于 2018 年 2 月 9 日至 25 日在韩国平昌举行。这是韩国第一次举办冬奥会，也是亚洲第三次举办冬奥会。同时，韩国继法国、美国、德国、意大利和日本之后，成为世界上第六个举办过夏奥会、世界杯足球赛、冬奥会 3 项大赛的国家。本届冬奥会的政治色彩浓重，受兴奋剂事件影响，俄罗斯代表团被集体禁赛，只有个别符合要求的运动员以俄奥独立代表的身份参赛，大大削弱了俄罗斯冰雪强国的实力。在国际奥委会的特许下，朝鲜组建代表团参赛，并且其中 12 人加入韩朝女子冰球联队引发争议。赛场边，朝鲜啦啦队统一着装，精心排练的加油场面成为一道亮丽的风景线。马来西亚、新加坡、厄瓜多尔、厄立特里亚、科索沃、尼日利亚等 6 个国家是首次参加冬奥会。

二、举办地简介

平昌位于韩国江原道，首尔以东 180 公里，人口不足 5 万，是韩国著名的度假山城，韩国第三大郡。平昌自然环境优美怡人，特别适合冬季运动。平昌处于太白山脉，四面环山，冬天的雪景很好，是不少电视剧的取景地，例如韩剧《冬日恋歌》等。其城市口号是“快乐 700”，因为平昌郡的平均海拔为 700 米左右，有些地方超过1 000米，为湿温大陆性气候，夏季温暖湿润且长，冬季寒冷，据说海拔 700 米左右是最适宜人类居住的高度。当地政府将江原道指定为奥运特区，吸引赌场、免税店、外国学校入驻，努力将平昌打造成东北亚富豪的休闲度假地。

根据平昌冬奥会组织委员会公布的数据，比赛预估运营费用为 2. 8 万亿韩元，平昌奥组委通过企业赞助获得 1. 1123 万亿韩元的收入，国际奥委会赞助金额达到4 400亿韩元，冬奥会合作企业赞助达到2 400亿韩元。门票方面，冬奥会期间共卖出 107. 86 万张，门票总收入达到1 573亿韩元。此外，在赛事期间，平昌奥组委还在各大公共场所开设了 59 个商品销售点，销售1 500余种相关商品。游客方面，江原道政府有关人士表示，平昌冬奥会赛地平昌郡、江陵市、旌善郡在奥运期间的 2 月 9 日至 25 日累计接待游客 500. 7 万人次，创下单项国际活动访客规模之最。

三、申办与筹备

2011 年是韩国平昌征战冬奥会主办权的第十个年头。这一次，幸运的他们在第一轮投票中就顺利出线。2003 年败给加拿大温哥华，2007 年败给俄罗斯索契，在经过整整十年的等待后，韩国人主办冬奥会的梦想终于成真。在国际奥委会主席罗格宣布结果的那一刻，德班国际会展中心的大会议厅里顿时响起了韩国人的欢呼声，在经过两次痛苦的失败后，不屈不挠连续第三次申办的平昌人终于可以尽情地欢呼和呐喊。根据国际奥委会事后公布的计票结果，当天有 95 名国际奥委会委员参加投票表决，平昌在第一轮就以 63 票的绝对优势击败德国的慕尼黑和法国的阿纳西，锁定胜局。用国际奥委会主席罗格的话说，耐心和坚持，是平昌获胜的关键。在当天早些时候各个申办城市进行的最终陈述中，平昌奥申委形象大使、2010 年温哥华冬奥会女子花样滑冰金牌得主金妍儿以流利的英语和甜美的形象，给在场所有人留下了深刻印象。

不过据韩国媒体报道，在距离平昌冬奥会开幕还有三年时，当地还有一些新建场馆丝毫没有动工的迹象。实际上，为了节约经费，韩国政府曾有过把主会场改到江原道的另一座城市江陵的综合运动场的方案，但因为这个综合运动场没有改建观众和圣火出入口等附带设施的足够空间，只好作罢。围绕着举办冬奥会的问题，平昌自治体政府和当地居民形成了对立的态势。平昌冬奥会不仅面临场馆完善的问题，还有当地气候导致的降雪不足，令雪橇等比赛场地建设需要增加费用等方面的问题。2016 年 7 月 18 日，韩国平昌冬奥会吉祥物白老虎“Soohorang”和冬残奥会吉祥物亚洲黑熊“Bandabi”与公众见面。当日，2018 年平昌冬奥组委在平昌横溪小学举办吉祥物推广活动启动仪式。

四、圣火传递与开幕式

平昌冬奥会火炬以白色和金色为主色调，高 700 毫米，代表平昌 700 米的海拔高度。火炬点燃后火焰将向 5 个方向燃烧，这是“ * ”——平昌的象征，该符号同时刻在火炬的下半部和顶部周围。2017 年 10 月 24 日，平昌冬季奥运会圣火采集仪式在希腊伯罗奔尼撒半岛上的奥运会发源地古奥林匹亚采集成功。受当天雨势影响，仪式上选用了彩排时所采集的备用火种。火炬点燃后在希腊传递约一周，并于 11 月 1 日抵达仁川机场，有7 500名火炬手在韩国境内各地接力传递 101 天，至冬奥开幕的 2018 年 2 月 9 日。中国短道速滑名将刘秋宏等人作为特邀嘉宾参与了韩国境内的火炬传递。

以“激情平昌、和谐世界”为口号的本届冬奥会，是史上规模最大的冬奥会，有来自 92 个国家和地区的2 920名运动员参赛。开幕式以 5 名儿童开启寻找和平的冒险之旅为主线，这 5 名儿童都来自平昌市所在的江原道。数字 5 源于奥运五环，5 名儿童服装的颜色象征着火、水、木、金、土 5 个元素。组委会特意挑选了 13 首韩国流行音乐，时间横跨 60 年。除了《手拉手》之外，前几年爆红的《江南 STYLE》也在其中。当熟悉的《江南 STYLE》旋律响起时，现场观众一阵欢呼，迎来了仪式的第一个高潮。

和以往的惯例不同，平昌冬奥会开幕式的代表团入场没有采用英文首字母排序，而是按照韩文顺序。入场仪式的最后，是韩国与朝鲜代表团联合入场。这次双方的旗手由韩国有舵雪橇运动员元润钟与来自朝鲜的冰球联队队员黄忠琴共同担任，当他们与联合代表团一起入场时，全场掌声雷动。激动人心的点火仪式上，火炬经过高尔夫奥运冠军朴仁妃、足球名将安贞焕等 3 人的手,被交到了朝韩联合女子冰球队的两名队员手中,两人沿着坡道拾级而上,奔向主火炬塔,最终由韩国的人气王花样滑冰选手金妍儿点燃主火炬塔。

五、奥运物展

图 2-92　第二十三届冬奥会会徽

图 2-93　第二十三届冬奥会奖牌

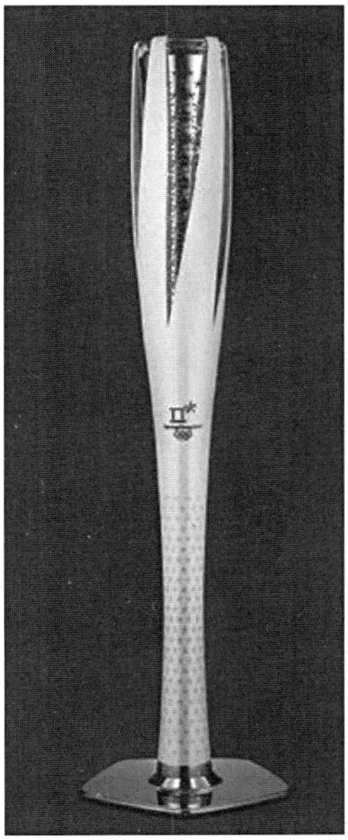

图 2-94　第二十三届冬奥会火炬

图 2-95　第二十三届冬奥会海报

图 2-96　第二十三届冬奥会吉祥物白老虎"Soohorang"和亚洲黑熊"Bandabi"

六、奖牌榜

排名	国家地区(代表团)	金牌	银牌	铜牌	总数
1	挪威	14	14	11	39
2	德国	14	10	7	31
3	加拿大	11	8	10	29
4	美国	9	8	6	23
5	荷兰	8	6	6	20
6	瑞典	7	6	1	14
7	韩国	5	8	4	17
8	瑞士	5	6	4	15
9	法国	5	4	6	15
10	奥地利	5	3	6	14
11	日本	4	5	4	13
12	意大利	3	2	5	10
13	俄奥运独立代表	2	6	9	17
14	捷克	2	2	3	7
15	白俄罗斯	2	1	0	3

续表

排名	国家地区(代表团)	金牌	银牌	铜牌	总数
16	中国	1	6	2	9
17	斯洛伐克	1	2	0	3
18	芬兰	1	1	4	6
19	英国	1	0	4	5
20	波兰	1	0	1	2
21	乌克兰	1	0	0	1
21	匈牙利	1	0	0	1
23	澳大利亚	0	2	1	3
24	斯洛文尼亚	0	1	1	2
25	比利时	0	1	0	1
26	新西兰	0	0	2	2
26	西班牙	0	0	2	2
28	哈萨克斯坦	0	0	1	1
28	拉脱维亚	0	0	1	1
28	列支敦士登	0	0	1	1
	总数	103	102	102	307

七、比赛项目

国际奥委会执委会 2015 年 6 月 8 日通过决议,同意 2018 年平昌冬奥会在四个项目上增设小项,分别是冰壶混合双人赛、速度滑冰集体出发、高山滑雪混合团体赛,以及中国尚未正式开展的单板滑雪大跳台。这四个增项中,有两个是男女混合参赛的项目,另外两个则分男子项目和女子项目各自进行。同时,经国际滑雪联合会同意,国际奥委会执委会决定从现有冬奥会项目中移除单板滑雪平行回转赛事,为单板滑雪大跳台"入奥"让路。增设这些小项之后,2018 年平昌冬奥会共设 50 个男子项目、44 个女子项目和 8 个混合项目,这意味着女性运动员可以参与的小项总数为 52 个,在总数 102 个小项中超过半数。四个新增项目令这届冬奥会的女性项目、混合项目和女性运动员的总体数目,以及整个冬奥会的女性参与度等,均创新高。按照这一改革方案,夏季奥运会参赛人数和项目的上限为10 500名运动员、5 000名注册官员、310 个小项,冬奥会的规模原则上控制在2 900名运动员、2 000名注册教练和技术人员、100 个小项。

八、参赛情况

本届冬奥会,挪威、德国、加拿大、美国、荷兰等世界冰雪强国运动员的表现,使欧洲国家垄断奖牌榜的格局并未改变。老牌劲旅俄罗斯队由于禁药事件,本届奥运会只能以奥运独立代表队的个人名义参赛,最终只收获两金,呈现断崖式下降。虽然韩国代表团作为东道主未能实现赛前目标,但是在金牌榜和奖牌榜上依然领跑亚洲,邻国日本进步明显,差一点跻身前十名。中国队在连续多天错失金牌之后,在比赛倒数第二天收获唯一的一枚金牌。牙买加女子双人雪橇选手在兴奋剂检测中呈阳性,令人遗憾。

冰壶混双是冬奥会新增项目,共有 8 支队伍参加,单循环赛后排名前四的队伍将进入半决赛。中国队派出了巴德鑫和王芮的组合,两人配对以来,在世锦赛发挥出色,2016 年获得亚军,2017 年夺得季军,第一时间拿到冬奥会门票。循环赛中,中国队输给了瑞士、加拿大、俄罗斯,战胜了韩国、美国、芬兰和挪威队,与俄罗斯、挪威同为 4 胜 3 负,并列第四,由于俄罗斯队在三队间的胜负关系占优,凭此晋级四强,而中国队和挪威队则通过一场附加赛来争夺最后一个四强席位。中国队巴德鑫和王芮拼尽全力,但第八局没能实现偷分,以 7:9输给了挪威队。最终冰壶混双加拿大夺冠,原本获得铜牌的俄罗斯运动员因为尿检不过关,被取消成绩,中国组合遗憾获得第四名。女子冰壶金牌赛,瑞典队发挥出色,以 8:3战胜韩国队,夺得金牌,这是瑞典近四届比赛第三次夺冠,也是时隔 8 年再夺冬奥会女子冰壶金牌,夺得亚军的韩国队依然创造历史最佳,日本也获得铜牌,站上领奖台。

越野滑雪比赛女子 7.5 公里传统式+7.5 公里自由式双追逐赛,索契冬奥会亚军瑞典选手卡拉以 40 分 44 秒 9 夺得冠军,这也是本届冬奥会首金,挪威名将比约根以 7.8 秒之差获得亚军,无缘三连冠,芬兰选手帕尔马科斯基获得第三。平昌冬奥会,挪威队代表团在越野滑雪继续占据统治地位,她们一共取得了 7 金 4 银 3 铜的成绩,奖牌数量达到 14 枚,无论是金牌数还是奖牌数都高居各国之首。纵观挪威队的越野滑雪阵容,堪称梦之队,传奇名将比约根宝刀未老，桑德比、克莱博、奥斯特伯格都具备很强的实力，几乎每位选手都具有争金实力。在越野滑雪男子团体短距离自由技术的比赛中，挪威队夺得冠军。俄罗斯奥林匹克选手队和法国队分别获得了这个项目的银牌和铜牌。这已经是挪威在平昌冬奥会上夺得的越野滑雪的第六枚金牌，创造了冬奥会越野滑雪的新纪录。在高山滑雪女子滑降的比赛中，来自意大利队的索·葛吉亚以 1 分 39 秒 22 的成绩夺得冠军。这是意大利自 1952 年以来首次夺得高山滑雪项目的冠军。在高山滑雪男子回转项目的争夺中，来自奥地利的迈克尔·马特获得第三名。而在 2014 年索契冬奥会上，迈克尔的大哥马里奥是这个项目的冠军，二哥安德烈亚斯则是 2010 年温哥华冬奥会自由式滑雪障碍追逐项目的银牌获得者。三兄弟集齐金银铜牌也被传为佳话。

日本花滑“冰王子”羽生结弦卫冕男单冠军，成为冬奥会 66 年来卫冕第一人，这位日本花滑的偶像级人物，已经成为世界花样滑冰的骄傲。中国小将金博洋获得第四名，离领奖台只有一步之遥。双人滑一直都是中国的传统优势项目，在本次冬奥会上，隋文静和韩聪的最大对手就是德国强档萨维申科/马塞洛特，可以说，本届冬奥会双人滑项目也是四个单人项目当中最具有戏剧性的。在短节目落后 6 分的情况下，萨维申科/马塞洛特破釜沉舟，在自由滑当中完美发挥，再度刷新了国际滑联的历史最高分，而压轴出场、占据好签位的隋文静和韩聪却发挥不佳，最终输掉了比赛。不过一枚银牌也是对这对组合第一次参加冬奥会的褒奖。在万众瞩目的花样滑冰个人赛女单自由滑项目的比赛中，短节目排名第一位的扎吉托娃尽管略有失误，还是依靠着无与伦比的难度和短节目建立起来的优势，力压同门师姐梅德维德娃夺得冠军。加拿大王牌组合沃尔图/莫伊尔在第三次冬奥会之旅当中，以一枚团体赛金牌和一枚个人赛金牌的成绩，结束了自己光辉灿烂的职业生涯。

本届冬奥会短道速滑赛场留给我们的中国记忆，除了武大靖以无可辩驳的优势夺得男子 500 米金牌之外，还有接二连三、争议不断的判罚。短道速滑赛场上中国队一共被判 9 次犯规出局，是所有代表团中被判次数最多的。中国队主教练李琰也在女子3 000米接力结束后，第一时间提出申诉，主要理由是主裁判的判罚不一致。而这确也是当前短道速滑规则上一个非常有争议的点，波兰名将兰伯特在奥组委信息服务部举行的新闻发布会上也着重谈到了这一点:“目前短道速滑评判的依据太过单一,只简单地以是否产生阻碍现象来做判罚,而没有着重分析产生阻碍现象的原因。”中国著名体育社会学者任海教授也指出短道速滑的畸形发展使体育比赛的观赏魅力大大下降。规则极其不严密、裁判极难公正执法的情况,使赛事很容易产生纠纷。本届冬奥会上,中国男队获得了1金1银,创造了历史最好成绩,从年龄结构上看,他们较之女队也更加合理。但这并不能成为他们高枕无忧的理由,因为与此同时,世界各队也都在飞速成长。加拿大将进入天才杰拉尔德领衔的新时代,匈牙利也在刘少林和刘少昂兄弟的带领下,步入世界短道速滑一流强国行列。韩国队在短道速滑项目上收获三金,剩下5个项目的霸主分别属于老对手中国队、加拿大队,以及荷兰队、意大利队、匈牙利队这三支欧洲队伍。经过四年的调整,短道速滑的世界格局发生变化——欧洲势力崛起,以往中韩两家统领奖牌榜的时代已经一去不复返。

平昌冬奥会速度滑冰14个小项的金牌各归其主。速滑王国荷兰独揽7金,延续了他们在冬奥会上的霸业,而日本队和韩国队也有出色的表现。荷兰队卷走了7金、4银、5铜,他们获得的奖牌总数超过了该项目奖牌总数的三分之一。凯·努伊斯一人摘下男子1 000米和1 500米两块金牌,成为荷兰队在本届冬奥会上唯一的“双金王”。速度滑冰男子5 000米比赛,荷兰名将克拉默以6分09秒76的成绩获得金牌,实现三连冠,同时打破了自己保持的奥运会纪录。此前,还没有任何一名选手三次赢得同一个项目的冬奥会冠军,克拉默改写了历史。而伊·乌斯特则在女子1 500米比赛中封后,收获个人第五枚奥运金牌和第十枚奥运奖牌,成为冬奥会历史上获得奖牌最多的速滑运动员。除了荷兰队之外,日本队和韩国队也成为本届冬奥会速滑比赛的奖牌大户。日本名将小平奈绪不出意外地将女子500米金牌揽入怀中,日本队还夺得了女子集体出发和团体追逐两项冠军,高木菜那双金在手,日本队以3金、2银、1铜占据平昌冬奥会速滑项目金牌榜第二名的位置。东道主韩国队也表现不俗。李承勋在速滑收官战、男子集体出发比赛中夺魁,韩国队总共有1金、4银、2铜进账,奖牌总数仅次于荷兰队。中国队依靠小将高亭宇的优异表现收获一枚铜牌。

女子单板滑雪U型池场地,美籍韩裔选手克洛伊金夺冠,成为冬奥会历史上第一个00后金牌选手。中国选手刘佳宇三届奥运会终于实现突破,收获银牌。男子单板滑雪U型池场地,美国传奇人物肖恩-怀特依靠最后一跳强势夺冠,收获了自己的第三枚奥运金牌。这名32岁的美国运动员已经改变了这项运动,他是当之无愧的单板滑雪之王。在平昌冬奥会自由式滑雪男子空中技巧决赛中,中国名将贾宗洋以0.46分的微弱分差屈居亚军,三次参加冬奥会,夺得一银一铜,未能实现奥运金牌的梦想。退役后又复出,他实现了自我突破,再一次站在奥运会的领奖台上。以最小分差遗憾摘银,冠军被名不见经传的乌克兰选手获得。女子比赛中国队没有利用好集团作战的优势,世界排名第一徐梦桃意外失手,老将张鑫和小将孔凡钰收获银牌和铜牌。雪上技巧在我国的发展历史与规模上与其他国家相比还存在较大差距,四年前在索契才由宁琴完成参赛零的突破,平昌冬奥会,王金和关子妍参加女子雪上技巧比赛,但都没能从资格赛突围。法国选手拉丰特和加拿大名将金斯伯利分获雪上技巧女子、男子冠军。在坡面障碍技巧比拼中,瑞士队包揽女子冠亚军,男子冠军被挪威选手夺走。雪车赛场,男子四人座比赛德国队以3分15秒85成绩获得冠军,另外一队德国组合以及韩国队四轮比赛过后成绩为3分16秒38,并列获得银牌,中国队获得本次比赛第26名。在越野滑雪女子传统式30公里比赛中,在首金之争中输给卡拉的挪威名将比约根卷土重来,并以绝对优势获得本届冬奥会最后一块金牌,获得银牌的是芬兰名将帕尔马科斯基,铜牌被瑞典名将尼尔森获得,首金获得者卡拉获得了第5名。两名中国选手李鑫和迟春雪排在后半区,分别获得第37和第44名。

随着挪威名将比约根在越野滑雪女子30公里传统赛中,拿下平昌冬奥会最后一块金牌,德国冰球队在比赛结束前不到1分钟被俄罗斯扳平,经加时赛痛失金牌。此消彼长之下,挪威代表团以14金、14银、11铜(总计39块奖牌)力压同样获得14块金牌的德国排名第一,在最后一天完成了惊险反超。这也是冰雪霸主挪威时隔50年后,第7次位居奖牌榜首位。纵观冬奥会历史,苏联一共占据了7次奖牌榜第一,德国(含民主德国)一共占据5次第一,俄罗斯占据2次第一。

闭幕式现场上演了精彩的“中国八分钟”,代表中国形象的熊猫带领舞蹈演员在场地中央翩翩起舞,24面冰屏由智能机器人操作,这个节目的电光效果给人留下了很深刻的印象。伴随着悠扬的《歌唱祖国》的背景音乐,冬奥会运动项目的图案也先后展示出来。而后,长城、鸟巢、国家大剧院等北京极具标志性的建筑都一一呈现。中国的高铁、桥梁、太空站等取得飞速发展的项目，也得到了展示。随后，五环图案在中间呈现，周围出现了象征傲骨不屈的梅花，与此同时，智能机器人操作屏幕出现了以往23届冬奥会会徽，体现了冬奥会的传承。最终，演员们组成了北京奥运会的会徽，而后熊猫特使通过互联网隧道飞跃到中国各地，收获到了全国人民的真心邀请："2022，相约北京！"

九、中国代表团情况

平昌冬奥会中国体育代表团共获得82个参赛资格，共参加5个大项、12个分项、55个小项的比赛，其中，单板滑雪平行大回转、雪车、跳台滑雪女子标准台等项目均首次获得冬奥会参赛资格。

中国体育代表团以1金、6银、2铜的成绩排名奖牌榜第16位。9块奖牌来自短道速滑、花样滑冰、速度滑冰、自由式滑雪空中技巧、单板滑雪U型场地5个小项。作为中国冬奥最大夺金点，短道速滑队顶住压力，在平昌获得1金、2银，而长期落后的雪上项目也有了一定的进步。

中国短道速滑队在本届冬奥会上一共获得了1金2银，虽然较以往成绩有所下滑，但仍旧是中国奖牌榜单上的重要组成部分。赛场上裁判的判罚抢了风头，引发了很多争议，也使短道速滑比赛的观赏性大打折扣。武大靖在男子500米比赛中，一骑绝尘收获冠军。值得一提的是，武大靖连续两次打破世界纪录，展现了良好的竞技状态。男子5 000米接力中，由武大靖、韩天宇、许宏志、陈德全组成的中国队，滑出6分32秒35获得银牌。女队小将李靳宇拼得1 500米银牌，是中国短道速滑队本次冬奥之行最大的收获。

女子单板滑雪U型池决赛中，"三朝元老"刘佳宇不负众望，以89.75分的成绩获得亚军，帮助中国代表团在本届冬奥会首夺奖牌，同时也实现了这一项目上奖牌零的突破。花样滑冰双人滑自由滑比赛中，中国选手隋文静/韩聪总分235.47分，以微弱的劣势屈居第二。金博洋取得男子个人第四名的好成绩，未来值得期待。

2银1铜，自由式滑雪空中技巧队在平昌冬奥会的战绩超过了索契冬奥会的1银1铜，虽然没有能够斩获金牌，但是在平昌冬奥会的赛场，中国雪上运动员们还是取得了相当不俗的成绩。空中技巧让人喝彩声中带点哽咽，谁的内心都有不甘。女子亚军张鑫和男子亚军贾宗洋,最后都只输了不到1分,获得季军的孔凡钰在上一轮还高居第一。被寄予厚望的徐梦桃、齐广璞均止步决赛第二轮,第三届冬奥会之旅抱憾而归。自从徐囡囡在1998年长野冬奥会获得银牌,20年6届冬奥会,中国女队夺得5银2铜;自韩晓鹏在2006年都灵冬奥会上夺金实现了雪上项目金牌零的突破,此后三届冬奥会男队获得了1银2铜。可以说虽然始终没有能够摘取金牌,但是中国雪上运动已经进入一个相对稳定的高水平时期。

高亭宇获得了男子500米的季军,这是中国男选手首次在速度滑冰项目中站上了奥运领奖台。高亭宇改写了中国男子速滑的历史,更可贵的是,高亭宇只有20岁,未来是属于他的。同样是在速度滑冰的赛场上,由郝佳晨、李丹、刘晶、韩梅组成的中国女队也在团体追逐赛中创造了第五名的历史最佳战绩,值得一提的是,在半决赛当中,中国队只差0.26秒便可跻身决赛。

作为出征平昌冬奥会的唯一集体战队,中国女子冰壶队尽管已不及巅峰时风采,通过落选赛才有惊无险搭上冬奥会末班车,但这支队伍依然表现得可圈可点。平昌冬奥会,中国队派出了新老结合的阵容,具体为一垒麻敬宜、二垒刘金莉、三垒周妍和四垒主将王冰玉。循环赛中,中国队爆冷,击败了卫冕冠军加拿大队,王冰玉结束对阵霍曼的七连败。不过,在与俄罗斯和英国的两场比赛中,中国队连续错失好局,最后一场面对强敌瑞典无力回天,最终取得了4胜5负的成绩,无缘四强,中国队最终获得第五名。

平昌冬奥会,中国越野滑雪队派出了四位选手出战,女子选手是李馨和池春雪,两位男子选手分别是王强和孙清海。中国队参加了个人赛、接力赛等项目的争夺,比赛中,展现出不畏强敌、顽强拼搏的精神,基本上顺利完成比赛,积累了宝贵经验。

短跑名将张培萌,作为中国第一位将百米成绩跑到10秒的飞人,在天津全运会后退役,却又因为对体育的热爱转身投入到钢架雪车项目之中。他全程现场观战了平昌冬奥会钢架雪车比赛,计划从3月正式开始训练,最终目标是代表中国钢架雪车队参加四年后的北京冬奥会。

25日上午,国际奥委会第132次全会在平昌落下帷幕,作为全会当日上午的最后一项议程,张虹等3名新当选的运动员委员会委员宣誓,正式加入国际奥委会的大家庭。伴随着大杨扬在国际奥委会8年任职的谢幕,张虹接班代表中国人走向国际体育政治舞台,未来任重而道远。

作为2022年北京冬奥会的前哨战,平昌冬奥会引起了国人更多的关注。同时,平昌冬奥会的举办也为我们办好北京冬奥会提供了不少经验。

第二十四节　2022年第二十四届北京—张家口冬奥会

一、概述

开幕时间:2022年2月4日
闭幕时间:2022年2月20日
举 办 地:中国北京—张家口
运 动 员:待定
项目数量:7个大项/15个分项/109个小项

2022年第二十四届冬季奥林匹克运动会,简称"北京—张家口冬奥会",将在2022年2月4日至20日在中华人民共和国北京市和张家口市举行。这是中国历史上第一次举办冬奥会,北京、张家口同为主办城市,也是中国继北京奥运会、南京青奥会后,第三次举办奥运赛事。北京成为奥运史上第一个既举办过夏季奥林匹克运动会,也举办过冬季奥林匹克运动会的城市,也是继1952年挪威的奥斯陆之后,时隔整整70年第二个举办冬奥会的首都城市。

二、举办地简介

北京,中华人民共和国首都、直辖市、国家中心城市、超大城市,全国政治中心、文化中心、国际交往中心、科技创新中心,是中国共产党中央委员会、中华人民共和国中央人民政府和全国人民代表大会的办公所在地。北京位于华北平原北部,背靠燕山,毗邻天津市和河北省。北京是首批国家历史文化名城和拥有世界文化遗产数最多的城市,三千多年的历史孕育了故宫、天坛、八达岭长城、颐和园等众多名胜古迹。北京的气候为典型的北温带半湿润大陆性季风气候,夏季高温多雨,冬季寒冷干燥,春、秋短促。全年无霜期180—200天,西部山区较短。年平均降雨量483.9毫米,为华北地区降雨最多的地区之一。降水季节分配很不均匀,全年降水的80%集中在夏季六、七、八3个月,七、八月有大雨。北京曾于2008年成功举办了第二十九届夏季奥林匹克运动会。

张家口市是河北省下辖地级市,位于河北省西北部。这里是现行长城最多的地区,素有“长城博物馆”的美称。崇礼、赤城是华北地区最大的天然滑雪场,被誉为“东方达沃斯”。张家口市地势西北高、东南低,阴山山脉横贯中部,将张家口市划分为坝上、坝下两大部分。气候特点是:一年四季分明,冬季寒冷而漫长,春季干燥多风沙,夏季炎热短促降水集中,秋季晴朗冷暖适中。坝上地区阳光资源丰富,昼夜温差大;雨热同季,生长季节气候凉爽;高温高湿炎热天气少。张家口地处京、冀、晋、蒙四省市交界处,市区距首都北京仅180公里,距天津港340公里。是京津冀(环渤海)经济圈和冀晋蒙(外长城)经济圈的交汇点。

三、申办与筹备

2014年3月14日,国际奥委会宣布:中国北京—张家口、波兰的克拉科夫、挪威的奥斯陆、乌克兰的利沃夫、哈萨克斯坦的阿拉木图5个城市正式申办2022年的冬奥会。2014年5月26日,波兰克拉科夫市市长宣布,克拉科夫市退出2022年冬奥会的申办,因为在前一个周日的市民投票中,将近70%的投票者表示反对申办。2014年6月30日,因国内政局动荡,乌克兰利沃夫市宣布退出申办。2014年7月7日国际奥委会在瑞士洛桑宣布完成对2022年冬奥会申办城市的初选,并根据规则选出3个候选城市:中国的北京、挪威的奥斯陆和哈萨克斯坦的阿拉木图。2014年10月2日,由于挪威政府投票拒绝提供财政支持,奥斯陆市不得不宣布放弃申办2022年冬奥会。候选城市仅剩北京和阿拉木图。2015年1月北京冬奥申委和阿拉木图冬奥申委先后向国际奥委会提交2022年冬奥会申办报告。2015年7月31日17时57分,国际奥委会第128次全会在吉隆坡举行,投票选出2022年冬奥会举办城市,经过国际奥委会委员的投票,北京以44-40击败对手阿拉木图,赢得2022年第二十四届冬季奥林匹克运动会的举办权。

2022年冬奥会计划使用25个场馆,包括12个竞赛场馆、3个训练场馆、3个奥运村、3个颁奖广场、3个媒体中心、1个开闭幕场馆。根据规划,北京赛区将承担冬奥会所有冰上项目的比赛，共使用12个竞赛和非竞赛场馆，11个为2008年奥运遗产，其中9个是直接使用。比赛场馆有5个，其中4个分别是水立方、国家体育馆、五棵松体育馆和首都体育馆，分别举办冰壶、冰球、短道速滑和花样滑冰的比赛。唯一新建的比赛场馆即为国家速滑馆，也称为大道速滑馆，利用2008年奥运会曲棍球和射箭的临时场地建设。在规划的沙盘中，这座新馆紧临奥林匹克公园内的“仰山”。比赛之后，这里将成为运动员冬奥会冰上项目永久性训练场地，并成为北京四季不间断运营的冰上中心。除比赛场馆外，开幕式和闭幕式都将在鸟巢内举行。奥林匹克公园水立方和鸟巢之间将临时搭建可容纳1万人的北京颁奖广场。新建的北京奥运村位于奥体中心南侧，是北京既定的住宅项目，占地20公顷，采用中国古典园林设计理念，可容纳运动员及随队官员2 260人。国家速滑馆已于2016年动工。

为保障北京2022年冬奥会北京市区、北京市延庆县、张家口市崇礼县三地赛场间的交通服务，北京将建设连接北京—延庆—张家口三地的高速铁路和高速公路。铁路方面，开工建设北京至张家口城际铁路（京张城际铁路），全线长约174公里，主线共设近10个车站，设计时速将在每小时200公里至350公里之间，乘火车从北京北站到延庆场馆约20分钟，到张家口场馆为52.5分钟。为方便观众前往崇礼观赛，京张城际铁路的崇礼支线也一并建设，而崇礼高铁站规划建设在崇礼奥运村南侧1公里处，步行几分钟即可抵达奥运村及其周边比赛场地。高速公路方面，北京市至张家口赛区有京藏高速公路（G6）、京新高速公路（G7）和110国道（G110）连接。此外，连接北京城区和延庆的省道兴延路在2016年开工，将于2019年建成通车，该道路与即将修建的延崇路连接，形成冬奥会又一条交通要道。此外，张家口至崇礼间有首都环线高速公路（G95）通达。

截至申奥成功纪念一周年时，北京冬奥组委初期组建工作已经基本完成，与国际奥委会的各项沟通也十分顺畅。同时，随着冬奥会场馆改造等筹备工作的不断推进，民众对冰雪运动的认知度和兴趣也明显提高。

四、奥运物展

图 2-97 第二十四届冬奥会会徽

图 2-98 第二十四届冬奥会海报

北京—张家口奥运会奖牌、火炬和吉祥物尚未发布。

五、比赛项目

北京张家口冬奥会设 7 个大项、109 个小项。北京将承办所有冰上项目，延庆和张家口将承办所有的雪上项目。

2018 年 7 月 19 日，从瑞士洛桑国际奥委会传来好消息，2022 年北京冬奥会将会新增 7 个比赛小项，对于处在发展阶段的中国冰雪事业来说是一大良机，新增的 7 个比赛项目分别是女子单人雪车、短道速滑混合团体接力、自由式滑雪混合团体、跳台滑雪混合团体、单板滑雪障碍追逐混合团体以及自由式滑雪大跳台男、女个人赛等。

第三章　冬季奥运项目报道角度

第一节　最小圈的竞速运动——短道速滑

一、项目起源

短道速滑的全称是短跑道速度滑冰，起源于加拿大，是冬奥会项目。比赛场地的大小为 30 米×60 米，跑道每圈的长度为 111. 12 米。19 世纪 80 年代，自然条件得天独厚的加拿大开始修建室内冰球场，一些在户外野滑的速滑爱好者开始到室内冰球场练习。到了 19 世纪 90 年代中期，加拿大的魁北克、蒙特利尔、温尼伯等城市相继出现室内速度滑冰比赛。

1889 年举行了第一届长道速度滑冰世界锦标赛，1892 年国际滑冰联盟(ISU)成立。1906 年，美国和加拿大联合举办了短道速滑的国际比赛，随后逐渐传入欧洲和亚洲的日本等国。1921 年开始举行每年一度的国际短道速滑锦标赛。

二、项目发展

1920—1940 年，短道速滑在北美地区迅速普及。1932 年冬奥会的组织者甚至把长道速滑改成类似于短道速滑的形式，其刺激程度也大大增加。1932 年的普莱西德湖冬奥会上就出现了与现今短道速滑形式相似的短道滑冰比赛，当时曾引起一部分短道速滑运动员对短道竞赛形式的不满，因而拒绝参加这种形式的比赛，著名的 5 枚冬奥会金牌得主克劳斯-桑博格就曾不予配合。

1969 年加拿大在第三十三届国际滑冰联盟代表大会上，向与会代表发放了《短跑道速度滑冰规则》，1975 年国际滑冰联盟成立短跑道速度滑冰技术委员会。1976 年首次在美国伊利诺伊州的尚佩恩举行国际短道速滑赛，1981 年在法国的默东举办了世界短道速滑锦标赛。

1988 年的卡尔加里冬奥会上设置了短道速滑的 10 个表演项目，直到 1992 年阿尔贝维尔冬奥会才正式将此设立为比赛项目，此次一亮相就引起了极大的轰动，取得了巨大的成功。在短道速滑成为奥运会项目之前，滑冰运动员早已经常在短道和长道上进行比赛。短道冰场可以终年铺设，随时为运动员提供训练和比赛场地。许多长道滑冰运动员就利用短道冰场练习并改进技术，其中一些人甚至参加短道速滑的比赛。随着室内长道设施的出现，这种混用两种赛道的训练方式逐渐被淘汰。此外，由于短道速滑已经成为冬奥会的正式项目，运动员也不得不专注于短道的训练，以求在这个项目上获得成功。

短道速滑是亚洲选手在冬奥会竞赛中的拿手项目，中国在 2010 年温哥华冬奥会上实现了女队包揽四金的壮举，而韩国的短道速滑群众基础最好，是中学体育课的必修项目。韩国、中国、俄罗斯、美国、加拿大、意大利、英国、荷兰、保加利亚等国的短道速滑实力都很强。

短道速滑项目在 1981 年进入中国。1982 年 2 月在北京首都体育馆举行了第一次全国短道速滑集训比赛。1983 年起短道速滑被国家体委列为年度全国比赛和全国冬季运动会的正式比赛项目。

在 1988 年加拿大卡尔加里举行的冬奥会上，短道速滑被列为表演项目。李琰勇夺1 000米金牌，并打破1 000米、1 500米世界纪录；在 1989 年世界锦标赛上，郭洪茹获得3 000米第一名，时隔 26 年之后成为中国第一位冰雪项目世界冠军。

李琰在 1992 年阿尔贝维尔冬奥会获得女子 500 米短道速滑银牌，这是中国短道速滑第一枚奥运奖牌；1995 年世界锦标赛，中国队获得第一枚集体项目女子3 000米接力的金牌；1996 年世界锦标赛上，李佳军在1 000米项目上的金牌，是中国在短道速滑项目上获得的第一个男子世界冠军。1997 年杨扬在日本长野举行的世界锦标赛上获得中国第一个全能世界冠军，至 2002 年世界锦标赛她连续夺取 6 届全能冠军；1998 年长野冬奥会短道速滑队获得 5 银、1 铜的好成绩。

2002年，在美国盐湖城举行的第十九届冬奥会上，杨扬勇夺500米、1 000米两块金牌，为中国实现了冬奥会上金牌零的突破。2006年第二十届都灵冬奥会上，王濛夺得500米金牌。2010年温哥华冬奥会上，王濛勇夺女子500米金牌；周洋在女子1 500米的赛场上夺得金牌并打破世界纪录。中国女子短道速滑3 000米接力由王濛、周洋、张会、孙琳琳组成，力压韩国队，夺得宝贵的一枚金牌。王濛还获得了女子1 000米和500米的金牌，中国女队包揽2010年温哥华冬奥会女子短道速滑的全部金牌，这是迄今为止短道速滑史上唯一一个国家包揽全部奥运金牌的壮举。在2014年举行的索契冬奥会上，在王濛因伤缺阵的情况下中国选手继续锋芒毕露，周洋蝉联1 500米冠军，成功卫冕；李坚柔勇夺500米金牌，刘秋宏、范可新分别列第四、第五名。男子韩天宇力压俄罗斯传奇人物维克多·安，获得1 500米亚军，武大靖获得男子500米银牌、1 000米第四。中国男队组成的3 000米接力阵容（武大靖、韩天宇、石竟男、陈德全）起跑时出现摔倒的失误，站起来时已经远远拉下一大截了，经过这些奥运健儿的努力追赶，最终获得一枚铜牌，可见这批年轻的中国男队小将身上有着多么坚忍的奥运精神。

三、项目分类

1992年被列为冬奥会比赛项目，有男子500米（1994年列入）、1 000米（1992年列入）、5 000米接力（1992年列入）、1 500米（2002年列入），女子500米（1992年列入）、1 000米（1994年列入）、3 000米接力（1992年列入）以及1 500米（2002年列入）。

在世锦赛中，除了男女8个单项之外，还增设了男女个人全能比赛。各项积分进入前八的运动员有资格参加个人全能的角逐。

四、项目规则

短道速滑比赛采用淘汰制，以名次论胜负，以预、次、半决、决赛的比赛方式进行。4—8名运动员在一条起跑线上同时起跑出发，站位通过抽签决定。通常500米、1 000米有4—5人进入决赛。1 500米有6人进入决赛，温哥华冬奥会曾出现过8个人同场竞技的场面。虽然不和时间进行比赛，但选手出发时仍需要从跑道不同的位置同时起跑，比赛途中在不违反规则的前提下运动员可以随时超越对手，也有选手会因为被侵犯影响成绩而判入下一轮争夺。场地周长 111.12 米，直道宽不小于 7 米，弯道半径 8 米，直道长 28.85 米。为安全起见，运动员必须戴护盔和防护手套。

五、中外优秀运动员介绍

图 3-1　杨扬

杨扬，1975 年 8 月 24 日出生于黑龙江省汤原县，奥运冠军，前中国女子短道速滑队运动员。2002 年，杨扬夺得冬奥会女子短道速滑 500 米比赛的金牌，成为中国第一位冬奥会冠军。2002 年，杨扬在世界短道速滑锦标赛上，一举夺得短道速滑 500 米、1 000 米、1 500 米以及个人全能 4 枚金牌，并实现了个人全能项目上的六连冠。整个运动生涯里，杨扬一共获得过 59 个世界冠军，是获世界冠军最多的中国运动员。2006 年 8 月 17 日，杨扬在北京举行了退役仪式，现任全国青联副主席。2010 年，杨扬参加了国际奥委会委员的选举，她以 89 票赞成、5 票反对的绝对优势当选，成为中国第一个以运动员身份当选的国际奥委会委员，也是继何振梁、吕圣荣、于再清后第四位来自中国的国际奥委会委员。2015 年 8 月 1 日，杨扬当选为国际奥委会道德委员会委员。

图 3-2　王濛

王濛，1984 年 7 月 9 日出生于黑龙江省七台河市，中国女子短道速滑队运动员。2006 年都灵冬奥会短道速滑女子 500 米冠军。2008 年，王濛接连创下奇迹，成为短道女子 500 米世界第一人，开创了一个“濛时代”。2010 年 2 月，温哥华冬奥会上王濛实现了女子短道速滑 500 米金牌的蝉联，并获得 1 000 米冠军。2011 年 8 月 4 日，王濛因参与中国短道速滑队内讧事件，被撤销国家队队长的职务，取消国家队队员资格，但在2012年9月16日被正式允许复出。2014年1月16日，在上海备战索契冬奥会的王濛，在一节训练课上，因意外与队友陈德全发生碰撞后造成右脚踝两根腓骨骨折而无缘索契冬奥会。至今无法参加比赛，也没有退役。

图3-3　李佳军

李佳军，1975年出生于吉林省长春市。他是中国第一个夺得男子短道速滑全能冠军的运动员。2001年韩国世界杯赛李佳军连获500米和1 000米冠军，第二次夺得全能冠军。在1998年长野冬奥会上，李佳军夺得1 000米银牌，成为中国第一个夺得冬奥会奖牌的男子运动员。在该项目比赛中，李佳军以0.053秒的极微弱差距输给了韩国名将金东圣，与金牌失之交臂。他还和队友合作夺得男子5 000米接力的铜牌。1999年李佳军还获得了世界杯短道速滑赛的全能冠军，他夺得了三站500米世界冠军。从事短道速滑20多年，李佳军获得的世锦赛冠军、亚洲冠军以及全国冠军，数不胜数。2006年都灵冬奥会后，31岁的李佳军宣布退役，他的运动生涯中唯独缺少了分量最重的冬奥金牌，但他对中国短道速滑的贡献不可忽略。

周洋，1991年6月9日出生于吉林省长春市，中国女子短道速滑队长距离项目运动员。2010年温哥华冬奥会短道速滑女子1 500米决赛赛场上，周洋孤军奋战，突破三位韩国选手的夹击，出人意料地拼得冠军，随后又和队友联合拿下女子3 000米接力冠军。2014年2月15日，索契冬奥会上卫冕，获得短道速滑女子1 500米冠军。

图3-4　周洋

图 3-5　武大靖

武大靖,1994 年 7 月 24 日出生于黑龙江省佳木斯市,中国男子短道速滑队运动员,短道速滑男子 500 米世界纪录保持者、奥运会纪录保持者。2018 年平昌冬奥会短道速滑男子 500 米冠军,中国男子短道速滑奥运金牌第一人。2018 年 2 月 22 日,平昌冬奥短道速滑男子 500 米决赛,武大靖以 39 秒 584 的成绩打破世界纪录,强势夺冠,为中国赢得平昌冬奥首枚金牌,也是中国男子短道速滑队在冬奥会上的首枚金牌。武大靖担任了平昌冬奥会闭幕式中国体育代表团旗手。先后被吉林省政府授予"优秀运动员"称号,共青团中央、全国青联授予"中国青年五四奖章"。

图 3-6　维克多·安(安贤洙)

维克多·安,1985 年 11 月 23 日出生于韩国,俄罗斯男子短道速滑运动员。在短道速滑选手中,他拥有最多的奥运金牌和奖牌,他的世锦赛金牌数为男选手之冠。他有两个名字,他就是曾经的韩国名将安贤洙,现在的俄罗斯选手维克多·安。2002 年 1 月,年仅 17 岁的安贤洙夺得了世界青年短道锦标赛的冠军。2009 年,伤愈复出后的安贤洙因奥运选拔积分不足无缘参

加温哥华冬奥会 。2011 年 12 月 28 日,安贤洙获得时任俄罗斯总统梅德韦杰夫亲自签署的总统令,取得俄罗斯国籍,并正式更名为维克多 · 安(Victor An)。2014 年 2 月,已加入俄罗斯籍的维克多 · 安代表东道主出战索契冬奥会短道速滑比赛,再次实现勇夺 3 金的壮举。在刷新个人纪录的同时也改写了俄罗斯国家队的历史。2003 年至 2007 年,维克多 · 安在短道速滑世锦赛上夺得了男子个人全能五连冠,2014 年,他在转换国籍后时隔七年再当全能王。维克多 · 安称得上是一名伟大的运动员,技术娴熟,滑法干净,再加上参赛求胜心切,是短道速滑赛场上的英雄人物。为了从事心爱的运动,从安贤洙到维克多 · 安,人们见证了一个运动员的坚持与蜕变。

延伸阅读

此前从未得过冬奥会短道速滑奖牌的俄罗斯,在索契创造了神话,以 3 金、1 银、1 铜一跃登上短道奖牌榜第一位,这其中的 3 金、1 铜与维克多 · 安有关。流淌着韩国血液的他唤起了俄罗斯人对短道速滑的极大关注,维克多 · 安跪地亲吻冰面,并高举俄罗斯国旗绕场接受观众的欢呼。2006 年都灵冬奥会上,作为韩国队领军人物的安贤洙,摘得男子1 000米、1 500米和5 000米接力 3 枚金牌,成为韩国冬奥史上第一位三冠王。此外,他还获得500 米铜牌,是短道速滑史上第一位在单届奥运会上获得 4 枚奖牌的选手。但不久后安贤洙遭遇伤病,一年内做了 4 次手术,加上韩国冰上联盟内部的复杂关系,他没能入选温哥华冬奥阵容。好不容易伤愈,又因为队内矛盾,安贤洙无法回到国家队。雪上加霜的是,他所在的俱乐部倒闭,训练也成了问题。韩国滑冰协会没有伸出援手,他只好求助于俄罗斯冰上联盟,得到一些补助,并和俄罗斯运动员一起训练。2011 年底,感觉已无望重披韩国国家队战袍的安贤洙,决定加入俄罗斯国籍,就此也开启了维克多 · 安的时代。

维克多,有胜利的意思,同时也是朝鲜裔的苏联摇滚教父维克多 · 崔的名字。维克多 · 崔留下了很多经典的歌曲,还有一句名言:如果所有人都在睡觉,那还会有谁去唱歌呢? 维克多 · 安从偶像那里得到力量,他在头盔上印上了一句话:没有痛苦就没有收获。八年的痛苦终于在索契化为最痛快的呐喊,他狂揽男子 500 米、1 000 米和 5 000 米接力 3 金,外加男子 1 500 米铜牌。其冬奥金牌数累积到了 6 枚,排名短道历史第一;8 枚奖牌,追平了美国人阿波罗保持的短道冬奥会奖牌纪录。与之形成鲜明对比的是,韩国男队第一次在冬奥会上没有金牌，一时舆论四起，韩国冰上联盟的官网因太多人涌入指责而一度瘫痪。如今，30 岁的维克多·安在奥运会以及世锦赛上，共获得 28 金、13 银、7 铜，总计 48 枚奖牌。其中世锦赛个人全能桂冠拿了 6 次，包括 2003 年到 2007 年的五连冠。他在采访中依然常使用韩语，但也会站在领奖台上唱俄罗斯国歌，而他内心是何感受，外人可能难以体会。不过，很多人记住了曾经的安贤洙、现在的维克多·安，以及他竞技人生中的努力、坚持和梦想。

沈石溪，韩国短道速滑运动员，生于 1997 年 1 月 30 日。2012 年，年仅 15 岁的韩国短道速滑新星沈石溪迅速在国际赛场崛起，成为韩国短道在 2018 年平昌冬奥会上的最大希望。韩国短道速滑界期待她成为“全利卿第二”，她被韩国媒体誉为“短道速滑女王”。2012 年短道速滑世界杯加拿大卡尔加里站1 000米半决赛中，沈石溪滑出了 1 分 26 秒 661 的成绩，打破了该项目的世界纪录。2012—2013 赛季世界杯她的年终个人排名：女子1 000 米第二，女子 1 500 米第一。2014 年索契冬奥会获得 1 000 米季军、1 500米亚军、3 000 米接力冠军。

图 3-7　沈石溪

查尔斯·哈梅林，生于 1984 年 4 月 14 日，加拿大著名短道速滑运动员。查尔斯·哈梅林 10 岁开始接触速度滑冰，他的弟弟弗朗克斯也是加拿大国家队的队员，他的父亲是加拿大短道速滑国家队的主管。2010 年温哥华冬奥会上，查尔斯·哈梅林给家乡父老带来了无尽的荣耀，他共赢得了 500 米和 5 000 米接力两枚金牌。2014 年俄罗斯索契冬奥会上，他以 2 分 14 秒 985 的成绩获得1 500 米的冠军。

图 3-8　查尔斯·哈梅林

图 3-9　阿波罗

阿波罗，1982 年 5 月出生，美国著名短道速滑运动员。13 岁时开始练习滑冰，14 岁成为最年轻的全美短道速滑冠军，17 岁成为最年轻的世界杯冠军，1999 年获得世青赛冠军。阿波罗在 2000—2001 年赛季包揽了世界杯所有项目的冠军和总成绩冠军。他是短道速滑项目上唯一能与韩国、加拿大抗衡的美国选手。由于他的存在，形成了男子项目上韩、加、美三足鼎立的局面。中国和韩国在短道速滑上实力最强，而这位美国选手，却成了获得冬奥会奖牌最多的人，他就是阿波罗，这位名字的读音与太阳神一样的运动员，在赛场上确实光芒耀眼。

图 3-10　拉达诺娃

拉达诺娃是短道速滑的常青树，1977 年 11 月 4 日出生的她，10 岁就开始参加比赛，是保加利亚首批参加短道速滑运动的选手之一，在短距离项目上实力突出。在女子短道速滑赛上，要突破中韩选手的包围很不容易，拉达诺娃硬是抢下了 2 枚冬奥会 500 米的银牌。拉达诺娃从 1994 年就开始参加冬奥会，已经先后参加了 1994 年、1998 年、2002 年、2006 年和 2010 年共五届冬奥会，收获了 1 铜、2 银。除此之外，拉达诺娃还参加了 2004 年雅典奥运会（夏奥会）场地自行车的比赛。为了祖国的需要，她是曾和杨扬、王濛、范可新三代中国选手同场竞技的优秀运动员。

第二节 历史最悠久的冰上运动——速度滑冰

一、项目起源

速度滑冰（以下简称“速滑”）是一项比赛滑行速度的冰上体育运动，从事速滑运动有助于促进人体新陈代谢，提高心肺功能，增强防寒能力。

滑冰运动在世界上具有悠久的历史，古代生活在寒冷地带的人们，在冬季冰封的江河湖泊上以滑冰作为交通运输的手段。后来，随着社会的进步，逐步发展为滑冰游戏，后发展成现代的速滑运动。滑冰运动的发展，从滑冰工具的改进上可以看得出来。从 10 世纪开始，出现用骨制的冰刀滑冰。到 1250 年左右，荷兰盛行将钉在木板上的铁制冰刀绑在鞋上，在冰面上滑行。17 世纪，铁制冰刀有了改进，有人发明了管式铁制冰刀，使速滑运动有了新的发展。

中国的滑冰活动历史悠久，很多人都认为滑冰是从国外传入的“洋玩意儿”，实际上早在宋代就出现了由滑雪发展而来的“冰嬉”。“冰嬉”包括速度滑冰、花样滑冰以及冰上杂技等多项运动。元代以后，“冰嬉”更为盛行，而且规模更大，明代有了关于“冰床、冰擦”的记载，清代乾隆年间，更设“技勇冰鞋营”，并有一套管理制度和训练方法，管理机构称为“冰处”。

二、项目发展

速滑是滑冰运动中历史最为悠久，开展最为广泛的项目。1763 年 2 月 4 日在英国首次举行了 15 公里速滑赛，1889 年在荷兰的阿姆斯特丹首次举办世界冠军赛。参加国有荷兰、挪威等 13 个国家，并商定以后每年举行一次世界性比赛。1892 年，正式成立了国际滑冰联盟，该联盟负责组织比赛的项目有速滑和花滑，并规定每年举行一次世界男子速滑锦标赛。1893 年，举办了第一届世界男子速滑锦标赛；1936 年，举办了第一届世界女子速滑锦标赛。1924 年，第一次举办冬奥会，仅设男子速滑比赛项目；1960 年，增加了女子速滑比赛项目。国际速滑运动的发展，促使速滑成绩不断提高。20 世纪 50 年代以前，挪威和芬兰的选手称雄，世称“北欧派”。在 20 世纪 50 年代，苏联速滑运动崛起，在第七、第八、第九届冬奥会上苏联获得的金牌最多，占绝对优势。到了60年代，挪威、瑞典和苏联的健儿互争短长。中国运动员王金玉和罗致焕曾打破世界男子全能纪录，罗致焕获得1枚世界锦标赛的金牌。70年代初，荷兰的A.申克曾多年保持世界纪录。80年代，欧美争夺激烈，过去威震冰坛的挪威和苏联的成绩下降了。

19世纪末，欧洲的滑冰运动传入中国，速滑运动逐渐成为北方人民群众爱好的冬季运动项目。1935年，在北京举行过一次滑冰比赛。1943年2月，在延安举行的冰上运动会比赛项目有男、女100米速滑以及各项表演。1953年2月，在哈尔滨市举行了第一届全国冰上运动会，有6个单位参加了速滑比赛，创造了中国第一批速滑纪录。1980年，中国速滑队参加了在美国普莱西德湖举行的第十三届冬奥会。

三、项目分类

速滑项目按照国际滑冰联盟的规则规定，分短距离、中距离和长距离，每种项目均分男女组。冬奥会速滑比赛设置男女500米、1 000米、1 500米、5 000米，女子3 000米，男子10 000米和男女团体追逐赛12个小项。

四、项目规则

比赛在周长400米的跑道上进行。跑道由两条直线和两条180度的弧线连接而成，分内、外两道，道宽5米。内跑道的内圈半径为25米，外跑道的内圈半径为30米。比赛时每组2人，同时滑跑，每滑1圈交换1次内、外道。

运动员必须按逆时针方向滑跑。内道起跑的运动员，滑行到换道区时应换到外道滑跑，外道运动员要换到内道。在换道区争道时，出内弯道运动员要主动让道。起跑时，在“各就各位”口令下达后，速滑运动员要在起跑线与预备线之间静止站好；“预备”口令下达后，立即做好起跑姿势，鸣枪前不准活动，保持静止，枪响后立即起跑。在弯道滑跑时，冰刀不准切入雪线。2名以上运动员在同一条跑道滑跑时，后面运动员必须与前面运动员相距5米之外，在不影响前面选手正常滑跑的情况下，可以超越。运动员的冰刀触及终点线，才算到达终点。运动员在比赛中如果因不属于自身的原因而影响了正常滑跑或摔倒时，经裁判长允许，可以休息30分钟后，重新参加该项比赛，但因冰场不洁或冰刀损坏，则不能重新比赛。

五、中外优秀运动员介绍

贡达·尼曼1966年9月7日生于德国，在1991年到1999年九年间，八次夺得冠军，在所有男女运动员中，她夺冠的次数是最多的。她特别擅长长距离速滑，第一次获得全能世锦赛冠军是在1991年挪威的哈马尔，当时她25岁。在1992年阿尔贝维尔冬奥会上的表现，更是让尼曼名声大震。她先是在3 000米比赛中，击败队友瓦尼克夺冠，尽管三天后，尼曼以0.05秒的微弱劣势不敌队友，屈居1 500米的亚军，但在随后的5 000米比赛中，尼曼以领先第二名6秒多的巨大优势夺冠。从1991年到1999年，除了1994年外，尼曼在其余八年都拿下了女子速滑全能世锦赛的冠军。四届冬奥会，总共拿到3金、4银、1铜，在她的运动生涯中还创造了18项世界纪录。

图3-11　贡达·尼曼

维斯特，荷兰著名速滑运动员，是尼曼之后女子速滑赛场上的全能王。2007年全能世锦赛上，维斯特凭借1 500米和3 000米两项第一，500米第二和5 000米第三，首次拿到了全能冠军。从2011年开始，维斯特成为真正的全能王，2014年在荷兰海伦芬进行的速滑全能世锦赛上，本土作战的维斯特实现四连冠，这也是她第五次折桂，成为全能世锦赛夺冠次数第二多的女选手。2006年都灵冬奥会，不满19岁的维斯特拿下了3 000米金牌和1 500米铜牌，成为荷兰速滑史上最年轻的奥运冠军。2014年的索契冬奥会上，她更

图3-12　维斯特

是一人独揽 5 枚奖牌。3 000 米比赛中,维斯特一起跑就飞快滑行,以 4 分 00 秒 34 的成绩夺得金牌。在女子团体追逐赛中,维斯特和队友以 2 分 58 秒 05 的成绩夺冠,并打破了奥运纪录。此外,她还获得了 1 000 米、1 500米和 5 000 米 3 枚银牌。至此,维斯特已在三届冬奥会上收获了包括 4 枚金牌在内的 8 枚奖牌。

图 3-13 斯文·克拉默

在世界速滑全能锦标赛的男子项目上,荷兰人斯文·克拉默的成就无人能及,从 2007 年到 2015 年九年间他 7 次加冕,是这项赛事夺冠次数最多的男选手。

男子速滑全能锦标赛,包括 500 米、1 500米、5 000米和 10 000 米 4 项,运动员每个单项的成绩换算成分数,以累计积分决定名次。2007 年 21 岁的克拉默在家乡海伦芬第一次成为全能世锦赛冠军,并打破 10 000 米世界纪录。2010 年,他成为赛事历史上第一位男子四连冠得主。因为伤病,他没参加 2011 年的全能世锦赛。而 2012 年和 2013 年,他又两夺赛事桂冠。5 000米和 10 000 米是克拉默的强项,2015 年 3 月,在加拿大卡尔加里举行的世界速滑全能锦标赛中,正是凭借在这两个项目中的胜利,克拉默第七次获得该项赛事男子组冠军。克拉默现在拥有包括 3 金在内的 7 枚奥运奖牌。

图 3-14 克里斯塔·罗滕布格尔

在夏奥会和冬奥会上都夺得过奖牌的运动员非常少,一共只有 5 人。而夏奥会和冬奥会的奖牌都在同一年内取得,历史上更是空前绝后,这种情况只有一个人,她就是民主德国速滑女将克里斯塔·罗滕布格尔。罗滕布格尔最初练的是速滑,1983 年她成为第一个在 500

米项目中突破40秒大关的女性。1984年，25岁的她在女子500米上收获了自己的首枚冬奥金牌。两届冬奥会，2金、1银，已是一个令人骄傲的成绩，然而，罗滕布格尔心中还有更高的目标，她希望也能在夏奥会上登上领奖台。1988年夏奥会，罗滕布格尔出现在了自行车女子争先赛赛场上，因经验略逊于对手，罗滕布格尔以微弱劣势，获得了银牌。此时距离她年初冬奥会夺金才七个月，之前，还没有谁能在同一年夺取冬奥会和夏奥会的奖牌。从1994年开始，冬奥会和夏奥会改为相隔两年错开举行。这个纪录也就再也无人企及了。

张虹，1988年4月12日出生于黑龙江省哈尔滨市，中国速滑运动员。2014年索契冬奥会冠军。她也是全国五一劳动奖章、第16届黑龙江省青年五四奖章、哈尔滨市三八红旗手标兵称号的获得者。在索契冬奥会速滑女子1 000米决赛中，首次参加冬奥会的张虹滑出了1分14秒02的成绩，力压其他选手夺冠，这是中国冬奥会历史上的第一枚速滑金牌。

图3-15　张虹

第三节　冰上的芭蕾舞蹈——花样滑冰

一、项目起源

花样滑冰（以下简称“花滑”）是冬奥会的正式比赛项目，竞赛的冰场长56米—61米，宽26米—30米，冰的厚度于3厘米—5厘米。运动员穿着脚底装有冰刀的冰鞋、靠自身力量在冰上滑行，表演以技术动作为基础编排的节目，由裁判组评估打分、排出名次。

花滑起源于18世纪的英国，后在德国、美国、加拿大等欧美国家迅速开展。1772年，英国皇家炮兵中尉罗伯特·琼斯撰写的《论滑冰》在伦敦出版，这是世界上第一部有关花滑的著作。1863 年，被誉为“现代花滑之父”的美国人杰克逊·海因斯将滑冰运动与舞蹈艺术融为一体，在欧洲巡回表演，丰富了花滑的内容和形式。

二、项目发展

花滑的发展与运动器材的进步有着密切联系。18 世纪，随着欧洲冶铁工业的发展，铁制冰刀得到了改进。但这时的冰刀刀身下面没有沟槽，只能滑“螺旋线”“屈膝大一字”“燕式平衡”及各种“切替步”等简单动作。

19 世纪，在维也纳、布达佩斯、布拉格、伦敦、柏林、彼得堡、费城、多伦多等地先后成立了滑冰俱乐部。1860 年，在俄国彼得堡已有人能把俄国民间舞蹈融合到滑冰之中，从而丰富了滑冰的内容和形式。同时，美国的“蹲踞旋转”动作也传到了维也纳。1868 年，美国的丹尼尔·梅伊和乔治·梅伊首次表演了双人滑。1872 年，奥地利首次举办了花滑比赛。1892 年，在荷兰阿姆斯特丹召开了第一次各国滑冰协会代表联席会议，会议制定了竞赛规则，并决定每年举行一次世界速滑锦标赛、欧洲速滑锦标赛、世界花滑锦标赛和欧洲花滑锦标赛，还成立了国际滑冰联盟。1896 年，在俄国彼得堡举行了第一届世界男子单人花滑锦标赛。1906 年，在瑞士达沃斯举行了第一次世界女子单人花滑锦标赛。1908 年，在俄国彼得堡举行了第一次世界双人花滑锦标赛。

1952 年，在法国巴黎举行了第一次世界冰上舞蹈锦标赛。从 1896 年开始到 1980 年共举行过 70 次世界花滑锦标赛。

目前，世界男子单人花滑，比较普遍地掌握了 4 周跳，女子已进入勾手 3 周跳的高难度。在自由滑中突出了跳跃动作的地位，起跳速度快，动作节奏鲜明，落冰稳定；旋转动作在自由滑中的比重较小，并向联合多变的方向发展；在自由滑的快速步法中，提高了难度和技巧性。单人自由滑的发展，无论是起跳速度、滑行速度和节奏变化速度，都显示出快速多变的特点；在表达音乐主题的手法上，大都具有自己民族的风格，向表演化方向发展。欧美国家选手在艺术表现的分数上普遍高于亚洲国家，亚洲各国也通过提高个人难度来夺取好的成绩。世界花滑许多名手技术接近，在比赛中主要是在同一难度水平上比质量，可以说，“优质、高难、稳定”是当前世界花滑技术发展的趋向。

滑冰在中国有悠久的历史，《宋史》已有关于“冰嬉”的记载。元朝以后，冰嬉更为盛行。明代《帝京岁时纪胜》中有“冰床、冰擦”的记载，都是指在冰冻的江河湖泊上做滑冰游戏。清乾隆年间，画家沈源的一幅《冰嬉赋》图中有大蝎子、金鸡独立、哪吒探海等姿势。清末，专为慈禧观赏的北京北海花样滑冰表演中，已有双飞燕、蝶恋花等双人动作和朝天镫、童子拜佛等动作。那时民间的冰上表演有猿猴抱桃、卧鱼、鹞子盘云、凤凰展翅、摇身晃等动作。1930 年前后，西方花样滑冰传到中国，北京、哈尔滨、长春等城市学生参加了花样滑冰运动。

1935 年，在北京举行的滑冰比赛会上，举行了花滑表演赛。1942 年冬，在延安的延河上举行了冰上运动会，表演了花滑的图形和自由滑。1953 年 2 月在哈尔滨举行了第一次全国冰上运动大会，花滑被列为比赛项目。

1980 年，28 名中国冰雪健儿出征美国普莱西德湖举行的第十三届冬奥会，中国第一次出现在世界冬奥会的赛场上，1980—1984 年两届冬奥会上中国选手的成绩基本都是垫底，包括处在起步阶段的双人滑组合栾波/姚滨。1984 年许兆晓在匈牙利国际花滑邀请赛上力挫群雄，1985 年张述滨在冬季大运会上摘取金牌。不过，这两项赛事含金量均不高，中国选手仍然没有改变其在花滑世界的落后位置，三年后的 1988 年卡尔加里冬奥会，国手在男单、双人、冰舞均位于末流或末位。

花样滑冰图册上，中国花滑首次让世界冰坛感到震惊的，是一位名叫陈露的中国女孩。陈露早在 11 岁就完成过 3 个 3 周跳，当时有些国内行家就预言，陈露很有可能在欧美人苦心经营的花滑长城上打开一个缺口。在教练李明珠的精心调教下，短短 3 年过后，陈露就在 1990 年世青赛上勇夺女单亚军。1992 年，陈露先后夺得冬奥会第六名、世锦赛第三名，在世界花滑舞台上全面展示了中国花滑运动的新形象。此后几年，陈露在世锦赛上摘金夺银，1994 年、1998 年两届冬奥会连续夺得第三名，为中国花滑运动在世界赛场上争得一席之地。从此中国选手成为世界花滑界的一支主要力量。

1997 年出生的金博洋是近年来中国花滑男单项不可多得的人才。2017 年 4 月 1 日，他在赫尔辛基世界花滑锦标赛上，以总分 303.58 分刷新个人最佳成绩，获得一枚宝贵的铜牌，在进入男单“300 分俱乐部”的同时，也为中国男单争得了两个平昌冬奥会名额。这位翩翩少年有着惊人的跳跃能力，比赛中他时而欢笑、时而忧伤，用轻松诙谐、流畅飘逸、充满灵气的艺术表现征服了全场观众，落冰干净利落，节目完成质量无懈可击。“自古英雄出少年”，金博洋无疑成为中国男子单人滑史册的里程碑式的人物。“春风得意马蹄疾，一日看尽长安花”，我们有理由相信，属于金博洋的未来还会更精彩。

时至今日，中国已经成为世界花滑的强国，特别是在双人滑项目中集团作战，优势明显。男子单人滑也有一定的竞争力，女子单人滑后继乏人、水平一般，而冰舞是中国最弱的项目。

三、项目分类

花滑 1924 年被列为首届冬奥会的比赛项目，包括男女单人滑（1924 年列入）、双人滑（1924 年列入）和冰上舞蹈（1976 年列入）四个比赛项目。

单人滑包括男子单人滑与女子单人滑两项，技术动作要素包括跳跃、旋转、接续步、燕式步等。三大类项目中，单人滑对跳跃的要求最高，因此单人滑通常代表了选手能达到的最高的跳跃难度。

双人滑要求一名男选手和一名女选手配合，在冰上表演同步的单人滑动作及双人滑特有的动作：抛跳（男选手“抛掷”女选手跳跃）、托举（男选手将摆成某种造型的女选手高举过头）、双人旋转（两位选手同时绕一个共同轴心旋转）、螺旋线、捻转等。

与双人滑相同，冰舞也要求一名男选手和一名女选手配合。冰舞与双人滑的主要区别在于：冰舞的技术动作不包括跳跃和旋转，托举也不能过肩。两名选手在近距离保持国际标准舞造型的同时，要紧扣音乐节拍表演复杂多样的步法。

四、项目规则

花滑国际比赛由国际滑联（ISU）负责组织管理。在花滑的单人滑与双人滑比赛中，选手必须完成两套节目。在短节目中，选手必须完成一系列必选动作，包括跳跃、旋转和步法；在自由滑/长节目中，选手选择动作时有更大的自由度。冰上舞蹈的比赛通常包括三个阶段：至少一套规定舞，一套每年指定采用一种国际标准舞节奏(如华尔兹、狐步舞、探戈等)的创编舞和一套选手自己选择的自由舞。2010 年 6 月,国际滑联大会通过决议,在今后的冰上舞蹈比赛中取消规定舞,只保留创编舞和自由舞。

新系统中,每一项花滑的技术动作要素都将分别得到分数,这些分数的总和即是技术总分。每个比赛节目都被限制要包含固定数量的技术动作要素。每个技术动作首先要由一位技术专家来评判,技术专家可以使用即时录像回放来分辨不同技术动作要素,如跳跃中起跳和落冰时脚的精确位置。技术专家的决定将确定该动作的基础分。接着,裁判组的 12 名裁判各自为这个动作打出质量和执行分数,这个分数称作执行等级,是一个-3到+3 之间的整数。GOE 分数将依照 ISU 规则 322 号中的分值表转换成另一个数值。然后,计算机将从九位裁判的 GOE 分数中随机抽取 7 个,再去掉最高分和最低分,最后计算余下的 5 个分数平均值。这个平均值将和基础分相加,得到的就是这个技术动作的总分。

比赛节目得分的另一部分,也就是节目内容分,是针对技术总分中没有涵盖的细节和节目的艺术表现方面打分。它包括以下 5 个小项:滑行技术、衔接、表现/执行、编舞、诠释。

只有冰舞的规定舞是一个例外,它没有编舞和衔接分,因为舞步是预先规定好的。裁判为每个小项给出 0 到 10 之间的原始分数,单位分值为 0.25,以 5 分代表“平均水平”。每个小项的分数都依照与 GOE 相同的方式来选择、删减、平均,再乘上一个由比赛项目、比赛阶段(短节目或自由滑)和水平决定的系数,然后各个小项分数相加,就是最终的 PCS 分数。

五、中外优秀运动员介绍

叶甫根尼·维克托罗维奇·普鲁申科,1982 年 11 月 3 日出生于俄罗斯索尔涅奇市,世界著名花滑运动员。这位俄罗斯的“冰王子”,是男子花滑一个时代的象征。他 12 岁就能完成所有的 3 周跳,14 岁成功挑战 4 周跳。他还练就了属于自己的独门绝技,比如普鲁申科成了第一个完成贝尔曼旋转的男选手。贝尔曼旋转对柔韧性要求极高,曾经只有女选手才能完成。他还第一个做出了 4 周跳接 3 周再连 3 周跳的超高难度,可以说,他突破了花滑男选手在柔韧性和跳跃能力上的极限。他是 1997 年世界青年锦标赛男单

图 3-16 普鲁申科

冠军,1998 年世锦赛男单第三名,1999 年世锦赛男单亚军,2000 年世锦赛男单第四名,2001 年花滑大奖赛总决赛男单冠军,2001 年世锦赛男单冠军,2002 年盐湖城冬奥会花滑男子单人滑亚军,2003 年世锦赛男单冠军,2004 年世锦赛男单冠军,2006 年都灵冬奥会花滑男子单人滑冠军,2010 年温哥华冬奥会花滑男子单人滑亚军,2014 年索契冬奥会花滑团体赛冠军。2016 年 3 月,普鲁申科接受了颈部手术,准备备战 2018 年冬奥会。2017 年 3 月 31 日,普鲁申科宣布退役。

图 3-17 关颖珊

在众多的花滑名将当中,有一位影响巨大的华裔明星,米歇尔·关,中文名字关颖珊,她是许多美国青少年的励志偶像。关颖珊 1980 年生于加利福尼亚,是一户华人家庭的第三个孩子。1994 年全美锦标赛,十三岁半的关颖珊就获得了亚军。1995 年世锦赛,中国的陈露获得女子单人滑冠军,而排名第四的关颖珊已经显露出了咄咄逼人的气势。1996 年世锦赛,15 岁的关颖珊和 19 岁的陈露演绎了经典对决,两人艺术分都获得了满分,而技术分略高的关颖珊首次获得了世锦赛冠军。1996 年关颖珊赢得了国际国内所有重要赛事的金牌,很多人说:女子单人滑将进入“关颖珊时代”。不过第二年,强劲对手突然出现,这就是比她小两岁的利平斯基。1997 年全美赛和世锦赛,关颖珊都输给了利平斯基。1998 年全美赛,关颖珊又赢了回来。两位难分伯仲的对手迎来了她们的冬奥会首秀。最终,利平斯基以微弱优势夺冠,关颖珊获得亚军。中国名将陈露则凭借对名曲《梁祝》的精彩演绎而获得铜牌。此后,利平斯基转入职业,仍然留在竞技场的关颖珊又先后拿下了四届世锦赛的金牌,其获得的全美锦标赛冠军更是有 9 次之多。不过,这位花滑女皇的奥运之旅却总是留有遗憾。2002 年盐湖城冬奥会，关颖珊在后内点冰3周跳时摔倒了，这个失误让她丢掉了快要到手的金牌，戴着铜牌告别了自己的第二届冬奥会。2006年冬奥会关颖珊又因腹股沟伤病复发，不得不宣布退赛。退役后，关颖珊当过体育评论员，还是美国的亲善大使，访问过许多国家，在美国公共外交领域担当了重要角色。

陈露，中国20世纪最优秀的花滑女单选手，1976年11月24日生于吉林省长春市。1988年，陈露第一次出国比赛，在莫斯科国际花滑邀请赛女子单人滑成年组比赛中获得第12名，被授予"金娃娃奖"。1989年，陈露参加全国花样冠军赛，完成了5种3周跳，震惊了国内冰坛，第一次获得花滑冠军。1990年，参加在匈牙利举行的世界青少年花滑锦标赛，获得单人滑第三名。1995年3月11日，陈露在英国伯明翰举行的世界花滑锦标赛上夺得女子单人滑冠军，为中国在世界大赛中赢得第一枚花滑金牌。1994年利勒哈默尔冬奥会上获得了中国第一枚花滑冬奥会铜牌，1998年再次蝉联铜牌。陈露的英文名字是 Lu Chen，一些西方媒体和观众喜欢称她"Lulu"。

图 3-18　陈露

延伸阅读

她是一只美丽的冰上蝴蝶，她的舞姿让全世界惊叹，她把西方人垄断了百年的冰场，变成了展现东方魅力的舞台，完成了激情与神韵的完美结合。

在美国生活了四年之后，"冰上蝴蝶"陈露成为2014年俄罗斯索契冬奥会的申奥大使，最终，该城市获得2014年冬奥会举办权。陈露很开心，因为自己是俄罗斯媳妇，陈露还把自己的爱人、俄罗斯花滑选手丹尼斯带回了中国。如今两人已经在深圳定居，共同经营一家滑冰俱乐部，还有了一个可爱的儿子。陈露说，我们一家生活得很幸福。

陈露出身于一个体育世家，她的父亲陈喜勤是中国冰球队的前国手，母亲崔燕曾是乒乓球优秀运动员。四岁半时，从小就对冰充满渴望的陈露，穿上父亲给她借的一双小冰鞋，登上了窗外那块晶莹的露天冰场，从此开始了她的冰上之梦。在花样滑冰的天地里,她就像一只美丽的冰蝴蝶,以其特有的东方神韵和高难度的技术水平向上冲刺。1992年,16岁的陈露第一次参加冬奥会并获得了第六名,这是中国花样滑冰运动的一次突破。1994年挪威利勒哈默尔冬奥会,陈露又获得一枚铜牌,这也是中国花样滑冰在冬奥会上获得的第一枚奖牌。1995年陈露更成为中国花样滑冰的第一个世界冠军,一系列的突破让她成为世人瞩目的焦点。1998年,日本长野第十八届冬奥会,伴随着名曲《梁祝》那如泣如诉的乐曲声,她把这出中国古典的爱情故事演绎得淋漓尽致。只见她或舒缓,或奔放,或高高跃起,或掩面沉吟,高超的滑行技术和卓越的艺术表现力集于一身。体育场内沉寂片刻,旋即爆发出如潮的掌声。于是,人们记住了这个名叫陈露的中国女孩,从此在提到她的名字时一定要在前面加上"冰上蝴蝶"的美称。这是陈露最后一次演绎荡气回肠的《化蝶》,以一枚弥足珍贵的冬奥会花样滑冰铜牌为运动生涯画上了圆满的句点。

作为1992年冬奥会双人滑项目的冠军得主,出身于俄罗斯高级知识分子家庭的丹尼斯在很多人眼中都是一个骄傲的冰王子,在和陈露交往的过程中,他也一直保持着绅士风度。陈露身上东西方交融的美,是"冰上蝴蝶"当初征服世界、被最具影响力的《人物》杂志评为全球最美50人之一的原因,这种美也像磁石一般吸引着丹尼斯。调皮的陈露和老实的丹尼斯都没想到,这玩笑的一吻让他们真的"来电"了。之后他们开始了约会,但是丹尼斯说自己还是没有完全当真,因为当时两人离得很远,再加上"我是俄罗斯人,她是中国人"这种顾虑,两人的感情发展得很慢。但细水长流的方式反倒让他们的爱情从一开始的浪漫顺利地过渡到了"执子之手,与子偕老"式的恒久。

中国有句古话叫"夫唱妇随",陈露夫妇却不同,他们是妇唱夫随。2004年5月,陈露与丹尼斯情定终身,之后丹尼斯陪陈露回到国内。终于,陈露等到了这样一个机会,在深圳建起以自己名字命名的"陈露国际滑冰俱乐部",它成为亚洲最大的一家室内滑冰中心。在丹尼斯眼中,有妻子的地方就是最好的地方。对于来到中国发展,丹尼斯说:"其实我也没有牺牲,没有那么严重,因为在这儿我还是可以做我的事业,还是可以从事一样的事情。在这儿住的时间越长就越喜欢,从我们回来以后到现在,中国也是一直在变化,而且越来越好。"

如今的陈露依然怀揣着那颗奥运金牌梦想，为祖国培养明日的冰上之星。“为了五星红旗能够飘扬在奥运赛场，我要用尽我的光和热，为祖国培养出明日的世界冠军，实现几代人心中的奥运金牌梦。”陈露最后这样形容自己的心情。

丹尼斯最欣赏心上人陈露的这段话：“化蝶不是死亡，而是一种再生；再生就依然有梦，有梦就能飞翔！”对于陈露来说，人生就是最最美丽的飞翔。而丹尼斯说：“我将会一直陪伴着陈露，和她一起飞翔！”

图 3-19　羽生结弦

羽生结弦，1994 年 12 月 7 日出生于宫城县仙台市，日本花滑男选手。

2014 年，年仅 19 岁的羽生结弦成为男单花滑 66 年来最年轻的奥运冠军。他是首位亚洲男单奥运会的金牌得主，史上继亚古丁后又一位同一赛季实现世界花滑大奖赛总决赛、冬奥会和世锦赛冠军的大满贯得主，短节目史上第一位超过 100 分，自由滑超过 200 分，总成绩超过 300 分的选手和纪录保持者。他的专业特点是跳跃能力强，柔韧性极好，表演风格多样。

图 3-20　申雪/赵宏博

申雪，生于 1978 年 11 月 13 日，黑龙江省哈尔滨市人；赵宏博，生于 1973 年 9 月 22 日，黑龙江省哈尔滨市人。这对夫妻档组合是花滑史上首对非苏联双人滑冠军，中国史上第一对双人滑奥运冠军，赵宏博成为双人滑史上年龄最大的双人滑冠军获得者。1998 年长野冬奥会第五名，2002 年盐湖城冬奥会季军，2006 年都灵冬奥会季军，2010 年温哥华冬奥会冠军。在他们的职业生涯中共获得过冬奥会 1 金、2 铜，花滑锦标赛 3 金、3 银、1 铜，花滑大奖赛总决赛 6 金、1 银、2 铜，四大洲花滑锦标赛 3 金、1 银，亚冬会 4 金和世界大学生冬季运动会 1 金的卓越成绩。曾使用的经典滑行背景音乐包括《图兰朵》《花木兰》《胡桃夹子》《宋氏王朝》《蝴蝶夫人》

图 3-21　庞清/佟健

《沉思》《阿达久》等。

庞清/佟健是继申雪/赵宏博之后，我国又一对具有世界顶尖水平的双人滑选手。两人分别生于 1979 年 12 月 24 日和 1979 年 8 月 15 日，均为黑龙江省哈尔滨市人。1993 年开始搭伴从事双人滑项目，与申雪/赵宏博和张丹/张昊一起师从于我国花滑功勋教练姚滨，被姚滨爱称为“老二”。曾经创造过国际滑联自由滑最高分 141.81 分。二人身形修长，膝盖脚背条件十分出众，具有成为优秀舞者的自然条件。加之他们的表演感情细腻饱满、肢体语言千回百转、典雅的气质中透着些许哀伤，使观众如痴如醉、如梦似幻，因而被称为最具芭蕾气质的双人滑选手。他们擅长古典爱情题材的表现主题，虽然演绎的节目情绪多种多样，但普遍具有明显的芭蕾风格。他们是多届世锦赛和四大洲花滑的冠军获得者，2010 年在温哥华冬奥会取得银牌，2006 年和 2014 年两届冬奥会名列第四名。曾使用的经典滑行背景音乐包括《天鹅湖》《西藏七年》《柔声倾诉》《红罂粟》《悲歌：留恋春天》《剧院魅影》《我仿佛再次听到她的歌声》《梦幻骑士（堂吉诃德）》《我将为你守候》等。

延伸阅读

当《我曾有梦》的音乐缓缓响起，庞清/佟健执手亮相索契冰山滑冰馆，翩翩起舞。这首曲子，是他们特意为索契冬奥会准备的。每一个音符，化作两人过去在冰面上的每一个瞬间，诉说着他们 21 年来对于梦想的无悔追求。在当天晚上的双人滑自由滑比赛中，庞清和佟健迎来谢幕演出，但两人难说再见。

33 岁和 34 岁，庞清和佟健是索契双人滑比赛中年龄最大的选手。第四次登上冬奥会赛场，两人只想“为这座舞台留下两段完美的最后之舞”。因为在两个人看来，从温哥华到索契，原本就是“偷来的四年”。

温哥华冬奥会上，中国花样滑冰创造了前所未有的历史：申雪/赵宏博获得金牌,庞清/佟健则凭借一曲《我曾有梦》,创下自由滑历史最高分,用一块银牌圆了自己多年来的奥运梦。音乐停止的一刹那,佟健双膝跪地,亲吻冰面。

他们的脸上也有最美的微笑,没有金牌,他们却也身披华彩,因为,他们拥有着一个不曾熄灭的奥运梦想。庞清/佟健追梦无悔的精神,很好地契合了堂吉诃德《梦幻骑士》中的歌词:

> 要做那不可能实现的梦,对抗无法匹敌的对手。
> 承受难以承受的悲痛,去往勇者以畏惧之地。
> 纠正那无法改正的错误,成为远远超越自己的人。
> 即使双臂疲惫不堪,
> 仍要尽力去尝试,要摘下那遥不可及的星星。
> 这是我的追求,去追随那颗星,
> 不管多么绝望,不管多么遥远。
> 毫不犹豫地为梦想而战,即使向地狱进发也毫不退缩。
> 而我明白,只有坚守着这光荣的使命,
> 闭上双眼,内心必能得到安宁与平静,世界也将因此而更加美好。
> 无所畏惧,带着伤疤的人,将战斗到最后,
> 直到摘到梦想中的那颗星。

"可能那一刻我觉得自己要离开了,我得谢谢这个冰场,是它让我实现了自己的梦想,"佟健说,那时候他和庞清已经做好了退役的准备。最后,他们还是留了下来。申雪和赵宏博退役,张丹和张昊拆对,中国的双人滑阵中,出现了短暂的空白。于是,庞清和佟健选择了留下,为了这"多得到的一届奥运会",他们想要继续追梦。索契,34 岁的佟健是中国代表团中年纪最大的选手,他当上了旗手。他说,他明白自己作为老队员的作用。

音乐戛然而止,庞清和佟健的冰上生涯,在这一刻画上了句号。但未来,这对因冰结缘的冰上伉俪,人生路上还将携手走下去。

和申雪、赵宏博一样,庞清、佟健的爱情也成了冰场上的浪漫回忆。回首 1993 年第一次拉手,两个倔强的孩子互相看不惯对方,往往为了小事吵得不可开交。直到 1996 年庞清意外摔伤,佟健才发现,自己其实很在乎身边的这个女孩。之后,虽然两人还会对训练有争议,甚至在温哥华冬奥会之前还

会冷战。但对冰场的无限热爱,以及 21 年的朝夕相处,让他们的感情水到渠成。

携手一起走过四届冬奥会,是这对冰上伉俪一路感情最好的见证。庞清说:“虽然结局并不完美,但是两个人的人生,因为花样滑冰而圆满。”

第四节　冰上的智慧游戏——冰壶

一、项目起源

冰壶,也叫“冰上溜石”,因为它十分考验智慧和战术,人们将它比喻为“冰上的国际象棋”,这一比喻很好地诠释了冰壶的神秘与高雅。冰壶周长约为 91.44 厘米,高(从壶的底部到顶部)11.43 厘米,重量(包括壶柄和壶栓)最大为 19.96 公斤。刷冰是为了减小冰壶与冰面间的摩擦。

冰壶起源于 14 世纪的苏格兰,至今在苏格兰还保存着刻有 1511 年份的砥石(即冰壶)。冰壶为圆壶状,由不含云母的苏格兰天然花岗岩制成,且世界上所有制造优质冰壶用的天然花岗岩均产自苏格兰近海的福斯阿利斯岛,也只有苏格兰人掌握着制作世界顶尖水平冰壶的技术。1795 年,第一个冰上溜石俱乐部在苏格兰创立,1838 年苏格兰冰上溜石俱乐部制定第一个正式的比赛规则。1807 年冰上溜石活动传入加拿大,1820 年起在美国等地流行。从此,冰上溜石作为一项冬季运动在欧洲和北美逐渐开展起来。20 世纪初,通过加拿大冰上溜石爱好者的努力,这项运动的比赛规则和方法更加完善,并由室外逐渐移入室内,并于 1927 年举行首次全国冰上溜石比赛。首届世界冰上溜石锦标赛始于 1959 年,最初称为苏格兰威士忌杯赛,1968 年改称加拿大银扫帚锦标赛,1986 年正式定名为世界冰上溜石锦标赛。

二、项目发展

1924 年,冰壶首次以表演项目的形式在冬奥会上亮相。1955 年冰壶传入亚洲地区,在日本、韩国等地非常流行。1966 年国际冰上溜石联合会成立,1991 年改为世界冰上溜石联合会,同时获得了国际奥委会的承认。冰壶曾于 1924 年、1932 年、1936 年、1964 年、1968 年、1992 年 6 次被列为冬奥会表演项目。世界冰壶联合会成立于 1966 年 4 月 1 日,发起国有苏格兰、加拿大、美国、瑞典、挪威和瑞士，当时名为“国际冰壶联合会”，1991 年改用现名。现有 36 个协会会员，工作用语为英语。1993 年国际奥委会决定，从 1998 年开始，冰壶被列为冬奥会正式比赛项目。在亚洲，冰壶从第五届亚冬会开始被列为正式比赛项目。加拿大是这项运动的强国，2014 年冬奥会他们就包揽了男、女冰壶的冠军。

中国于 2002 年加入世界冰壶联合会。就在十几年前，“冰壶”对中国人来说还只是一个无法生发任何想象的陌生名词。1995 年，在世界冰壶联合会的大力推动下，由日本出人、加拿大出技术，在中国举办了第一届冰壶培训班。2000 年，中国第一支冰壶队——哈尔滨市队艰难成立；2003 年，第一支国字号队伍诞生；同年，中国加入世界冰壶联合会。自此，世界冰壶赛场上才有了中国运动员的身影。虽然成立时间短，但中国冰壶队的姑娘们很快就跻身世界强队的行列。2007 年中国队聘请了加拿大籍教练丹尼尔，成绩突飞猛进。在 2008 年女子冰壶世锦赛上，中国姑娘一鸣惊人，获得了亚军，2009 年大学生冬季运动会上，她们又一举获得冠军。在王冰玉的带领下，她们获得了 2009 年世锦赛的冠军和 2010 年冬奥会的季军。男队成立时间比女队晚，但进步也很快，2014 年温哥华冬奥会中国男队取得了循环赛并列第一名，交叉淘汰赛最终获得第四名的好成绩。2018 年平昌冬奥会中国女队获得第五名，男队无缘参赛。值得一提的是，韩国和日本女队表现出色，分别获得亚军和季军。

三、项目分类

冰壶，是以队为单位在冰上进行的一种投掷性竞赛项目，一般设男女两个小项，每队为 4 人。近些年，国际冰壶联合会又在世锦赛和青冬奥会上增设了男女混合比赛，由二人共同完成。2018 年平昌冬奥会第一次增设男女混合比赛，中国选手王芮/巴德鑫组合遗憾获得第四名，无缘领奖台。

四、项目规则

冰壶赛道的横截面是 U 型的，之所以如此设计并不是制冰师的失误，而是体现了制冰师的专业水平，因为 U 型冰面可以帮助高水平运动员打出弧线球。冰壶所用场地是一个长 44.5 米、宽 4.32 米的冰道。冰道的一端画有一个半径为 1.83 米的圆圈作为球员的发球区，被称作本垒。冰道的另一端也画有一个圆圈,被称为营垒。营垒是由4个半径分别为0.15米、0.61米、1.22米和1.83米的同心圆组成。外面两圆之间涂为红色。在场地两端各装有一个斜面橡胶起蹬器。在冰壶场地前后两端各有一条蓝色的实线称为"前卫线"和"后卫线"。冰壶掷出后,如果未进前卫线或越过后卫线都视作无效,将被清出场外。

边线:任何接触到边线的石球都被视为出局,应立即从场地中移开。

圆垒:由数个同心圆所构成。

起滑架:位于场地边缘与圆垒之间,球员在掷球时可借此将腿后蹬而向前。

圆心线:掷球时,若石球已通过掷球区的圆心线,则不可再重掷。石球掷出后,己方的刷冰员可在石球通过标的区的圆心线之前刷冰;之后,则对方将有权刷冰,以使球离开圆心。

栏线:掷球时,球员必须在掷球区的栏线之前将球离手。掷球后,若石球未完全通过标的区的栏线便停止,则此球视为出局。但若曾与在局中的球发生碰撞,则该球无须完全通过栏线。

如图3-22所示:前卫线到大本营之前分为1—3区,冰壶分区大本营分为4—10区,7区是圆心。

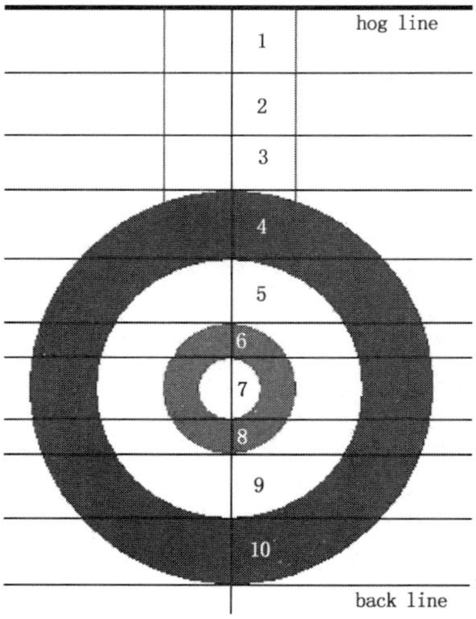

图3-22　冰壶的分区

冰壶比赛时，每场由两支球队对抗进行，每队由4名球员组成。比赛共进行10局。两队每名球员均有两个冰壶，即有两次掷球机会。两队按一垒、二垒、三垒及主力队员的顺序交替掷球，在一名队员掷球时，由两名本方队员手持毛刷在冰壶滑行的前方快速左右擦刷冰面，使冰壶能准确到达营垒的中心。同时，对方的队员为使冰壶远离圆心，也可在冰壶的前面擦扫冰面。

冰壶比赛球员掷球时，身体下蹲，蹬冰脚踏在起蹬器上用力前蹬，使身体跪式向前滑行，同时手持冰壶从本垒圆心推球向前，至前卫线时，放开冰壶使其自行以直线或弧线滑向营垒中心。掷球队员在力求将冰壶滑向圆心的同时，也可在主力队员的指挥下用冰壶将对方的冰壶撞出营垒或将场上本方的冰壶撞向营垒圆心。最后当双方队员掷完所有冰壶后，以场地上冰壶距离营垒圆心的远近决定胜负，每石1分，积分多的队为胜。

比赛分两队进行，两队各有4名球员，轮流丢掷石球，以赛前双方掷点离圆心近者后手掷。从第二局开始，则由上一局的胜队先掷。每局在每队交替掷球，每人分别丢掷两球，8人共16球之后结束。

主将应领导球赛。当队员掷球时，主将应持冰刷，作为掷球之目标物。主将应指示石球之旋转方向及应滑行之距离，并使队员了解掷球之目的，以使刷冰员决定应如何刷冰，因为刷冰可使石球增加滑行距离、同时减少行进曲度。

一场比赛需两组石球，每组各8颗，应上色彩以便在冰道另一端时仍可轻易辨识。传统上，在第一局中，不拥有最后一球掷球权的一队，可选择该队的球色。

比赛时，运动员脚穿冰壶运动鞋，其中蹬冰脚穿的鞋为橡胶底，滑动脚穿的鞋为塑料底。推滑时蹬冰脚踏在起蹬器上，必须使冰壶越过前卫线而不超过后卫线，否则将失去比赛资格。

混合双人冰壶比赛是一种很有活力的冰壶比赛形式，由于每队只有两人参赛，场上局势和传统四人冰壶相比也就变得更为复杂多变，节奏快，观赏性很强。混双比赛中每队有两个运动员，一男一女。在每局比赛中，每队投掷五个冰壶，另外，还将有一个冰壶是在本局比赛开始之前提前放置的。所以，理论上来说，每个队伍在每局最多可以拿到6分。在2016年以来，混双冰壶规则有了新变化。每队在每场比赛中都有一次不同于以上的中区进攻，改打边区进攻的机会，这次机会必须在该队的后手局使用。在每局的前四个壶都不允许击打，不论是本方冰壶还是对方冰壶都不允许，第五个壶开始可以击打。混双比赛有几点特殊的规则：1.如果一局比赛以 0∶0 结束，该局比赛的先手方将有权决定下一局中的先后手。2.每队在每场比赛中有 22 分钟的思考时间。3.常规比赛包括 8 局比赛，如果 8 局过后两队打平，则进行一局附加赛。4.一个队员投掷每一局中的第一个壶和第五个壶，另外一个队员投掷第二、三、四个壶。5.两个队员都可以擦冰，两个队员都可以在局间进行投壶顺序调换。

五、中外优秀运动员介绍

图 3-23　詹妮弗・琼斯

詹妮弗・琼斯，1974 年 7 月 7 日出生，作为队长又是四垒（主将），带领加拿大女子冰壶队夺得索契冬奥会的金牌。作为全队的灵魂，琼斯又被誉为加拿大女子冰壶队的“精灵”，她的技术高超，准确率更是惊人，是决定整支队伍的关键人物。循环赛取得了惊人的九连胜，主将琼斯的表现堪称完美，掷壶准确率居赛会榜首。在与中国队的比赛中，琼斯准确率高达 96%，加拿大没有固定的冰壶国家队，琼斯的正式职业是一名律师，只在业余时间练习冰壶，她在加拿大是不可替代的冰壶偶像。

图 3-24　凯文・马丁

凯文・马丁，1966 年 7 月 31 日出生，加拿大冰壶队队长。1986 年首次参加英国达特茅斯世界青年男子冰壶锦标赛获得亚军，之后相继获得 2002 年美国盐湖城冬奥会男子冰壶亚军、2010 年加拿大温哥华冬奥会男子冰壶冠军，2014 年索契冬奥会蝉联男子冰壶冠军。

图 3-25　王冰玉

王冰玉，1984 年 7 月出生，原中国冰壶队女队队长。王冰玉出生于一个冰上运动世家，她的父亲是一名冰球教练。上中学时一个偶然的机会，王冰玉尝试了一次冰壶，就喜欢上了这个项目。2009 年女子冰壶世锦赛上，王冰玉带领中国女子冰壶队在决赛中战胜经验老到的瑞典队夺得了冠军，实现了中国在冰雪项目上的重大突破。2010 年又在状态巅峰期，和队友合作获得温哥华冬奥会的第三名。2010 年 1 月 16 日，所在中国女子冰壶队获得安踏 2009 年 CCTV 体坛风云人物年度最佳团队奖。2010 年 4 月 2 日，在第二十一届温哥华冬奥会总结表彰大会上获得体育运动一级奖章。

第五节　由原始狩猎演变而来的运动——冬季两项

一、项目起源

现代冬季两项是雪上运动项目之一，它是越野滑雪和射击相结合的运动，要求运动员身背专用小口径步枪，每滑行一段距离进行一次射击，最先到达终点者即为优胜。它起源于挪威，与人们在冬季狩猎活动有关，是一种滑雪加射击的比赛。

今天，这一运动被定义为两种运动——越野滑雪和步枪射击的混合项目。从起源来看，这一项目应该是更为接近生活而非运动。冬季两项起源于斯堪的纳维亚半岛，由远古时代的滑雪狩猎演变而来。北欧人过去总是滑着雪打猎以获取食物，后来又是滑着雪、带着武器来保卫自己的国家。在挪威曾发现大约4 000年前两人足蹬雪板、手持棍棒追捕野兽的石雕。中世纪开始射击逐渐纳入军事训练科目。1767 年，守卫在挪威与瑞典边界的挪威边防军巡逻队，曾举办了第一次滑雪和射击比赛。规定滑完全程，滑行途中用步枪射击 40—50 步远的靶标，成绩最优者可得到价值相当于 20 克朗的奖品，这是滑雪与射击结合运动的开始。1861 年挪威成立世界上最早的滑雪射击俱乐部。1912 年挪威军队在奥斯陆举行名为“为了战争”的滑雪射击比赛。后逐渐在欧美国家开展,成为一种体育运动项目。

二、项目发展

1924 年首届冬奥会以来,冬季两项就一直是冬奥会的表演项目,由于战后的敏感心理,这一运动从 1952 年起在冬奥会的舞台上消失了。直到 1960 年冬奥会,男子 20 公里冬季两项个人赛才重新成为奥运会的比赛项目。1968 年,这一大项中加入了男子四人接力,1980 年加入了男子竞速赛。1992 年的阿尔贝维尔冬奥会上女子个人赛、接力赛和竞速赛也成了奥运会比赛项目。追逐赛在 2002 年盐湖城冬奥会上成为正式比赛项目。男子 15 公里集体出发赛和 12.5 公里集体出发赛在 2006 年都灵首次亮相奥运会。2014 年索契冬奥会举办的混合接力赛是新加的小项。

1948 年,国际现代五项和冬季两项联盟成立,这一组织的宗旨是全力在世界范围内推广这两个奥运会比赛项目。联合会先后于 1949 年和 1958 年创建了现代五项和男子冬季两项世界锦标赛。首届冬季两项世界锦标赛在 1958 年于奥地利的萨尔费登举办,此后这一比赛在每一个没有冬奥会的年度举行。1960 年冬季两项成为冬奥会的正式比赛项目,并定名为现代冬季两项。

自 1984 年以来每年都举行女子冬季两项世界锦标赛,1992 年法国阿尔贝维尔冬奥会时才正式进入冬奥会比赛项目。1993 年,国际冬季两项联盟成立,成为这一运动在世界范围内的正式管理机构。苏联选手一直在这一比赛项目上居统治地位。至这些运动员最后一次联合参赛的 1992 年冬奥会为止,苏联运动员一共获得 25 块奖牌,包括 11 块金牌。事实上,一直到 1992 年败在德国队手下之前,他们连续多年赢得了男子接力项目的金牌。俄罗斯延续了苏联在这一运动中的成功。

冬季两项滑雪部分要求速度和力量,选手采用自由式滑雪技术,射击部分则要求精准和控制力。现代冬季两项运动发展很快,过去很多国家只在军队中开展,现在也推广到群众之中,因此国际比赛逐年增多,参加比赛的各国运动员也逐年增加,滑行技术全面、射击技术好、命中率达百分之百的优秀运动员增多了。

我国从1980年开始参加冬奥会,冬季两项运动比赛最早是在部队中开展此项运动,发展至今,已有30多年的历史,与欧洲一些冬季两项运动强国相比,我国起步较晚,但发展还是较为迅速的。我国选手于淑梅曾在12.5公里的世界杯总决赛中为祖国夺得第一个冬季两项世界冠军。后该项目在吉林和长春等市逐渐发展起来,涌现了刘显英、孔颖超、孙日波等名将。我国的冬季两项运动布局、运动梯队都有待进一步完善,整体水平还需继续提高,属于潜优势项目。

三、项目分类

冬季两项设有男子4×7.5公里接力、女子4×6公里接力、男子10公里短距离、女子7.5公里短距离、男子12.5公里追逐赛、女子10公里追逐赛、男子15公里集体出发、女子12.5公里集体出发、男子20公里个人赛、女子15公里个人赛、混合接力赛共计11个小项。

四、项目规则

冬季两项要求选手拥有越野滑雪技巧和精准的枪法。每滑行一段距离进行一次射击,用时最短或者率先撞线的选手为优胜者。在雪道上奋力滑行之后,要马上带着怦怦的心跳完成射击,这一动一静两项运动的结合,就是冬季两项。它极考验选手的动静转换和控制能力。比赛时,运动员要脚穿滑雪板,手持滑雪杖,携带枪支,沿标记的滑道,按正确的方向和顺序滑完预定的全程。

个人赛:在这个项目上,男子要比赛20公里,女子比赛15公里,选手单个出发,间隔时间为30秒,其中男子每滑行4公里射击1次,女子每滑行3公里射击1次,中间总共射击4次,每次5发子弹,射击姿势及顺序为卧射、立射、卧射、立射。如果选手有一发子弹没能命中(脱靶),他最终的成绩将加上1分钟的时间,到达终点后,用时最少的选手为胜利者,最终的用时包括滑行时间和射击比赛罚时。

短距离:和个人赛类似,短距离比赛选手也是采用单人出发,间隔时间为30秒,比赛中女子需要进行7.5公里比赛(3圈,每一圈2.5公里),男子需要进行10公里比赛(3圈,每一圈3.3公里)。选手需要停下来射击2次,射击姿势及顺序为卧射、立射,个人赛每次5发子弹。如果选手出现脱靶,他将被加罚滑行一个150米长的圈道,到达终点后用时最少的选手为胜利者,最终的用时包括滑行时间和加罚滑行的用时。

追逐赛:在短距离赛中排名前60名的选手将获得参加追逐赛的资格。在追逐赛中,选手的出发间隔根据他们在短距离赛中的成绩确定,短距离赛冠军第一个出发,其他选手随后依次出发,他们出发的间隔时间为他们在短距离赛中落后第一名的时间。追逐赛中女选手要比赛10公里(5圈,每一圈2公里),男选手比赛12.5公里(5圈,每一圈2.5公里)。所有选手在比赛中都要进行4次射击,每次5发子弹,射击姿势及顺序为卧射、立射、卧射、立射。如果选手出现脱靶,他将被加罚滑行一个150米长的圈道,到达终点后,用时最少的选手为胜利者,最终的用时包括滑行时间和加罚滑行的用时。

接力赛:接力赛由4名选手组成一组,男子每组比赛7.5公里,女子为6公里,在每名选手完成自己的滑行任务后,接下来的队友将继续赛程,每人比赛滑3圈,中间需要射击2次,每次5发子弹,与其他比赛不同的是,每个选手有额外的3发子弹。如果选手出现脱靶,他可以先选择额外的子弹,如果额外的子弹用完后,选手依然有脱靶的情况,那么他将被加罚滑行一个150米长的圈道,到达终点后,用时最少的选手为胜利者,最终的用时包括滑行时间和加罚滑行的时间。混合接力赛每支参赛队有2名女选手和2名男选手组成,女选手先出场,各滑行6公里,并分别进行一组卧射和一组立射。男选手后出场,2人各滑行7.5公里,也是分别进行一组卧射和一组立射。到达终点后用时最少的选手为胜利者,最终的用时包括滑行时间和加罚滑行时的用时。

集体出发:在这项比赛中,女子要进行12.5公里的比赛,男子进行15公里比赛,集体出发赛由在个人赛、短距离赛和追逐赛上获得奖牌的30名顶尖选手参加,如果三项奖牌获得者不到30人,那么世界杯中此项比赛的冠军将填满空缺。比赛中选手要完成5圈滑行,男子每圈3公里,女子每圈2.5公里。比赛中选手需要射击4次,每次5发子弹。如果脱靶一次,将被罚多滑一圈150米长的赛道。到达终点后,用时最少的选手为胜利者,最终的用时包括滑行时间和加罚滑行的用时。

五、中外优秀运动员介绍

图 3-26　埃纳尔·比约达伦

1974 年 1 月 27 日出生的比约达伦是冬季项目的一棵名副其实的常青树。他的全名是埃纳尔·比约达伦,挪威著名滑雪运动员,绰号“国王”。他 10 岁开始接触滑雪,从 20 岁起,在 20 年时间里连续参加了 6 届冬奥会,他在冬季两项上的成就,甚至可以用“伟大”两个字来形容。2014 年冬奥会冬季两项混合接力赛场上,这个奥运新项目迎来了第一个冠军挪威队,欢庆的队员中就包括比约达伦,加上这枚金牌,40 岁的他就收获了 8 金、4 银、1 铜,共 13 枚奖牌,超越了同胞越野滑雪传奇戴利的 12 枚,成为历史上拥有冬奥会奖牌最多的运动员。他的 8 枚金牌也追平了戴利的冬奥会金牌之最。挪威语中,比约达伦名字的意思是“山谷之熊”。赛场上,他又得到了“国王”和“食人族”的绰号,因为他总是竭尽全力赢得胜利。他说:“胜利,就是我每四年的工作。”1994 年冬奥会,初登奥运舞台的比约达伦才 20 岁,还默默无闻。四年后的长野冬奥会,属于他的时代开启了。他赢得冬季两项男子 10 公里个人争先赛冠军,并与队友获得了接力银牌。2002 年冬奥会时,28 岁的比约达伦到达巅峰,他席卷了 20 公里个人赛、12.5 公里追逐赛、10 公里争先赛 3 枚个人项目金牌,同时还与队友合作,将接力金牌也收入囊中。男子冬季两项的所有 4 个小项全都取得金牌,比约达伦创造了冬奥史上一大奇迹,被誉为“冬季两项之王”。

图 3-27　努内尔

德国人努内尔相貌甜美,在赛场上却十分勇猛,是冬季两项历史上最杰出的女选手之一。努内尔出生在举办过冬奥会的滑雪圣地加米施-帕滕基兴,9 岁就开始了冬季两项训练。她年少成名,21 岁成为最年轻的冬季两项世界杯总冠军。2010 年,23 岁的努内尔亮相冬奥会,女子 7.5 公里竞速赛,她以 1.5 秒的微小差距输给斯洛伐克选手库兹米娜,获得银牌。但随后的 10 公里追逐赛、12.5 公里集体出发赛中,努内尔发挥出色,连夺 2 金。2 金、1 银的战绩,使她成为这届冬奥会最耀眼的明星之一。在世锦赛上,从 2007 年到 2012 年,努内尔夺取了 12 枚金牌,创下了该项赛事女选手之最。也许奖牌太多,不满 25 岁的天才努内尔于 2012 年就宣布退役了,她说她已失去比赛动力,想过一种普通生活。

图 3-28　程方明

程方明,中国冬季两项运动员,解放军选手,2012 年青年冬季运动会冠军。2012 年 1 月 6 日,在第十二届全国冬季运动会冬季两项男子短距离 10 公里比赛中,练习冬季两项还不到一年的程方明以 29 分 30 秒 06 的成绩为解放军队夺得冠军。2012 年 1 月 17 日,在首届青年冬奥会上,年仅 18 岁的程方明在男子冬季两项 7.5 公里比赛中成功夺冠,这枚金牌也创造了我国选手雪上项目新的历史,过去我国选手还从未在青年级别的世界大赛上获得过冬季两项的金牌。

图 3-29　孔颖超

孔颖超,1982 年 10 月出生于内蒙古通辽市,1996 年 1 月进入八一滑雪队,1997 年首次参加比赛,1999 年入选国家冬季两项运动队;2003 年 2 月在第五届亚洲冬季运动会上力克群芳,勇夺 2 枚金牌、1 枚银牌;

2004—2005 赛季，在冬季两项世界杯上连夺 2 枚银牌，令世界雪坛刮目相看。

第六节　最古老的冬季运动——越野滑雪

一、项目起源

越野滑雪是以滑雪板和滑雪杖为工具，在起伏的山地沿规定线路滑行的一种雪上比赛项目，运动员借助滑雪用具，运用登山、滑降、转弯、滑行等基本技术，滑行于山丘雪野，是世界运动史上的古老运动项目之一。越野滑雪起源于北欧，又称北欧滑雪。据记载，1226 年挪威内战时期，2 名被称为“桦木腿”的侦察兵，怀藏 2 岁的国王哈康四世，滑雪翻越高山，摆脱了敌人。现在挪威每年还举行越野马拉松滑雪赛，距离 35 英里，与当年侦察兵所滑路程相同。15 世纪至 17 世纪，芬兰、丹麦、瑞典和俄罗斯等国家，在战争中也都应用了滑雪技术。

二、项目发展

在 19 世纪 50 年代，随着顶尖选手成绩的突飞猛进，越野滑雪这项运动得到了更快的发展。滑雪板的技术含量比雪杖更高，选手们开始学习生理学，以便达到更好的训练效果。同时，滑冰技术也几乎在同步发展。

19 世纪 60 年代，出现了专门铺设滑道的机器。此前，由军队士兵负责为比赛压实和准备赛道。因为只有两条准备好的沟槽可供滑雪，滑雪选手只能保证两条腿平行，两条腿轮流推动，其他什么也做不了。不过，就在此时，芬兰的一个警察泡利斯通开始试验只留一条腿在沟槽中，另一条腿用于推动。当然，一条腿很快会疲劳，不得不换腿。这种方法称为“斯通步”或“半滑冰”。使用新型的铺设滑雪道的机器压实滑道后，当滑雪者开始在这样的滑道上试验这些新技术时，他们发现，两条腿轮流推动可以前进得更快，最多可以快 10%，从此滑冰式滑雪运动产生了。

1924 年 2 月 3 日，国际滑雪联合会在法国夏蒙尼创立，同年越野滑雪被列为冬奥会比赛项目。越野滑雪技术分为传统式和自由式两种滑行技术，传统式滑行要求运动员在比赛中不得使用蹬冰技术，自由式滑行技术对运动员的蹬冰动作不作限制。在冬奥会的历史上，越野滑雪的项目也经过了较大变动，第七届冬奥会增设越野滑雪男子 30 公里和女子 3×5 公里接力比赛，第九届冬奥会增设越野滑雪女子 5 公里、第十四届冬奥会增设越野滑雪女子 20 公里、第十六届冬奥会增设越野滑雪男子 10 公里，最终构成了现在的 12 个项目。

越野滑雪是一种很好的有氧运动。它要求协调地运用手臂和双腿操纵雪板和雪杖。越野滑雪和高山滑雪最主要的区别就是在越野滑雪时只有脚趾与雪板连在一起，脚跟是“自由”的。高山滑雪时，整个脚掌都与雪板相连。越野滑雪时，因为脚跟可以活动，这样就不但可以翻山越岭，还可以在雪原上奔驰。除此之外，简单的越野滑雪不需要什么特别的技巧，比较容易学会。越野滑雪速度不太快、危险性小，适用人群也较大。比如：喜欢速度与刺激的年轻人可以用自由式，它结合了滑冰和越野滑雪两种技巧，中年人可以选择较为稳定、安全的自由式滑行。越野滑雪既锻炼身体，又有益于心灵健康。高大茂密的森林、茫茫雪野可以使越野滑雪爱好者在时急时缓的滑行中大饱眼福。

“传统式”与“自由式”的区别

越野滑雪可以分为“传统式”和“自由式”两种滑法，除了雪板不同外，另外两个主要的区别是：两者的打蜡也不同，“传统式”雪板对应脚的底部打的是防滑蜡（很黏），其余部分打的是滑蜡（很光滑）。因为“传统式”中，双脚是蹬点，打防滑蜡是为了方便上坡。而“自由式”雪板打的就完全是滑蜡，因为蹬冰步上坡时不需要蹬点，这也是“自由式”比“传统式”速度快的重要原因。在技术动作上，“传统式”运用的技术动作通常为一步交替、两步交替、同时推进，双脚踏着雪板基本处于平行状态。“自由式”的技术动作为蹬冰步、八字登山，双脚呈外八字，类似于滑冰的姿势。正如自由泳比蛙泳快一样，“自由式”的速度通常比“传统式”要快，而且更节省体力。

我国采取了多项措施来推动越野滑雪运动的发展，不断地学习国际竞赛规则，悉心研究运动技巧，并安排专家讲座，这一系列活动的开展，使得我国的越野滑雪运动有了极大的发展，奠定了良好的基础，运动员整体实力得到了提升。但是，我国越野滑雪运动的训练和竞赛还没有真正融入世界发展的潮流之中。

三、项目分类

越野滑雪于1924年被列为首届冬奥会比赛项目，现在比赛共设置男女个人追逐赛、男女团体追逐赛、男子15+15公里追逐赛、女子7.5+7.5公里追逐赛、男子15公里间隔出发、女子10公里间隔出发、男子50公里集体出发、女子30公里集体出发、男子4×10公里接力赛、女子4×5公里接力赛12个小项。

四、项目规则

越野滑雪比赛涉及两种技术规则：传统技术和自由技术。传统技术包括交替滑行、双杖推撑滑行、无滑行阶段的八字踏步、滑降以及转弯技术。不允许有双脚或单脚的蹬冰动作，雪板必须放在压好的雪槽里，两个滑雪板与滑行方向保持平行，运用双腿的前后摆动和雪杖来前进，运动员“踏步”前进时与走动类似，只是在滑雪时用雪杖产生推力，每次跨步会滑行一段距离，在滑行中，感觉就像穿着光滑的鞋子，在大理石面上滑行一样。在超越前面运动员的时候，可以跳出雪槽改道滑行，特别是下坡和平地雪道是超越对手的黄金赛段，后面运动员想要超越的时候，可以踩前面运动员的雪板提醒他，前面的运动员得到提醒后必须让出雪道，否则算是犯规。自由技术对技术动作没有限制，运动员可以采用任何技术动作。

越野滑雪比赛路线分上坡、下坡、平地，各占全程的三分之一。雪道的最高点不超过1 800米。

滑雪板上要标有标记，根据规定，选手从起点到达终点，脚穿的滑雪板必须带有出发时裁判画上的标记，因为雪板底面表层涂有雪腊，非常光滑，有助于滑行，打上标记是为了预防运动员中途换雪板。

间隔出发：

在这个项目上，女子进行10公里比赛，男子进行15公里比赛，每隔30秒出发一名运动员，以到达终点的时间确定名次。用时最少的运动员获得胜利。

集体出发：

集体出发项目2002年被列入冬奥会正式比赛项目，所有运动员列队同时出发，道次由抽签决定。女子进行 30 公里比赛，男子 50 公里，比赛中每 10—12 分钟会让运动员通过运动场。第一个到达终点的选手获胜。比赛中经常出现 10 位以上的运动员冲刺，最终要依靠高速摄像机拍摄的照片确定最终的冠军。

追逐赛：

追逐赛包括传统技术和自由技术，这个项目与集体出发非常相似，所有运动员列队同时出发，道次由抽签决定。在比赛进行到一半时，运动员进入运动场，然后迅速变换技术和滑雪杖。女子先滑行 7.5 公里传统技术，之后是 7.5 公里自由技术，而男子则为 15 公里传统技术+15 公里自由技术。比赛中运动员每 6—8 分钟通过一次运动场，第一个到达终点的运动员获胜。

个人竞速赛：

比赛从资格赛开始，每隔 15 秒出发一名运动员，女子比赛每一圈 1.2 公里，男子比赛每一圈 1.4 公里，资格赛前 30 名选手晋级四分之一决赛，从四分之一决赛、半决赛、决赛 B 到决赛 A，每一组 6 名选手。其中，每组前两名和每一轮速度最快的两名选手晋级下一轮，直到决赛 A 中有 6 名选手竞争最后的金牌。

团体竞速赛：

在团体竞速赛中，每一队里有 2 名运动员轮流在雪道滑行，每人滑行 3 次。总共滑行 6 圈。比赛分半决赛和决赛。半决赛每组有 10—15 个队，两场半决赛当中成绩最好的 5 个队晋级决赛。

运动员在比赛当中轮流滑行时必须遵循正确的交换顺序，不能影响或阻碍其他团队。6 圈比赛结束后，第一个冲过终点线的团队获胜。

接力赛：

在接力赛中，每一队有 4 名运动员，前 2 名必须使用传统技术滑行，后 2 名必须用自由技术。女子是 4×5 公里接力赛，男子是 4×10 公里接力赛。比赛采用集体出发，选手之间的接力与团体竞速赛类似，第四个选手当中第一个冲过终点线的团队获胜。

五、中外优秀运动员介绍

挪威越野滑雪运动员比约恩·戴利，生于 1967 年 6 月 19 日。在 20 世纪 90 年代，他是唯一赢得 8 枚奥运会金牌的运动员，唯一赢得 12 枚奖牌的运动员，同时还是唯一在同一个项目中获得 9 枚奖牌的运动员，此外，他还是唯一一位在个人项目上夺取 6 枚奥运金牌的运动员。

图 3-30 比约恩 · 戴利

马丽特 · 比约根，挪威著名越野滑雪运动员，生于 1980 年 3 月 21 日。2014 年索契冬奥会，凭借最后时刻的超越，比约根在冬奥会越野滑雪女子 15 公里的比赛中夺得金牌，她的这枚金牌创造了多项历史，她不仅以 4 枚金牌的成绩成为挪威历史上的女子奥运金牌王，还刷新了越野滑雪个人项目年龄最大的夺冠纪录——33 岁零 324 天。

图 3-31 马丽特 · 比约根

王春丽，1983 年 10 月 8 日出生于吉林省吉林市，中国越野滑雪名将。2005 年 12 月在瑞典国际 FIS 积分赛获得 5 公里赛第一名。在 2007 年亚冬会越野滑雪女子短距离自由式比赛中，她以 0. 09 秒的微弱优势获得金牌，结束了中国亚冬会历史上从未在这个项目上获得个人金牌的纪录。在 2008—2009 赛季的世界杯冬季两项瑞典站的比赛中夺得女子短距离 7. 5 公里冠军。这也是自 2001 年于淑梅在世界杯夺冠后，中国选手七年后再度在冬季两项世界杯赛场夺得金牌。

图 3-32 王春丽

第七节　充满速度与激情的运动——高山滑雪

一、项目起源

高山滑雪是以滑雪杖和滑雪板为工具，在山坡上的专设路线上进行滑降和回转的雪上竞技运动。高山滑雪是由越野滑雪发展而来的滑雪运动，是雪上运动的一部分。高山滑雪又称作山地滑雪。在滑雪文化的传播过程中，人们不甘于平地雪野的玩耍，开始在高低不平的丛林里探索。随着探索，阿尔卑斯山附近的国家（如意大利、德国、法国、瑞士等）逐渐出现了另外一种滑雪方式。它适应于阿尔卑斯山附近的地形，趣味性强，易于学习，还能在超快速度的滑降过程中迅速转弯，这就是高山滑雪。

高山滑雪起源于北欧的阿尔卑斯地区，又称阿尔卑斯滑雪。高山滑雪是在越野滑雪基础上逐步形成的。1850 年挪威的泰勒马克郡出现了改变方向和停止滑行的旋转动作。1868 年挪威滑雪运动奠基人诺德海姆等人在奥斯陆滑雪大会上表演了侧滑和 S 形快速降下技术。1890 年奥地利的茨达尔斯基发明适合阿尔卑斯地区特点的短滑雪板及滑行技术，1905 年他在维也纳南部的利林费尔德进行了高山滑雪史上第一次回转障碍降下表演。

特定的生态环境产生特定的生活产物，高山滑雪运动与射箭运动一样源于人们的狩猎生活，之后高山滑雪慢慢演变为一种交通方式，并在北欧传播开来。在我国北方，人们滑雪的历史可以追溯到很久以前，我国北方的少数民族人民很久以前就擅长滑雪。我国原始的滑雪文化形成在狩猎、劳作、交通等日常生活中，且在北方民族中保留了下来。但是相对封闭的社会环境，使得中国滑雪文化与现代滑雪文化交流很少甚至严重脱节。改革开放以后，由于经济的迅速发展，加上人们价值观的改变，滑雪运动又再次回归，滑雪文化重新走进国民的生活。

二、项目发展

20 世纪 20 年代开始，阿尔卑斯地区高山滑雪学校相继创立，高山滑雪比赛也开始流行。1907 年英国创立阿尔卑斯滑雪俱乐部，这是世界上第一个高山滑雪组织。1910 年第一所军事高山滑雪学校由奥地利的乔治·比尔格里创立，他是第一个发明深蹲姿势双杖快速降下的人，他还是滑雪板的钢制安全固定器和制动转弯滑法的发明人。1921 年和 1922 年高山滑雪历史上的第一次回转和滑降比赛由英国的阿诺德·伦恩爵士(世界滑雪先驱之一)组织，并在瑞士的米伦举办。1922 年世界知名的奥地利高山滑雪运动员汉纳斯·施耐德撰写了《滑雪板的奇迹》一书，并在奥地利的圣安东山岭滑雪场创立了一所高山滑雪学校，也就是享誉世界的阿尔贝格滑雪学校。他的努力使高山滑雪这项运动被更多人了解。1924 年 2 月 3 日，国际滑雪联合会在夏蒙尼创立。20 世纪 20 年代末，大型的高山滑雪比赛增加。由于规则、组织上的完善，国际滑雪联合会决定从 1931 年起每年举行世界锦标赛(在 1948 年时改为每两年举办一次)。若当年有冬奥会则不再单独举办世界锦标赛，该年的世界冠军就是冬奥会的世界冠军。

高山滑雪第一次出现在冬奥会上是 1936 年加米施-帕滕基兴冬奥会。1948 年，速降和回转比赛开始单独设项。两项全能直到 1988 年卡尔加里冬奥会才进入奥运，大回转和超级大回转则分别于 1952 年和 1988 年进入冬奥会。到 2002 年为止，高山滑雪已经普及世界五个大洲的 90 多个国家和地区，有 1 万余座高山滑雪场在世界各地建立，全世界有将近 1 亿人加入了高山滑雪这项运动，高山滑雪已经成为冬季运动中普及开展最广的项目。

国内的冬季气温较欧美高很多，不利于雪上运动的开展。在中国，从小就开始滑雪的人很少，而且一套专业的装备要 1 万多元，这种运动项目是与经济实力挂钩的，除非家庭条件特别好，而且父母喜欢这项运动，才会带孩子从小练习。整个东北地区从小就开始练习滑雪的人不多，人才供给不足从根本上制约了中国滑雪运动的发展。

三、项目分类

(1)冬奥会设项

冬季奥运会高山滑雪设 10 个小项，男女各 5 项。包括滑降(1948 年列入)、回转(1948 年列入)、大回转(1952 年列入)、超级大回转(1988 年列入)

和全能(两项全能包括速降和回转,1936 年列入)。

属于速度较量的比赛是滑降和超级大回转,属于技巧较量的比赛是回转和大回转,属于综合能力较量的是全能。

男子项目:滑降、回转、大回转、超级大回转、全能(滑降/回转);

女子项目:滑降、回转、大回转、超级大回转、全能(滑降/回转)。

(2)其他项目

高山滑雪运动设 12 个小项,男女各 6 项。包括滑降、回转、大回转、超大回转、全能及平行回转。与冬奥会设项相比,多了男子和女子的平行回转项目。

四、项目规则

比赛出发顺序:高山滑雪比赛运动员的出发顺序依据国际滑雪联合会的积分,若运动员无积分则通过抽签的方式决定出发顺序;回转及大回转比赛有两轮比赛,第一轮比赛的成绩决定第二轮比赛出发的顺序(排名最好的运动员最后一个出发);回转比赛出发时间不等时,其余各项比赛都为 60 秒出发一位运动员的赛制。发令员会在出发前 10 秒钟发出提示,采用 5 秒倒计时制,最后发令员会使用自动音响或者口令向运动员发出出发信号。

滑降:又称速降,是冬奥会高山滑雪比赛项目之一。比赛过程十分激烈,运动员需按规定线路从山顶开始向下滑,并在途中穿过用旗插成的门形。比赛途中为设定门形插一定数量的旗子。比赛成绩以滑降两次的时间计算,名次由此来决定。技术动作可分为斜滑降、直滑降、起伏地滑降、乙型滑降、半犁式和犁式滑降等。身体姿势可分为高、中、低三种。

回转滑雪:回转滑雪也是冬奥会高山滑雪比赛项目之一。运动员在比赛时从高山上滑下时需要连续转弯、高速下滑,并且不断穿过障碍物和门形,红色门形与蓝色门形交错设置。比赛过程中,运动员在高速转弯穿过线路上设置的门形时,两脚过门才算通过。碰倒旗杆不算犯规,漏门或骑杆过门算犯规不计成绩。运动员比赛时需要在两条线路上分别滑一次,以两次成绩总和评定名次。若第一次滑行途中犯规则不能滑第二次。比赛前运动员可以提前察看线路,但不能穿上滑雪板穿过门形或者从上向下模拟滑行。

大回转滑雪：是冬奥会高山滑雪比赛项目之一。运动员要快速从山上向下沿线路连续转弯，穿越各种门形。比赛成绩由两次滑行时间决定。大回转的转弯最大安全滑行速度为15—20米/秒。与回转滑雪比赛相同，比赛前运动员可以提前察看线路，但是不能穿上滑雪板穿过门形或者从上向下模拟滑行。

超级大回转：是最后一个进入冬奥会的高山滑雪项目。这个项目属于技巧性较量比赛，结合了大回转和速降的技巧。对于绝大部分技巧性选手来说，在超级大回转这个项目中更占优势的是速降选手。速降比赛滑行距离长于超级大回转，但是超级大回转比赛途中的弯拐得更多，选手需要穿过的门形也更多。

全能比赛：该项目为两次回转比赛再加一次速降比赛，冠军为3次比赛成绩相加后所用时间最少的选手。

平行回转：平行赛每组有两名运动员，每名运动员滑行两次，第二次滑行中两名运动员互相交换路线。与其他高山滑雪比赛不同的是，平行赛采用的是淘汰制。比赛将运动员两次滑行的成绩相加，该组胜出的那名运动员晋级下一轮比赛，直到最后决出冠军。

五、中外优秀运动员介绍

林赛·沃恩，1984年10月18日生于美国明尼苏达州，是美国知名高山滑雪选手。在高山滑雪项目的5个分项——速降、回转、大回转、超级大回转和高山全能方面均有所涉猎，她的强项是速降和超级大回转项目。7岁时在明尼阿波利斯以南19英里的伯恩斯维尔开始滑雪，沃恩很快便展露出天赋，13岁时，沃恩和父母及四个兄弟姐妹一起从明尼苏达州移居到科罗拉多州，从此拥有了更好的滑雪训练环境。14岁时，林赛·沃恩已经成为全世界最优秀的少年滑雪运动员之一，16岁就入选美国国家队。2010年温哥华冬

图3-33　林赛·沃恩

奥会高山速降冠军，2014 年 12 月 21 日，林赛·沃恩在法国赢得了第 61 个滑雪世界杯冠军。

第八节　雪上极速跳远——跳台滑雪

一、项目起源

跳台滑雪简称“跳雪”，就是运动员脚着特制的滑雪板，沿着跳台的倾斜助滑道下滑。借助速度和弹跳力，使身体跃入空中，整个身体在空中飞行约 4—5 秒钟后，落在山坡上。这是一项比较讲究动作姿势和跳跃距离的雪上竞技运动，属于滑雪运动的一部分。选手们比的是空中的姿态和飞行的距离，惊险刺激。

相传，古时的挪威统治者想出一种处罚犯人的刑法，就是把犯人双脚各缚一块雪板，从有雪的高山往下推，让他自行滑下，当通过断崖的凸处时，身体就会抛向空中，再落到山下摔死。后来，这种跳下滑雪的动作逐渐地演变成现代的跳雪运动。现代跳雪运动 19 世纪起源于挪威的一个名叫德腊门的城市。1860 年，来自这里的两个农民在克里斯蒂安尼亚镇举行的首届滑雪大赛上向大家展示了跳台滑雪。同年，被世人誉为滑雪运动奠基人的桑德拉·诺德海姆发明滑雪固定器，他可以不拿滑雪杖跳出 30 余米，这个纪录在当时 30 多年都没被人打破。

二、项目发展

1862 年，海德马克郡东部的特吕希尔举行了跳台滑雪的第一次比赛。自此以后，跳台滑雪成为一个独立的雪上项目在挪威发展起来。1879 年，首届跳台滑雪比赛在挪威的奥斯陆郊外举行。比赛按飞跃者从台端起跳至着陆坡止的飞跃距离，根据助滑路、起跳、空中、着陆、停止等几个动作的姿势进行评分；距离和姿势按评分表换算得分，计算名次。正式比赛以两次跳跃综合计分排列名次。最开始，跳台滑雪并没有设立专门的跳台，全部是利用自然地形进行的。从 19 世纪 80 年代开始，土木建筑结构的跳台滑雪台才相继出现。

1883 年开始，跳台滑雪在霍尔门科伦滑雪大奖赛中被列为正式项目。

19 世纪末 20 世纪初，跳台滑雪先后传入瑞典、瑞士、美国、捷克、法国等国家，跳跃的纪录也在不断刷新。

从 20 世纪 20 年代开始，由于运动员空中滑翔技术的不断提高，跳台也开始发生变化，以迎合运动员的需求。1924 年，跳台滑雪被列为冬奥会正式比赛项目，当时设置的比赛项目为 K70 米跳台滑雪比赛项目。1992 年冬奥会上又设置了男子 K120 米团体赛。到目前为止，冬奥会设置的跳台滑雪项目有男子 K120 米个人赛、男子 K90 米个人赛、男子 K120 米团体赛。1926 年瑞士出现了第一个 K 点超过 60 米的跳台，1927 年 K 点超过 70 米的跳台建成。

20 世纪 30 年代，由于设计师与数学家的参与设计，跳台变得越来越高，设计越来越合理，出现了 K 点超过 90 米的跳台。1931 年，挪威运动员西格门德·鲁德和图林·汤姆斯共同研究出一种新滑翔姿势：上体加大前倾，两臂前伸，后来人们将这种姿势称作“孔斯伯格”。1936 年 3 月 15 日，奥地利 17 岁小将瑟普·布拉德尔第一个以 101.5 米的成绩突破了 100 米大关。1985 年，瑞典运动员扬·伯格洛夫将两个滑雪板的板尖分开，呈 V 型进行滑翔，后来经空气学实验证明 V 型相较于传统型的滑翔方式所提供的提升力要大得多。1994 年 3 月 17 日，奥地利运动员以 202 米的距离突破 200 米大关。

经过多年争取，甚至还打了官司，2014 年在索契，女子跳台滑雪终于亮相冬奥会。

20 世纪 80 年代初，中国的跳台滑雪运动开始起步。1982 年吉林市成立了吉林跳台滑雪队。之后第二年先后成立了解放军跳台滑雪队、新疆跳台滑雪队。1984 年国内首次举行了跳台滑雪比赛。1992 年我国跳台滑雪队首次派队员参加了世界青年锦标赛。1994 年位于黑龙江省的亚布力滑雪场建成了我国第一座 70 米级跳台。从 2003 年起，中国跳台滑雪队开始常年在奥地利训练，水平开始有了一定的提升。

三、项目分类

跳台滑雪可以分为普通台男子单人、普通台女子单人、大台男子单人和大台男子团体四个项目，其中女子项目是 2014 年索契冬奥会新增的。单人项目每个国家或地区最多报 4 人参赛。

四、项目规则

在冬奥会及世界滑雪锦标赛的跳雪比赛中，设有70米级和90米级台的两个跳雪项目。从1964年第九届冬奥会开始统一跳台级别，才分别规定为上述的70米和90米两种。这并不单指跳台高度，还包括跳台助滑道的坡度即35—40度，以及长度80—100米。

跳台滑雪的比赛线路由助滑道、着陆坡、停止区三个部分组成。技术要点包括助滑、起跳、空中飞行和着陆四个环节。跳台滑雪由姿势得分和距离得分两部分组成。

姿势得分是由5个裁判根据运动员的跳跃准确、稳定和整体完美程度定性来进行打分。每位裁判最高可给出20分，选手最后的成绩会去掉最高分和最低分之后，将3个分直接相加，最后得分为运动员的姿势得分，姿势得分满分为60分。

距离得分的评判标准是运动员是否达到K点，达到K点，运动员可得到60分。运动员超过K点或者跳跃高度没有达到K点会依据着陆点与K点的距离进行加减分。K分60分，选手跳过K点的分数。然后是空中姿态以及落地的分数打分，最高为60分。此外，根据风向和起跳的高度，也会有加分和减分。在比赛场地的5个地点进行风向计量检测，选手起跳时候的风为逆风的情况下，1米/秒的风会被减1分，顺风的情况下，1米/秒则会被加8.48分。

跳台滑雪裁判团除了有姿势裁判和距离裁判以外，还有发令员、助滑坡组组长、助滑轨道组组长、着陆坡组组长、着陆区组组长、距离测量组组长、计算长、安全维护组组长、技术设施组组长、器材组组长、急救组组长、距离测量裁判员、距离测量员、距离记录员、竞赛长、竞赛秘书。

五、中外优秀运动员介绍

西蒙·阿曼是一个大神级的人物，他拥有4枚奥运金牌，至今仍是获得这个项目的金牌最多的选手。西蒙·阿曼生于瑞士昂特瓦瑟的一个村庄。小时候没什么可玩的，他就拿跳台滑雪当游戏。1998年冬奥会，初登奥运舞台的阿曼才16岁，还没有太大竞争力。但这次经历，对他而言却是宝贵的财富。4年后阿曼来到盐湖城冬奥会时，已是能力和经验兼备。凭借出色的空中姿态和飞行距离，他包揽了标准台和大台两个个人项目的金牌。表现如此神勇，又因为身材和长相酷似热门电影人物哈利·波特，有人就叫阿曼是"飞行的哈利·波特"。2010年冬奥会，28岁的西蒙·阿曼回归神勇。在惠斯勒奥林匹克公园进行的男子标准台比赛中，阿曼最后一轮跳出108米的全场最远距离，以两轮276.5分的总成绩夺冠，这也是那届冬奥会的首枚金牌。一周后的大台比赛，阿曼再度出击，最后一个亮相的他第一跳非常完美，纵身一跃，144米，为全场最远。第二跳138米也是这轮最佳，总分283.6，阿曼没给其他对手任何机会，将金牌揽入怀中。在两届冬奥会上包揽男子跳台滑雪个人项目金牌，阿曼是获此成就的第一人。在他的祖国瑞士，阿曼是与网球天王费德勒比肩的体坛英雄。

图3-34　西蒙·阿曼

高梨沙罗，1996年10月8日出生于日本北海道的上川町，是一名日本跳台滑雪运动员。她获得了2012年因斯布鲁克冬季青年奥林匹克运动会女子跳台滑雪金牌；2012—2013赛季女子跳台滑雪世界杯系列赛16站比赛中8站的冠军；2013—2014赛季，4场比赛全部夺冠，追平了萨拉保持的女子跳台滑雪13个世界杯冠军的纪录。直到索契冬奥会开始前的最后一战，高梨沙罗赛季13场比赛获得了10胜，堪称无敌，被认为是索契距离金牌最近的日本运动员。没想到在索契进行的女子跳台滑雪比赛中，高梨沙罗只获得了第四名，无缘奖牌。

图3-35　高梨沙罗

第九节　雪上的全能之王——北欧两项

一、项目起源

北欧两项起源于北欧，由越野滑雪和跳台滑雪组成，在挪威、瑞典流行很长时间，成为北欧的传统项目，故又称北欧全能。北欧斯堪的那维亚半岛地区冬季雪多，适于开展滑雪运动，但因缺乏阿尔卑斯山脉那样的高山，高山滑雪不够普及和发达，而越野滑雪和跳台滑雪却得到了较好的开展。于是出现了既要求越野滑得快，又要求跳雪跳得远的北欧两项比赛项目。这个项目是北欧几个国家的体育强项。19 世纪中期，北欧两项运动首先出现在挪威。

二、项目发展

北欧两项于 1883 年被列入霍尔门科伦滑雪大奖赛，20 世纪初开始向世界推广。1924 年第一届冬奥会北欧两项即被列为比赛项目。1988 年第十五届冬奥会开始设团体项目，跳台为 70 米级，滑雪为 3×10 公里接力。1992 年第十六届冬奥会跳台级为 90 米级，越野滑雪个人项目仍为 15 公里，团体为 3×10 公里接力。2002 年美国盐湖城冬奥会上新增加了个人追逐(竞赛)。

挪威是这一项目的传统强国，到当前为止，挪威在国际大赛中的奖牌总数和金牌总数均列首位。其中，在 1924 年、1928 年、1932 年、1936 年冬奥会中，挪威连续四届包揽全部个人比赛的奖牌。但是在 20 世纪末期，欧洲的芬兰、德国、奥地利等国以及亚洲的日本都已成为北欧两项的强国，它们都在奥运会和世锦赛上取得过前三名的好成绩。

三、项目分类

北欧两项设普通台男子个人赛+男子 10 公里越野、大台男子个人+男子 10 公里越野、男子团体+男子 4×5 公里越野共计 3 个小项。

四、项目规则

比赛规则基本上与越野滑雪和跳台滑雪单项比赛的规则相同。先进行跳台滑雪比赛，之后进行自由技术的越野滑雪比赛。比赛规则规定，运动员两个单项的成绩换算为得分再计总成绩和排列名次，得分高者名次列前；1992 年冬奥会开始有所不同。

普通台男子个人赛：在北欧两项的个人赛小项之中，运动员需进行 90 米高的跳台滑雪和 15 公里的越野滑雪。其中，运动员会于第一天进行跳台滑雪，每位运动员跳两次，以"姿势分"和"距离分"计算运动员的总成绩。在"姿势分"方面，5 位裁判会从运动员由开始起动至落地时的"准确性""完美性""稳定性""整体稳定性"做出严格的评分（从最低的 0 分到 20 分），并把最佳和最差的成绩去掉，将剩下的 3 个分数相加，最高的限额分为 60 分。而"距离分"方面，若运动员在跳跃后未能到达"K 点"（原定目标），则会将距离乘以每米分值（1 米 2 分），从原来的得分中扣减。但如超过原定目标的"K 点"，则会将距离乘以每米分值，在原来的得分上增加，得到第一日的总成绩，得分愈高排名愈靠前。赛事的第二天是决赛日，在第一天成绩最佳者将首个于起点出发，其后的运动员会根据与首名运动员分数之距离，按名次出发，进行 15 公里的滑行，最早到达终点的就是优胜者。

大台男子个人赛：形式类似普通台个人赛，运动员要在 120 米高的跳台上进行跳台滑雪以及进行 7.5 公里的越野滑雪。在两天的赛事中，第一天为跳台滑雪，第二天为越野滑雪。跳台滑雪的比赛中，所有的运动员只有一次跳台的机会，这是与个人赛最大的不同之处，但都是以"姿势分"以及"距离分"作为评分标准，名次也是以成绩的高低作为次日赛事的出发次序。第二天的越野滑雪赛与个人赛相同，都是以第一天运动员成绩名次作为出发先后次序的根据，进行 7.5 公里的越野滑雪，最先到达终点者则为胜利者。

团体赛：团体赛时，先进行跳台滑雪比赛，之后为越野滑雪，运动员会在越野滑雪中滑行 5 公里以及进行 90 米高的跳台滑雪。在团体赛的跳台滑雪中，一队有 4 名运动员，各运动员按先后次序出发，每名运动员都有两跳，每跳都以"姿势分"和"距离分"评分，一队共有 8 次的得分，8 次得分合并计算。在越野滑雪上，跳台成绩最好的一队最先出发，之后的队伍要根据第一天的成绩，与最好的队伍得分之差，换算为出发时间距离，滑行5公里。所有队伍的第二、第三和第四名运动员在接棒区等候，成功交换后立即出发，以第四名运动员到达终点的顺序排定名次。在接力中要注意的是每队的运动员排名次序一定要与第一天跳台滑雪运动员的出场次序一样，不可改变。

五、中外优秀运动员介绍

图3-36 桑帕·拉尤南

桑帕·拉尤南，1979年4月23日生于芬兰图尔库，共参加过两届冬奥会，1998年在长野冬奥会上获得2枚银牌，2002年都灵冬奥会上获得3枚金牌，他是盐湖城冬奥会的明星人物。夺取了北欧两项的全部三项冠军，成为第一位在一届奥运会中夺得3枚北欧两项金牌的运动员。在男子个人赛中，他尽管在15公里越野赛前仅名列第三，但很快就收复失地，夺取了首枚金牌。此后，他又随芬兰队夺取了这个项目的团体冠军。在计时赛中，他又得到了第三枚金牌。长野冬奥会上，拉尤南输给了老对手维克，在个人和团体赛上获得两枚银牌。挪威选手维克2001年获得两个世界杯冠军后宣布退役，桑帕·拉尤南成为1988年跳跃滑雪选手尼卡南之后首位在同届冬奥会上赢得3金的芬兰人。

图3-37 拉米·查普伊

拉米·查普伊是法国著名的运动员，2010年温哥华冬奥会上他后来居上，获得北欧两项金牌。他还多次获得北欧两项世界杯赛总冠军。他是2014索契冬奥会法国代表团的开幕式旗手。

第十节　滑雪与体操技巧的融合——自由式滑雪

一、项目起源

自由式滑雪于20世纪60年代在美国诞生。当时美国正处于一个变革的时期,人们渴望自由的心理促使这项全新刺激的滑雪项目出现。此项目最初只是将高山滑雪和杂技集于一身,经过最近几十年的发展,变成了今天的样子。

二、项目发展

1926年德国高山滑雪运动员罗伊埃尔出版世界上第一部有关雪上芭蕾的书《滑雪板上的新潜力》。1928年美国卡尔顿成为世界上第一个穿着滑雪板完成雪上空翻动作的运动员。1958年瑞士滑雪教练费尤雷尔在滑跳中完成空翻和转体动作。自由式滑雪产生于20世纪60年代末,当时美国一批狂热的滑雪爱好者将高山滑雪与杂技融合在一起,发明了在雪上或在空中辗转腾挪的新项目。最初人们称这种惊险刺激的运动为花样滑雪。1966年美国著名高山滑雪运动员和理论家菲法尔成立世界上第一所雪上芭蕾学校。首次自由式滑雪比赛是于1966年在新罕布什尔州举行的,在随后的十年中,很多勇敢者创造出了大量的惊险动作,此项运动也逐步成型。

1979年,国际滑雪联合会承认了这个项目并且定名为自由式滑雪。1992年,雪上技巧成了冬奥会的正式比赛项目。空中技巧也在两年后的第十七届冬奥会上获得了正式项目资格。1980年举行了首届世界杯自由式滑雪系列赛,法国在1986年举办了首届世界自由式滑雪冠军赛。自由式滑雪又分为3个小项,包括雪上技巧、空中技巧和雪上芭蕾。

中国早在1989年就正式开始了自由式滑雪空中技巧项目,当时已经有人想到,这种以灵活和技巧见长的体育项目将会成为中国雪上项目的突破口之一。当美国式的狂热遇到了中国式的雅致,谁也没有想到,中国运动员以更加灵活的身躯与冷静的头脑很快地适应了这个项目。1994年,就曾有国际滑雪界的官员对当时的国家体委主任伍绍祖说,自由式滑雪空中技巧这个项目“简直就是为中国人开设的”。在体操、跳水等高技巧、低对抗的项目上，中国人已经保持领先多年，而空中技巧更是雪上项目中少有的低强度项目。无论是长野冬奥会亚军徐囡囡、都灵冬奥会亚军李妮娜，还是都灵冬奥会冠军韩晓鹏，中国自由式滑雪国家队里，大部分都是从技巧或体操队“转行”过来的。灵活的身体加上扎实的基础，以及从小培养出来的空中感觉，使中国在空中技巧这个项目中高速发展。

当中国的空中技巧开始走上世界的时候，它带给人们的是一个又一个的惊喜，可以说中国雪上项目的突破几乎都是从空中技巧这个项目上得到的。1998 年长野冬奥会，当时只有 16 岁的小将徐囡囡挺身而出，她那令人惊艳的一跳将银牌揽入怀中，同时也创造了中国雪上项目的最好成绩。从 2002 年开始，以李妮娜为代表的一批女子选手开始占据世界比赛的舞台。在都灵冬奥会开始前，李妮娜手里已经握有世界杯 10 站冠军，同时在 2005 年度获得中国首个雪上项目世锦赛冠军。再加上两届冬奥会元老徐囡囡、动作难度系数达到了世界最高的郭心心，还有王姣、张鑫和程爽，这六个女孩组成的中国女队在世界杯的比赛中所向披靡，几乎包揽了世界杯各站比赛的金牌。

在都灵冬奥会自由式滑雪女子空中技巧的决赛中，中国队在决赛第一跳后占据了前三名的情况下被对手实现了“超级大逆转”。郭心心在第二跳时没站稳，与中国在冬奥会雪上项目的首枚金牌失之交臂。最后只由李妮娜获得了一枚银牌，平了长野冬奥会上的最好成绩。

当人们都认为中国只能在下届冬奥会上实现突破的时候，韩晓鹏出现了。在冬奥会历史上还从来没有一名运动员在预赛排名第一，在决赛仍能继续保持状态最终拿到金牌的。韩晓鹏打破了这一怪圈，拿到了这一枚宝贵的金牌，终于在人们最没有想到的地方实现了梦想。就这样，中国的自由式滑雪经过了十几年的风雪吹打，终于在阿尔卑斯山层峦叠嶂之间见到了风雪淘尽之后的金牌。

自由式滑雪空中技巧，一直是中国的传统优势项目，并且形成了多人进入决赛的集体优势，遗憾的是当男子实现突破之后，女子项目一直还在蝉联亚军。

三、项目分类

自由式滑雪1992年起被列为冬奥会比赛项目，设男、女空中技巧(1994年列入)和男、女雪上技巧(1992年列入)，男、女雪上芭蕾于1988年、1992年被列为冬奥会表演项目。

四、项目规则

自由式滑雪是以滑雪板和滑雪杖为工具，在专门的滑雪场上，通过完成一系列的规定和自选动作的一种雪上比赛项目。自由式滑雪类似于花样滑冰，根据表演的艺术效果和竞技水平决定个人得分，它要求运动员有非常好的平衡能力和空中控制能力。

空中技巧：比赛包含两次不同的特技跳跃，强调起跳、高度和距离(即“腾空”)，正确的姿势、动作的执行和准确性(即“动作”和“着陆”)。运动员的技巧按下列三个基本要素予以裁判：腾空占得分的20%、动作占得分的50%、着陆占得分的30%。裁判员根据FIS自由式滑雪裁判手册6004款确立的标准独立评定运动员的技术表现。每跳的分数乘以难度系数，决定该跳的总分。

旧规则规定，运动员从平台跃起到落地的空间内做各种空翻转体动作，自由式滑雪的得分是由表演的艺术效果和竞技水平决定的，比赛时每人试跳两次，裁判员根据运动员完成动作的质量评定空中动作分和着陆动作分，两者相加再乘以动作难度系数，即为一次试跳的得分，两次试跳得分相加，得分多者名次高。

新规则规定，预赛第一跳取前6名直接进入决赛，未进前6名者进行第二轮预赛；第二轮预赛取前6名进入决赛，共12人进入决赛，预赛中两跳动作不可重复使用，每轮得分不相加。决赛三轮实行淘汰制，12进8、8进4、最后4人争夺奖牌，决赛中两跳动作不可重复使用，每轮得分不相加。

雪上技巧：比赛指在一条陡峭、多雪包的线路上进行一次自由滑行，强调技术性转动、速度和空中技术动作。雪上技巧运动员的技术按下列三个基本要素评分：转动占得分的50%，腾空占得分的25%，速度占得分的25%。

雪上芭蕾：场地长200—240米、宽35—45米，坡度为12—15度。滑雪板不得短于运动员个人身高的81%。裁判员根据运动员完成动作的情况评定技术分和艺术效果分,以技术分和艺术效果分的总和判定名次,得分多者名次列前。

五、中外优秀运动员介绍

图 3-38　徐囡囡

徐囡囡,国际运动健将,中国自由式滑雪空中技巧优秀运动员。1993 年由沈阳体育学院调入长春市体工队,2006 年退役,进入沈阳体育学院从事教学工作。1998 年第 18 届日本长野冬奥会,中国女子空中技巧就已经具备了冲击金牌的实力。然而,夺冠呼声很高的名将郭丹丹在赛前的训练中两个脚踝全部负伤。当人们还在为郭丹丹惋惜的时候,当时只有 16 岁的小将徐囡囡挺身而出,她以令人惊艳的一跳将银牌揽入怀中。同时也创造了中国雪上项目的最好成绩。

韩晓鹏,1982 年 12 月 13 日出生,江苏徐州沛县人,中国自由式滑雪空中技巧运动员,首位在冬奥会雪上项目夺冠的中国运动员。2006 年 2 月 23 日晚,韩晓鹏在都灵冬奥会上一鸣惊人,在决赛中以 250. 77 分力挫群雄,以两个完美的动作获得了都灵冬奥会自由式滑雪男子空中技巧金牌,这也是中国第一枚自由式滑雪项目的金牌。2006 年初获得 2005 年度十佳劳伦斯冠军奖年度最佳突破奖。如果说杨扬在盐

图 3-39　韩晓鹏

湖城冬奥会实现我国金牌“零”的突破是第一座里程碑，那么，韩晓鹏在都灵的这一步跨越与腾飞，就是中国冰雪运动新的里程碑。

图 3-40　比杜奥

比杜奥，出生于加拿大蒙特利尔，2010 年加拿大温哥华冬奥会雪上技巧冠军。比杜奥是加拿大的希望，但他明白自己参加的男子雪上项目实在是强手如林，“我觉得决赛中至少有 10 名选手都有可能获胜”。然而，自言“紧张但很自在”的比杜奥没有让主场观众失望，他以精彩的跳跃、夺目的转弯和让对手难以匹敌的速度成为最后的胜者。虽然比杜奥并未意识到成为首个在本土夺得奥运金牌的加拿大人究竟意味着什么，但这位来自蒙特利尔的小伙子还是一点也不低调地表示：“我被载入了历史。”然而，好运并未结束，2014 年在索契，他再次成功卫冕。

图 3-41　李妮娜

李妮娜，生于 1983 年 1 月 10 日，辽宁本溪人，曾是中国女子自由式滑雪空中技巧项目的“当家花旦”。她是我国自由式滑雪项目第一个世界杯总决赛冠军，第一个获得空中技巧世界排名第一、第一个获得世界锦标赛冠军的女运动员。参加了 2002 年、2006 年、2010 年、2014 年四届冬奥会，收获 2 银，蝉联 2005 年、2007 年、2009 年三届世锦赛冠军，被誉为“雪上公主”。雪上运动是中国的弱项，但自由式滑雪世锦赛的一项纪录却是中国人保持的，李妮娜是世锦赛 1986 年创立以来，空中技巧项目唯一的三连冠。2015 年 2 月 10 日，李妮娜接受北京冬奥申委颁发的聘书，正式成为北京申办冬奥会的形象大使。2015 年 7 月 31 日，她在吉隆坡作为陈述人,见证了北京赢得2022年冬奥会举办权的历史时刻。2016年6月18日,滑雪公主李妮娜在北京鸟巢举行婚礼,现场宛如冰雪世界,新娘貌美动人。

第十一节　雪上冲浪运动——单板滑雪

一、项目起源

20世纪60年代,单板滑雪出现于美国的密歇根州。单板滑雪板的发明人是一个名叫谢尔曼·波彭的美国人。他受到夏季海上冲浪板的启发,为自己的孩子打造了一块特殊的滑雪板,将传统的两块滑雪板改为一块滑雪板,就如同冲浪板一样。孩子们可以手拉绳索踩在这种滑雪板上滑行。最初的十年里,这种滑雪板并未普及大众,只是作为孩子的玩具。直到20世纪70年代中期,因为研究开发这种滑雪板的人越来越多,这种滑雪板不断得到改良,单板滑雪这项活动才开始普及。最初单板滑雪板是塑料滑雪板,后改良为用蒸汽弯曲板材和纤维玻璃钢制造镶上金属边的新型滑雪单板,之后由托·西姆斯再次改良为溜冰式单板滑雪板,这种滑雪板的底部有突起。1984年,美国《粉末》杂志报道了这种滑雪板,推动了单板滑雪活动的普及。

二、项目发展

1980年,第一个关于单板滑雪竞赛的规则由美国滑雪联盟制定。1983年,首届国际单板滑雪赛在美国举行。直到高山滑雪等滑雪运动爱好者和一些陆地滑板爱好者的加入,单板滑雪才真正作为一项雪上运动开展起来。各滑雪场开始开放单板滑雪这项运动,有的还仿照陆地滑板的U型场地,建了U型池。大家公认的单板滑雪成为竞技运动的起点是1983年。

1987年,欧洲单板协会成立,并于同年举行了首届单板滑雪世界杯,第一届单板滑雪世界杯举行地有两站,一站在欧洲,一站在美国。首届单板滑雪世界杯设立8个比赛项目(男/女回转、大回转、平行回转、U型场地技巧等)。

1989年,国际单板滑雪协会成立,1990年更名为国际单板滑雪联合会,但是 2002 年撤销了国际单板滑雪联合会。为了让单板滑雪进入冬季奥运会更好地发展,从 1993—1994 年赛季开始,国际滑雪联合会成为单板滑雪世界杯的领导。1998 年的长野冬奥会上,单板滑雪第一次成为冬奥会比赛项目。

单板滑雪是冬季极限运动,受伤的可能性很大,小到无害的滑倒,大到具有高冲击力的碰撞。通常初级滑雪者更容易受伤,接近 25%的受伤都是来自第一次单板的经历。与双板滑雪相比,单板滑雪受伤的部位通常是上肢和踝关节。这是因为当滑雪者失去平衡时,他们无法伸出另一只脚支撑身体,恢复平衡,因为两脚被牢牢地固定在滑雪板上。当要跌倒时,本能的动作就是伸出手臂防止跌倒,因此上肢受伤的风险很大。但是,严重的受伤在单板滑雪为数不多,通常是发生在与树木的撞击中。手腕受伤是单板滑雪中最常见的,其次是踝关节和膝部受伤。

中国的单板滑雪于 2003 年正式立项,主要开展 U 型场地雪上技巧项目。凭借在体操、武术等项目上的突出成绩,中国单板滑雪项目选材得当,在短短五年时间内进步迅速:2005 年世界大学生冬季运动会上,潘蕾为中国队赢得国际比赛的首枚单板滑雪银牌,中国队在该项目上还获得了两个 2006 年都灵冬奥会的参赛资格。2007—2008 赛季,中国 17 岁小将刘佳宇脱颖而出,两次夺得世界杯金牌,并一度跻身世界排名第一的位置。2009 年 1 月韩国举行的世锦赛上,中国队实现历史性突破,夺取 U 型池团体和个人冠军,并逐渐形成了集团优势。2010 年温哥华冬奥会,刘佳宇遗憾获得第四名。2014 年索契冬奥会,蔡雪桐获得第六名,男子方面也有所突破,张义威和史万成分获第六和第七名。2018 年平昌冬奥会,刘佳宇终于为中国队赢得了历史上第一枚奖牌,获得女子组亚军。

三、项目分类

奥运会比赛共设男女平行大回转、平行回转、U 型场地、自由式、障碍争先赛等共计 10 个小项。其中自由式是 2014 年索契冬奥会新增设的项目。

雪上滑板运动于 1998 年被定为日本长野冬奥会的正式比赛项目。比赛共设男女平行大回转和自由式滑板,共 4 个比赛项目。

四、项目规则

大回转：场地长 936 米，平均坡度 18.21 度，坡高 290 米。大回转用靴与滑雪靴相似，但更有弹性。滑板坚硬、狭窄，以利于转向和高速滑行。比赛以滑行速度评定名次。主要技术动作有左右回转。比赛中两名运动员一起出发，在相邻的两个相同的赛道上穿越一系列旗门，最先到达终点线的运动员晋级下一轮，而最终的冠军要赢得九轮比赛。

U 型场地：场地为 U 型滑道，长 120 米，宽 15 米，深 3.5 米，平均坡度 18 度。滑板稍软、较宽，靴底较厚。比赛时运动员在 U 型滑道内边滑行边利用滑道做各种旋转和跳跃动作。裁判员根据运动员的腾空高度、完成的动作难度和效果评分。主要动作有跃起抓板、跃起非抓板、倒立、跃起倒立、旋转等。

越野赛：四位选手在一条赛道上出发，穿越一些起伏的丘陵和跳跃一些坡度，每一组最快的两位运动员晋级下一轮。

高山和越野滑板是计时项目，自由式滑板由裁判根据运动员的技巧和表演的难度水平来评分。

五、中外优秀运动员介绍

肖恩·怀特，生于 1986 年 9 月 3 日，美国人，世界著名单板滑雪运动员，曾获得 2006 年和 2010 年冬奥会单板滑雪 U 型槽男子冠军，绰号“飞翔的番茄”。他是世界上最好的单板滑雪选手、最有才能的滑板选手之一。他不仅几乎在每场他参加的单板滑雪比赛中获胜，而且形成了自己的独特风格。很多滑雪者都能完成空中转体 900 度，但肖恩·怀特的确做得更有看头。他的技巧、风格和个性已经融合在一起，这使他成为最受尊敬、最优秀的单板滑雪选手之一。

图 3-42 肖恩·怀特

图 3-43　肖赫兄弟(菲利普·肖赫和西蒙·肖赫)

从 2002 年盐湖城冬奥会开始,对抗性更强、更为刺激的平行大回转取代了个人大回转。瑞士人菲利普·肖赫成了这个项目的首位男子冬奥冠军。资格赛两轮,总成绩前 16 名的选手晋级淘汰赛。菲利普排在第 15 位,惊险晋级。淘汰赛由选手捉对 PK,两次滑行总时长最短的选手晋级下一轮。比赛场地坡陡弯急,旗门间距小,因此,选手的平衡能力非常重要。从八分之一决赛开始,菲利普的对手全部犯规被取消成绩,包括 1999 年世锦赛银牌得主、法国的博泽托。顺利完成每一轮的菲利普就这样幸运地晋级决赛,对阵 1999 年世锦赛冠军、瑞典选手里卡德松。幸运女神再次垂青菲利普,一路以绝对优势晋级的里卡德松没能完成比赛,不幸被取消了成绩,顺畅完成比赛的菲利普就这样戏剧性地成了单板滑雪男子平行大回转的首位冬奥冠军。

菲利普的夺冠历程也让人质疑他的金牌含金量。不过,四年后在都灵,他用卫冕证明了自己,而且还和哥哥西蒙·肖赫上演了兄弟包揽冠、亚军的传奇。西蒙比菲利普大一岁,他也参加了盐湖城冬奥会,不过没能晋级淘汰赛。都灵冬奥会,兄弟俩都拿出了最好的状态。资格赛哥哥西蒙排名第一,弟弟菲利普落后 0.45 秒排第二,两人因此在淘汰赛各守上下半区。这次,菲利普每轮都名副其实地胜出,战胜了包括世锦赛冠军在内的多位高手再次闯进决赛,西蒙也击败了多位世锦赛奖牌得主,与弟弟会师。这场比赛,菲利普成功卫冕以 0.73 秒的优势战胜了哥哥西蒙,成为首位在冬奥会单板滑雪赛场蝉联金牌的选手。而兄弟俩包揽冬奥会冠、亚军的情况,在他们之前也只有两次。

刘佳宇,中国单板滑雪运动员,1992 年出生于黑龙江省鹤岗市。2007 年 3 月,在加拿大卡尔加里举行的单板滑雪世界杯 U 型池赛中,刘佳宇获得银牌。2008 年 3 月 1 日,刘佳宇在单板滑雪世界杯赛加拿大卡尔加里站上夺得了 U 型池赛的冠军。2009 年 1 月 23 日,韩国横城单板滑雪世锦赛,刘佳宇获得女子 U 型池金牌。2010 年加拿大温哥华冬奥会上,刘佳宇夺得第四名,这是中国

图 3-44　刘佳宇

单板滑雪运动在冬奥会上创造的最好成绩。2010 年温哥华冬奥会后，刘佳宇从左肩到髋关节都是伤病，左肩撕裂更是成为她一直以来的困扰。2013 年 2 月的世界杯美国站上,刘佳宇夺得了复出后的首个冠军。索契冬奥会,刘佳宇状态不佳,仅获得第九名。2018 年平昌冬奥会,刘佳宇获得银牌,成为中国冬奥历史上的第一人。

平野步梦,1998 年 11 月出生在日本村上市,年仅 15 岁就在索契冬奥会上以 93. 50 分的成绩获得单板滑雪男子 U 型池比赛的亚军。平野步梦早就拥有了“天才少年”的光环,2013 年 3 月平野步梦在挪威奥斯陆举办的世界单板滑雪巡回赛 WST 六星级比赛——北极挑战赛中夺得季军。2014 年 2 月 12 日,在索契冬季奥运会单板滑雪男子 U 型池的决赛中,平野步梦第一轮拿到了 90. 75 分,第二轮他仍然敢于挑战,做出了 1440 度的转体,这个四周的动作为他赢得了很多认可,裁判给他打出了 93. 50 的高分,最终平野步梦列于俄裔瑞士选手尤里 · 波德拉德契科夫之后获得亚军。

图 3-45　平野步梦

第十二节　冬季方程式赛车——有舵雪橇

一、项目起源

有舵雪橇，又称雪车，起源于瑞士，也称“长雪橇”，为雪橇运动项目之一，是一种集体乘坐雪橇，在人工冰道上利用舵和方向盘控制滑行的运动。1924 年在第一届冬奥会上被列为正式比赛项目。雪橇由金属制成，形如小舟，橇首覆有流线型罩。橇底前部是一对舵板，上与方向盘相接，橇底后部为一对固定平行滑板。橇尾装有制动器，是由无舵雪橇发展而来的。

关于有舵雪橇的起源，有说法是，在瑞士的圣莫里茨，一个名叫博布的男孩在游戏中随机发挥，将两只雪橇前后摆放在一起，从山上滑下，这一创举在 18 世纪 80 年代被两位美国考察人员惠内和蔡尔兹发现，他们将两个无舵雪橇前后用木板钉在一起，前面的用于控制转弯，引起人们的兴趣，并促进了这一项目的发展。

还有人认为，有舵雪橇产生于英国，1883 年英国人把平底雪车装上了车板，安装了金属舵板和制动闸，这是有舵雪橇的雏形。1888 年瑞士的马蒂斯研制成装有操纵舵的长雪橇、木制架子、铁制滑板。1890 年，爱好者们又制成装有金属舵板和制动闸的雪车，称有舵雪车。

二、项目发展

1897 年，第一个有舵雪橇俱乐部在圣莫里茨创立。1898 年 1 月在克雷斯特朗四人座有舵雪橇问世。1903 年第一条人工有舵雪橇线路在圣莫里茨建成。国际有舵雪橇和平底雪橇联合会成立于 1923 年 11 月。1928 年为推进有舵雪橇的发展，国际有舵雪橇和平底雪橇联合会决定从 1930 年起开始举办有舵雪橇锦标赛。1952 年国际有舵雪橇和平底雪橇联合会对有舵雪橇的竞赛规则做了修改，不但限制了雪橇的重量，而且限制了乘员。随着时代的发展和进步，不仅对有舵雪橇的结构设计做了很大的改良，其制造工艺和材料等也有较大的改进。

四人雪橇在 1924 年第一届冬奥会时就已列入竞赛项目，之后在每一届

(除 1960 年)都是比赛项目之一。双人雪橇第一次出现在 1932 年冬奥会,之后除了 1960 年之外,每届冬奥会都是规定的比赛项目。1924 年和 1928 年两届冬奥会,雪橇都只有四人项目,当时还加上一个在后面帮忙推车出发的人,实际上是 5 人。女子比赛则开始于 2002 年盐湖城冬奥会。

有舵雪橇之所以引人入胜,是因为它高速滑行的时候,选手距离地面非常近,那种风驰电掣般的高速行驶让人充分享受危险的刺激性。雪车的速度受到三个因素影响,一是重量,二是空气阻力,三是摩擦,如果这三项因素相等,那么选手与雪橇组合最重的,就会跑得最快。比赛开始的时候,选手尽自己所能快速推送雪车大约 50 米,然后快速跃入车内。

作为冬奥会少数以千分之一秒进行计时的项目,如同 F1 赛场,各支队伍都在绞尽脑汁,为提升千分之一而努力,除提升个人技术外,在规则范围内的装备改造成为这个奥运周期的主流选择。索契冬奥会,传统项目强国想到与著名汽车制造商合作,例如:英国队有迈凯轮协助,玛鲁希亚为俄罗斯服务,德国有奥迪研发部门,F1 顶级车队法拉利更是意大利的“后盾”。如今,通过风洞技术改进雪橇类器材的空气动力学特性,或许会让“冰上 F1”成为冬奥会的科技“急先锋”。

三、项目分类

冬奥会设男子双人座、男子四人座和女子双人座三个比赛项目。女子双人小项于 2002 年列入盐湖城冬奥会比赛项目中。

四、项目规则

双人座雪橇长不得超过 2.70 米,宽 0.67 米,滑橇板宽度 8 毫米。双人座雪橇比赛时,总重量不得超过 375 公斤,四人座雪橇最长 3.80 米,宽 0.67 米,滑橇板最小宽度为 12 毫米。四人座雪橇总重量不得超过 630 公斤,不足重量可携带其他加重物补足。

滑道全长 1 500 米,平均坡度为 4 度 30 分,最大坡度为 8 度 30 分。弯道部分的半径必须在 20 米以上,滑道的护墙最少不得低于 50 厘米。

每赛次滑行 4 次,以 4 次比赛的累计时间计算成绩,时间少者名次列前。遇两队时间总和相等时,以任何一次时间最少队为胜。

每个小项赛期两天，每天进行两次。首轮出发顺序由抽签决定。从第二轮起，出发顺序由前一轮的最后一名先出发，接着顺次下排。出发前，雪橇距起点线 15 米。出发信号发出后，均由选手在起点处手推雪橇奔跑起动，推行距离大概为 50 米，之后选手跃入座位，前座的人掌舵，最后座的人负责制动。到达终点时，选手均须在座位上，否则成绩无效。

五、中外优秀运动员介绍

图 3-46　伊根・爱德华

伊根・爱德华，生于 1897 年 4 月，美国运动员。他是目前为止唯一一位在夏奥会和冬奥会上都夺取过金牌的运动员，在奥林匹克历史上占有独特的地位。伊根出生在美国丹佛的一个贫苦农民家庭，但是他通过努力，考取了世界最好大学：他曾经就读于耶鲁、哈佛和牛津大学，这些教育让他后来成为一名成功的律师。1920 年，在比利时的安特卫普举行的第七届夏奥会上，伊根在男子轻重量级拳击决赛中击败了一名挪威选手，夺得一枚夏奥会金牌，随后，他成为第一个在大英业余拳击锦标赛上获得冠军的美国人。到达自己拳击运动生涯的顶峰后，伊根开始转向雪橇运动，在夺取自己的夏奥运金牌的 12 年后，他在美国的普莱西德湖重现自己的辉煌，在第三届冬奥会上获得男子四人雪橇的金牌，这让他成为唯一一个同时在夏奥会和冬奥会上都夺取金牌的运动员。

图 3-47　祖布科夫

亚历山大・祖布科夫，是俄罗斯著名的有舵雪橇选手，也是 2014 年索契冬奥会俄罗斯代表团的旗手。当时 39 岁的祖布科夫是俄罗斯雪橇项目中的传奇选手。2002 年盐湖城冬奥会,是他的第一次奥运会之旅。2006 年都灵冬奥会,他和队友合作获得了四人有舵雪橇的银牌。2010 年温哥华冬奥会,他获得了双人雪橇的铜牌。2014 年索契冬奥会祖布科夫与队友沃埃沃达一起包揽了二人和四人有舵雪橇的两枚金牌。

第十三节　雪上烙铁运动——无舵雪橇

一、项目起源

无舵雪橇,也称平底雪橇、运动雪橇或短雪橇。雪橇运动项目之一,由运动员通过变换身体姿势来操纵雪橇高速回转滑降,仰面躺在雪橇上,双脚在前运动。据记载,早在 1480 年挪威就已出现无舵雪橇。1883 年 2 月 12 日,瑞士人皮特和澳大利亚人乔治联手进行了一次“伟大的国际冰橇比赛”,他们用时 9 分 15 秒滑过在瑞士达沃斯 4 公里的赛道。随后这个运动在瑞士、奥地利、德国、意大利以及美国等国家迅速兴起。

二、项目发展

无舵雪橇真正获得发展是从 19 世纪 80 年代开始的。1883 年 2 月 12 日,由瑞士达沃斯镇温泉附近的旅馆发起组织了一次无舵雪橇的比赛。这次比赛吸引了瑞士、美国、英国、德国、奥地利、荷兰、瑞典 7 个国家的 21 名运动员参加。比赛在达沃斯北部沃尔夫冈和克罗斯特斯之间的天然滑道上进行,线路总长度4 000米。1889 年德国成立无舵雪橇俱乐部。有男子单人、双人和女子单人 3 个比赛项目。20 世纪初,无舵雪橇已经发展到美国、瑞士、波兰、意大利、挪威、法国、英国、德国、比利时等十余个国家。随着无舵雪橇的发展,在一些国家的倡议下,从 1914 年开始举办欧洲锦标赛。

1923 年,国际有舵雪橇和平底雪橇联合会在法国巴黎创立,无舵雪橇作为一个组成部分,加入了该组织。1935 年,为加强对无舵雪橇的领导,国际有舵雪橇和平底雪橇联合工会决定设立“无舵雪橇部”,并定期举办世界锦标赛。1954 年,第二次国际无舵雪橇会议在瑞士达沃斯镇举行。经过三年的酝酿和筹备,1957 年国际无舵雪橇联合会(ILF)终于在瑞士成立。决定从第九届冬奥会开始进行无舵雪橇比赛，在非冬奥会年份，每年举行世界锦标赛、欧洲锦标赛及各种杯赛。1959 年，国际无舵雪橇联合会在慕尼黑举行的国际奥委会会议上得到了国际奥委会的承认，并决定从 1964 年开始将无舵雪橇列为冬奥会项目。

1985 年，为进一步普及无舵雪橇运动，国际无舵雪橇联合会决定从 1987 年开始举办世界无舵雪橇锦标赛，比赛设有男子个人、女子个人、男子双人及团体项目。到 2003 年，无舵雪橇已发展到世界五大洲 60 多个国家和地区，已有 47 个国家和地区的无舵雪橇组织加入了国际无舵雪橇联合会。

从 1964 年到 2002 年，冬奥会共计产生无舵雪橇金牌 34 枚，分别被德国、意大利、奥地利等 6 个国家和地区的 36 名运动员（女子 10 名）获得。获得金牌最多的国家是德国，获得金牌最多的运动员是德国的乔治·哈克尔。与许多极限运动一样，无舵雪橇也有风险。虽然大多数受伤只涉及碰伤、擦伤、骨折和脑震荡，但死亡也偶有发生。2010 年冬奥会时，格鲁吉亚雪橇选手诺达尔·库玛丽塔什维利在他的一次练习中遭受了致命的碰撞，至今已有四名选手在练习中离世。

三、项目分类

无舵雪橇有男子单人、双人及女子单人 3 个比赛项目，双人小项不分性别。1964 年在第九届冬奥会中被列为正式比赛项目。在现代的无舵雪橇比赛中，选手的速度可以达到每小时 140 公里或者更高。

四、项目规则

无舵雪橇滑道是以混凝土或木材为基础砌成槽状的滑道，与雪车和俯式冰橇的比赛轨道相同，只是起点比另外两个项目更远一些。赛道设计成希腊字母欧米伽的形状。道宽 1. 3—1. 5 米，滑道两侧的护墙均需浇冰。比赛线路长度为男子 1 000—1 400 米，女子 800—1 200 米。全程设 11—18 个弯道，弯道的半径为 8 米。滑道的平均坡度男女相同，为 4—10 度。起点与终点的高度差为 70—130 米。

单人赛的赛事中，所用的雪橇重量不可超过 20 公斤。单人赛要进行 2 天，每天进行 2 次滑行，首次的出发名次以抽签决定，之后的出场次序以成绩排序，在4次滑行中所得时间会加起来，所用时间最短的选手为优胜，如若成绩相同，则以任何一次用最短时间完成的选手为优胜。

在双人赛方面，雪橇重量的最高上限为22公斤，赛事为期一天，进行两次滑行，赛事第一次的出发名次由抽签决定，之后的出场次序以成绩排序，将两次滑行中所用时间加起来，所用时间最短的一队为优胜，如若成绩相同，则以任何一次用最短时间完成的一队为优胜。

五、中外优秀运动员介绍

图3-48　乔治·哈克尔

乔治·哈克尔，德国杰出雪橇运动员，生于1966年9月9日。1988年乔治·哈克尔22岁时，第一次参加冬奥会就收获了银牌，后来又5次参加冬奥会，曾创下至今无人能及的纪录。哈克尔为了提高自己在出发阶段的速度，专门在家附近修了一条练出发的赛道，天天训练。功夫不负有心人，四年之后在阿尔贝维尔，哈克尔拿到了自己的第一枚冬奥会金牌。此后，哈克尔势头不减，1994年冬奥会，他战胜奥地利的普罗克和当时初出茅庐的佐格勒；1998年在长野，哈克尔以半秒优势又一次战胜佐格勒，成为无舵雪橇男子个人赛上的第一位冬奥会三连冠。尽管2002年在盐湖城输给了佐格勒，但连续五届冬奥会都有奖牌入账，取得3金、2银，在当时已经创造了历史，这个纪录12年后被佐格勒打破。在世锦赛上，哈克尔总共获得包括10金在内的22枚奖牌，比佐格勒和戴姆申科加起来还要多。随年龄增长和伤病困扰，哈克尔状态下滑，2006年冬奥会，40岁的他名列第七，之后便选择了退役。

图3-49　戴姆申科

俄罗斯人戴姆申科1971年出生，1992年，不满21岁的戴姆申科首次参加冬奥会，获单人无舵雪橇排名第八名。此后，他每届冬奥会都出现在赛场上，但直到2006年，快35岁时才登上了领奖台。“七届奥运，史无前例”，这是索契冬奥会官方信息中给戴姆申科的注解。除了男子个人赛亚军，他还收获了团体接力的银牌，将自己的冬奥会奖牌数提升到3枚。此外，他还拥有2枚世锦赛银牌和4枚世界杯奖牌。20多年来，戴姆申科也尝试过雪车和钢架雪车，而他最爱的还是没有舵板、仅靠身体姿态和技巧控制的无舵雪橇。

第十四节　没有轮胎的雪上赛车——俯式冰橇

一、项目起源

俯式冰橇又称为钢架雪车，是一项以雪橇为比赛工具的冬季运动项目，它的最高速度可达每小时130公里。俯式冰橇在19世纪发源于瑞士山区的小城圣莫里茨，有可能是第一项滑溜项目。第一次的俯式冰橇比赛在1884年举行，参赛者在结冰的道路上举行比赛，获胜者得到一瓶香槟当作奖赏。1887年开始出现类似今天这种俯卧式的雪橇，因为这种雪橇的造型类似人体的骨架，也称骨架雪车。

二、项目发展

俯式冰橇与无舵雪橇一样都是起源于北欧，历史上第一次冰橇比赛开始于1884年。三年后，瑞士出现了正式的冰橇。后来在1923年的法国，国际有舵雪橇和无舵雪橇联合会正式成立，并提议把有舵雪橇以及俯式冰橇列入第一届冬奥会的正式比赛项目，但最终，只有有舵雪橇成为比赛项目。俯式冰橇后来于瑞士圣莫里茨冬奥会成为正式比赛项目，在1948年冬奥会之后又被取消。俯式冰橇的危险性高，之后它长时间没有列为正式的比赛项目，直到2002年的盐湖城冬奥会，才又再度成为冬奥会的比赛项目。2006年的冬季奥运中，俯式冰橇依然是比赛项目之一。

三、项目分类

在2002年的冬奥会前，俯式冰橇只设男子项目，后来女子个人赛才被加入冬奥会的小项之中。

四、项目规则

俯式冰橇的比赛场地的线路长度为 1 214 米，起点和终点之间的高度差是 157 米。男子比赛所用的雪橇，规定不得超过 43 公斤，雪橇和选手加起来的重量不得超过 115 公斤。如果选手体重加雪橇重量超过 115 公斤，雪橇的重量不得少于 33 公斤。雪橇规格，长度介于 80 到 120 厘米之间、8 到 20 厘米高。女子项目选手和雪橇重量合计不得超过 92 公斤，雪橇净重不得多于 35 公斤。如果雪橇加选手重量超过 92 公斤，雪橇净重不得少于 29 公斤。雪橇规格与男子相同。

赛道中共设有 10 个转弯处，它的上坡长度约占赛道总长度的 12%。俯式冰橇所用的比赛滑道，与雪橇相同，不同的是雪橇和滑行姿势。雪橇选手是仰躺在雪橇上，脚在前头在后。俯式冰橇则相反，选手俯卧在雪橇上，头朝前脚在后。比赛在同一天之内进行两次，以两次成绩合计排列名次。成绩计算到百分之一秒，如果选手成绩相同，名次可以并列。第一次出发顺序，是以抽签决定；第一次的成绩顺序，则是第二次出发的依据。第一次成绩最好的前 20 名男选手和前 12 名女选手，晋级第二次比赛。第二次比赛出发的顺序以第一次的成绩排名为依据，排名最前的最后出发。出发时选手排列在起点等候，依照出发顺序出发，出发的信号灯亮起之后，选手须在 30 秒之内完成出发动作。出发时选手须将雪橇推向前，将雪橇加速之后，迅速登上雪橇完成比赛，出发动作必须全部自行完成，不得借助他人之力。俯式冰橇规定只能以俯卧式进行，选手的肚子贴在雪橇上的姿势才被允许。允许中途掉落雪橇，但在通过终点时，选手必须在雪橇上才算完成比赛。

图 3-50　蒙哥马利

五、中外优秀运动员介绍

蒙哥马利，加拿大著名俯式冰橇运动员，温哥华冬奥会力压群雄获得冠军。他在前三轮比赛落后的情况下凭借最后一轮比赛的精彩表现后来居上，以总成绩3分29秒73夺得金牌,此前一直领先的拉脱维亚名将马丁斯-杜克斯在最后时刻功亏一篑以0.07秒的微弱劣势屈居亚军。

第十五节　速度最快的球类运动——冰球

一、项目起源

冰球运动是以球杆和冰刀为工具在冰上进行相互对抗的团队竞技运动。冰球分为男子项目和女子项目。冰球是一项极具观赏性的运动项目。英文"Hockey"这一词源于法语"Hocquet"。这个法语词的意思为牧羊人用的弯头拐杖。有一部分学者认为,冰球是起源于北美的一种击球游戏。

在两三百年前,各式各样的冰上球类运动就存在于世界各个国家。这些冰上球类运动的特点是由这些国家的经济、社会、民族特点多方面因素决定的。荷兰有"科尔芬",中国有"冰上蹴鞠",北欧有"班迪"等。

大家公认现代冰球运动的起源地是加拿大,现代冰球运动到现在为止已经有100多年的历史了。依据现有资料记载,早期冰球运动的场地是冬天冰雪封冻的湖面;人们将鹅卵石、马粪蛋、铁罐头作为他们的比赛用球;用两根竖立的木杆做球门;球杆多为用树枝自制的曲型棍棒;防护装备是棒球运动员的护胸;冰刀则利用特殊的铁夹夹在鞋上。冰球运动的规则和用具是在实践中不断改进的,比如在一次比赛中,一位名叫弗朗西斯·纳尔逊的裁判将渔网挂在了作为球门的木杆上,冰球运动中的门网由此诞生;再如早期冰球比赛利用铁哨发令,但是铁哨会因为寒冷粘在嘴上,裁判员弗雷德·韦格霍纳用手铃替代了口哨,冰球运动中的争球也由这位裁判提出。

也有冰球是由地面上曲棍球演变而来的说法,曲棍球起源于北欧,已有500多年的历史,驻扎在加拿大的英国士兵把这项运动引入北美。1855年加拿大金斯顿流行一种冰上游戏,参加者绑上冰刀,手持曲棍,在冰封的湖面上,追逐击打用圆木片制成的球,用两根竖起的木杆作为球门,把球击进球门,参加人数不限,这就是现代冰球运动的前身。

中国的冰球运动起源于清朝的冰上蹴鞠,冰上蹴鞠是滑冰与蹴鞠的结合体。20世纪初现代冰球运动传入我国,1905年成立了天津冰球俱乐部。

中华人民共和国成立后，冰球运动开始在北方群众中开展。比如，位于西城区的什刹海冰场，就是北京冬季滑冰和冰球爱好者集中活动的乐园。

二、项目发展

1875年，首次正式的冰球比赛在蒙特利尔的维多利亚冰场举行，比赛在麦克吉尔大学的两支球队间进行。1879年，第一份正式的冰球比赛规则由麦克吉尔大学的两名教授制定，这份规则规定一场冰球比赛每队只能有9名队员参赛。1885年，冰球业余爱好者自发组织成立“加拿大业余冰球协会”，协会协商之后决定将每场冰球比赛的参赛人员由每队9人缩小到每队6人。

19世纪90年代，加拿大兴起了冰球热，冰球俱乐部和冰球协会纷纷出现。到1895年，就有超过100个冰球俱乐部在蒙特利尔成立。并且冰球的普及从在校学生到政府官员，相当广泛。在那时，加拿大的上将执行长官斯坦利勋爵也是一位冰球的狂热爱好者。他在1892年购置一个银杯作为奖品，后来这个银杯的奖励被延续了下来，成为NHL（北美冰球联盟）的最高奖项。

1908年，法国、比利时、英国、瑞士4个国家的7名冰球代表和法国的1名新闻记者在巴黎共同商讨冰球的发展，国际冰球联合会（IIHF）也在这次会议上成立。

1910年，在瑞士莱萨旺举办了第一届欧洲冰球锦标赛，参与这次比赛的有比利时、瑞士、英国、德国。由于这次比赛的影响力较大，冰球运动迅速在欧洲兴起。

1920年，冰球作为正式比赛项目被列入第七届奥运会。该届奥运会的冰球比赛有法国、比利时、加拿大、美国等7个国家参加。由于北美冰球的打法与欧洲冰球打法不同，加拿大和美国队以绝对优势赢得了这一届的冰球比赛。人们也认为这次比赛是第一届世界冰球锦标赛。

1924年，第一届冬奥会在法国夏蒙尼举行，冰球运动成为冬奥会正式比赛项目。

1993年，奥组委决定将女子冰球运动在1998年长野冬奥会上列为正式比赛项目。

三、项目分类

冰球的竞赛分为男子和女子两项，种类分为选拔赛、友谊赛、邀请赛、联赛、锦标赛和奥运会等。世界上最著名的赛事有斯坦利杯冰球赛、冬奥会冰球比赛、世界冰球锦标赛等。我国著名的冰球比赛有全国冬季运动会冰球比赛、全国冰球锦标赛、全国冰球联赛等。

四、项目规则

整个冰球场包括冰球比赛场地、受罚席、计时记录席、队员席、裁判区、球员休息室。由于冰球场是冰球运动的基础，运动员的安全直接与场地和器材的质量挂钩，所以冰球场地、器材要严格符合规格。

冰球场的标准规格为：长 61 米，宽 30 米，四角圆弧半径为 7—8.5 米，冰球场四周的界墙高度为 1.20—1.22 米。场中间有两条平行的宽 30 厘米的蓝线将冰球场三等分，中间区域为中区，其余两个区域为攻区或守区。在中区，有一条宽为 30 厘米红色中线将球场等分。球门线是距离两边端墙 4 米的 5 厘米宽的两条平行红线。球门固定在球门线的中央。开球点是一个位于冰球场中心的直径为 30 厘米的蓝点。除此之外，在中区和端区都有争球点。

队员席是指提供给两个球队的可以容纳 6 名教练员或官员和 16 名运动员的座位。这些座位通常会被安排在靠近中区冰面的地方。受罚席在队员席的对侧，两个队的受罚席分开设置。

每次比赛时每个球队上场不得超过 6 名队员，6 名队员分别为守门员、中锋、左锋、右锋、左卫、右卫。每场比赛每队可出场 20 名队员和 2 名守门员。

每个球队有 1 名队长和最多 2 名副队长。但是守门员不能当队长或者副队长，只有队长才有资格与裁判员讨论在比赛中出现的与规则解释有关的问题。

如果队长因为受罚或者是受伤不能参加比赛，那么另外一名在开赛之前被登记在记录表上的队员可以担任队长。队长应该在比赛时佩戴 C 字符号表明队长身份。每名队员要在所穿运动服的背面佩戴不低于 25 厘米高的号码。每一个队的队员应该穿着同样颜色的运动服、护袜，佩戴同样颜色的头盔。如果两个队的服装颜色很相似容易出现误判时，裁判员可以要求某个队更换运动服。

在冬奥会冰球项目的比赛中，裁判团队由 1 名裁判员、2 名边线裁判员、2 名记罚员、1 名记录员和不超过 2 名记录助理、1 名计时员、1 名宣告员和 2 名监门员构成。

冰球运动员除了穿指定的服装外，护具也是保障运动员在比赛过程中人身安全的重要用品。冰球运动员的护具包括护踝、护腿、裤衩、护肘、护身、护腰、护肩、护胸 、手套、头盔以及面罩。

五、中外优秀运动员介绍

图 3-51　韦恩・格雷茨基

20 世纪 80 年代，世界上有三大球王，推动着他们所从事的体育项目的发展。除了我们熟知的绿茵球王马拉多纳、篮球飞人乔丹之外，另一位便是被加拿大人看作国宝的冰球大帝韦恩・格雷茨基。曾经有很长时间，水平最高的冰球职业联赛 NHL 不允许签约 20 岁以下的球员。1979 年，世界冰球协会联赛和 NHL 合并，于是不满 20 岁的格雷茨基得以在 NHL 赛场一展风采，并取得了辉煌战绩。首赛季，19 岁的格雷茨基打进 53 个进球、得 137 分，排名联赛第一，成了 NHL 最年轻的常规赛最有价值球员。1999 年，38 岁的格雷茨基结束了 20 多年的职业生涯，留下了 61 项 NHL 纪录，包括常规赛 894 个进球、1 963个助攻、2 857 的得分、9 次最有价值球员、10 次得分王。时至今日，绝大部分都未能被改写。卓越的成就让格雷茨基被视为加拿大的国家英雄，2010 年，格雷茨基第三次走上冬奥会，这回他以火炬手的身份，点燃了温哥华冬奥会的主火炬。

图 3-52　希拉里・奈特

希拉里・奈特，2010 年温哥华冬奥会亚军，美国冰球运动员，1989 年

7 月12 日出生。冬奥会上美国队在小组赛首轮迎战芬兰队，开场仅 53 秒，美国队的进攻就得分了，进球球员就是希拉里·奈特。她也是 2014 年索契冬奥会女子冰球亚军主力队员。

辛尼·克罗斯比，1987 年 8 月 7 日生于加拿大海滨小镇科尔港，2005 年被选入传奇球队匹兹堡企鹅队，同时，他也以最年轻球员的身份（18 岁）直接进入 NHL。2010 年温哥华冬奥会，22 岁的克罗斯比第一次参加奥运会，在加拿大与美国的男子冰球决赛中，比赛打到加时，克罗斯比打进了制胜金球，帮助加拿大队夺冠，成了加拿大的英雄，克罗斯比也成了最年轻的大满贯得主。2014 年索契冬奥会，26 岁的克罗斯比作为加拿大队的队长带领强大的加拿大队出征，最终克罗斯比在决赛中再次爆发，漂亮的单刀进球帮助加拿大队以 3-0 完胜瑞典，成功卫冕。

图 3-53　辛尼·克罗斯比

孙睿，中国女子冰球国家队主力队员。1987 年开始在哈尔滨市平房区体校训练，1996 年进入哈尔滨市体育运动学校进行半专业训练。1998 年年末进入哈尔滨体育工作队试训，并入选国家队。参加过 2002 年冬奥会以及多届世界女子冰球锦标赛。2007 年加盟加拿大女子冰球俱乐部。曾获 1999 年世界女子冰球锦标赛第五名，2001 年世界女子冰球锦标赛第七名，2002 年盐湖城冬奥会第七名，2007 年第六届亚冬会第三名。

图 3-54　孙睿

第十六节　冰上曲棍球(表演项目)——班迪

一、项目起源

班迪又称作班迪球、“冰上曲棍球”或“科尔芬球”。同冰球一样,班迪也是集体竞技冰上对抗项目。在北欧和北美地区较为流行,还没有列入冬奥会比赛项目,班迪在1952年曾被列为冬奥会表演项目,目前是亚冬会竞赛项目、冬奥会备选项目。

班迪起源于另外一种冰上曲棍球游戏——科尔芬。17世纪,科尔芬风靡荷兰,它是一种民众喜爱的冰上曲棍球运动,当时科尔芬的游戏用球一般是河里的鹅卵石。科尔芬随着荷兰的移民传入英国,到了19世纪,由于草地曲棍球和滑冰的影响,班迪在英国出现并且迅速普及,后来由于人们对班迪的热爱,班迪传入北欧。1901年,班迪的首次比赛在瑞士举行。在此之后,班迪的热度不断扩散,芬兰、瑞士等国家也开展了班迪运动。1902年设立俄罗斯冰上曲棍球流动奖杯,定期在圣彼得堡举行比赛。首个班迪俱乐部于1903年在挪威成立。

无独有偶,19世纪俄罗斯民间也风靡着一种和班迪类似的冰上球类运动——俄罗斯冰上曲棍球。1898年,俄罗斯冰上曲棍球有了比赛规则,并在同年3月8日,圣彼得堡的俄罗斯人与在当地居住的英国人进行了首次俄罗斯冰上曲棍球比赛,这一天被公认为俄罗斯冰上曲棍球的诞生日。

俄罗斯队以及来自北欧的瑞典、芬兰和挪威队,是冰上曲棍球班迪运动的传统强国。

二、项目发展

1928年首届全苏冰上曲棍球冠军赛举办,苏联的各个加盟共和国都派出代表队参加比赛。首届全苏冠军赛由圣彼得堡队夺得冠军。

1910年,北方冰上曲棍球联合会由俄罗斯、丹麦、瑞典、挪威、德国5个国家创立。但是在当时并没有制定统一的比赛规则。

1919 年,第一场班迪曲棍球国际比赛在瑞典和芬兰进行。

1928 年,挪威举办了第一届国际工人运动会。在第一届国际工人运动会上,班迪曲棍球被列为正式比赛项目。参加该届运动会的国家有苏联、挪威、瑞典。

1952 年,在第六届冬季奥运会上班迪被列为表演项目。但是当时的班迪有两大流派,分别在北欧和俄罗斯发展。

1953 年,在班迪爱好国家(苏联、芬兰、瑞典、挪威)召开的一次会议上,班迪球比赛规则得到统一。

1955 年 2 月,班迪曲棍球运动成立了国际联合会,并且制定了统一的比赛规则。

虽然班迪球运动起源于 19 世纪,但国家之间的世界班迪球锦标赛 1957 年才开始,1957 年在芬兰的赫尔辛基举行了首届世界冰上曲棍球锦标赛。从 1961 年起每两年举行一次,从 2003 年起改为每年一届,而女子世界班迪球锦标赛从 2004 年才开始。世界班迪球锦标赛在很长一段时间内只有 4 个国家参加:苏联、瑞典、芬兰和挪威。1985 年,美国开始加入。现今,这项运动已蔓延到欧洲、北美洲和亚洲的大部分地区。世界班迪球锦标赛从 1961 年到 2003 年之间每两年举办一届,从 2004 年起每年举办一届。

国际班迪球联合会是一个国际性的班迪球体育组织,由世界各国的班迪球协会组成,总部设于瑞典的卡特琳娜霍尔姆。

三、项目分类

班迪是冬奥会的表演项目。除此之外,世界上主要的班迪运动赛事有世界班迪球锦标赛和世界杯班迪球赛。

1957 年,首届世界班迪球锦标赛举行,1961 年起世界班迪锦标赛每两年举行一次。后来由于班迪球不断发展,2004 年起世界班迪球锦标赛开始变为每年举办一次,世界班迪球锦标赛在 2004 年纳入女子项目。

世界杯班迪球赛的参赛队伍不同于世界班迪球锦标赛。世界杯班迪球赛的参赛球队是各个国家的职业俱乐部队,而不是国家队。所以世界班迪球赛的名称会因每一届赞助商的改变而改变。

四、班迪的规则

班迪比赛的冰场为长 110 米、宽 65 米的长方形冰场。几乎相当于足球场大小，超过冰球场的规模。沿边线有高约 15 厘米(6 英寸)的界墙，用来防止球离开冰面。界墙不可与冰面相连接，以便在碰撞时可以滑动，并且在边角应富余出 1—3 米。场地的球门架设置在两条端线的中间，球门架高 210 厘米、宽 360 厘米。比赛所用的球门门柱和横梁都是 12 厘米×12 厘米的方木。比赛所用的木质球拍，长为 120 厘米，宽为 6 厘米，重 450 克，底部为弧形。与冰球运动所用的冰刀比较，冰球所用冰刀弧度略小。班迪比赛球大多数是彩色塑料或者线绳编制成的，圆形，直径 6 厘米，重 60 克。

班迪比赛时，每场比赛两个队参加。每场上场 11 个队员。每场比赛分为两个半场，比赛时间一共为 90 分钟，中场休息时间为 15 分钟。比赛实行积分制，每个队每击球射进对方球门得 1 分。比赛结束时，积分高的球队获得比赛胜利。

班迪比赛主要规则是除守门员之外，球员不允许在比赛中用手或手臂触球，且不得与其他运动员发生身体接触和身体冲撞。班迪比赛对运动员的滑行速度，以及接球、传球、射门技术都有较高要求，并且要求运动员能够与同伴互相协作，准确运球。班迪球比赛进程流畅度较高。在以下两种情况下比赛会暂停——裁判吹哨示意和球出界。暂停后，比赛通过角球、罚点球或任意球重新开始。裁判员会在球出界后裁决哪方最后触球，并且判给对方球队重新开球。比赛战术由在场球员数量决定，虽然球员在比赛中大部分时间处于固定站位，但球员的移动基本不受限制，并可以随时变换位置。

标准的成人班迪球比赛由两个 45 分钟组成，称为半场。每个半场连续进行，即球出界后比赛继续计时。但裁判员可以对重要的暂定予以补时，两场之间通常有 15 分钟的半场休息，比赛结束称为全场。

联赛比赛中可能出现平局，但在淘汰赛中，如果比赛在规定时间结束时出现平局，双方要进行加时赛。加时赛由两场 15 分钟比赛构成，如果加时后双方依然平局，则要进行重赛。作为替代，加时的两场 15 分钟比赛以“金球制”形式进行，即加时期间率先射门得分的一队获胜，如加时后双方都未进球,将以点球大战决出胜负。双方各射 5 个点球后如果还未有结果,双方再各射一球,直到一方射空另一方进球为止。规则除守门员外没有规定球员站位,但许多球员的专业分工已经发展成熟。广义上来说,站位包含三大类:前锋,主要负责射门;后卫,主要负责阻止对方得分;中场,化解对方进攻并控球传给前锋,上述球员站位统称为外场球员,以区别于守门员位置。这些站位根据球员主要占据的球场某侧而进一步细分,比如有中场后卫,左、右中场球员等。

比赛中可以替换任意数量的球员。替换不必通知裁判员,可以在比赛进行时随时替换。但如果替补球员在队友下场之前进场,将被判 5 分钟禁止入场。比赛中一队最多可有 4 名替补,其中 1 人可能为守门员替补。比赛由裁判员主持,负责执行比赛规则,并有最终判决权。裁判可以配备 1—2 名助理裁判。

五、中外优秀运动员介绍

瑞典是世界班迪运动的强国,他们从首届就开始参加世界班迪球锦标赛,从 1957 年到 2009 年,参加了全部 29 届比赛,获得 9 金、14 银、6 铜的好成绩,只要参加比赛就会赢得奖牌,瑞典的女子班迪球队更是包揽了 4 次冠军。

图 3-55　瑞典班迪球队

图 3-56　瑞典男子班迪球队

瑞典是班迪球世界强队，该项目在当地有着较好的群众基础。在历届世界班迪球锦标赛中，瑞典男女队获得冠军次数最多。

第十七节　超速高山滑降（表演项目）——速度滑雪

一、项目起源

速度滑雪是一项既浪漫又刺激的体育运动，又称作雪上一级方程式赛车、超速高山滑降。速度滑雪是一种雪上竞技活动，是在专门的滑雪道上沿直线快速滑降。速度滑雪 100 多年前起源于美国，是一个名叫托米·托德的美国人在开发金矿时，偶然从陡峭的山坡上利用滑雪板飞驰而下发明的。之后这项运动被高山滑雪爱好者所追捧并且得到普及传入欧洲。滑雪是运动员把滑雪板安装在靴底上，在雪地上进行速度、跳跃和滑降的竞赛运动。滑雪板用木材、金属材料和塑料混合制成。滑雪竞赛主要有两种：北欧滑雪和高山滑雪。速度滑雪来源于高山滑雪滑降,所以速度滑降项目的运动员很多是著名的高山滑雪运动员。

二、项目发展

滑雪运动从历史沿革角度可划分为古代滑雪、近代滑雪、现代滑雪。1931 年速度滑雪成为一个正式的运动项目。当时最好的世界纪录是 136 公里/小时。

1947 年意大利运动员刷新了这项纪录,将速度滑雪的世界纪录提到 159. 2 公里/小时。从 20 世纪 50 年代开始,随着速度滑雪的普及、器材的更新、场地技术的提高,几乎每年都会诞生新的速度滑雪的世界纪录。1978 年,速度滑雪世界纪录突破 200 公里/小时,创造这项速度滑雪世界纪录的运动员是来自美国的运动员斯蒂夫 · 麦金尼。1988 年 1 月 16 日,高山滑雪运动员米歇尔普吕 · 费尔创造了 223. 7 公里/小时的世界纪录。1992 年冬奥会,他再次打破了自己在 1988 年创造的世界纪录,将纪录提高到了 229. 2 公里/小时。女子的速度滑雪最快纪录也超过了 200 公里/小时。

速度滑雪在第十六届冬奥会时被列为表演项目。不幸的是,在一场训练赛中,法国速滑选手尼可拉斯 · 波切塔因与一台开槽机相撞身亡。此次事故令国际奥委会震惊,自那以后,速度滑雪就再未出现在奥运赛场上。国际奥委会意识到速度滑雪的极端危险性,但该组织疏远速滑的另一层原因或许是:他们认为这项运动观赏性不够。现有奥运雪上项目都给予运动员控制旋转、跳跃起落或者表演技巧的机会,可以充分展示才华和运动能力。但在很多人眼里,速度滑雪根本不需要任何天赋抑或运动能力。速滑运动员所做的,无外乎从一条直线跑道俯冲而下,只需要认准方向即可。

三、项目分类

从滑行的条件和参与的目的可分为实用类滑雪、竞技类滑雪和休闲健身滑雪。实用滑雪用于林业、边防、狩猎、交通等领域,现已多被机械设备所替代,逐渐失去昔日的应用价值。竞技滑雪是将滑雪升华为在特定的环境条件下,运用比赛的功能,达到竞赛的目的。休闲健身滑雪是适应现代人们生活、文化需求而发展起来的大众性滑雪。纯竞技滑雪具有鲜明的竞争性、专项性,相关条件要求严格,非一般人所能具备和适应。旅游滑雪是出于娱乐、健身的目的,受人为因素制约程度很轻,男女老幼均可在雪场上轻松、愉快地滑行,饱享滑雪运动的无穷乐趣。由于高山滑雪具有惊险、优美、自如,动感强、魅力大,可参与面广的特点,故高山滑雪被人们视为滑雪运动的精华和象征,更是旅游滑雪的首选和主体项目。

现代竞技滑雪发展到当今,项目在不断增多,领域在不断扩展,目前世界比赛正规的大项目分为:高山滑雪、北欧滑雪(越野滑雪、跳台滑雪)、自由式滑雪、冬季两项滑雪、雪上滑板滑雪等。每大项又分众多小项,全国比赛、冬奥会中几十枚耀眼的金牌激励人们去拼搏、去分享。速度滑雪的比赛分三场进行,预赛、复赛和决赛。与高山滑雪不同的是,每位速度滑雪运动员有三次滑行的机会,最终成绩会取三次成绩中最好的一次。并且速度滑雪不是算平均速度,而以最高速度段时速作为成绩。

四、项目规则

速度滑雪整个场地分为四个区:出发、加速、计速、减速。速度滑雪要求的是运动员做直线滑行,所以要求速度滑雪场地平整、笔直,不允许有坑洼。起点高度为 2 710 米,终点高度为 2 145 米。整个速度滑雪线路长 1 740 米,高度差为 565 米。加速区的宽度为 25 米,计速区的宽度为 50 米,计速区长为 100 米。用于计速的装置是光电感应系统。

与高山滑雪相似的是,速度滑雪比赛也采用单人出发制度。在比赛开始之前,运动员要站在出发区的起跑标志后面,身体与滑行方向成 45 度站立。当裁判发出出发信号后,选手将用手滑雪杖用力推地面来获得出发的初速度。并且借助场地的坡度迅速滑降。

由于速度滑雪是一项极具危险性的运动,所以运动员比赛时要戴好头盔并且身穿光滑和阻燃的防寒滑雪服,以免在高速滑降摔倒时引起燃烧。速度滑雪运动员滑雪板的长度要小于 240 厘米,宽度要小于 20 厘米,滑雪板的重量要小于 15 公斤。

五、中外优秀运动员介绍

意大利选手西蒙尼·奥雷甘长期领跑世界杯速度滑雪锦标赛选手排行榜,他在 2006 年创造了当时的最快滑速——156.2 英里/小时。

图 3-57　西蒙尼·奥雷甘

第四章　冬季奥运项目报道策略与方法

第一节　评述性报道

评述性新闻也可以称作述评新闻,是一种以夹叙夹议、边述边评的方式写的新闻报道,兼有新闻和评论两种体裁的特点。评述报道,以述为本,以评为脉,综括重大新闻事件,帮助读者找出重点、热点,理清新闻事件的发展脉络,宏观把握新闻事件。评述性报道最早出现在报刊上,是利用媒体来提供信息、表达意见、交流思想、抒发感情的重要文章体裁。

评述性报道大致包括评论员文章、本台评论、社论、专栏作者言论、总结综述、编者按或编后语、短评、随笔等,按照媒介属性可以分为报刊评论、广播评论、电视评论、网络评论和新媒体评论等。评述性报道的目的就是解释新闻背景,追溯新闻源头,探寻事件之间的联系,预测新闻事件的发展方向,对其价值作出判断,反映社会意见和热点问题,针对事件中的焦点加以阐述和评价。在电视中,评述性报道是将叙述新闻事件与发表评论相结合,由主持人或者记者型主持人报道事件的情况,又对情况进行分析和评论,既可以夹叙夹议,也可以展示节目对问题的归纳与总结,让观众弄清事情的来龙去脉,最后集中议论,以事实作为评论的基础。

在评述性报道中,除了作者的观点之外,还会有一些叙述性要素。比如,对作者所要评论的新闻事实的陈述,还有作者为了支撑自己观点所引用的其他相关事实材料。评述性报道与一般评论报道的区别,在于其结构中事实材料的来源及呈现形态:一般评论报道中的客观信息多为间接引用信息,不完整;而评述报道中的客观信息,则往往来源独立、结构完整,是作者采访得到的材料。尽管在评述中事实报道所占的比重很大,但是学者们普遍还是认为“以评为主,述评结合”。

评述报道中必须有两个要素——核心观点和事实,其中观点是评述中最重要的内容,没有观点,就不能形成评论。如果说观点是一篇议论文的论点,那么不可缺少的就是论据的有力支撑了。在优秀的评述报道中,论点往往由比较鲜明的判断来表达,既容易让受众关注和理解,同时也容易被记住。如何提高论点的鲜明性或明确性呢?

第一,尽可能把论点直接表达出来,放在突出的位置,而不是“暗示”或者“藏起来”。

第二,避免评论中的其他因素,特别是不要让与论点不同的观点干扰论点,因此论点要单独成段,或者放在句首。

第三,论点要与时俱进,紧跟时代发展的脚步,与大环境、政策、背景等相吻合。

第四,表达论点的句子要简短、凝练,具有高度的概括性。

评述中的论据要有典型性,具有说服力。论据,就是用来阐明论点的新闻事实和有关材料。论据,既是论点的依据,又是评论判断和推理的基础,因此,精心挑选作为论据的新闻事实,至关重要。论据一定要准确,没有争议性,尽可能是新鲜的案例或数据。论据主要包括以下两种类型:第一,案例论据,主要包括历史案例、目击案例和报道案例等。第二,数据论据,主要包括采访数据和历史数据,数据在体育新闻的评述中是很常见的。

论证的结构方式包含以下四种:归纳式结构,是一种从材料到观点,先分论后讨论的结构方式。演绎式结构,是一种从观点到材料,先讨论后分论的结构方式。并列式结构,将总论点分为两个以上的分论点,然后分别进行论证的结构方式。相比前两种,它以平行的方式安排观点和材料,使评论具有较为开阔的视野和较为丰富的内涵。递进式结构,是一种对论题进行由表及里、由浅入深、逐层分析的结构方式。各个层次间是一种层层递进的关系,每一层都有承上启下的作用,有助于受众了解事物的本质或问题的实质。

近些年来,人文关怀逐步深入媒体的评述报道,尤其是20世纪90年代以后,以《东方时空》和《焦点访谈》为代表的电视新闻节目启动了中国电视新闻的第一次改革,新闻传播的人文关怀理念开始深入新闻人的意识,并逐渐成为新闻传播主流中的一个亮点,成为新闻评论中不可忽视的一个环节。例如,2016 年 8 月里约奥运会上演了第 37 次林李大战,之前林丹以 25 胜 12 负遥遥领先,特别是在北京奥运会和伦敦奥运会决赛双杀李宗伟。这一次,两人在半决赛提前相遇,比赛场面非常胶着,决胜局打到了 20 平,可惜林丹最后一个球脚下打滑……也许,这就是最好的安排,两个 33 岁的老将谁都没有输。媒体纷纷报道也许这是他们的最后一届奥运会了,两人都能发挥出这样的水平,对得起彼此也对得起现场的球迷。一时间体育迷议论纷纷,对林丹输掉比赛有表示理解的,也有表示惋惜的,还有一部分人认为是林丹参加商业活动过多,训练太少体能不够所以导致输球。但更多的媒体换了另一个角度去解读比赛,发表了题为《林丹李宗伟:大师谱就的传奇从未落幕》《瑜亮之争诠释伟大对手》《李宗伟谈林丹:既是伟大的对手也是最好的朋友》《"林李大战"堪比华山论剑 是惺惺相惜的伟大对手》等评论,虽然李宗伟笑到了最后,但是林丹也没有输——这才是 12 年来让所有人纠缠不清的林李大战,而在他们的最后一次对战中,奉献这么一场经典已经足矣。媒体关注的角度超越了比赛本身,看到的是两位运动员的精神境界和人文色彩。

新闻报道影响人们的思想,语言是新闻评论者的武器。正确的、有分寸的评论可以起到健康、有效引导大众的作用,错误的、缺乏分寸的评论会引起大众的错误认识,给社会带来严重的后果,如果新闻评论者掌握不好语言,评述内容枯燥乏味,充满空话套话,没有吸引力和感染力,甚至让人一看一读就反感,那不仅无法起到宣传的效果,新闻评论者的工作也很难被大众接受和认可。

作为新闻媒介的重要宣传手段,新闻评论运用马克思主义的立场、观点、方法,对现实生活中的新闻事实和重要问题作出分析。作为一种直截了当的发言方式,新闻评论可以代表新闻媒介对当前的重要事件和问题表明态度,这是符合广大受众需要的。体育评论应把握好大方向,从爱国主义精神、集体主义精神、凝聚强大正能量等角度,弘扬体育健儿高昂的斗志、顽强的作风和精湛的技能。那些永不放弃、勇于拼搏、团结奋斗的体育精神,彰显了现代中国大气从容、自信开放、活力奔涌的崭新形象。

阅读材料1:都灵冬奥会格局扫描:六国整体强势　奖牌趋于分散

新浪体育讯　经过16天激烈争夺,在都灵举行的第20届冬奥会的84枚金牌全部瓜分完毕,新的世界冰雪项目格局也呈现在世人面前。

从三足鼎立到六强对峙

四年前的盐湖城冬奥会,挪威、德国、美国三国的金牌均达到了两位数,形成三足鼎立之势。

本届都灵冬奥会,首先让行家们大跌眼镜的是上届霸主挪威军团的惨败。挪威是世界传统冰雪强国,前19届冬奥会,该国累计夺得96枚金牌,位居世界第一。上届冬奥会,他们依然以13金傲视群雄。而本届挪威居然只收获两金,被挤到了第13位。

挪威人失利的主要原因是被寄予厚望的众多老将大都不在状态。盐湖城冬奥会,该国有4枚金牌出自冬季两项。其中,比约恩达伦便独得3枚个人项目金牌,加上接力项目,该届冬奥会冬季两项男子4枚金牌尽归挪威。而本届比约恩达伦大失水准,只拿到了2银、1铜;挪威人在该项目一金未得。

德国、美国是上届金牌榜的第二、三名。挪威人退出了争夺,他们自然当仁不让。尤其是德国,时隔八年之后,又一次以11金跃居冬奥会榜首位置。

与挪威形成鲜明对照的是,德国的老将们在都灵个个状态奇佳。29岁的冬季两项选手格雷斯上届冬奥会的最好成绩只是第15名;此次,他先在都灵冬奥会夺得首枚金牌,接着又连抢两金。

德国人除保持了在雪橇、速滑等项目的传统优势外,还不断拓展新的夺金领域。本届冬奥会共增设了6个单项,其中冬季两项男子15公里、女子12.5公里集体出发两个新项目的金牌,都进入德国人囊中。

美国能以9金维持自己冬奥会金牌的老三地位,得益于多名新人的冒尖。该国所获金牌有5枚来自23岁以下的年轻选手,其中两名冠军只有19岁。

俄罗斯、奥地利、瑞典是本届冬奥会三个进步明显的军团。尤其是奥地利和瑞典:奥地利上届冬奥会只以3金位列奖牌榜第十;本届他们在高山滑雪项目就收获4金，加上北欧两项、跳台滑雪和无舵雪橇角逐中的进账，金牌猛增至9枚，坐上了奖牌榜第二把交椅。瑞典上届没有金牌，此番在男子冰球、女子冰壶和越野滑雪团体竞速等集体项目做足了“文章”，最终以7金挤进六强。

俄罗斯上届冬奥会只以5金排第5位。本届凭借花样滑冰、越野滑雪等的出色表现，以8金排奖牌榜第4。加上获7金的加拿大，德、奥、美、俄、加、瑞六国虽金牌数不等，但奖牌均超过14枚，以明显的整体强势构筑了本届冬奥会六强对峙的格局。

各国实力呈现接近趋势

上届冬奥会，有18个国家染指金牌、24个国家登上奖牌榜，是冬奥会史上获金牌、获奖牌面最广的一届。都灵冬奥会，获奖牌的国家达到26个，染指奖牌国家之多超过历届；获金牌的虽然仍为18个，但金牌的分布却愈加均衡。

四年前的盐湖城冬奥会，挪威、德国、美国席卷了全部金牌的四成多。本届在都灵，排名奖牌榜前三位的德国、奥地利、美国的金牌总数为29枚，只占全部金牌的不到三分之一。

冰雪项目的特点，决定了冬奥会染金夺牌的国家短时间内很难有较大幅度增加，但从本届冬奥会不难发现，那些已经成为冬奥会“金牌俱乐部”成员的国家的实力，却呈现愈加接近的趋势。盐湖城冬奥会金牌数不足10枚的国家有15个，本届增至17个，便是又一个证明。

爱沙尼亚系欧洲波罗的海沿岸的一个小国，人口只有140多万。盐湖城冬奥会上，该国的韦尔帕鲁获越野滑雪男子15公里冠军。这是该国历史上的首枚冬奥会金牌。本届冬奥会，34岁韦尔帕鲁蝉联15公里桂冠；该国女将斯米古恩也冒了出来，连夺越野滑雪10公里和15公里两枚金牌。爱沙尼亚从而以3枚金牌首次进入冬奥会奖牌榜前12位。

自1980年美国普莱西德湖冬奥会以来，每届冬奥会都有速滑或短道速滑的世界纪录产生；1988年的第十五届和上届在盐湖城冬奥会，新的世界纪录都有8项之多。都灵冬奥会却没有打破一项世界纪录，只有两项冬奥会纪录，这可是26年来从未有过的。

1988年卡尔加里冬奥会，速滑项目能够全面改写世界纪录，主要得益于首次进入全封闭的体育馆比赛，不受外部自然条件影响。而盐湖城冬奥会之所以得名“世界纪录高产”的冰雪盛会，则与盐湖城1 307米的高海拔不无关系。而都灵是一个低海拔举办地，自然就制约了新纪录的产生。

未能改写世界纪录，心气甚高的世界纪录保持者们并非就能在都灵带回冠军，因为各国对手们的水平越来越高，大家的实力在伯仲之间，每个项目的争夺都非常激烈。美国的赫德里克是男子速滑1 500米世界纪录创造者。在都灵冬奥会该项比赛中，他却输给了名不见经传的意大利大学生、24岁的法布里斯，只获得铜牌。德国的佩奇斯泰因系冬奥会女子速滑5 000米的“三连冠”和该项世界纪录保持者，在都灵冬奥会，这位32岁的“常胜女将”也惜败于荷兰选手休斯。

亚洲多线突破活力四射

都灵冬奥会，亚洲参与、出头的项目尽管还比较有限，但在短道速滑、花样滑冰、自由式滑雪等几条战线活力十足，上升势头不可逆转。

首先是韩国的短道速滑。他们一举拿下了该项目全部8个单项中的6枚金牌，创亚洲一国在一届冬奥会上夺金的最高纪录。加上中国选手王濛的女子500米短道速滑冠军，亚洲选手共夺得短道速滑的7枚金牌。

韩国人在短道速滑中还造就了两位“三冠王”——陈善有和安贤洙。17岁的前者独得女子1 000米、1 500米和3 000米接力三项冠军；20岁的后者将男子1 000米、1 500米和5 000米接力金牌戴在胸前。本届冬奥会共三位“三冠王”，韩国就有两位，这在亚洲也是空前的。

亚洲的第二个突破来自男子自由式滑雪空中技巧。中国21岁的韩晓鹏力压欧洲多名一流高手，夺得该项目金牌。打破了该项目进入冬奥会12年来欧美男子选手称霸的一统局面。这也是中国雪上项目的一次历史性突破。

花样滑冰是冬奥会最早设立的项目之一。在以往的19届冬奥会上，亚洲该项目的最好成绩出自女子单人滑，只是一枚银牌——1992年在阿尔贝维尔举行的第16届冬奥会上，日本选手伊藤绿获该项目亚军。

本届都灵冬奥会，女子单人滑夺金的最大热门本是俄罗斯的斯鲁茨卡亚,谁料日本24岁的荒川静香比赛中超水平发挥,短节目较量虽然只排位第三,自由滑的发挥却几近完美,得到了125.32的高分,“逼得”斯鲁茨卡亚出现了失误。结果,荒川静香出人意料地登上该项目“后位”,成为冬奥会单人滑乃至花样滑冰历史上的首个亚洲冠军。

过去,亚洲有日本、韩国、哈萨克斯坦、乌兹别克斯坦、中国获得过冬奥会金牌,整个亚洲冬奥会金牌累计为23枚。其中1998年在长野举行的第18届冬奥会上,亚洲收获金牌最多,为8枚。都灵冬奥会,亚洲所得金牌累计为9枚,创造了一届冬奥会收获金牌的新“纪录”。

亚洲在都灵的夺金者多为新人,后劲不可限量;亚洲的项目也都很有特色,具备了较强的冲击力和持续发展、提高的阵容结构。而且,亚洲参加冬奥会比赛的国家和地区的数量,呈现不断增加的趋势,参赛面也越来越广。

都灵冬奥会的表现和成绩再次证明,今后相当一段时间,亚洲将是冬奥会最活跃的金牌增长点之一。

来源:厉智.都灵冬奥会格局扫描:六国整体强势 奖牌趋于分散[EB/OL].(2006-02-28)[2016-06-11].http://sports.sina.com.cn.

阅读材料2:冬奥短道总结:中国队意外+遗憾　中韩女将势均力敌

新浪体育讯　经过历时近半个月赛程的激烈对决,索契冬奥会短道速滑项目的比赛曲终人散,回顾本届赛事的全部8个单项争夺,金牌被俄罗斯、中国、韩国以及加拿大四支队伍瓜分。中国短道队虽然没有能够延续温哥华四金的大胜态势,但依然追平了多个单项的历史最佳战绩,值得一提的是,八项比赛均有中国选手站上决赛起跑线,做到了其他队伍所不能。放眼国际格局,改籍俄罗斯的安贤洙传奇不减,豪取三金统领男子赛场,而女子比赛中韩势均力敌的局面则是本届冬奥会的最真实写照。

中国女队:有意外、有惊喜、有遗憾

在王濛因伤缺席本届冬奥会后,中国短道女队的实力备受外界质疑,然而在四项比赛结束后,我们看到的是却一支没有王濛但实力依然强劲的中国队。2金1银,这是中国女队在索契冬奥赛场交出的成绩单,较之四年前温哥华包揽四金的大胜态势,的确仍有不小差距,但回顾四个项目的过程,中国女将的表现依然可圈可点。

女子500米原本是中国队最有希望夺取金牌的项目,却经历了最富戏剧性的过程。半决赛第二小组,三名中国选手同组对抗英国选手克里斯蒂,这原本是一场手拿把攥胜利,但却由于范可新开赛摔倒、刘秋宏抢位失败后程降速等原因,造成只有李坚柔一人晋级决赛的尴尬局面。作为王濛受伤后才替补参加500米的选手,李坚柔在该项目中的绝对实力并不占优,相比两位队友,她并不被寄予太高夺冠期望。

然而,意外却在最终的决赛降临:起跑后,克里斯蒂急于抢位,与意大利选手方塔娜发生碰撞,双双摔出赛道,而这一意外同样影响了领先滑行的韩国选手朴升智,使得排名第四位的李坚柔成为唯一一名站在赛场上的选手,而她也最终赢得了这场"一个人的决赛",摘取本届冬奥会中国代表团的首枚金牌。可以说,倘若没有王濛的受伤和半决赛的变故,这枚金牌本应属于中国,但历经重重变故,金牌却用这样戏剧性的场面重回中国,不得不说是上天导演的一出经典贺岁大戏。

惊喜则来自于周洋和范可新的1 500米冠军及1 000米银牌。在冬奥会开赛前,中国队在这两项中长距离上全面溃败于韩国队。本年度世界杯,中国队不仅很少摘取这两个单项的奖牌,就连晋级决赛也是非常少有的情况。但索契女子1 500米的赛场,周洋和李坚柔则带来了最意想不到的发挥,半决赛中,两人双双以小组第一晋级,周洋力克夺冠热门沈石溪,李坚柔更是战胜了金雅朗与赵海利两名韩国选手。进入决赛,四年未曾战胜韩国选手夺冠的周洋迎来爆发,在赛程冲刺阶段果敢超越沈石溪,夺下了这枚赛前不被任何人看好的金牌,实现卫冕壮举。

女子1 000米同样不是范可新的主项,但在接连失手500米和3 000米接力两个单项奖牌后,她积蓄已久的能量终于在最后的机会爆发,进入决赛后,她选择了尾随战术并通过最后两圈半的发力将名次提升至第二位,紧随朴升智、力压沈石溪撞线,夺得了自己的首枚奥运奖牌,对于很少参加1 000米国际大赛的她而言,这枚银牌同样带给我们无限惊喜,也让大家对其日后的发展充满了更多的期待。

当然,遗憾同样在索契的赛场留给了中国姑娘们。在全队最看重的女子3 000米接力项目中,主教练李琰为弟子们制定了一套从未使用但却足以一鸣惊人的战术思想,试图用这样的方式赢得中韩对话的胜利。但最终,由刘秋宏、范可新、李坚柔、周洋组成的中国队还是因为自身配合的失误,丧失了夺取金牌的绝佳机会，甚至在混乱中出现犯规行为，拱手相让本应属于自己的银牌。作为一个集体项目，我们不应过分追究谁来为这一次失误承担责任，最终的结果虽然令人扼腕叹息，但也正是因为遗憾的存在，才会激励这支队伍日后取得更强大的进展，相信女子 3 000 米接力的奥运金牌终会再次回到中国队的手中。

中国男队：重回世界强队之列

中国短道男队在本届冬奥会前并不被看好，全年四站世界杯 16 次比赛 1 金、1 银、1 铜的战绩使其在强手如林的男子赛场显得竞争力明显不足，但就在这样的背景下，中国小伙子们还是取得了四项比赛全部入围决赛，最终收获 2 银、1 铜的不俗战绩，再加上两个第四、三个第五的高排位名次，中国男队通过索契一战重回世界强队之列。

首先开赛的男子 1 500 米被视为中国短道队最为弱势的项目，在被认为进入决赛就是胜利的情况下，韩天宇、陈德全两人双双闯关成功。而最终的决赛中，年仅 17 岁的韩天宇可谓一战成名，清晰的滑行思路、果断的战术执行，让他在这场与 C-哈梅林、安贤洙、塞尔斯基等名将的直接对话里并不落得下风，最终以千分之七秒的优势力压安贤洙摘铜，而这也是中国代表团在本届冬奥会上的首枚奖牌，同时也追平了前辈李佳军 12 年前在盐湖城冬奥会创造的中国选手在该项目上的历史最好成绩，陈德全也收获了第五名的好名次。

随后的 1 000 米比赛，武大靖入围决赛，在夺牌形势看好的情况下，他意外遭到韩国选手申达吾的犯规阻挠，遗憾位列决赛选手第四位，与奖牌失之交臂，另一名中国选手韩天宇则排名该项目第五位。作为中国队最有竞争力的单项，男子 500 米的决赛赛场出现了 2 名中国人的身影：武大靖和梁文豪，在赛程过半仍占据有利局面的情况下，梁文豪发生摔倒的意外，为安贤洙后程的强势反超创造了机会，武大靖最终没有能够抵挡住其强劲的攻势，屈居亚军，但这一成绩同样追平了前辈安玉龙 16 年前在长野冬奥会创造的中国选手在该项目上的历史最好成绩，梁文豪、韩天宇分列该项目第四、第五位。

压轴进行的男子 5 000 米接力决赛曾被中国选手视为寻求突破的项目，

但由于意外的降临，让这一梦想在开赛后便化为泡影。出发抢位时，武大靖与荷兰选手发生碰撞，两人双双摔出赛道，本可发令召回重滑的裁判并没有做出这一判决，让比赛的悬念自开赛一刻便丧失殆尽。不过，处于落后的中国队员并没有因此放弃，通过比赛的全力追赶，他们依然完成了对哈萨克斯坦的反超和对荷兰队的克制，最终收获一枚宝贵的铜牌，武大靖、韩天宇、石竟男、陈德全组成的中国队同样追平了此前长野和盐湖城的男子接力项目的历史最佳战绩。

国际格局：安贤洙传奇不减，中韩女将势均力敌

索契冬奥会的短道赛场还见证了一位传奇王者的归来，曾在2006年都灵冬奥会上夺得三金一铜的安贤洙时隔八年后，再一次取得了这样的骄人战绩，只是这一次，他代表的队伍是俄罗斯，自己的名字也变更为维克多-安。在首项1 500米冲金失利、收获铜牌后，安贤洙逐渐迎来了自己的最佳状态，在随后1 000米、1 500米和5 000米接力三个项目中，他成为赛场最后的王者。

在冬奥会短道速滑历史上，此前男子金牌的最高纪录是由韩国选手安贤洙、金奇勋、加拿大选手马克加农共同保持的三枚，而安贤洙索契的胜利，让自己成为6金得主，遥遥领先地独享了这一殊荣；另外，冬奥会最高奖牌纪录则是由美国选手阿波罗保持的8枚，索契一役后，他也同样达到了这一令人惊叹的高度。自1992年短道速滑设置为冬奥会比赛项目后，俄罗斯从未获得过该项目奖牌，伴随着安贤洙的辉煌，东道主一战改写历史，3金、1银、1铜的成绩也让俄罗斯成为本届冬奥会短道速滑赛场的最大赢家。

相比安贤洙的成就，没有人会想到加拿大名将C-哈梅林的索契之旅在夺得首项1 500米金牌后便戛然而止。在随后的男子1 000米四分之一决赛及500米预赛中，没有任何干扰的他两次意外摔出赛道，加之5 000米接力半决赛队友的摔倒，本届冬奥会令人最为期待的C-哈梅林PK安贤洙的大戏并没有能够如期上演，这也不得不说是比赛的一大遗憾。同样令人大跌眼镜的还有韩国队，在全部4项争夺里，他们甚至没有能够获得一枚奖牌，再次重演12年前盐湖城冬奥会被剃光头的尴尬。

自冬奥会短道速滑女子项目于2002年盐湖城起达到4项后，中韩女将

始终包揽着全部的金牌。盐湖城冬奥会,中韩两队各得两金;都灵冬奥会,韩国3金中国1金;温哥华冬奥会,中国队豪取4金……在索契冬奥会的赛场,这样的主旋律依然没有能够被打破,而这一次,两支队伍12年后再度打成平手。在李坚柔、周洋首先夺得500米和1 500米金牌后,韩国女队后程发力,分别夺下3 000米接力和1 000米金牌,而队中主力朴升智则以2金、1铜的战绩,成为女子短道赛场的最大赢家。

来源:冬奥短道总结:中国队意外+遗憾 中韩女将势均力敌[EB/OL].(2014-02-24)[2016-06-11].http://sports.sina.com.cn/o/2014-02-24/05457038168.shtml.

阅读材料3:短道黄金一代后遇人才危机　冰雪基础大项陷断层之惑

为期17天的索契冬奥会落下大幕。中国军团以3金4银2铜的成绩在金牌榜上排名第12位,尽管取得了冬奥历史上第二好的成绩,但多年过去,冰上项目不硬、雪上项目不强的格局仍未改变,希望成为体育强国,却在前进道路上遇到了人才危机和"断层之惑"。

"黄金一代"之后的危机

作为中国冬季项目最出色的运动员,王濛赛前的意外受伤,让指望在短道速滑项目中摘金夺银的中国军团遇到了空前的危机,中国短道速滑队主教练李琰甚至透露,她是带着悲壮的心情登上了飞往俄罗斯的航班。

好在中国队的运气还不算太糟。女子500米决赛,李坚柔仅仅是因为她落后于其他3名选手的距离足够远,从而在前面3人一起摔倒时,能够轻而易举地滑向胜利。

但到了女子3 000米接力决赛,她们的好运气用光了。因交接棒出现失误导致阻碍对手被判犯规,中国队痛失卫冕的机会。刘秋宏在赛后哭成了泪人,她用八年等来的一次奥运会,颗粒无收。

不过中国短道队还是在索契获得进步,此前受伤病困扰的周洋能成功卫冕、在女子项目上拿到2金、3银、1铜,这也是李琰最感欣慰的。

然而今天过后,外界有所担忧的是,中国曾经的"黄金一代"是否还能坚持到2018年的平昌冬奥会?届时已34岁的王濛、30岁的刘秋宏以及27岁的周洋还能否保持住状态,李坚柔是否还有好运相伴,成了短道速滑队必须面对的考验。

从目前来看,被看作王濛接班人的范可新,在几场比赛中已暴露出心态起伏较大和临场经验匮乏,而李琰至今迟迟未作出与中国队续约的决定,都使这支曾经的金牌之师隐隐透露出人才短缺的危机。

雪上项目依旧是“软肋”

如果说短道速滑是中国军团的夺金主力,自由式滑雪空中技巧则成了最有机会突破的雪上项目。按照中国代表团副团长肖天的计划,他曾设想在雪上项目看到金牌。但空中技巧的男、女四名队员没能闯过心理大关,均在最后一跳功亏一篑,两项冠军全被白俄罗斯人夺走。

第四次参加冬奥会的李妮娜只拿到第四名,她希望用过去的两枚银牌换一金的梦想,最终破灭了。

看到此番令人失落的场景,肖天坦言,“我们不是输在技术上,而是输在参赛一瞬间心态的调整,以及对项目规律的认识上。跟欧洲运动员相比,我们在冒险精神上还需下足功夫。”

除此之外,中国军团在越野滑雪等基础大项上几乎鲜有选手进入前30名,而近邻日本队则在他们收获的8枚奖牌中,有7枚来自雪上,尤其是男子跳台滑雪团体赛,他们历史性地拿到一枚铜牌。

肖天承认,高山滑雪、越野滑雪等项目,中国队水平很低,不仅与欧美国家有很大差距,与亚洲一些国家也有差距。

“这些项目除了面临人才储备不厚实、训练观念与方法陈旧等问题,也面临着更激烈的国际竞争和挑战。”肖天坦陈,雪上项目的差距,自然条件、基础设施以及传统文化都只是表象,归根结底要追溯到社会经济的发展阶段,“我们尚未达到欧洲发达国家的经济发展程度,雪上项目的提高相应也需要一个过程”。

基础大项的“断层之惑”

当然,中国队也有突破历史的瞬间。一枚中国人等待了多年的速滑金牌,在张虹的冰刀下变成现实。这位25岁的哈尔滨姑娘勇夺女子速度滑冰1 000米的冠军,为中国在这个“历史最为悠久”的冬季项目上实现了突破。

而速滑馆的领奖台此后便与中国人无缘。尤其是在中长距离项目上,中国选手与欧洲强国差距越来越大。以女子 1 500 米决赛为例,两位中国选手赵欣和李奇时,分别获得第 23 和第 27 名,而荷兰选手大发神威,包揽了前四名。

与此同时,作为冬奥会最受欢迎的第一大运动——冰球,中国男、女冰球队已经沦落到没有资格参加的地步。而在 1998 年长野冬奥会,女队还曾夺得第四名。

糟糕成绩的背后,是专业人才的短缺。据了解,目前中国国内的男子冰球队,七拼八凑就只有 4 支球队,加起来也就 100 人。而女子冰球的状况则更加“惨不忍睹”,国家队就是哈尔滨队,姑娘们曾自嘲:“我们比熊猫还珍贵。”

面对这些基础大项的困局,国家体育总局冬季运动管理中心主任赵英刚指出,外国现在涌现出一批好手,中国队却“青黄不接”,新人难以形成集体优势,这是真实的现状。

或许,重视夏季奥运项目的中国体育机构,在面对冬季项目的人才危机和项目断层时,能借助中国申办冬奥会的契机,找出解决困境的金钥匙。但想要改变落后的局势,中国队依然任重道远。

来源:短道黄金一代后遇人才危机 冰雪基础大项陷断层之惑[N/OL].深圳特区报,(2014-02-24)[2016-06-11].http://sports.sina.com.cn/o/2014-02-24/11297038792.shtml.

新闻综述是综合叙述的意思,即把经过分析的对象或材料的各个部分、各个属性综合成一个统一的整体,然后叙述出来。它需要有较强的抽象、概括和分类整理能力。从写作角度看,综述也是对众多材料进行综合、整理的一种常见的写作形式,常用于人物介绍、会议记录整理、情况反映和活动汇报等。

从新闻文体的角度看,综述是评述性新闻的一种,是就若干新闻事实加以综合评述的新闻报道。常见的有综合消息(也称新闻综述)、动态消息、时事综述、受众互动综述等。阅读材料 1—3 都有很明显的综述特征,仅从标题中的“格局扫描”“总结”“……危机……之惑”等词组和短语就能体现出,它们都属于评述性报道。

一般来说,评论的空间,标题比较小,往往只有一行。作为一个句子或者短语,标题要概括地表达出整篇文章的意思,其中可能包含着事实性因素

(评论的主体对象),也可能包含着意见性因素,即论点。如果作为一个完整的判断句,它要表达文章中的认识结果和认识所及的各种因素,就会比陈述事实的消息标题更加复杂。标题的传播效果集中体现在以下三个方面:(1)受众接收信息和理解信息的速度,也可以理解为费力程度,时间成本决定着传播效率;(2)信息传播的确定性,如果程度较低,有可能会产生歧义;(3)高度提炼的精髓,标题是最醒目的,高度概括的形式有利于受众记忆和传播。

阅读材料1《都灵冬奥会格局扫描:六国整体强势 奖牌趋于分散》为受众全面分析了2006年在都灵举行的第二十届冬奥会84枚金牌的归属情况,表示新的世界冰雪项目格局呈现在世人面前。四年前的盐湖城冬奥会,挪威、德国、美国三国的金牌均达到了两位数,形成三足鼎立之势,而本届冬奥会从三足鼎立发展到六强对峙。分析出挪威失利的主要原因是被寄予厚望的众多老将大都不在状态,相反,德国的老将们在都灵个个状态奇佳,美国能维持自己冬奥会金牌的第三名得益于多名新人的冒尖。俄罗斯、奥地利、瑞典是本届冬奥会三个进步明显的军团;各国实力呈现接近趋势。上届冬奥会,有18个国家染指金牌、24个国家登上奖牌榜,是冬奥会史上获金牌、获奖牌面最广的一届,金牌的分布愈加均衡;亚洲多线突破活力四射。都灵冬奥会,亚洲在短道速滑、花样滑冰、自由式滑雪等几条战线活力十足,上升势头不可逆转。积极预测今后相当一段时间,亚洲将是冬奥会最活跃的金牌增长点之一。

阅读材料2《冬奥短道总结:中国队意外+遗憾 中韩女将势均力敌》通过对多个单项的具体分析,为受众总结了中国队2014年索契冬奥会短道速滑队的表现。核心观点为:八项比赛均有中国选手进入决赛,女子比赛中韩势均力敌。中国女队:较之四年前温哥华包揽四金的大胜态势仍有不小的差距,但回顾四个项目的过程,中国女将的表现依然可圈可点,有意外、有惊喜、有遗憾;中国男队:四项比赛全部入围决赛,最终收获2银、1铜的不俗战绩重回世界强队之列;国际格局:安贤洙传奇不减,中韩女将势均力敌。

阅读材料3《短道黄金一代后遇人才危机 冰雪基础大项陷断层之惑》从存在问题的角度反思了当前中国冬奥项目的发展瓶颈。索契冬奥会中国军团在金牌榜上排名第12位,尽管取得了冬奥历史上第二好的成绩,但冰上项目不硬、雪上项目不强的格局仍未改变,中国希望成为体育强国,却在前进道路上遇到了人才危机和“断层之惑”。人才危机来自女子短道速滑队后继无人，传统优势项目备受挑战。雪上项目人才储备不厚实、训练观念与方法落后依旧是“软肋”。基础大项专业人才短缺，“青黄不接”难以形成集体优势。呼吁相关部门借助中国申办冬奥会的契机，找出解决困境的方法和路径。

通过以上三篇评述性报道，归纳写综述要注意以下三点：

第一，收集和辨析材料。要通过观察、实验、访谈、调查、阅读等方法，把有关资料收集在一起。收集时，注意资料的广度、深度和准确度。然后将可利用的材料排列辨析，分清轻重主次。

第二，安排好结构。要按照一定的顺序编排材料，注意材料分类的科学性和编排材料的条理性。

第三，语言表达要恰当。综述的目的是把事实和情况说清楚，因此，语言应简明、概括、平实，大段描绘性的语言是不必要的。

综合消息是反映一个时期或某一活动、某一事件全面情况的新闻报道。常见的有两种综合方式：对诸多报道对象某一共同方面情况的横向综合；对某一报道对象某方面情况的发展过程的纵向综合。也有从横向和纵向结合来写的。写作时，立足点要高，要通过对大量材料的归纳、综合，提炼出观点，注意突出特点，防止面面俱到。

随着大数据时代的到来，数据新闻成为新闻界的新宠。2010 年 8 月，米尔科·劳伦兹在阿姆斯特丹主持召开第一届国际数据新闻圆桌会议演讲时指出：“数据新闻是一种工作流程，包括以下基本步骤：通过反复抓取、筛选和重组来深度挖掘数据，聚焦专门信息以过滤数据，可视化呈现数据并合成新闻故事。数据新闻被视为一个不断提炼信息的过程，在这一过程中，原始数据转换成有意义的信息。体育赛事中存在大量的数据统计，不可否认体育数据新闻已经成为媒体报道的主阵地。”

阅读材料 4：索契冬奥会火炬水下交接场面震撼

女：下面我们来说说这个索契冬奥会，我觉得吧，无论是这个夏季奥运会还是冬季奥运会，火炬的传递一定是一大亮点，而且一直以来都备受大家的关注。

男：哎，2014 年这个索契冬奥会火炬的传递是非常有特色啊，这个火炬不光有上太空去的，而这一回又下到了水底！火炬在贝加尔湖的湖底成功地传递。

旁白：火炬入水地点选在距湖岸100米左右的安加拉河与贝加尔湖交汇处附近，入水处至湖底大约是23米，俄罗斯紧急情况部贝加尔搜救队的潜水员雷巴奇恩赫身着橘白两色的特制潜水衣，手持燃烧着的封闭式火炬从船上潜入湖底，将火炬传递给在湖底等候的俄罗斯电视台1频道著名女主持人安德里耶娃，她在水下游了几米之后将火炬在水下转交给了索契冬奥会组委会负责人布隆斯基，水下传递仪式持续了约5分钟。最后，由俄罗斯著名体操运动员米科利耶娃与伊尔库茨克州州长叶鲁先科一起点燃奥运圣火。

女：谁说水火不相容，只要有了这样特殊的火种，无论是你想潜多深那都没问题啊。

男：哎，都可以！

来源：索契冬奥会火水下交接场面震撼[EB/OL].(2014-02-24)[2016-06-11].http://baidu.ku6.com/watch/08776136411723177453.html? page=videoMultiNeed.

正如《索契冬奥会火炬水下交接场面震撼》的新闻片段所示，评述性的新闻报道通常采用边叙边议的表达手法，将新闻事实与代表媒体的评论交由主持人进行汇合，做到融会贯通。在这个片段中，旁白向观众叙述火炬在水下传递的简要过程，而男女主持则通过口语化、明显带有愉悦情绪的评论呼应着标题中的"震撼"。

因为加入了适度的情绪表达，所以评述性报道相对灵活，少了一些新闻固有的"刻板"，显得很有"人情味"。这样一条关于索契冬奥会火炬传递的新闻也许很难激起对国际体坛知之甚少的观众的兴趣，但正是有了两位主持人在开头与结尾的气氛烘托，这条新闻的效果会更加立体。

碎片化的新闻报道大多只能给观众留下一个模糊的印象，因为我们很容易在电子屏幕前放慢思考，此时加入一定的解说将在潜移默化中为观众提供一个方便选择的立场。比如报道犯罪事件之后，主持人加上几句评论或者谴责会更容易引起受众警惕与激发愤慨的情绪；在上述报道中，主持人对索契冬奥会火炬水下传递的肯定态度也会使更多观众获得同感。

阅读材料5：许子东：索契冬奥会开幕式精彩无与伦比

许子东：中国的经济那么兴旺，俄罗斯现在这么颓，可是那两台晚会那一比，真是完全没得比。

马未都：俄罗斯的文化传统是悠久的。

许子东：我这两个时间这么近，就在一起看，那真是……感慨万千。

窦文涛：索契冬奥会你不能那么比，索契冬奥会跟咱们的奥运会的开幕式（比起来怎么样）？

许子东：我有啊，我吃饺子的时候有个记者采访，结果那个采访就（被）弄到凤凰网的头条去了，那个有的一比，非常精彩。最大的区别是，我们（的开幕式）是从古代讲到1840年，之后呢，没啦，一百多年现在没啦，就一个林妙可的五星红旗迎风飘扬。我看他们（索契冬奥会）讲沙皇的那一段以后在担心，他怎么写十月革命，可人家厉害啊，他就用一个抽象的，马雅可夫斯基这样的一个苏联的现代派艺术的方法展现它红色的时代，而且它有几个点，它用俄罗斯唱诗班的男声唱它的俄罗斯国歌，还有最后的那个安娜，那个世界顶级的那个女高音唱奥运的主题歌。那几个真是，我非常感佩。俄罗斯的经济据说现在很差，但是那台晚会……

马未都：俄罗斯的文化太厚，随便掏出来点儿都够你弄的。

窦文涛：我觉得最大的亮点就是少一个那个圈儿，没打开，哎，我觉得那玩意儿也是世界唯一的一个有趣的事儿你知道吗？

马未都：它出纰漏就变得很有意思。

窦文涛：很有趣，年年都出一个，那年温哥华那个也出了一个什么纰漏（有一根火炬柱没有升起）。

图4-1　开幕式五环变四环

来源：许子东：索契冬奥会开幕式精彩无与伦比[EB/OL].(2014-02-01)[2016-06-11].http://v.ifeng.com/news/opinion/2014002/01e3ffe7-f07f-45c1-9753-2aba8e2b1e45.shtml.

《锵锵三人行》的节目虽然时效性差了一些，但在广度和深度方面极具优势，这就是新闻评论的魅力所在。相较于新闻媒体中单个或两个相互照应的主持人所作的评述性报道，《索契冬奥会开幕式精彩无与伦比》的视频片段表现出主持人和两位嘉宾间思想的交流与碰撞。

虽然新闻评论的目的基本都在于为受众提供一个“隐形的立场引导”，但区别在于一般的报道，比如《索契冬奥会火炬水下交接场面震撼》是希望受众了解这个新闻事实并形成基本印象，而《锵锵三人行》中的评述似乎并不单纯以宣扬一个明确的倾向——比如索契冬奥会办得就是好——为主，而是更需要受众多走一步，带着属于自己的思考加入这场谈话之中并不断扩展其外延。

这类评述性节目的氛围相对轻松却内容翔实，因此受到观众的喜爱与追随。正如我们可以在这个片段中了解除了新闻事实以外更多的内容，比如苏联敏感的红色时代和温哥华冬奥会上的那个“小纰漏”，这些都会带给受众更多的思考空间。

阅读材料6：雪上突破中国冬奥战绩稳中有升　核心项目缺乏竞争力

2枚金牌、4枚银牌、5枚铜牌，全面超过上届盐湖城冬奥会的2金、2银、4铜，中国代表团以稳中有升的成绩结束了都灵冬奥会的角逐。其中最宝贵、分量最重的，当属雪上项目首次夺金，填补了一个空白。至此，继上届冬奥会首先在冰上取得金牌后，本届又在雪上实现了突破。

中国雪上项目金牌突破　新添雪上两大项竞逐天地

中国代表团最了不起的突破在于韩晓鹏夺得自由式滑雪空中技巧男子金牌，这是第一块雪上项目金牌，也是中国男子的第一枚冬奥会金牌。长期以来，中国滑雪项目落后，尽管空中技巧项目带有强烈的体操色彩，滑雪所占比重降到较低，但这枚金牌毕竟标志着雪上项目的本质飞跃。与此相映生辉的是，跳台滑雪、单板滑雪这两个雪上项目中古老和时尚的极端代表，也都有中国选手参赛。

冬奥会15个大项中，雪上项目占了10个。在整体落后的中国冬季项目中，雪上项目的落后有目共睹。即使在夏季全运会这样的竞赛杠杆控制的布局中，也只有冰上项目跻身其中，雪上项目现在没有，在较近的未来也难以加入。因此，雪上项目的竞技体育发展面临着最困难的处境，大众滑雪运动则还没有发展到给竞技滑雪运动以强有力的基础支撑。本届冬奥会11枚奖牌中，9枚来自冰上项目。在这种背景下，自由式滑雪空中技巧的金牌突破就显得弥足珍贵。

其实，全国从事空中技巧的运动员也不到100人，6位中国选手进入冬奥会决赛，高精尖特点在这个项目上特征明显。从体操、技巧运动员中选材，在空中动作训练中独有心得，发挥中国人身体灵巧、头脑灵活的优势，加上聘请外教拓展训练思路，这个最艰苦、最危险的项目终于取得了最沉的冬奥会金牌。同时，女子选手还有银牌入账，显示了很高的整体水平。

短道速滑选手王濛夺得了女子500米金牌，体现了一直是短道速滑世界强队之一的中国队在这个项目上的传统优势。这位选手还获得1 000米银牌、1 500米铜牌，中国女队一个新的领军人物终于以优异成绩被认可。但中国队另有两枚奖牌则全部来自老将李佳军和大杨扬，一方面，表明老将不可忽视的综合实力仍超过年轻选手，另一方面，也催促着新人快些成长。

花样滑冰双人滑夺得银牌、铜牌、第四名，中国选手不仅展示了高超的水平，张丹/张昊、申雪/赵宏博更将不怕困难带伤参战、追求梦想创造佳绩的可贵精神发扬到极致。同时，他们在花样滑冰项目上创造了中国队历史最好成绩。

速度滑冰2枚奖牌全部来自女子500米，这是自1994年冬奥会后中国队第一次重新夺牌。王曼丽33岁的年龄仍然具有世界级水准，比她小10岁的任慧则更多显示了下届冬奥会的后备人选潜力很大。3名选手进入女子500米前八名，肯定了这个项目的优势地位。

冬季两项中国选手刻苦训练、奔行于山川雪地，将自己的滑行能力提高到了世界水平，但未能换来更好的总成绩。尽管按时间顺序，比赛越打名次越好，最高达到了第七名，但射击不稳定几乎将这个项目变成中国选手的冬季单项。

越野滑雪最好名次提高到了女子第18名；高山滑雪的两名男女选手在难度很大的赛道上滑到了终点；单板滑雪这一最新雪上时尚项目、跳台滑雪这一古老神奇的“飞天”奇景，这一次在都灵冬奥会上都有了中国人的身影。雪上项目参赛面的扩展，没有让中国所开展的雪上项目出现任何落空。

夺金突破在边缘项目 核心项目缺乏竞争力

中国代表团的2金来自在冬季运动中影响力不太大的短道速滑和自由式滑雪空中技巧，以杨扬在短道速滑界，乃至世界范围内的单项领域中的超级成就未能成功竞选上国际奥委会运动员委员会委员，或许确实和短道速滑项目的影响力不够有关系。空中技巧则连短道速滑的影响力也比不了，因为这个项目太高难，而且危险重重，普通人参与不了。如果有一天空中技巧由于安全和健康的原因被逐出冬奥会，人们也不必惊讶。而在高山滑雪、越野滑雪、冰球等一些历史长、影响大的冬奥会基础项目上，中国的差距非常明显。

在夏季奥运会中，不仅有“得田径游泳者得天下”一说，这两个项目与人们的关系也最为接近，体现着人在两种典型生活环境中的基本能力，既是人们天然参与的项目，也最能引人关注。在冬奥会上，这样的核心项目就是高山滑雪、越野滑雪、冰球等。就像2005田径世锦赛，赫尔辛基50万市民中有5万人参加马拉松赛一样，欧洲地方上办的一些越野滑雪的参赛人数也经常是几万人之众。而在高山滑雪赛场，没有票的观众爬上雪山半腰、小坡，站在雪地里观看比赛；没能上山的则宁可席地而坐于冰冷的雪面。雪上赛场，经常遭遇风雪弥漫，众多的观众、如火的热情，也从一个侧面显示，这些项目在冬季运动发展强大的国家具有怎样强大的基础和广泛的影响力。

这些核心项目，就像田径、游泳在中国比较薄弱一样，越野滑雪、高山滑雪、冰球恰恰在中国都是最弱势的竞技项目。越野滑雪、高山滑雪一直都是几十名开外，这一届的越野滑雪最好的18名还比以前提高了很多个席位。男子冰球甚至在亚洲已经快被挤到最后面去了，女子冰球也失去了本届冬奥会参赛资格。

即使是在夺牌项目上，中国代表团也只在4个重点大项上有收获，而且夺牌集中在6个小项目上，显示出尖子项目太少、尖子选手也很少，夺牌夺金面小得可怜。这一现象反映出我国冬季项目基础实力薄弱、整体水平依然不高的真实面貌。

来源：高进（华奥星空特派记者），新浪体育[EB/OL].（2006-02-27）[2016-06-11].http://sports.sina.com.cn.

新闻主题是新闻作品的中心思想，是新闻作品内容的核心，是记者认识和提炼新闻事实的思想结晶，是新闻作品内容所具有的新闻价值和宣传价值的体现。从主题角度来看，此篇评述性报道有肯定有鼓励、有反思有期待，主题鲜明准确，较好地把握了舆论导向和社会意义。作者通过一定的事实来说明和表现主题，寓理于事，以事明理。后面通过“中国雪上项目金牌突破 新添雪上两大项竞逐天地”和“夺金突破在边缘项目 核心项目缺乏竞争力”两个并列段落分析了主题，这种将主题前后一分为二、分别阐述的结构形式，有利于受众阅读和理解。

阅读材料7：索契冬奥会速度滑冰男子500米决赛

（评论员：陈滢 叶乔波）

第2轮1–10组

中央电视台、中央电视台，观众朋友们大家好。您正在收看的是2014年索契冬奥会速度滑冰男子500米决赛第二轮的比赛。在经过了第一轮的比赛之后呢，选手们是重新抽签继续开始今天第二轮的比赛。目前在第一轮的比赛结束之后，荷兰的选手丝米肯斯呢34秒59排在了第一。排在第二的同样也是来自荷兰。那么刚结束的比赛当中呢，中国队的两位选手蒲忠生是排在第31，他的成绩是35秒59，另一位中国选手白秋明是位列36位，35秒738。那么今天我们也是非常高兴地请来了我国的速滑名将叶乔波和大家共同地分享今天的比赛。叶指导您好。

叶：观众朋友们，大家好。

陈：叶指导刚才这场比赛请您点评一下各支队伍的表现，尤其是中国队。

叶：中国队的这两名小将非常的年轻，一个是个子特别高的蒲忠生。他潜质比较大，在直道跟弯道方面的技术也比较全面。唯一不足的是他现在有一些伤病，希望他在俄罗斯这段时间好好治疗，疗养好，以确保在以后的比赛中能够获得更好的成绩。另一位选手白秋明呢，也是一位爆发力（强）力量型的短距离的选手。他整个身体素质非常好，尤其是技术比较全面。

唯一不足的就是个儿稍微矮了一点，通过力量的训练和技术细节上的弥补，相信将来也会取得很好的成绩。他们俩的年纪都不大，而且呢在今年都是第一次参加冬奥会的选手。都会为以后的大赛积累很多的经验，我们共同祝福他们在500米第二轮的比赛中取得好的成绩。

陈：那么在第一轮的比赛之后荷兰的选手名次呢，排在第一第二位。他们整体的实力一直都这么强么？

叶：不是的，荷兰队一向是在中长项目比较突出。在500米比赛中过去一直都是由亚洲运动员包揽吧。这一年来有了很大的突破，我相信他们一定在训练手段上有了突破。因为教练还是那些教练，运动员也都还是参加过前一两届冬奥会的选手。

陈：就像叶指导刚才说到的，原来排在前面的是这个亚洲的运动员。现在日本、韩国的运动员在第一轮比赛之后，是排在3到5名的。好，现在比赛开始，第一位的比赛只有一位运动员参加，是来自拉脱维亚的瑟尔洛维斯。

叶：那么，他曾经在第一轮比赛中成绩是36秒12，排在第39位。按理说另一个选手，就是他自己跑500米还是有些影响的。没有竞争的对手，激励他滑出更快的成绩。所以相较有点儿吃亏。

陈：退出比赛的是美国选手汉斯。那么在刚才的比赛中他是滑出了35秒64，可能是因为腿伤的原因退出了比赛。所以呢，在第一轮只有一位运动员参加。这次一共有40个运动员参加，分为20组比。

叶：刚才摔倒的澳洲选手可能不会参加这次比赛。哦，摔倒了还要参加比赛。噢，那是有一个人退出了啊。

陈：嗯，对，他退出了，退出的是一名美国运动员。嗯，刚才您说的澳洲运动员滑了80.55秒，还是给他算最后成绩了。第一位比赛完的拉脱维亚选手呢，是刚才滑出了36秒32。

叶：看这个弯道放慢技术动作的同时会很好看，就像一个骏马在奔腾一样。

陈：他的总分加起来是72.44分。

叶：那么，接下来的运动员是澳洲的丹尼尔，跟挪威的哈沃尔。

陈：对，澳大利亚的丹尼尔就是刚才摔倒，之后又滑完全程。所以用时是80.55秒。画面中看到的就是刚才摔倒的格力德·丹尼尔。

叶：他也是因为在比赛中受伤，因而缺席了上一届冬奥会的比赛。

陈:这一届冬奥会的500米因为他在第一轮的重大失误呢,可能加上他在第二轮的成绩,最后也会很影响。不过呢,他还好,他还参加了别的项目。所以也希望他在这届索契冬奥会上,他能够好运。

叶:来自挪威的哈沃尔身材非常的高大。今年只有21岁,也是第一次参加冬奥会。这个澳洲的选手呢,有着这个轮滑的基础,他力量非常的强。因为轮滑训练量非常的大,所以腿部力量呢,要较其他的运动员有优势。

陈:在轮滑项目上他有过弯的这种技术。

叶:呃,一样的。它有公路轮滑比赛也有场地轮滑。实际上是滑冰运动衍生下来的一项运动。而且现在在世界上非常流行,收视率越来越高。参加的国家也越来越多,我们国家也组建了轮滑的队伍。尤其在南方比较盛行。

陈:刚才两位运动员比完了,让我们来看一下成绩。现在在列第一的是挪威选手哈沃尔,35.52秒。那么跟他同组的澳大利亚选手格里格,是36.29秒。因为他把两场总成绩相加,用时是115.84。接下来要看到的是第三组。波兰和中国选手白秋明,白秋明在第一场比赛中35.73的用时暂列第36位。白秋明位于外道,波兰选手位于内道。

叶:白秋明呢,一直是黑龙江省队的队员。他跟随着刘广斌训练了多年。那么刚才已经强调了哈,他为了本届冬奥会中国女运动员在绝对速度上有所提高,牺牲了个人进行陪练。他曾经在今年亚洲单项锦标赛上夺得500米第二名,1 000米第三名,是一个技术比较全面的运动员,很有潜质。

陈:画面中看到的两名选手呢,在第一轮比赛中呢排位很接近,一位38名一位36名。

叶:整体感觉今天的白秋明啊有一点发沉,我想可能不是一个最好的状态吧。

陈:两位运动员最后冲刺的时间差,差的是非常少。白秋明用时35秒71,那么他的同组的来自波兰的诺加尔呢,是35秒66,差了0.05。回放中来看一下。

叶:如果白秋明直到结束再略微地加强一下,他的成绩提高会更快一点。就是你可以看到他这个收腿的整个路线,就是着冰点,不是特别靠近蹬冰的这个冰刀的位置。如果再靠近一点,他的步幅会更加地长。

陈:好,现在画面上看到的是第四组,意大利的博萨和中国台北的选手宋青阳。宋青阳在第一轮的时间是35秒73,排位是在第35位。他的同组的意大利的博萨·戴维呢,是35秒63的优势。

叶:宋青阳呢,实际上是从事3种不同职业运动训练的选手。他当年从事轮滑短道和大道速滑,是一个精力十分出众的运动员,他是一个台湾本地出生的一个台北人吧,身体素质非常的好。刚才在500米第一轮冲向终点的时候呢,好像是右腿有一点小的拉伤。他现在的500米气势非常的好。

陈:这位选手就是在开幕式上为中国台北队做旗手的运动员。

叶:那么又是有一点趔趄啊,有一点遗憾。看来还需要增加慢速度的训练,也就是中距离1 000米1 500米的训练。对自己的成绩不是特别满意。另外一个,他在弯道滑行的过程中上体的倾度有一点大。左臂在摆动过程当中呢,有一些瑕疵,动作太多。运动员要不是背着,要不就是彻底摆动。所以呢,这一点有必要在训练中加强。他的成绩是36秒63,跟他在同组的意大利运动员博萨呢,是35秒64,那么中国台北队的选手宋青阳在刚结束的第二轮比赛当中呢,加上他之前的成绩现在总分,是排名第三。接下来要看到的是来自第五组,来自芬兰的选手位于内道,来自德国的选手位于外道。

叶:芬兰的塞莫尔,今年30岁。他有着跟其他运动员一样多的爱好,但不同的是,他在赛前和比赛出发前一定要听音乐,他用这种方式来减轻比赛中的一些压力。同时他还有一个特别的习惯,就是在系鞋带的时候一定是先右后左,否则他说他就会失败。

陈:每个运动员都有一些自己独有的小动作。他们两个在第一轮的排名呢,一个30一个34,芬兰运动员的起跑非常的漂亮。

叶:内道的芬兰选手已经开始领先。他在大幅度向前滑步的过程中呢,重心跟得不到位。

陈:而且他刚才在换道的时候没有完全转出去。

叶:其实对于一个短距离比较成熟聪明的选手呢,在换道区外出内收的时候,应该在入弯道的时候,尽可能地靠近外圈。因为只有这样才能减少在出弯道时外甩的冲力。所以很多运动员过于靠近中线就比较吃亏。刚开始甩得比较大不说,还要在中间谨小慎微地滑过整个这个弯道。甚至是支撑过来的,不是蹬过来的。看着快,他要跟踪一个慢动作的话你会看得很清楚,就是他是蹭过来的而不是滑过来的。

陈:刚刚在换道之后离中线还是很近。

叶:就是他在入弯道的时候右脚应该大踏步地往外拉一下。然后左脚快速地找到里边,这样就会避免它离心力太大了。

陈:好,下面要进行的是第六组。第六组是内道俄罗斯,中国选手是外道蒲忠生。蒲忠生在第一场比赛中呢,是 35 秒 59,俄罗斯队选手呢是 35 秒 51,排名第 28 位。

叶:蒲忠生呢在 11 年前加入了黑龙江队。今年为了参与冬奥会是从韩国聘请了指导训练。他的身高 1 米 93,是一位非常有潜质的运动员。他也是第一次参加冬奥会。能看到中国队的运动员,是在后 100 米降速比较大。

陈:这个,体力体能的消耗也比较大。

叶:对,这个最根本问题嘛,跟东道主相比还有必要加强这个耐久度的训练。你看咱们前四百米还是不错的,动作也很完美。

陈:蒲忠生刚才是滑出了 35 秒 65,他两场比赛的得分相加,暂列第三。目前排在第一的是俄罗斯队刚刚比完的库兹涅佐夫,35 秒 14。

叶:那么蒲忠生呢,因为比较年轻,22 岁,不到 23 岁。他在比赛的经验积累上还是稍微弱一些。比如说刚才起跑的时候,他的左脚刀尖距离起跑线大约 5 公分的距离。在这一点上实在是应该精雕细刻吧,即使是 1 公分也要计较。

陈:也就是最好还是紧贴着线。

叶:对紧贴着线但是我不切断它,我们要接触到它。

陈:没有违规。

叶:对,因为往往在最后冲刺的一刹那,那 5 公分就决定胜负了。

陈:好,下面进行到了第七组。外道的是意大利,内道的是韩国。这两国的……

叶:李康爽因为是一名老将。

陈:他第一场比赛位列第 26 位,优势 35 秒 35,意大利选手第一场 29 位,比他慢了 0.1 秒。

叶:这个起跑姿势也是比较独特。所以你会看到韩国这个选手李康爽啊,每天都和这次夺金希望非常大的进行短程的 50 米到 100 米的训练。在这一点上比我们中国队做的好得多。

陈:他是陪练。

叶:嗯,他是陪练,也是牺牲了不少吧,因为他也是一名非常优秀的短距离选手。

陈:韩国队刚才是滑出了35秒41,李康爽35秒41,现在是暂列第二位,排在第一的依然是刚才跟中国选手蒲忠生同组的俄罗斯选手库兹涅佐夫。库兹涅佐夫现在还是排第一的35秒14。那么现在看到的比赛,是第二轮的比赛,第二轮,将20对选手分为两组。现在已经比完了第七组,接下来进行的第八组是由俄罗斯在那个外道,韩国的金俊浩在内道。在第十组比完之后就要进行一次浇冰。现在看到的是第八组的出场阵容。韩国队的金俊浩位于内道,俄罗斯的莫屋科夫位于外道。他们两个在第一轮中分别是第25和27名。

叶:呃,俄罗斯的梅格(莫屋科夫),今年是33岁的老将。曾经参加过3届冬奥会,也就是在12年前他的冬奥会1 000米成绩是第十八名。最后一届温哥华冬奥会是第二十一名。亚洲选手在前一百米确实有很大的优势。起跑,即站立的姿势很高,然后就是突然再哈下腰。这样的过渡好像是不利于他速度的延续性。

陈:金俊浩,35秒42,现在已经是仅次于之前的库兹涅佐夫暂列到第二位,那么他同组的俄罗斯选手莫屋科夫是35秒37,目前是排到了这一场的第三名。但是把他之前那场比分加进来的话,就一下排在了第四。

叶:金俊浩刚才是35秒43,现在是35秒42,我们看到,仅仅是差了0.01秒。

陈:那他这个成绩是他冲刺之后裁判自己算么还是?

叶:就是它是电子计算嘛,就电子眼嘛。瞬间就是0.01秒大概也就是一指头的距离,所以竞争真是太激烈了。

陈:第八组结束之后,下面到了第九组。加拿大在外道,荷兰在内道。加拿大的奥沃尔迪呢,在第一场的比赛中,是排在第二十三。荷兰这位选手,比奥沃尔迪慢了0.3秒。

叶:荷兰的斯蒂文也参加过两届冬奥会。他的比赛经验非常的丰富。就是在温哥华……

陈:哦!这是在这天两场比赛中出现重大失误的第二位运动员。之前看到的比赛呢,状况还是蛮多的。之前是有两次抢跑的,其实是有三次抢跑的,然后有一次摔了。

叶:这名运动员有很好的弯道技术。一看他就是练过很多短道的技术训练。

陈:短道的训练对大道有什么帮助呢?

叶:因为短道只有111.1米,大道是400米长,所以在弯道训练上,很多运动员到夏季的时候从事很多的短道弯道的训练。因为他不停在转圈,不停在转圈,所以他对肌肉的记忆力啊,对记忆力的形成啊,有很大的好处。如果带着这样的技术,再加强一些体能方面的训练,在短距离比赛当中,无论是长还是中还是短距离,都有很大的帮助。

陈:我们来看一下这位荷兰选手刚才的问题出在哪里。

叶:啊,膝盖先着地了。他在瞬间还是希望爬起来再继续跑,这完全是一个下意识的动作。刀也是没有收回来,所以刀也是跟前面那名运动员一样点到冰、磕冰了。这个就是因为斯蒂文,对他这是一个双刃剑。那么他尽管每一步都大概是提高了开脚,大概是20多公分,等于是加长、延长了他的蹬冰路线,提高了速度。但是呢,在瞬间你开脚没有收回来的时候,刀就容易先触到冰上。一般都是出现在短距离的比赛当中,长距离的比赛不可能出现这种状况的。

陈:刚才加拿大选手35秒60,而他用了56秒81,好在他前面的排名是在第二十四位。但是他现在的排名已经是排在已经比完的十七名选手中的十六名。

叶:没关系,斯蒂文接下来还要参加1 000米和1 500米的角逐。

陈:现在为止,已经有两位运动员因为重大失误在500米这个项目上失去了竞争力。好,现在我们看到的是最后一组,也就半场的最后一组。下半场的比赛将在浇完冰之后继续进行。美国的两位选手,一位叫戴维斯,一位叫怀特米歇尔。前一轮一位排名第二十,一位排名第二十二。

叶:怀特米歇尔,九岁开始滑冰,当时是大道速滑。12岁呢,改到了短道,16岁又改回了速滑。他认为在短道速滑的比赛中,可能是因为裁判不公吧。对手将他挤出赛道却没有被判罚,气愤。他说这不是一个公正的赛事,最后他又改回了大道速滑。

陈:好,来看一下两位美国选手的同场对决。

叶:美国的戴维斯呢,同时也是短道和轮滑的三栖运动员。他跟中国队员很亲密,老到中国队的驻地去吃饭去吃饺子,是很直率的一个运动员。

陈:来自场上的一道黑色旋风首先过线。35秒58同场的35秒71,他的队友怀特米歇尔。好,现在让我们来看一下,已经有十组十九名运动员完成比赛。目前成绩排在这一场第一名的依旧是东道主来自俄罗斯的库兹尼佐夫35秒14。那么加上他在第一场的成绩,是总分70点66分、70点66秒,还是排在第一的。排在第二的是来自韩国的选手金俊浩。排在第三的依旧是来自韩国的李康爽。那么中国选手蒲忠生现在综合两场排名是在第十位。再来看一下另一位来自中国的运动员,白秋明目前总分是排名第十五的。现在现场呢,马上要进行的就是浇冰。那么在这个时间,我们一起来关注一下索契冬奥会雪上项目的比赛。

第2轮11-20组

陈:中央电视台,中央电视台,观众朋友们大家好,您正在收看的是我们正在俄罗斯索契的阿德勒斯马丁馆为您现场直播的索契冬奥会速度滑冰男子500米的比赛。现在正在进行的是第二轮第二场,也就是十一组到第二十组的比赛。在经过了上半场的比赛之后,目前为止总积分排在第一的是俄罗斯选手库兹涅佐夫,排在第二的是韩国的金俊浩,排在第三的是同样来自韩国的李康爽。那么中国选手在之前的比赛当中,是已经结束了自己两轮的比赛。目前是蒲忠生排在了第十位,那么白秋明呢,是排在第十五。今天,我们也是邀请到了我国速滑名将叶乔波和大家一起分享今天的比赛。

叶:各位朋友大家晚上好。

陈:下面我们看到的是第二轮第二场首先出场的是十一组的选手,加拿大和日本。日本位于外道,加拿大的多顿位于内道。在第一轮中分别是排在第十八和第二十一。

叶:这两名选手的特点都是非常的快。第二组,会更加好看,因为他们排名更高,所以竞争也会更加激烈。

陈:第二轮的比赛顺序是按照第一轮的成绩倒序进行上场。越在后面出场的运动员,他们在第一场比赛中成绩越靠前。相对成绩都会稍微落后一点儿。

陈:上一轮的成绩外道的成绩都比内道的成绩好?

叶:对。

陈:内道不好发挥么?

叶:因为内道回来你需要更大的力量来维持你的平衡,再加上你刚刚跑完一个 500 米,所以他会体能消耗比较大,就需要很好的储能来支撑你下面的比赛。你看到加拿大的威廉姆非常高兴。

陈:那么在第一轮的比赛中,我们看到选手在往前滑的时候,他前面会有一条黑色的线。这是选手之前滑出过的最好成绩的时间线。运动员是看不到的,但是我们观众朋友可以从电视上看到。应该是第二轮比赛的成绩应该是越好,往往会把运动员之前的时间线甩在身后。接下来要看到的是第十二组的比赛。上场的是美国队位于内道,日本队位于外道。这两名运动员在第一轮比赛结束之后,分别排在第十六位和第十八位。

叶:运动员为了激发自己的斗志出发前狠狠地喊了一嗓子。外道的运动员在换道的时候节奏更快。

陈:吉川友在比赛结束后十八排名追到了第二,用时 35 秒 22,加上了他第一轮的积分,现在排到了第二名。加拿大的多顿现在排在了第一。比赛在这一场结束之后,将决出奥运会男子 500 米速滑的金银铜牌。它是取第一轮的成绩加上第二轮的总分,这个总分就是把时间相加,用时最短的选手获得金牌。

叶:这个日本运动员的后劲很足,中距离水平是不错的。不过可惜的是他只参加冬奥会速滑 500 米的比赛。

陈:目前来看,他排在第二位。越往后上场的选手,成绩越好。好,接下来要进入的是第十三组。芬兰位于外道,挪威位于内道。他们是在第一轮比赛中排名第十五第十六的运动员。

叶:可以看到,起跑动作千姿百态。其实,姿势就两种,一种是手扶地的、一种是半蹲式的。不过每个人的动作又不一样,有的是蛙式的。

陈:芬兰用时 35 秒 41,挪威用时 35 秒 21。

叶:像北欧的运动员,都比较擅长长距离。短距离一直都是北欧的弱项。他们在我那个时代吧,20 多年前出了一个特别伟大的运动员叫考斯,拿了好几块奥运的金牌。过去都是被欧美运动员垄断的。

陈:好,下面呢,是第十四组选手,他们是来自俄罗斯的选手是位于内道,外道是来自加拿大的格里格。第一轮分别排名第十四位和第十三位。

叶:刚才两个人的成绩相差 0.02 秒。

陈:现在场上这两名运动员也是差0.02秒。现在他们的成绩来自东道主俄罗斯的科瓦尔35.24,排到了这一场次的第六名。而跟他同一组的加拿大选手35.10,现在他加上第一轮的总分排在第一。接下来要看到的是第十六组来自韩国队的位于内道,加拿大位于外道。他们在第一轮比赛当中,是第十一和第十二名。差0.01秒。

叶:这两名选手在上一轮的比赛当中误差0.01秒,一个排在第十一位,一个排在第十二位。

陈:我发现亚洲选手都不是太在乎刀尖与起跑线之间的距离。

叶:像李奎赫作为一名36岁的老将,我看距离起跑线也是有着十公分的距离,年龄大了,体力还是有点跟不上了。

陈:体力不支。最小的年龄只有18岁,要知道18岁和36岁差了一倍。18岁和36岁同场竞技。

叶:他绝对是韩国代表团的精神力量。这次也作为冬奥会的旗手出现在开幕式现场。

陈:韩国的冰上项目,速滑不论是大道还是短道,男子的能力都很强。但是在花样滑冰上,韩国基本上只有女单项目。他们的男单实力非常弱。有一种说法就是:如果金妍儿去参加韩国男子锦标赛男单项目都能拿冠军。

叶:韩国自从滑冰项目跻身世界前列以来,非常重视整体水平的提高。那么他把全韩国所有小学校的学生,把这个速度滑冰这门课作为一个必修课。就是只要你没有智障或者残障,都要通过这门课的训练和考核。所以对他的运动员的选拔很有利。

陈:好继续来到十六组,内道来自俄罗斯,外道来自哈萨克斯坦。第一轮比赛分别是第九、第十名,差了0.05秒。

叶:俄罗斯选手稍稍有一点抢跑的嫌疑,但是裁判并没有判罚。前半程完成得非常好。

陈:啊!怎么回事?!

叶:被外面的人员影响了。他有一点紧张。

陈:落后了。现在东道主选手叶森是35秒41,这一轮当中是排到第十一位。而跟他同场的哈萨克斯坦队的选手用时35.00秒,加上他第一轮的比分目前排在第一位。

叶:哈萨克斯坦的运动员算是正当年吧,年龄只有25岁。身材也非常高大,他有一次在自行车训练中啊,轮子突然掉下来。他摔伤了关节,住院治疗长达 18 个月。这其实是很危险的,我也曾经在自行车训练当中那个座突然掉下来了,从脸、肩、胳膊到髋关节,整个大腿外侧皮都擦掉了。那你想在马路上冲滑几米,那夏天是非常难受的。

陈:而且一个多月都不敢翻身,因为结痂啊什么的。

叶:所以在自行车和轮滑训练中还是很危险的。

陈:是为了增加蹬的力量是么?

叶:对,都要加强腿部肌肉的训练。

陈:好,接下来进入第十七组。内道是波兰,外道是荷兰。荷兰这回是两兄弟来参加比赛。

叶:大道并不是荷兰人的强项,后程只要是过了第一个 200 米,后程非常好。

陈:荷兰选手远远地把自己的时间线甩在了身后。让我们来看一下,34 秒 50,目前是位列第一。

叶:比刚才水平高了 0.36。

陈:噢,米歇尔是他的兄弟滑出来的 34 秒 63,他们是兄弟俩一起参加比赛。那么他刚才是 34 秒 969。

叶:第二个 500 米确实发挥非常出色,比第一次快了 0.36 秒,这个跨度是很大的。

陈:会不会有可能是他滑疯了,因为有时候比赛里……

叶:哎,有道理有道理。你很聪明。

陈:谢谢!下面我们看一下要进行的是第十八组。十八组内道是德国,外道是日本。第一轮比赛第五和第七名。那么,第五名是日本队的选手,他比德国队的运动员快了 0.03 秒。

叶:德国队的丹尼在十年前的世界杯的比赛中夺得了 1 000 米的冠军。这是德国运动员沉寂十年以来的首枚金牌。一个人高马大,一个小巧玲珑。

陈:那么身材不占优势的运动员,他有什么技术能够弥补么?

叶:就是通过爆发力还有节奏。个子小的选手通常爆发力好。

陈:耐力呢?

叶:耐力就差一些。通常爆发力好的人耐力就弱。

陈:哦。日本队现在用时34秒77,排在了这一轮的第二名。那么他同组的德国选手尼克用时35秒11,目前排在了这一轮的第六。日本队的加藤成绩提高了0.1秒,他第一轮成绩是34秒87。目前排在第一的是荷兰,而荷兰在第一轮的比赛中,他们就包揽了第一和第二名。接下来,要进入的是十九组,也就是倒数第二组,倒数第二组的成员内道来自韩国,外道来自荷兰。他们是第一轮比赛中的第二和第四名。在第一轮的比赛当中,他们的时间差是0.21秒。越往后呢,这个竞争激烈程度就越强。因为很快就会产生三枚奖牌,也就是前三名。

叶:韩国队的道次能跟刚才的日本选手一样外道,也就是更有利一些。荷兰的米歇尔凭借着0.048秒的差距,现在是暂时屈居第二。这是很好看的一组还有最后四名运动员。决出前三名。

陈:现在外道的莫得他的孪生兄弟已经比赛结束。

叶:哎呀。

陈:怎么了?

叶:最怕的就是打这一下趔趄啊。好在他跟随得比较紧。只要不发生意外的话。

陈:已经超出来了,超出来了。他现在已经排到了第一位,34秒71的成绩。其实他们两兄弟都是排在第一和第二的。现在看来,男子500米的这个金牌的争夺,现在目前领先第一第二名的都是来自荷兰的库尔德尔兄弟俩。那么现在上场的呢是最后上场的第二十组的选手,内道来自日本,同样外道来自荷兰。日本队是长岛,长岛在第一轮比赛中位列第三,用时34秒79,现在画面里看到的是荷兰选手斯美克斯。34秒59是他第一轮跑出来的成绩,当时是排在第一轮的第一名。

叶:如果发挥正常的话,他有可能是真正的冠军。有点儿紧滑。嗯,只要不甩出去。非常好,非常好。

陈:荷兰荷兰!刚比完的斯美克斯啊,他用时34秒02,对,现在前三名就是荷兰的!荷兰队包了男子500米的金牌、银牌和铜牌。那么刚才比完的斯美克斯,第一轮排在第一位,第二轮排在了第三。不过总分相加是排在了第二。排名第一的是荷兰的赫尔德米切尔。

叶:荷兰队的第三名简直不敢相信,他已经很难过地坐在椅子上以为自己没有奖牌了。

陈:其实刚才日本队也没发挥好。所以日本队的选手一下子掉到了第六。而之前呢,是韩国队位列第四。

叶:哭了。

陈:啊,这样他们站上领奖台的是兄弟俩。一金一铜。

叶:这个是比较罕见的。一个国家包揽金银铜牌,然后兄弟俩。

陈:那么我们最后来看一下中国队的成绩。在今天男子500米的比赛当中,中国的蒲忠生排名第三十位,那么另一位中国选手白秋明是排名第三十五位。叶指导您认为荷兰队能有这么好的成绩,而且不是一个两个。跟他们的什么有关系呢?

叶:他们是冰雪王国,几乎无人不会滑冰,他们有一个多少年保持的传统,就是一个河道比赛。因为荷兰也是一个临海国家,有很多河道。进行赛事非常普及。然后还有一项运动非常普及,就是自行车。

陈:对,他们是自行车王国。

叶:荷兰也有非常非常多的俱乐部,大大小小的、规范的、不规范的,民间的、职业的,还有厂家赞助的。特别多的俱乐部。所有这一切,使他的滑冰基础非常地强大,使筛选运动员也非常容易。另外呢,他也有一套非常完整的训练体系。就是说他们不是特别封闭,都是很外露的、很开放的。曾经在1985年的时候,我们曾经第一次成立中国国家速滑集训队的时候,派的第一任的外教就是荷兰的。

陈:好的,后面还有很多场次。将有刘馨予和叶乔波指导共同为大家分享。好,那么今天男子500米的比赛就为大家转播到这了,非常感谢您的收看,由叶乔波和陈滢共同为您解说。观众朋友,再见。

叶:再见啊……

情感倾向性,是体育解说评述中一个常见的问题。特别是在精彩的赛事直播中,解说员很容易被现场的气氛所感染,当相关运动队取得好成绩或实现大逆转时,解说员的倾向性将淋漓尽致地表现出来。从解说的内容上来说是没有任何问题的,但从观众对赛事直播的欣赏角度来分析,则不易被观众所接受。

说到解说当中情感倾向的问题,探讨最多、影响也最严重的就是著名解说员黄健翔在世界杯当中的一段解说。北京时间2006年6月27日凌晨,意大利在世界杯八分之一决赛中凭借临近终场前的点球1∶0淘汰澳大利亚，进入八强。随着最后时刻左后卫格罗索在禁区内赢得点球机会，央视著名解说员黄健翔奉献了极具激情也颇具争议的解说。

体育解说既有“超功利”的一面，又有现实性的一面。体育解说不可能摆脱现实政治的控制，也不可能脱离现实的社会需求。因此，体育解说在任何时候都会体现出一定的倾向性。有关体育解说员倾向性的问题，早在20世纪50年代，时任中央广播事业局局长的梅益同志就指出过，要“客观、公正与适度倾向性相结合”。客观就是按照事物本来面目去考察，不加个人偏见，对于解说员来讲，就是要准确反映赛场上发生的事情。公正就是公平正直没有偏私，对于解说员来讲就是正确评价比赛现象。按照倾向性的表现，可以将其分为两种：情绪倾向性和内容倾向性，情绪倾向性表现为不能正确处理个人情绪。

当前体育解说中比较容易出现解说倾向的是在本国选手参与的体育比赛中，或者出现解说员自己特别喜欢的参赛对象时。前者表现出适当的倾向性，观众还是能够接受的。而后者的倾向完全出于自身的角度，没有把握好大局和立场，属于情绪倾向性。

内容倾向性是由解说员的素质、经历等原因产生的。解说评论的要求是客观公正，我们强调体育解说评论时既要有真情实感，又不是简单的感情宣泄。情感把握的关键是“度”，要把握好情感的“度”。感情的流露就要有内心依据，是自然的流露，不是做作，要从赛事解说评论的特定要求出发，做到入情入理、适度得体。

在体育解说评述中要注意处理好以下三点：首先，要把握好客观与激情的关系；其次，掌握好情感的分寸；最后，平衡解说对象的分量。

冬季奥运项目的解说评述中，有一个焦点就是短道速滑赛场。中韩两队的竞争异常激烈和胶着，两国的解说员在解说评论中也是铆足了劲儿，语速、语调、节奏等经过充分调动后发生了明显的变化，这种变化伴随着本国运动员你争我夺滑行的场面，倾向性是比较明显的。

大道速滑不同于短道速滑，没有激烈的抢位和对抗，基本上是自己和时间赛跑。因此观赏性会下降，在解说评述的过程中就要加强对技术的分析。以上由陈滢和世界冠军叶乔波为观众带来的20组选手比赛的评述，不偏不倚，供爱好者们参考学习。

第二节　调查性报道

2016年4月18日,第100届美国普利策奖获奖名单揭晓,纸媒几乎包揽了全部奖项。在媒介竞争如此激烈的今天,这或许是普利策送给纸媒最好的礼物。

从获奖名单中不难看出,调查性报道大放异彩。美联社凭借揭露东南亚奴隶渔工的系列报道获得普利策新闻奖项中分量最重的“公共服务奖”,《洛杉矶时报》因报道美国南加州圣贝纳迪诺恐怖袭击和后续调查追踪获得“突发新闻奖”,《坦帕湾时报》和《萨拉索塔先驱论坛报》两家媒体的记者合作报道了佛罗里达州精神病院的暴力和漠视问题,共享“调查性报道奖”。

美联社的一组有关东南亚“血汗海鲜”问题的调查性报道获得了2016年普利策“公共服务奖”,这是每年普利策新闻奖中最受关注的奖项。美联社记者冒着生命危险,前往一座孤悬在大洋之中、几乎与世隔绝的岛屿,花了整整一年时间写出了这组调查性报道。这组报道揭开了泰国海洋水产品捕捞行业里广泛存在了几十年的罪恶行径,解救了2 000多名被囚禁、被虐待奴役了几年乃至几十年的非法移民,让美国和欧洲各国开始考虑立法。

在18个月的调查中,美联社记者跟踪调查美国超市和餐厅的海鲜如何从一艘艘使用“奴隶劳工”的东南亚渔船流出。他们了解到,来自缅甸、老挝、柬埔寨、泰国等国的劳工被迫在渔船上工作,若有怨言即遭毒打、禁闭,甚至被关进笼子里,许多人因遭遇意外致残或死亡。为了确保缅甸渔工的人身安全,美联社在报道完成后先没有发表,而是直接联系了国际移民组织和泰国、印尼政府,要求他们前往解救。在确定缅甸渔工的安全之后,美联社才发布了这组报道。这充分体现出了记者和媒体的社会责任感。

调查性报道是一种以揭示真相为宗旨的新闻报道方式,是新闻工作者针对被掩盖或者被忽视的损害公众利益的行为以及社会问题,通过独立、系统、科学、有针对性的调查而完成的新闻报道方式,这种报道通常篇幅较长、分量较重、受到广泛关注,社会影响大。

调查性报道的对象是“新闻背后的新闻”,但这种新闻并不是自然显现的,或者由于某种不可告人的目的被采访对象极力掩盖,调查性新闻最大的挑战是要通过记者的深入调查还原事件本真,因而有一定的风险。关于调查性报道,大多是以负面题材为主,有被遮蔽的真相,有涉及公众利益的,一般情况下,风险与机遇并存。

调查性报道起源于美国,是一种以调查、揭丑、批判为主要特征的报道,最早可以追溯到19世纪普利策倡导的社会改革报道和20世纪初的“扒粪运动”。19世纪下半叶,美国商品经济得到高度发展,资本主义从自由竞争走向了垄断,对内根本无视员工的利益,对外以损害公众利益作为赚钱的重要手段,奉行所谓“只要我能发财,让公众利益见鬼去吧”的经营哲学,引起了社会公众舆论的强烈不满和抨击,出现了2 000多篇揭露实业界丑闻的文章,形成了近代美国史上著名的“扒粪运动”。

调查性报道首先产生于平面媒体,在电视媒体领域,美国哥伦比亚广播公司(CBS)的名牌栏目《60分钟》是第一个运用调查性报道的节目。其开创的报道风格、节目样式乃至新闻理念,对其他国家的电视调查性报道都产生了重大的影响。中央电视台的《新闻调查》无疑是在中国特有的社会背景和政治制度下的一种勇敢探索,带动了一批地方电视台同类节目的出现。

中国报告文学学会副会长赵瑜的“中国体育三部曲”——《强国梦》《兵败汉城》《马家军调查》,深刻反映了高度激烈的竞争和高度功利性地追求结果造成运动员心态失衡乃至行为失范,职业化造成体育界的拜金主义和锦标主义盛行,从而给体育道德带来严峻挑战。在社会各界几度轰动,引起争议,影响深远。2001年岁末被新闻媒体炒得沸沸扬扬的足坛“黑哨”,由新华社著名体育记者杨明独家揭秘,全面披露的作品《黑哨足坛扫黑调查手记》是调查性报道的范本。

阅读材料1:意大利人比较厚道　都灵冬奥会“东道主效应”不明显

新华网都灵2月17日电(记者刘卫宏)　在夏季奥运会上,东道主总要捡些便宜,有时甚至“明火执仗”。不过,本届冬奥会还没有发生过此类争议,而且从近五届冬奥会来看,“东道主效应”似乎不太明显。

东道主意大利目前只获得2枚金牌。而在上届冬奥会,他们获得了4枚金牌。尽管比赛尚未结束,但是至少,他们尚未受到这方面的批评与指责。

最不屑于利用“东道主效应”来占便宜的,应该算是加拿大人。在1988年第十五届冬奥会上,加拿大人在家门口居然一金未得。他们显然不是“扶不起的阿斗”,因为在此后几届冬奥会,他们都获得好几枚金牌。

从1988年至2002年连续五届冬奥会,至少四届没有明显的“东道主效应”。1992年第十六届冬奥会,东道主法国获得3枚金牌,但此前他们在上一届冬奥会上拿过1枚金牌和1枚铜牌。1994年第十七届冬奥会,挪威获得10枚金牌,但他们上一届就拿了9块。2002年盐湖城冬奥会,美国获得10枚金牌,但在此前的连续三届冬奥会上,他们所获金牌都在5枚和6枚。

不过,盐湖城冬奥会出现了一些争议。在短道速滑比赛中,一名韩国选手率先冲过终点,但是被判犯规,金牌判给了列第二位的美国选手阿波罗。韩国队后来提出强烈抗议,甚至表示要抵制闭幕式,阿波罗后来还收到一封来自韩国的死亡威胁电子邮件。

虽然美国人在面子上有点过不去,但“最不厚道”的似乎是日本。他们利用1998年长野冬奥会的机会,实现了“大跃进”。在那届冬奥会上,东道主日本拿下5枚金牌,而除开这5块金牌,他们迄今获得的冬奥会金牌总共不过3枚。

专家解释说,冬奥会的“东道主效应”不明显,主要是因为打点计分的比赛项目不多,东道主即使想靠裁判做手脚,机会也不多。冬奥会只有3个项目要靠裁判做主,即花样滑冰、单板滑雪和自由式滑雪。然而在夏季奥运会中,裁判错判误判的机会实在不少,比如体操、跳水、柔道、拳击、跆拳道以及众多球类项目。

来源:意大利人比较厚道 都灵冬奥会“东道主效应”不明显[EB/OL].(2016-02-17)[2016-02-17].新华网 http://sports.sina.com.cn.

阅读材料2:都灵冬奥的一道丑陋黑色划痕

都灵冬奥会终于还是爆出了兴奋剂丑闻。虽然之前各方都信誓旦旦地表示要将都灵冬奥会办成最干净的一届冬奥会,但兴奋剂却总是阴魂不散,稍有机会,它就会像幽灵一样不期而至——冰雪总能给人一种晶莹剔透之纯洁质感,而运动员们也在冰雪场上表现他们的运动潜能和美感,但在这些优美场景的背后,冬奥会却无法躲避丑陋的兴奋剂丑闻。

俄罗斯代表团官员表示该国运动员在本届冬奥会上不会与兴奋剂有牵连,但不幸的是他们的话音未落,国际奥委会便用事实反驳了他的表白:该国选手佩列娃就被查出两瓶尿样里均含有违禁药物卡非多的成分。其实,作为世界体坛的超级大国,俄罗斯这两年来可谓饱受兴奋剂丑闻的创伤,四年前在美国的盐湖城冬奥会上,俄罗斯就有两名选手因为药检不过关而被剥夺金牌。这次,又是他们在本届冬奥会上第一个被揪了出来。

其实,关于“兴奋剂”,从一开始就已经困扰着都灵冬奥会,即使帕瓦罗蒂优美的男高音也未能掩盖这一“开场中的杂音”——都灵冬奥会开幕之前,就有12名越野滑雪选手赛前药检结果不正常,被国际奥委会暂定为“疑似”案例而“缓刑”再查。如果说,这给都灵冬奥会在开赛前就蒙上了一层灰色阴影的话,那么俄罗斯选手佩列娃无疑就是在洁白的冰雪上面留下了一道丑陋的黑色划痕。

我们甚至可以肯定,就像佩列娃不是第一个一样,她也不会是最后一个以身试法的人,但我们同样可以肯定:奥运会仍然值得期待——场外的瑕疵甚至缺憾,不能抹杀奥运精神所带来的巨大感动和鼓舞。但我们同时期待,都灵冬奥会能少一些“药虫”,多一份纯洁。

来源:都灵冬奥的一道丑陋黑色划痕[N/OL].三秦都市报.(2006-02-18)[2016-06-11].http://sports.sina.com.cn.

以上两则报道,一个是关于东道主效益的博弈,另一个是冬奥会的兴奋剂使用问题。两则报道新闻背景非常充分,前者靠数据说话,后者靠事实说话。立场相对客观,前者“冬奥会只有3个项目要靠裁判做主,即花样滑冰、单板滑雪和自由式滑雪。然而在夏季奥运会中,裁判错判误判的机会实在不少,比如体操、跳水、柔道、拳击、跆拳道以及众多球类项目。”点明东道主优势不明显的原因;后者“我们甚至可以肯定,就像佩列娃不是第一个一样,她也不会是最后一个以身试法的人……”的说法采用的是理性的态度来看待未来的前景。

调查性报道写作要求叙事的完整性。如果问题本身都没有讲清楚,何谈深入的分析、缜密的逻辑。记者要运用缜密的逻辑思维来考量报道对象,并且严密、准确地表达自己的观点,并要讲究语言的质朴性。调查性报道的语言讲究朴实无华,报道不宜过分渲染感情色彩。

有深度的调查报道,前期要做好调查,认真分析来龙去脉。调查性报道不仅仅是侦察、访问、核实,更多的是对尚未掌握的情况进行分析研究。而报道前做好背景资料的收集研究,是完成整体调查采访的基础,只有如此,才能制订出周密的采访计划,并梳理出事情的主要问题。同时,对于一些不明了的问题不能回避,一定要弄清。调查性报道一定不能急于求成,一组重磅报道多点时间准备应该是常事;要力争掌握证据,形成完整的证据链条。精确的报道才是客观的报道。对于各方面的说法与情况介绍都要寻找证据,以求证其真实性、准确性。同时,调查报道往往都是揭露式报道,往往会面临各种“反弹”。因此,只有铁的证据才能“保护”自己。要深入现场,立体呈现事实全貌;调查报道一定要深入新闻事件的现场进行求证,同时要坚持平衡原则,给事件各方提供表达的机会。尽量多采访,事件中的正方、反方、中立方均应该采访到,力求全面立体地呈现事实,尽可能地呈现出一个更加逼近真相的事实。同时,对于每个采访来源和素材,都要坚持不断挖掘和质疑,这样才能实现挖掘深度,达到深刻报道的目标。

调查性报道为媒介争取了更多的受众,强化了媒介的舆论监督功能,是深化新闻报道的一种形式。目前我国深度报道的记者规模逐年缩减,且呈年轻化趋势。从业人员不足 100 人,实战经验相对匮乏,体育新闻传播领域更是寥寥无几。行业内,CCTV-5 的罗宏涛业务能力强,是不可多得的记者型主持人,值得同行学习。

第三节　解释性报道

“解释” 在新闻报道中占有重要的地位,解释性报道也常常被理解为深度报道的代名词。解释性报道是指注重挖掘和运用背景材料,以解释新闻事实的原因、影响、发展趋势和深层意义等内容为主要目的和任务的报道,它是一种运用新闻背景等资料解释新闻事实的更深层次意义的报道。解释性报道能够帮助读者深入思考,加深读者对新闻事实的理解。

解释性报道是 1929 年至 1933 年资本主义经济危机的产物,中国媒体自 20 世纪 80 年代开始出现解释性报道。解释性报道是帮助读者认识复杂世界的有力工具,是对一般客观事实报道的延伸,告知读者具有预测性或深度的信息,分析其来龙去脉成为解释性报道吸引受众的方式。解释性报道在利用背景资料的基础上,分析解释新闻事实的发生原因、影响范围、发展趋势以及深层意义。在写作技术上,解释性报道带来了继新闻脱离文学而独立、倒金字塔结构的运用之后的“第三次革命”——《华尔街日报》的诞生。

解释性报道是深度报道的一种形式,它之所以可以满足读者的好奇心与求知欲,是因为报道的焦点集中在“为什么”。用“为什么”追根溯源,透过现象看本质。解释性报道以解释为目的,而不是以简单地报道新闻为目的,其对材料的解读和运用很多,充分运用背景材料全方位解读,而这种解读不同于一般的评论。

解释性报道与调查性报道最大的相同点在于对某一件事情都有较为完整的记录,两者都是深度报道的一种形式,两者又有以下不同点:

1.解释性报道:侧重于说明新闻事实的来龙去脉,阐述事实发生的原因、结果以及相关事物之间的联系。

2.调查性报道:报道者通过自己比较长期而完整的积累、观察与最近的调查研究,对某一或某类社会事实或社会现象进行深入系统或深入详细的报道。

受众看过报道之后,通过自己的判断就能直接得出结论,不需要解释。明确了解释性报道的内容之后,记者的个人操作就很关键,千万不能将评论与解释混为一谈,表达意见的时候不能过于主观,防止出现个人倾向。

阅读材料1:揭秘冬奥会系列报道之一:并不寒冷的冬奥会——专家解读索契冬季气候特点

第二十二届冬季奥林匹克运动会将于2014年2月7日至23日在俄罗斯索契举行。当“冬奥会”“俄罗斯”两个名词组合在一起时,很多人的第一反应就是“冷”。事实究竟如何?对于计划亲赴索契观看赛事的国人来说,针对当地气候情况需要做哪些准备?

相对温暖的度假胜地

索契,位于北纬43°35′,比北京市的纬度更高。然而,索契的冬天一点都称不上“严寒”。中央气象台天气预报室高级工程师王毅告诉记者:“根据历史资料显示,索契2月份的平均温度在6.6℃到10℃之间,白天的气温浮动小于3℃。去年2月份,索契气温甚至达到过17℃。”

事实上,由于气候较为温暖,索契一直是俄罗斯著名的冬季度假胜地。“索契冬季温度较高,主要与地形特点有关。一方面,城市的北面是大高加索山脉,海拔达到3 000多米的高山几乎完全挡住了南下的冷空气;另一方面,索契位于黑海沿岸,被阳光晒了一个夏天的海水在冬天会慢慢释放热量，如同热水袋一般。”王毅说。

除了气温较高之外，索契冬季气候的另一大特点是湿度大。王毅指出，索契2月份的空气相对湿度平均可达77.3%，这一数字远远高于我国开展冬季运动的几大城市。“2月同期，亚布力滑雪场所在的哈尔滨市相对湿度为29%；吉林延边的相对湿度为28.4%；内蒙古阿尔山地区的相对湿度较高，但也仅仅达到58.9%。”王毅指出，索契的冬季气候与上海最为相似。

湿度大的特点值得关注

王毅说，温度较高、湿度颇大，是索契显著的气候特点。对于参赛的我国选手来说，需要倍加留意。譬如，由于湿度大、温度较高，索契雪场的雪大多为天然絮状雪，远比我国雪场的雪质要松软，这对于所有雪上项目运动员的技能、战术发挥都会产生影响。

此外，由于湿度较大，索契的体感温度并不像天气预报那么高。研究证明，在湿度增大时，热传导会加快约20倍，人体会感觉阴冷。美国体育气象学专家就指出，空气湿度的大小，对于在室内进行的冰上项目选手也有很大影响。

日前，正在为索契冬奥会做最后备战的中国短道速滑队挥师南下，进驻上海。春节前，他们将直接从上海启程，兵发索契。据悉，短道队正是在咨询过索契的气候特点后，才做出了这一选择。“索契的阴冷，上海懂。”主教练李琰如是说。

对于李琰以及她的队员们而言，生于东北、长于东北，他们熟悉的冬季是寒冷而干燥的。要想取得好成绩，提前适应“索契气候”非常必要。

冬季风向与我国不同

“索契的高海拔地区冬季风力较大，风向也与我国不同，当地2月份常年多阴雨。这两点，也需要运动员和准备去索契观战的游客留意。”王毅补充道。

王毅认为，关注索契的天气情况，除了要看城市天气预报，更需要留心举行雪上项目的高海拔地区。“索契的雪上项目安排在海拔1 000多米处的山地进行，山上多风，温度肯定比城市低得多，游客观看时要做好保暖工作。

运动员需要注意的则是，索契赛道多东南风，而我国雪场在2月份主要刮西北风。风向的不同可能影响冬季两项运动员的射击准确性以及单板、自由式滑雪空中技巧等项目运动员的技术发挥。”

此外，根据2007年至2011年索契2月份的天气情况来看，当地超过八成的日子是多云、阴天，或出现降水。游客到室外观看比赛项目要带好雨具。不过，今年以来，索契晴天较多，温度较高，外界甚至一度担心当地积雪量不足。王毅说，尽管索契一般很少会出现极端性天气，但游客在前往当地前，还是应该再次查阅短、中期天气预报。

来源：气象局网站[EB/OL].(2014-02-06)[2016-06-11].http://news.xinhuanet.com/politics/2014-02/06/c_126090944.htm.

撰写解释性报道，记者首先应该是这个问题的研究人员。本篇报道，记者以“并不寒冷的冬奥会——专家解读索契冬季气候特点”为题，通过揭秘的方式帮助我们了解2014年冬奥会的举办地索契的气候特点。记者深入到气象局内部，通过和气象分析师王毅的交流，总结出“温暖的度假胜地、温度高、湿度大、东南风、多阴雨”等气候特点，使受众一目了然，增长知识。解释性报道重在“解释”，解释到什么层面，能达到怎样的深度，是判断一篇解释性报道作品优秀与否的标准。不但要透过现象看本质，还要学会发现问题、解释问题、解决问题和提出新的问题。

阅读材料2：2002年冬奥会短道速滑男子1 000米决赛

比赛开始前

各位观众，大家现在看到的是A组的决赛，也就是前几名运动员的比赛。(留白)大家看到，日本选手寺尾悟也进入了A组，现在进入A组比赛的有澳大利亚的史蒂芬·布拉德布里、中国选手李佳军、美国选手阿波罗、韩国选手安贤洙和日本选手寺尾悟。(留白)大家看到由于在这个比赛中呢，是非常残酷的。各位观众，各位观众，现在进行的是男子1 000米的决赛，各位观众，现在一至五名的比赛马上就要开始了。

比赛开始

现在比赛开始，有日本队、中国队、韩国队、加拿大队和澳大利亚队。现在李佳军位居第三位。现在韩国选手安贤洙、意大利运动员。现在加拿大选手到前面去了。(留白)现在加拿大的多尔考特。现在安贤洙,安贤洙又到了前面。这到了最关键的时候了,现在美国选手跑到了前面,美国选手在前面,现在李佳军在第三位,安贤洙在第一位,韩国选手安贤洙!现在美国运动员是阿波罗。现在中国选手李佳军,李佳军超越!美国选手阿波罗超到了前面,李佳军紧随其后,中国选手李佳军,李佳军在后面,安贤洙在第三位,现在李佳军在加速(李佳军摔倒画面)结果中国选手李佳军在抢位的时候,结果是摔倒了,澳大利亚的选手首先到达了终点。

比赛后

各位观众,短道速滑比赛呢,有的时候确实偶然性是非常大的。因为在快速的转弯过程中,它的弯道大概在52%,直道是少数,那在这种情况下,运动员又在积极地超越,再稍微碰到一点儿就容易摔倒,所以说有的时候很好的一个机会,掌握不住的话呢,就失去了这个机会,现在还要看看裁判员最后的判罚,[**慢动作镜头,分析结束,描述镜头**]现在我们来看看慢动作镜头,大家看到李佳军是在往里切,李佳军是倒了,结果韩国选手与另外的两名选手,5个选手里4个选手都摔倒了。[**第一遍描述摔倒**](留白一分钟)大家看到这三个选手摔倒。先是李佳军倒,然后三个选手都倒,最后一个选手是澳大利亚的选手,[**第二遍描述摔倒**]只有他呢,是很顺利地到达终点,史蒂芬·布拉德布里。现在裁判员还在紧张地忙碌着,[回放结束,场内画面]现在这个比赛,裁判员还要根据整个比赛的过程,来进行最后的判断,但是刚才整个过程来看,李佳军是首先摔倒,然后是韩国选手安贤洙,是摔倒以后又带着另外的两个选手,就是日本选手寺尾悟和加拿大选手多尔卡特,这样所有5名选手里有4名选手摔倒,[**第三遍描述摔倒**]只有澳大利亚的选手在最后,只有史蒂芬·布拉德布里获得了第一名。这样呢,[**澳大利亚选手获胜镜头**]澳大利亚的选手就爆了一个冷门儿,史蒂芬·布拉德布里就获得了本次比赛的第一名。

来源:作者根据央视解说员蔡猛的解说进行文字整理。

这段解说分为两个部分:第一部分对摔倒进行分析,提到了弯道的难度,在积极地超越时很容易摔倒;第二部分是重复了三遍的摔倒回放描述。

蔡猛老师的这段解说能够紧跟比赛的节奏和变化,选手的每一次排名的变换都基本阐述了出来,并且伴随着激烈竞争的场面,语速逐渐加快。情绪的渲染,有效地调动了受众的观看气氛,使比赛更加紧张,但是在面对突发事件时也缺少一些解说的应对能力,毕竟冬季项目不是蔡猛老师熟悉的领域。当前解释性报道存在着一些问题,集中体现在"说不清道不明""脱离普通人生活""解释报道不专业""缺少后续发展"等问题。新闻工作者,特别是语言文字工作者的职责在于用简单凝练的语言使受众获得最大的收获与享受。可是有些解释性报道反倒让读者疑惑更大,分不清是留悬念还是搞不明白。解释性报道要求记者用大量的时间和精力去将问题做细、做透。

阅读材料 3:温哥华冬奥会报道团揭秘

了解本届冬奥会除了通过传统的电视和报纸,您还可以通过新媒体,通过新媒体您可以无限次点播您喜欢的精彩节目和经典瞬间,甚至可以同时观看多项比赛的直播。在温哥华冬奥会期间中国网络电视台会带着您一起来冬奥。在中央电视台 500 平方米的工作间内有一个不到 20 平方米的小隔间,这里就是中国网络电视台的工作区域。本届温哥华冬奥会为了能给网友带来第一手的报道,他们也是特意派出了一个六个人的报道小组来到前方。为了体现网络报道的特色,中国网络电视台冬奥会报道前方的视频内容将会凸显视频和互动。而在北京,网络电视台的大本营还有更加强大的工作团队,对前方的报道进行支援。

来源:作者根据历届奥运会资料整理。

全面掌握相关的事实材料,在这个基础上解释新闻才会更加具有说服力。在舍恩伯格的《大数据时代》中,看到过这样一句话,"这个时代最重要的不是信息,而是寻找信息的方式"。本则新闻中最核心的内容应该是"新媒体"这三个字,主播向观众提到新的新闻观看方式,并且简洁干练地说明使用这种媒介的便利之处。其后介绍新媒体工作室,为人们揭开报道团的"神秘面纱":前方带队小组和后方工作团队。新闻播报的最大特色就在于简单明了,用最短的字符流畅地为观众呈现更多的有效信息。新闻文稿不需要"文章天成,妙手偶得",但力求精准和适度流畅。

阅读材料 4:冬奥会花滑女单冠军花落俄罗斯

北京时间,今日凌晨索契冬奥会花样滑冰项目产生了最后一枚金牌。在女单自由滑项目中,俄罗斯小将斯托尼克娃完美发挥,摘得了桂冠,成为俄罗斯第一位冬奥女单冠军。而韩国名将金研儿摘得了银牌,意大利老将斯科特娜夺得了季军。在之前比赛中,出现失误的日本名将浅田真英自由滑表现十分精彩,最终排名第六。我国选手李子君、张可卿最终是分列第十四和第十五。

来源:作者根据历届奥运会资料整理。

本则新闻的写作如行云流水,一气呵成,文风短小精悍,可以说完美地契合了拉斯韦尔的“5W 模式”——什么人、在什么时间、什么地点、做了什么事、产生什么后果。新闻播报内容首先介绍了金牌的产生,并且强调了其意义。接下来介绍了银牌的归属,其次介绍了季军。然而,体育在追求卓越,追求更高、更快、更强,追求金牌名次的同时,也追求自我的超越和美的展现。虽然日本运动员没有取得奖牌,只因为表现精彩,在报道中依然会被体现出来。而我国选手虽然取得的名次不算理想,可是依然要进行播报。这些也充分地展现出我国新闻事业的成熟以及大国精神。信息时代,新闻是人们了解外界事物的一个重要接收渠道,信息快餐化日益严重的现代社会,很多人似乎练就了接触一则新闻可以自动过滤不足以吸引眼球的修饰词,只是快速抓取有用信息的能力。而这则新闻内容无任何冗余,比较符合观众需求。

阅读材料 5:申办冬奥会有多难?

申报冬奥会究竟会有多困难?最近一段时间,冬奥会在全球的关注度持续猛增,怕跟索契冬奥会撞车,今年格莱美和奥斯卡也都主动更改了自己的颁奖日期,最近几届冬奥会申办的激烈程度可以说不亚于夏季奥运会,比如说本届冬奥会的东道主索契和下一届的东道主韩国的平昌,都是经过了三次的申办才最终成功的。最近,北京也正式宣布要和张家口联合申办 2022 年的冬奥会,那么申办冬奥会困难不困难,它究竟难在哪呢?

首先,这个城市要冷,有足够的雪,毕竟,这是雪上运动,但是又不能特别冷,极限温度是不能低于零下十七度,太过低温不利于运动员发挥水平;

其次,要有足够的冰雪比赛的场馆;另外,对举办冬季运动会的国民关于冬季运动会的认知水平,也就是说,群众对于冬季项目的认识和喜爱以及参与程度,这些都有一定的要求,北京的体育场馆就不用说了,但是雪上赛场不足,比如说雪橇、雪车、跳台滑雪这些很少在中国开设的体育项目,赛道的建设可以说要从零开始,而北京申办还有一个外在的不利因素,那就是先后连续两届的夏季奥运会都在亚洲举办,国际奥委会还有一个不成文的规定,各大洲轮流坐庄,连续三届奥运会都给亚洲举办估计很多有投票权的委员到时候要考虑一下这个不成文的潜规则了。

来源:广东卫视新闻

这篇解释性报道是围绕冬奥会的申报条件来展开的,关注了与夏季奥运会不同的独属于冬奥会的特点,比如气候温度要求、场地要求等,又着重说明了北京申办冬奥会的困难之处:首先是比赛场馆,让观众对相对不那么熟悉的冬季比赛项目的具体要求有了更多的了解,其次,也涉及冬奥会的国际申办背景细节,增添背景知识,这些都是不同于比赛报道本身的关于冬季奥运会背后有意义的新闻。总的来说,困难主要体现在两个方面,即自身不足的问题和国际限制的问题,继续把两者更细致地展开就是完整的报道了,当然也可以将这两点细分一下,比如第一点分为场地建设难度、群众偏爱程度,第二点分为其他国家多次申办的经验和国际惯例等,这样内容基本一致,并且更加丰富多样。

阅读材料 6:文化差异使得夺金困难 赵宏博为下届冬奥会做准备

在第十九届冬季奥林匹克运动会上勇夺花样滑冰双人滑铜牌的申雪、赵宏博,25 日随中国冬奥会代表团回到北京。赵宏博在机场接受采访时表示,没有拿到双人滑的金牌,他并不后悔。

赵宏博说:“没有拿到金牌,我并不后悔,也没有太大的遗憾。花样滑冰是个比较特殊的项目,同时在本届冬奥会上又出现了戏剧性的场面,中国运动员想要拿到金牌相对比较困难。但我和申雪已经尽力了,把自己最高的能力和水平展示给了裁判员们。”

赵宏博的搭档申雪也表示,文化的差异使东方的运动员想夺取金牌非常困难,“中西方文化之间的差异使我们在艺术表现力方面得不到裁判们的青睐。”

在本届冬奥会的双人滑比赛中,加拿大选手塞尔/佩尔蒂埃获得了银牌,但事后加拿大代表团对裁判评判提出异议。国际奥委会执委会在接到国际滑联的建议后决定给加拿大选手补发金牌,而俄罗斯选手伊·别列日娜娅/安·西哈鲁利泽仍保留金牌。国际奥委会的做法引起了很大的反响,而且后来韩国代表团和俄罗斯代表团纷纷效仿,对多个项目中裁判的判罚或执法提出抗议。

对此,赵宏博说:“在裁判员已经仲裁之后再更改比赛结果,一直以来都被认为是不可思议的事。而且这样的做法对今后裁判员评判方面也会产生不良的影响,例如此后的花样滑冰女子单人滑项目。因此这个开头并不是一件好事。”

在谈到今后的打算时,赵宏博表示,他们将做些赛后调整,然后继续投入训练,为下届冬奥会做准备。据悉,申雪、赵宏博将参加下个月举行的世界花样滑冰锦标赛,而他们的撒手锏“抛四周跳”也很有可能在世锦赛上再次出现。

申雪/赵宏博曾获得过两次世锦赛亚军和一次世锦赛季军。

来源:北方网[EB/OL].(2002-02-26)[2016-06-11].http://www.enorth.com.cn.

世界冠军也有自己低谷的时候。这段报道来自申雪、赵宏博参加 2002 年盐湖城冬奥会获得铜牌之后,而后又爆发了震惊体坛的盐湖城丑闻事件。新闻事件数不胜数,有的简单、有的复杂、有的多元、有的单一,并非所有的事情都需要做解释。作者向受众努力传达着文化差异带来的审美不同,积极肯定了二人所取得的成绩,同时对于赛场的改判闹剧进行了解释,最后用申雪、赵宏博豁达的心态展望未来结束报道。对一个新闻事实做深度挖掘,要看其有没有新闻价值,不言自明的地方不需要解释,只有那些隐藏在表面背后的东西才需要解释。用来解释新闻的事实主要包括:(1)历史性事实。与新闻事件有关的历史背景材料。(2)现实性事实。新闻事实发生的显示环境。(3)数据性事实。统计相关的大数据和材料。(4)知识性事实。用来解释专业术语的事实。(5)意见性事实。专家或嘉宾较为权威的意见,新闻人物或事件中有关内容的议论等。

第四节　突发事件报道

日常语境中,人们对于突发事件的理解,更多是一种约定俗成,将其理解为出人意料的、可能有严重后果的事件。对于突发事件的界定,国内外各领域专家也有着不同的观点。

赵伟鹏、戴元翔、徐和建等从组织危机、公共管理的角度理解突发事件,认为突发事件,是指超常规的、突然发生的、需要立即处理的事件。突发事件会对与其相关的政府组织构成威胁,重大的、涉及面广的突发事件还可能使政府组织处于危机状态。因此,突发事件也可称为危机事件。郭严实的研究从广义和狭义两个角度来区分突发事件的含义:广义上讲,突发事件泛指一切突然发生的危及人民财产权、直接给社会造成严重后果和影响的事件。它既包括由人为因素导致的突发事件,也包括由自然因素导致的突发事件。狭义上的突发事件的概念仅指突然发生的、具有较大规模的、严重危害国家政治、经济社会治安秩序安定的违法事件。

体育赛事的突发事件同样具有一般突发事件的特征:不可预知的、突然发生的、比较重大的、产生社会影响的,但不一定具有绝对负面危害性。突发事件的首要特征就是其发生的突然性。对于突发事件是否发生,于什么时间、地点,以什么样的方式爆发,以及爆发的程度等情况,人们都难以准确预测。由于事件常常突如其来,一旦爆发,其破坏性能量就会被迅速释放,并呈现快速演变、迅速蔓延之势,在毫无准备的情况下传播活动必须立即展开。

中国短道队已经多次在大赛前突然遭受“重创”。2010 年温哥华冬奥会比赛前不到一个月的时间,主力刘秋宏就在训练中大腿肌肉受伤,尽管她加紧康复但仍然没能参加冬奥会比赛。2014 年 1 月 16 日王濛踝关节意外受伤接受手术,“切开内固定手术”是踝关节受到严重创伤性损伤后的治疗手段,王濛参加索契冬奥会的梦想化为泡影。

具有社会责任的突发事件报道应该是准确及时地传递信息的报道,能够在第一时间满足受众的需求。2008 年北京奥运会火炬传递遭遇到了藏独分子的干扰,很多媒体积极主动地在第一时间向全国乃至世界人民报道了这一系列暴力事件,使大家了解事情的真相。

奥运史上的重大突发事件

在以往的奥运会等大型赛事中曾经发生过不可预知的突发事件大致有这么几个具体种类：

恐怖袭击：慕尼黑奥运会上恐怖组织“黑九月”绑架并杀害11名以色列选手和教练，亚特兰大奥运会奥林匹克公园爆炸案造成一名游客死亡和一名摄像记者猝死。这是最为严重的突发事件。在那两次恐怖袭击后，都有人担心奥运会能否正常举行，但奥运会仍坚持了下来，显示了奥运会决不屈服于恐怖分子的顽强意志。

群体性伤亡：在奥运会上虽然不曾发生过类似事件，但在职业足球比赛中时常发生。因球迷冲突和球场安保失当导致球迷践踏或被铁丝网挤压死亡，酿成了上世纪80年代著名的“海瑟尔惨案”和“谢菲尔德惨案”。

赛场意外伤亡：在1960年罗马奥运会上，一名丹麦自行车选手在赛途中猝死，经解剖后确认是服用违禁药物过量而亡。在多哈亚运会上，韩国马术选手金亨七在比赛中意外坠马身亡。

兴奋剂事件：奥运会上最著名的兴奋剂事件发生在1988年首尔奥运会上，加拿大选手本·约翰逊以震惊世界的速度夺得百米冠军并打破世界纪录，但随后被查出使用兴奋剂。在2004年雅典奥运会前夕，东道主希腊的两名田径选手肯特里斯、塔努因涉嫌使用兴奋剂而被剥夺参赛资格。

政治示威事件：在1968年墨西哥奥运会上，获得男子200米金牌和铜牌的美国黑人选手史密斯和卡洛斯光着脚走上领奖台，并在演奏美国国歌时分别举起了戴着黑手套的左右手，以抗议美国的种族歧视，被后人称为“黑权事件”。

赛场暴力事件：足球场上的拳打脚踢时有发生，但奥运会上最严重的暴力事件出现在1988年首尔奥运会拳击比赛中，韩国教练金成殷认为新西兰裁判判罚不公，冲上拳台大打出手，在奥运会上引起震动，并导致韩国奥委会主席引咎辞职。

裁判争议：裁判争议是奥运会上永恒的话题。在2004年雅典奥运会单杠决赛中，现场观众不满裁判对俄罗斯名将涅莫夫打分过低，群情激愤，嘘声四起，持久不息，在裁判改判后观众仍不依不饶，最后还是涅莫夫大度地出场示意，才平息了嘘声。

感人事件：突发事件并不总是负面的，奥运赛场上总有一些感人场面不期而遇，传诵至今。最著名的事例是在1968年墨西哥奥运会上，坦桑尼亚马拉松选手阿赫瓦里在途中手臂和腿部受伤，但仍一瘸一拐地“走”到了终点。此时离第一名选手冲过终点已有两个多小时，尚未退场的观众起立喝彩。阿赫瓦里留下了奥运史上最感人、最经典的一句话：“我的祖国把我送到7 000英里以外的地方，不是要让我开始比赛，而是要让我完成比赛。”中国双人滑选手张丹在2006年都灵冬奥会双人滑决赛中完成难度极高的“抛四周”时摔伤，但仍咬牙与伙伴张昊一起完成了比赛，在都灵赢得了如潮好评。

来源：作者根据历届奥运会资料整理。

除了上述突发事件外，体育赛事的组织者在地震、洪水等自然灾害，刑事案件、食品安全、交通安全、传染疾病、火灾、停电、赛场不文明行为等方面也高度警戒，加强防范，制定预案，防止突发事件的发生。

突发事件凸显了新闻价值，体现了媒介的社会功能。当前突发事件的报道也存在着一些问题：个别媒体为了追求时效性，忽视了新闻信息的准确性；为了吸引眼球，对事件的报道过分“逼真”；有闻必录，影响了社会的安定和百姓的心理健康；更有一些媒体为了追求卖点，对当事人及家属缺少人文关怀。

突发事件虽然发生突然，但一般不会在短时间内消失或结束。一旦爆发，总会持续一段时间，经历事物发展从产生到消退的完整过程。在报道的过程中，新闻工作者要尽可能“以人为本”，选好报道的角度和尺度，坚持新闻的真实性，树立大局意识，及时公开的同时要选好报道的时机。

阅读材料1：李坚柔短道速滑夺金　对手全部滑倒

赛前并不被看好的中国选手李坚柔13日在短道速滑女子500米决赛中以45秒263的成绩夺得金牌，实现了中国短道队在该项目上的冬奥会“四连冠”，也为中国代表团迎来索契冬奥会的首枚金牌。

冬奥会前，中国的两届冬奥会冠军王濛突然受伤未能来到索契。在13日的半决赛中，世界排名第二的范可新和世界排名第八的刘秋宏又纷纷折戟，只有擅长长距离的李坚柔跻身争金决赛。

决赛中，27岁的李坚柔出发时并不占先，排在第四位。温哥华冬奥会该项目铜牌得主丰塔纳，去年世锦赛银牌得主朴胜义和英国小将克莉丝汀在第一个弯道就纠缠在一起,克莉丝汀犯规碰倒意大利人丰塔纳后,两人又牵连到朴胜义,导致后者也失去平衡摔出赛道外。位居最末的李坚柔坚定地继续向前,最终毫无悬念地夺冠。23 岁的丰塔纳以 51 秒 250 摘得银牌,韩国选手朴胜义赢得铜牌。

来源:人民网[EB/OL].(2014-02-14)[2016-06-11].http://sc.people.com.cn/n/2014/0214/c345504-20567380.html.

体育赛场的突发事件并不一定是负面新闻,比如上面的这条冬奥会比赛消息就足以让国人惊喜,中国队延续了自 2002 年盐湖城冬奥会之后女子短道速滑 500 米的四连冠。王濛、范可新和刘秋宏三位该项目的绝对顶尖选手意外折戟,让中国队原本最有希望拿到冬奥会冠军的项目希望渺茫,可是赛场上的激烈竞争带给了从来没有参加过短距离项目的李坚柔最大的幸运,前面三位选手的突然碰撞,意外渔翁得利,收获冠军。原本落寞的中国媒体人纷纷抱怨大势已去,可是天上掉馅饼似的过程瞬间调动了他们工作的积极性。尽管很多人认为中国队的中长距离选手李坚柔摘得索契冬奥会女子 500 米短道速滑金牌靠的是运气,但 27 岁的李坚柔表示没有努力就没有奇迹。李坚柔的戏剧化胜出,使得短道速滑这一比赛项目一时间为众人所熟知。李坚柔是一名中长距离选手,她在获胜后说道:“There would be no miracle without hard work(没有努力就没有奇迹)。”

阅读材料 2:索契冬奥赛场地突发雪崩　6 人被埋 2 名女性身亡

网易体育 3 月 24 日报道:莫斯科当地时间 3 月 23 日中午,2014 年索契冬季奥运会主要赛场之一——玫瑰庄园滑雪场的一条中级赛道突然雪崩,6 名正在坐着休息的滑雪者当场被大雪吞噬,其中两名女性死亡,一人被救援人员救出,还有三人自救逃生。

这片区域是雪崩多发区,在今年冬奥会举办之前,俄方在高加索山区加装了一些金属管道,通过遥控引爆管道中的爆炸物来制造小型雪崩,以避免重大灾难性雪崩。而且在比赛场馆附近,俄方还建起了三层楼高的拦雪坝,以期将雪崩阻挡在赛道和场馆外。

23 日的雪崩发生后,俄罗斯紧急情况部门出动了一架飞机、十多辆救援车与 105 名救援人员前往现场搜救。目前搜救工作已经结束,两名女性死者年龄分别是45岁和16岁。工作人员正在清理坍塌的雪块,调查委员会的官员已经开始调查雪崩发生的原因。

克拉斯诺达尔州紧急情况总局曾在事发前数天发布过雪崩预警,称该州海拔1 300米以上的高山自3月19日7时起至3月21日19时可能发生雪崩。然而雪崩就发生在预警结束后。

据悉,在发生雪崩的前几天并没有具体预兆,但23日雪场发生了小型滑坡,不过并不严重,所以工作人员没有关闭赛道。发生雪崩事故的赛道难度并不大,坡度也不陡峭,具体雪崩位置处于赛道侧边的树林。由于近日来当地气温攀升,23日一度达到16摄氏度,积雪部分融化导致雪质松软。该雪崩带长约100米,雪崩量80立方米左右,属于小型雪崩。俄罗斯科学院地理研究所工作人员表示,这种小规模的雪崩很难预测,而且造成伤亡事件的几率也很小。

目前,克拉斯诺达尔州紧急情况总局再次发布紧急通知,将雪崩灾害预警延至3月28日,警告说索契地区再次的雪崩隐患可能对当地公共设施造成破坏,并且可能伴随人员伤亡。

来源:网易体育[EB/OL].(2014-03-24)[2016-06-11].http://sports.163.com/14/0324/23/9O50EBCG00051CAQ.html.

阅读材料3:冬奥会火炬手突发心脏病去世　组委会称个人责任

中新网12月16日电 据外媒消息,俄罗斯索契冬奥会官方16日表示,一名火炬手在进行2014年索契冬奥会火炬传递时心脏病突发,医治无效不幸身亡。这名去世的火炬手格尔本科今年73岁,是一家体育学校校长和古典式摔跤教练。当天他正在西伯利亚西部库尔干市进行150米火炬传递。

索契冬奥会火炬接力组委会发言人奥辛说,当时格尔本科回到火炬手营地时就称感到不适,随后被送进了医院,但医生没能救活他。奥辛向其亲人表示了最深切的哀悼。格尔本科是俄罗斯顶级摔跤手,并获得多项国家荣誉。他曾遭受过两次心脏病发作。当时接力结束被送医后,他意识依然清楚,并与儿子进行了最后的对话。

俄罗斯索契冬奥会的火炬传递已经进行了四个月,行程共65 000公里,但发生了不少事故。据悉,自普京10月在红场传递以来,火焰已经熄灭数十次。上个月火炬手的手套则突然起火。奥辛表示,1.4万名火炬手在进行冬奥会火炬传递前并不要求签署协议,但需注意的是,他们的身体消耗和健康都是自己的责任。

来源：搜狐体育[EB/OL].(2013-12-16)[2016-06-11].http://sports.sohu.com/20131216/n391873129.shtml，原载中国新闻网，原标题：《冬奥会火炬手突发心脏病去世 组委会称是个人责任》。

突发事件由于具有突发性、破坏性和牵连性，通常都会造成一定的危害，以上两条新闻报道均是负面信息。在对突发事件的报道中，一定要注意“以人为本”，注重对人的关怀，不能一味追求事件本身的重大性，而忽视了对人的尊重。在突发事件爆发后，不管是当事人还是受众，往往会出现悲痛、颓废、焦虑、不安、恐慌的情绪，在采访报道中要考虑到他们的感受，不要发布他们不愿意公开的图片，更不要触碰他们悲伤的内心或在他们的伤口上撒盐，而蕴含着人文精神的报道却可以转变受众的不良情绪，唤起人性中的真善美，唤起人们对生活的热爱，形成和谐向上的社会氛围。从另一个角度来说，突发事件的报道，如果引导得当，它就会具有认识、激励、警戒、安抚和审美等积极功能，起到缓解各种社会矛盾的作用。

第五节　赛事赛前报道

体育比赛具有竞争性、群众性、观赏性、时效性、悬念性和国际性，这些都决定了体育新闻报道具有竞争、同源、视听、预测、接近和国际等特点。体育赛事的赛前报道是体育新闻传播活动的重要环节。往往在大赛来临之前，各家媒体就精心策划好了报道方案，通过多种角度的报道提前预热，因此也有人将体育赛事的赛前报道称为“第二战场”。

体育赛事赛前报道是指在重要的体育赛事举行之前，大众传媒对有关情况进行的报道，如介绍参赛各方的情况、运动员特别是体育明星的状况、教练员的部署、场地、气候等可能对比赛产生影响的因素以及预测比赛的结果，对新近发生的事实进行报道，再对未来未知的事态进行一种分析、推理、预测。因而，体育赛事赛前报道必然需要提前做好各种准备，对赛事的预测和展望是其核心内容。

每逢奥运大赛之前，国内几乎所有的媒体都精心推出了“奥运前奏”“直击前方”“奥运猜想”“奥运猜猜猜”“谁将成为奥运首金”等各种具有前瞻性的赛前报道。在温哥华和索契冬奥会之前，央视就陆续推出了一系列主题片和纪录片，尽最大努力让观众在冬奥会之前就感受到比赛的气氛。如《冬奥者说》《我的奥林匹克》《体育 DNA》等节目通过精彩回眸和寓教于乐的形式吸引观众。更有一些网络媒体，不惜血本对各参赛代表团、运动项目以及中国代表团进行全方位的预测和分析。这些形式多样、内容丰富、数量众多的预测性报道成为亮点，赛前报道已经成为记者必备的功课，具有较强的市场竞争力。“媒体大战”提前到赛前进行，以超分量的新闻分析相关情况，以便在报道中先入为主抢占先机。

2014 年索契冬奥会之前，媒体大炒金妍儿与浅田真央的花滑女单比赛，基调定位在“一生对手的最后决战”，在比赛还没有开始之前就充满了火药味，同时吸引了韩国和日本诸多网民参与话题的讨论。从两人在花滑场上第一次相遇开始，金妍儿和浅田真央的名字就紧紧相连。谁是冰上真公主，有关这对“一生的对手”的争论从未间断过。同样出生于 1990 年 9 月，几乎同样的身高，一样美丽动人的容貌，这二位代表当今女子花样滑冰最高水平的顶尖选手，身上有太多相似之处。同是世锦赛冠军，同样长期在北美进行训练，同样每次都是在战胜对方之后才能夺冠……唯一不同的是，在温哥华，两个人的第一届冬奥会，领奖台上金妍儿站得更高。时隔四年的碰面，彼此认为这将是两人最后一次同场竞技。就在来索契前，两人不约而同做出了本届冬奥会后退役的决定，两位“美少女”最后一次的巅峰之战，成了所有媒体关注的焦点。韩日两国媒体更是竭尽所能，为两位选手提前造势。两位花滑公主身价的比拼，也成为两国媒体较量的“战场”。韩国 SBS 电视台称：金妍儿接拍一支广告的酬劳折合人民币 600 万元左右，身价已经超过了韩国顶级艺人。如今，金妍儿担任三星电子、大韩航空、KB 金融集团等 7 家大型企业的形象代言人，“在索契如果成功卫冕的话，她的身价会继续涨至天价”。日本媒体也不甘示弱，《日刊现代》等媒体报道说，自 2005 年以 15 岁的年纪摘得世界花滑大奖赛总决赛冠军后，浅田真央就成了日本滑联的头号吸金选手，光为滑联创造的经济价值(不包括接拍广告的个人收入)保守估计就在 13 亿日元(约合人民币5 000万元)以上。两国媒体针锋相对，金妍儿和浅田真央纵然有“既生瑜，何生亮”的感慨，却也惺惺相惜。金妍儿说：“和以往一样，我们总是希望在比赛中避免遇到对方。但有她在那里，总能给我动力和刺激。”这样的氛围，让很多观众都充满期待，不可否认媒体对话题的预热起到了重要作用。

体育赛事的赛前报道大多都是前瞻性的报道，记者根据收集到的事实材料，围绕主题阐述立场、观点、态度，作出分析和展望。前瞻报道的结构设计一般包括确定表述层次、突出重点、处理详略、划分段落层次、考虑呼应过渡等。常见的前瞻报道的结构有时间顺序结构（又称“探访式”或者“金字塔形”总分式结构）、逻辑顺序结构和聚焦式结构等。很多赛前报道实际上就是预测，预测是新闻媒体吸引受众、提高知名度和影响力的有效手段。

体育记者必须在广泛收集资料、占有资料、熟悉规则的基础上对某一赛事作出富有见地的准确预测和分析，才能准确地反映出他从事体育新闻专业的功底。从具体的分类来看，体育赛事赛前报道包括赛事竞技本身和赛事竞技之外其他相关元素的报道；从赛事竞技本身来说，又包括对单个赛事胜负的预测报道和赛事总体发展走向报道。记者要辩证地看待预测的必要性和结果，切勿加入个人强烈的主观色彩，要注意客观公正地描述。为了避免泄露重要的体育信息，对胜负以外主办方留有悬念的信息预测，应多注意采用模糊的手法表述。在赛前报道中，记者要慎用“复仇”的字眼，不要引导比赛带有政治色彩和火药味。

阅读材料1：索契冬奥会前瞻：中国花样滑冰的“造梦之旅”

中新社北京1月30日电（记者 张子扬）无论在索契的命运如何，连续四次参加冬奥会，34岁的佟健将注定载入中国花样滑冰的史册。

出征前，在谈及目标时，这位老将谨慎地说，“我只希望能让自己有个美好的回忆，与未婚妻庞清共同征战冰场20年，对彼此有个交代。”

前三届冬奥会，庞清/佟健最好的成绩是在上届获得了亚军，尽管在自由滑部分以141.81分刷新了国际滑联的最高分纪录，但由于在短节目上的瑕疵，最终还是与冠军擦肩而过。

那一刻，战胜他们的是队友申雪/赵宏博，这两个“又爱又恨”的人。“其实我们永远都是好战友，没有他们，世界不会记住中国双人滑。”回忆过去，佟健直言，“四年的等待，丰富了我们的人生经历，锤炼了我们战胜病魔的决心，如果那时拿了冠军，就不会有今天这份心得与释然。”

“当然，庞清从过去的搭档变成了未婚妻，这是我练习双人滑最大的收获。”佟健憨笑着说。

然而受到伤病的困扰，本赛季世界花样滑冰大奖赛上，庞清/佟健仅在中国站和法国站分获亚军和冠军，世锦赛上只拿到第五名，从强手如林的竞争态势来看，他们想捍卫荣誉的前景并不乐观。

“目前从身体的力量、跳跃和难度方面，均不占优势，我们剩下的只有经验和艺术表现力。”庞清说，但他们“依然有梦”。

同样是第四次出征冬奥会，名将张昊将携手比他小14岁的彭程，开启自己的“造梦之旅”。

2012年，老搭档张丹因身体原因选择退役，渴望捧起奥运冠军的张昊不得不推倒一切，选择重来。

“那时候，我心如刀绞，真担心坚持不到索契了。”张昊坦言，“现在别人问我的感受，我会说，每一届都感觉年龄增大了，但每一届经验也都增多了。”

他说，“有时候确实感觉很累，因为与彭程两年前牵手确实觉得很冒险，谁也不清楚我们的实力能否撑过索契冬奥会。但小彭程很拼命，她知道我们想要什么。我的第四次冬奥之旅，将注定意义非凡。”

对于新搭档，张昊笑着表示现在自己是身兼三职，“首先是搭档，也是场上的教练，很多技术动作都是我去教她，再就是生活中的保姆。”

站在一旁的彭程则满怀感激，“他每天流下的汗比我喝的水还多。”

在中国花样滑冰队双人滑教练赵宏博看来，张昊目前的训练情况比较稳定，但彭程随着冬奥会临近心理压力较大，“我一直在给她讲比赛经验，告诉她如何去把控，但就怕这孩子记不住”。

不过让赵宏博感到欣喜的是，在大奖赛总决赛上，这对“老少配”拿了第四名，而难度超高的捻转四周，也让人眼前一亮。

距离索契冬奥会开幕只有一周的时间，对于外界关注的双人滑金牌的归属，赵宏博坦言：“现在很难判断。”

“以前大家非常看好俄罗斯组合沃洛索扎/特兰科夫，整个赛季他们表现出了非常强劲的势头，但在上月的总决赛却输给了德国选手萨维琴科/索尔科维，两人在最近两次重大比赛中相继出现失误，也让双人滑形势变得微妙起来。”

赵宏博说，比赛到最后决定成败的关键是心理而非技术。“在水平相当的情况下，谁的心理调整得好，谁就有可能笑到最后。”他说，“中国选手冲击奖牌的梦想，甚至更好的成绩，并非遥不可及。”

来源：中国新闻网[EB/OL].(2014-01-30)[2016-08-19].http://sports.163.com/14/0130/12/9JRAOLTA00051CAQ.html#p=90BN29NR4BJ20005.

此篇消息是一个标准的前瞻式报道，记者对中国的两对参赛选手进行了较为全面的分析，重点关注了庞清/佟健这对焦点组合，同时，对张昊组合的训练情况也予以介绍。这种赛前报道往往加入一些背景知识和人文元素等，“背后的故事”使之更加具有可读性和知识性，受众在阅读的过程中能够充分地享受乐趣，习得知识，加深对项目的理解与关注。

在对体育赛事进行赛前报道的时候，还可以适当地采用专家访谈的办法，在赛前对相关领域的专家或运动员的教练进行专访，听取他们对运动员情况的介绍，毕竟他们和运动员朝夕相伴的日子很多，更有利于获取第一手资料。此篇报道中，记者从花滑双人滑主教练赵宏博的口中得到了很多信息，不仅有关于运动员本身的，还有对竞争对手的分析，增加了权威性和专业程度。但是听取专家的意见并不等于完全迷信于专家的每句话，记者在进行报道的时候要保持清醒的头脑和敏锐的判断力。

阅读材料2:2010年温哥华冬奥会赛程频现亮点中国健儿每天均有精彩上演

13日(除夕)开幕式带来怎样精彩

北京时间2月13日10时(加拿大当地时间2月12日18时)，盛大的开幕式将在温哥华的卑诗体育馆举行，会给我们带来怎样的精彩？谁将担任中国代表团旗手值得关注，上届冬奥会短道速滑500米冠军王濛和自由式滑雪男子空中技巧冠军韩晓鹏都堪当此重任。

14日(初一)短道速滑中国军团亮相

北京时间2月14日9时(当地时间2月13日下午17时)，中国短道速滑军团将率先在太平洋体育馆亮相。这一天，将产生短道速滑的第一枚金牌，年轻的中国短道速滑男队韩家良、梁文豪如果能进入1 500米决赛就是突破。王濛领军的女队将参加女子500米预赛和女子3 000米接力半决赛。

15日(初二)申雪/赵宏博表演短节目

北京时间2月15日8时30分(当地时间2月14日16时30分),花样滑冰双人短节目将在太平洋体育馆上演,中国搭档申雪/赵宏博、庞清/佟健、张丹/张昊将展现中国双人滑风采。这也是老将申雪/赵宏博的冬奥复出之战,两人在本赛季的大奖赛分站赛两次创造世界纪录,然后在总决赛的绝佳表现让中国人在与德国组合的直接对话中拥有了话语权。

他们的最大对手是来自德国的双人滑搭档萨沃琴科/索尔科维,尽管后者在四年前的都灵冬奥会上默默无闻,但是这个冬奥周期与中国选手的对抗中却常常拔得头筹。

也是这一天(当地时间2月14日12时),由王丽诺、金风铃、孙锐等老将带领的中国女冰将在不列颠哥伦比亚大学雷鸟体育馆迎来小组赛首战,她们的对手是最强劲的美国女冰。该队作为女子冰球男性化的杰出代表队伍,作风硬朗、打法凶悍,是此役夺标的大热门。中国女冰不会言败,面对强敌会赛出风格、打出精气神。

16日(初三)双人滑金牌将花落谁家

北京时间2月16日12时55分(当地时间2月15日20时55分),花样滑冰将进行自由滑比赛,从而决出双人滑金牌。中国军团能否在第一个冲金点创造梦幻开局,令人期待。此役除了德国搭档之外,俄罗斯组合川口优子/斯米尔诺夫和穆霍托娃/特兰科夫的实力也不容小觑。

北京时间2月16日7时30分(当地时间2月15日15时30分),将进行男子500米速滑的两次比赛,于凤桐前两次的奥运之旅都以意外摔倒终结,希望这次意外不会在他身上重演。令人遗憾的是,2008/2009赛季几乎所向披靡的于凤桐本赛季饱受伤病困扰,他的坚持和努力让人赞叹不已。

17日(初四)王北星冲击500米金牌

北京时间17日5时至8时05分(当地时间2月16日13时至16时05分),女子速滑500米赛举行,王北星向金牌发起进攻。从20世纪90年代叶乔波,到21世纪的王曼丽,再到今天的王北星,中国速滑女将们一直在为这枚金牌而不懈奋斗。此役,王北星夺冠路上最大的强敌是德国名将沃尔夫,本赛季的8次世界杯对阵,王北星2胜、沃尔夫6胜。目前韩国小将李相花的状态也相当不错。

18日(初五)王濛女子500米卫冕战

北京时间2月18日9时(当地时间2月17日17时),短道速滑比赛继续激战,其中女子500米决赛最引人关注。在这个奥运周期包揽这个项目几乎所有金牌的卫冕冠军王濛,能否在冬奥会的赛场上续写英雄史,此役将见分晓。另外,在男子5 000米接力赛半决赛中,中国男队能否杀出重围闯入决赛,也是一个关注点。在缺少领军人物的情况下,他们如何发挥集团优势和团队精神呢?

北京时间2月18日1时(当地时间2月17日9时),去年勇夺世锦赛冠军而名噪一时的中国女子冰壶队,迎来首场比赛。参加该项赛事的10支队伍将采用单循环赛制,王冰玉领衔的中国女队的首个对手是英国队。

19日(初六)女子U型槽刘佳宇闯关

北京时间2月19日4时(当地时间2月18日12时)女子U型槽赛将于赛普里斯山举行,世界冠军刘佳宇与队友孙志峰、蔡雪彤等将全力冲击金牌。本赛季刘佳宇拿到首个世界杯冠军后,于去年年底在日本的训练中不慎摔伤而肩膀脱臼,好在冬奥会前及时复出,她的技术特点是滞空时间多于其他女选手,飘逸优美转体成了她的“撒手锏”。不过,一天3轮比赛的强度很大,这对伤愈即出的她来说是一个严峻考验。

20日(初七)平淡比赛日冰壶唱主角

这一天,对中国军团来说,是一个没有冲金点的日子。这一天,冰壶选手唱主角。北京时间2月20日1时(当地时间19日9时)中国女队对阵丹麦;北京时间2月20日11时(当地时间19日19时)再战瑞典。北京时间2月20日6时(当地时间19日14时),中国男队迎战挪威。

21日(初八)小将周洋能否一战成名

北京时间21日9时45分(当地时间20日17时45分),短道速滑女子1500米预赛揭幕,首次参加冬奥会的小将周洋获得创造历史的机会。她最强的项目恰恰是中国女队没染指过冬奥金牌的单项,能否在韩国选手中抢得这枚金牌呢?请拭目以待。

22 日(初九)冰壶姑娘与加拿大死拼

北京时间 22 日 11 时至 14 时(当地时间 21 日 19 时至 22 时),中国冰壶姑娘与世界排名第一的东道主加拿大队狭路相逢,周妍、岳清爽、柳荫、王冰玉等将需要团队精神和智慧共渡难关。冰壶运动在加拿大的地位宛若中国的乒乓球,打法老辣,堪称"最难啃的骨头"。中国女队该如何破解并战而胜之呢?

23 日(初十)韩晓鹏上阵打响卫冕之战

北京时间 23 日 10 时(当地时间 22 日 18 时),卫冕冠军韩晓鹏将带领贾宗洋、齐光璞等小将争夺自由式滑雪空中技巧项目的决赛资格。四年前的韩晓鹏正是在预赛中一鸣惊人,并将黑马的神奇一直书写到决赛。之前,未能获得参赛权的他是靠"内部名额调节"才进入中国代表团的,此役可能成为他正名之战。

另外,中国女冰姑娘能否实现赛前制定的前 6 名的目标,那就要看她们能否在复赛中赢球。

24 日(十一)花样滑冰赛刘艳争上游

北京时间 24 日 8 时 30 分(当地时间 23 日 16 时 30 分),花样滑冰女单短节目开赛,中国选手刘艳将上场角逐。虽然中国女单选手肯定跟本届冬奥会奖牌无缘,但我们仍要为刘艳加油鼓劲——她在上届冬奥会上获得第十一名,为近年来中国选手冬奥会女子单人滑最好成绩,此役她是不会轻易言败的。

25 日(十二)两线传喜讯日进有两金

北京时间 25 日 10 时 26 分(当地时间 24 日 18 时 26 分),短道速滑赛场将进行女子 3 000 米接力决赛。在参赛队伍中,中国实力最强。王濛将和队友周洋、张会等通力合作,展现整体实力,以实现夺金梦想。

另外,北京时间 25 日 11 时 26 分(当地时间 24 日 19 时 30 分),女子空中技巧决赛如约上演,李妮娜、郭心心、徐梦桃谁将是最漂亮的雪上公主,谁能为中国队摘得第一枚女子空中技巧项目的金牌呢?

26日(十三)战俄队安东韩晓鹏要进攻

北京时间26日10时(当地时间25日18时),在自由式滑雪空中技巧决赛中,看经验丰富的韩晓鹏能否带领冲劲十足的小将们向白俄罗斯名将安东发起冲击,并最终为中国队锁定金牌呢?

另外,如果能够跻身四强,中国女子冰壶队的姑娘们将在这一天迎来半决赛的考验。

27日(十四)两个冲金点选手放手搏

北京时间27日7时(当地时间26日15时),在女子冰壶决赛中,中国队能否在冬奥会上实现突破?

北京时间27日11时24分(当地时间26日19时24分),在短道速滑女子1 000米决赛中,王濛能否成为“三金王”呢?另外,在男子5 000米接力决赛中,中国队将最后一搏。

28日(十五)花样滑冰高手放松表演

北京时间28日8时30分(当地时间27日16时30分),花样滑冰赛进入表演环节,获奖选手们将登场放松演出,更希望中国3对双人搭档都能作为奖牌选手,站在表演赛舞台上。

3月1日(十六)男冰赛压轴闭幕式举行

北京时间3月1日4时15分至6时45分(当地时间28日12时15分至14时45分),男冰冠军决赛成为压轴好戏。之后,北京时间3月1日9时30分至12时(当地时间28日17时30分至20时),赛会举行盛大闭幕式。再见温哥华,相约索契。

来源:梁学增[N/OL].黑龙江新闻网-黑龙江日报,(2010-02-24)[2016-08-19].http://news.tuxi.com.cn/sportssuhnews/sataasae/shatssmhm.html.

当媒体对某届大型赛事进行综合性预测报道的时候,可以根据已经掌握的资料,运用科学客观的统计方法,对某类参赛对象的金牌数、奖牌数和排名等内容进行预测。这种预测不仅能够吸引受众对赛事的注意力,也能够为即将到来的赛事进行预热。将体育新闻中的“媒体大战”提前到赛前进行，以超分量的新闻分析对报道市场和对象进行市场“轰炸”，是一种引领，也是靠浩大声势占据资源先机的手段。此篇报道，记者为观众梳理了温哥华冬季奥运会观赛备忘录，内容全面、重点突出。

阅读材料 3：2 月 15 日冬奥看点早知道：短道速滑或带来惊喜

【预测报道】

北京时间 2 月 15 日，2014 索契冬奥会将进入第八个金牌日争夺。在今天展开的八个大项的比赛中，其中在六个大项上将产生 7 枚金牌。中国短道速滑队将在女子 1 500 米和男子 1 000 米两个项目上再次出击，让我们期待惊喜出现吧；中国男、女冰壶队也将继续为争取从循环赛中脱颖而出而战。

短道速滑女子1 500米，刘秋宏、李坚柔、周洋将代表中国队出赛。韩天宇在男子 1 500 米项目上已经为我们带来了惊喜，中国短道速滑队的女将们能否抵抗住“韩”流呢？在刚刚过去的一个赛季，韩国的沈石溪、金阿朗在世界杯该项目的排名前二，不过短道速滑存在任何可能，谁敢保证中国三朵金花不会再次给我们带来惊喜呢？

短道速滑男子 1 000 米，梁文豪已经出局，这就意味着仅剩下韩天宇和武大靖继续竞逐，按照正常实力分析，加拿大的哈梅林最具冠军相，代表俄罗斯出战的安贤洙，韩国双雄申大元、李汉斌，以及韩天宇和武大靖也都有机会跻身前三甚至站到最高颁奖台，当然荷兰的克奈格特也有机会杀出来。

中国女子冰壶队将一日双赛，在与卫冕冠军瑞典队交锋完毕后稍作调整便会再次登场，与丹麦队过招，由于此次出战的瑞典队并非是诺贝里的队伍，因此对于王冰玉的队伍来说两战至少应该拿下一胜，而如果两战两胜无疑会令中国队从循环赛中晋级奠定坚实基础；中国男子冰壶队则会同东道主俄罗斯队对抗，只要抵抗住外界干扰把握机会，男壶有机会胜出。

速度滑冰男子 1 500 米，田国俊将代表中国队出赛，由于自身缺乏竞争力，只能争取自我超越。世界纪录保持者美国名将戴维斯最具冠军相，当然本土作战的尤斯科夫、荷兰的韦尔维吉和另一位美国选手汉森也对争金跃跃欲试。

高山滑雪女子超级大回转，中国选手并未能够拿到这一项目的参赛资格。瑞士的古特、德国名将里施、斯洛文尼亚好手马泽、奥地利的芬宁格都实力强劲，个个都想摘下这枚金牌。

越野滑雪女子4公里×5公里接力古典式/自由式,将不会见到中国选手的身影,群星云集的挪威队有望卫冕,芬兰队、瑞士队也具有很强的冲击力,美国队、俄罗斯队和德国队或许有机会冲击一下奖牌。

男子钢架雪车,中国尚未开展这一运动,拉脱维亚的杜库尔斯兄弟实力和经验兼具,其中弟弟马丁斯最有冠军相,本土作战的俄罗斯好手特雷蒂亚科夫同样也很想拿走这枚金牌。

跳台滑雪大跳台男子个人,没有中国选手参加这一项目的争夺。波兰名将斯托赫和斯洛文尼亚的普雷维茨将继续展开对决,斯托赫能否拿下个人在索契的第二金呢?德国选手弗雷恩德和挪威的巴达尔则希望可以站到颁奖台。

在冰球赛场,男子赛事方面,两大夺冠热门俄罗斯队将和美国队上演强强对话;女子方面将进行两场1/4决赛,芬兰队和瑞典队将争夺一个半决赛权,出线球队将与上届亚军美国队遭遇;瑞士队则会和东道主俄罗斯队展开对抗,胜出者将在四强战中挑战卫冕冠军加拿大队。

重点赛事推荐:(北京时间)

2月15日

冰球男子预赛,女子1/4决赛 16:00—03:30

女子冰壶循环赛 中国VS瑞典 13:00

中国VS丹麦 19:00

男子冰壶循环赛 中国VS俄罗斯 18:00

速度滑冰男子1 500米决赛 21:30—23:25

短道速滑男子1 000米,女子1500米决赛 18:00—20:55

来源:央视网.[EB/OL].(2014-01-28)[2016-08-19].http://2014sochi.cntv.cn/2014/01/09/ARTI1389245357044490.shtml.

奥运会赛场上,金牌榜和奖牌榜及各个单项冠军的归属历来都是关注焦点。这条网络新闻为大家介绍了2月15日索契冬奥会的全部看点,帮助读者更有效地了解这一比赛日的全部赛程。消息的开头首先简明扼要地告知受众比赛的时间和项目,由于索契和北京存在时差,文中特意注明了北京时间,以方便观众观赛。同时也为受众介绍了比赛日当天产生的金牌数和中国有能力冲击奖牌甚至金牌的选手,包括潜在夺金选手的项目、预赛的概况、主要对手的备战情况等，对一些非决赛的团体项目小组赛也进行了报道，最后罗列了本比赛日的重点赛事，满足部分快速浏览受众的需要。

预测性体育新闻报道是对即将进行的体育新闻进行前瞻性报道的一种深度分析，它能够有效地拓展媒体报道的空间。受众通过阅读相关的赛前报道，不仅能够对即将开始的比赛有一个大概了解，还能对比赛产生兴趣，使关注焦点成为茶余饭后的论题，进而继续挖掘后续报道。体育比赛的规律性、科学性使得体育新闻的预测成为一种可能，好的预测性报道甚至能够有效地提高媒体在受众心目当中的地位，特别是结果与赛前预测一致的时候。预测性体育报道的出现也是由于媒体之间竞争激烈，各家媒体想尽办法吸引受众的结果，它突破了传统的简单的赛前报道，极大地满足了受众的猎奇心理。

阅读材料 4：谁来点燃索契冬奥会主火炬？冰王子或重出江湖

中国的正月初九凌晨，俄罗斯海滨小城索契的菲什特奥林匹克体育场，一场冰雪盛宴即将开演。第二十二届冬奥会的圣火将在这里熊熊燃烧。冰雪健儿的身姿，就像几十年前便在中国广泛传唱的俄罗斯歌曲一样，优美地展现在国人眼前，为我们展现一场能看的“音乐会”。

《莫斯科郊外的晚上》

冬奥会开幕式

主唱：莎拉彼娃/普鲁申科

“夜色多么好，令我心爽朗，在这迷人的晚上。夜色多么好，令我心神往，在这迷人的晚上。”

衣着鲜艳的舞蹈家们拉开了演出的帷幕。这场“冰雪庆典”将于莫斯科时间 2 月 7 日 20 点 14 分开始，开幕式的时间也象征着本届冬奥会举办的年份，即 2014 年。开幕式的主题是“俄罗斯之梦”，寓意着俄罗斯是从沉睡中苏醒的巨人，取得了举世瞩目的成就和变化。表演者通过歌舞，富有感情地演绎着俄罗斯一路走来的辉煌。开幕式最后的环节是盛大的焰火表演，缤纷多彩的焰火在索契菲什特奥林匹克体育场上空绚丽绽放。而冬奥会巨型主火炬怎样点燃？谁将成为最后一位点燃火炬者？这个悬念要等到开幕时才能揭晓。

冬奥会开幕式上担任点燃主火炬重任的多为一人,也有2到5人的。四年前的温哥华冬奥会,巨型火炬的设计就不同以往,开幕式上,在场地中央慢慢合拢的三根冰柱以及中间升起的重达3吨的冰柱,形成了主火炬。接着由坐轮椅的残奥会冠军汉森、NBA明星纳什、冬奥会女子速滑冠军勒梅·多恩、冬奥会女子回转障碍滑雪亚军南希·格林、职业冰球明星格雷茨基,五人共同点燃主火炬。关于本届盛会点燃巨型主火炬的候选人,有两种说法:一是俄罗斯女网巨星莎拉波娃、一是该国"花样滑冰王子"普鲁申科。其实,历届冬奥会开幕式主火炬点燃者中,花样滑冰选手所占比例最高。1956年、1968年、1984年、1988年、1998年的五届冬奥会,开幕式上最后点燃主火炬的都是花样滑冰运动员。普鲁申科若担此重任,将成为冬奥会史上第六位在开幕式上点燃主火炬的花样滑冰选手。

随着开幕的日子越来越近,索契冬奥会开幕式已进行多次彩排,但每次彩排都不让任何媒体采访,有人甚至称之为保密工作做得最好的一届冬奥会开幕式。

《喀秋莎》

中国女将挑大梁

主唱:李妮娜、范可新

"喀秋莎站在峻峭的岸上,歌声好像明媚的春光。"

在歌中唱到的喀秋莎,是要把歌声传给前线的战士们。不过,冬奥会中的"喀秋莎"们,可是亲自向着冠军冲刺的"花木兰"。

缺少了"当家花旦"王濛的中国短道速滑女队依然不乏冲金点。小将范可新是目前女子短道速滑500米世界排名第二的选手,无疑是中国选手中最有希望争金的人。目前除了冬奥会金牌之外,范可新已经拿过女子500米其他所有国际大赛的金牌。她最大的弱点是缺乏冬奥会参赛经验,但回望八年前,王濛也是在既无队友支援又无冬奥会经验的艰难情况下夺得首枚金牌的。这次还有老将刘秋宏给范可新保驾护航,在队友协助这方面,范可新更有条件"复制"王濛的成功。而柔中带刚的周洋正是女子中长距离暗藏的"宝剑"。尤其是经历过几年的低迷后,目前她的状态正在稳步上升,在女子1 500米以及和队友范可新、刘秋宏、李坚柔组成的接力队也有机会冲击奖牌甚至金牌。

女子空中技巧比赛将呈现中国四朵金花围攻卫冕冠军拉西拉的局面。由于在难度上占据优势，金牌的最终归属还要看卫冕冠军的发挥。王冰玉、柳荫、岳清爽和周妍组成的"黄金组合"也有望在索契女子冰壶赛场上创造奇迹。自由式滑雪空中技巧项目，中国女队派出"四朝元老"李妮娜、目前动作难度世界最高的徐梦桃以及程爽三保险。

《小路》

情侣档冲击好成绩

主唱：庞清、佟健

"我要沿着这条细长的小路，跟着我的爱人上战场。"

花样滑冰双人滑项目堪称是冬奥会最唯美、最浪漫的项目。中国队曾经的夫妻档申雪/赵宏博在上届冬奥会完成夺金美梦。四年后，赵宏博已经成为教练，而申雪则在家中相夫教女。冰上爱情故事交给了已经订婚的庞清/佟健来续写。

温哥华冬奥会，庞清/佟健的自由滑曲目选的正是《追梦无悔》，这是所有运动员的追求。因为两人最好的年华恰恰碰上了申雪/赵宏博最灿烂的光景，因此永远位居次席的他们未能夺得冬奥会金牌。尽管竞技状态已不在巅峰，但庞清/佟健依然没有放弃对梦想的追求。佟健说，"我们一直在为这个梦而努力，不管结果如何，我们都会全力以赴。第四次的奥运之旅，我们希望能收获不一样的感受。我希望能让自己有个美好的回忆，与未婚妻庞清共同征战冰场 20 年，对彼此有个交代。"或许，金牌已经不是他们的终极目标，享受这个过程才是最美好的回忆。谈到这次比赛的主题，佟健透露依然是爱情故事，"通过跟编导商量，决定重塑这个故事，延续上一届冬奥会的主题。虽然我们知道夺冠有些困难，但我们还是一如既往地努力。我们希望让观众看到圆满的大结局，我们两个人收获爱情，得到幸福"。

《红莓花儿开》

中国军团困境中前行

主唱：中国代表团

"河边红莓花儿已经凋谢了，少女的思念一点儿没减少。"

申雪/赵宏博退役，王濛赛前受伤……众多名将无缘本届冬奥会，让中国军团的冲金实力大打折扣。难道“河边红莓花儿”真的要凋谢了？其实，中国军团对于冠军的“思念”一点儿都没有减少，中国人对于在冰雪项目中取得进步的决心一点儿都没有减少。

与美国和加拿大，甚至近邻韩国相比，中国体育冬季项目的开展并不占优，这也造成了中国代表团无法在冬奥会上创造出在夏季奥运会中那般的辉煌。在索契冬奥会前，中国共参加了9届冬奥会，但直到第七次参加的2002年美国盐湖城冬奥会中，才由杨扬收获了中国首枚冬奥会金牌。2010年温哥华冬奥会，中国代表团共获得了5枚金牌，其中4枚来自女子短道速滑。本届冬奥会前，王濛因伤缺席本就给了中国女子短道速滑队巨大的打击，而另一位大将于静也因伤病未随队出征，又再给中国队的冲金前景蒙上了一层阴影。

损失一两名运动员，便可能彻底改变整个代表团的出征命运，这恰恰说明了冰雪项目在中国开展得并不算顺利。由于地理位置的关系，目前中国冰雪项目运动员都集中在东北三省和解放军队中。像跳台滑雪这样的项目，只有在吉林通化得以开展，全国这个项目的运动员也就20多人。

想要改变中国代表团在冬奥会中的弱势，只靠一两个“王濛”是不可能的，关键还是在全国广泛地开展冰雪运动。如今，北京和张家口已经提出申办2022年冬奥会，如果两座城市能够如愿以偿，相信中国冰雪项目届时会得到最佳的发展机会。

来源：俄罗斯歌曲 唱响冬奥会[N].渤海早报(天津)2014-02-07.

这篇新闻报道写于索契冬奥会开始之前，文章一开始把索契冬奥会比作了一场“音乐会”，然后用四首脍炙人口的俄罗斯名曲为大家介绍了本届索契冬奥会的四大看点。第一部分，为大家介绍了开幕式的情况，并根据以往开幕式的经验，推测了两大火炬手的热门人选：莎拉波娃和普鲁申科；第二部分，重点介绍了中国代表团的巾帼英雄，这些女运动员是中国在冬奥会上潜在的夺金选手，也是观众重点关注的热门选手；第三部分，主要介绍老将庞清、佟健，希望通过对他们的介绍勾起中国老百姓对申雪、赵宏博以及花样滑冰双人滑项目美好的记忆，同时也送上了对庞清、佟健二人比赛美好的祝福；第四部分，对本届奥运会中国代表团的表现做了总体预估，中国代表团遇到不少困难，但依然需要前行，同时对申办2022年冬奥会提出了希冀。本报道最具新意的部分就是把关注重点和俄罗斯民歌结合起来，每一个小标题用一首脍炙人口的俄罗斯民歌，表达出大家对本届冬奥会的期待。

阅读材料 5：花滑日本站自由滑出场顺序：彭程/金杨压轴登场

新浪体育讯 北京时间 11 月 25 日消息，2016—2017 赛季国际滑联花样滑冰大奖赛分站赛最后一站日本站在札幌结束了第一个比赛日的争夺。在已经结束的双人短节目、女单短节目和男单短节目三项比赛中，中国组合彭程/金杨、俄罗斯选手博格里拉娅、日本名将羽生结弦暂列各项目第一位。

北京时间 11 月 26 日，花滑大奖赛日本站将进入第二天的争夺，将先后进行冰舞短舞蹈、双人自由滑、女单自由滑和男单自由滑的比赛。中国组合彭程/金杨、王雪涵/王磊也将为总决赛名额发起最后冲击。各项比赛的时间（北京时间）和出场顺序如下：

11:45—13:04 冰舞短舞蹈

冰舞短舞蹈的比赛将在第二个比赛日进行，共有 10 对组合参加。世锦赛冠军、法国组合帕帕达吉斯/西泽龙在第三位出场，意大利组合卡佩里尼/拉诺特在第九位出场。

StN.	Name	Nation
	Warm-Up Group 1	
1	Kana MURAMOTO / Chris REED	JPN
2	Marie-Jade LAURIAULT / Romain LE GAC	FRA
3	Gabriella PAPADAKIS / Guillaume CIZERON	FRA
4	Victoria SINITSINA / Nikita KATSALAPOV	RUS
5	Kaitlin HAWAYEK / Jean-Luc BAKER	USA
	Warm-Up Group 2	
6	Tessa VIRTUE / Scott MOIR	CAN
7	Anastasia CANNUSCIO / Colin MCMANUS	USA
8	Emi HIRAI / Marien DE LA ASUNCION	JPN
9	Anna CAPPELLINI / Luca LANOTTE	ITA
10	Natalia KALISZEK / Maksym SPODYRIEV	POL

图 4-2　冰舞短舞蹈出场顺序

13:35—14:56 双人自由滑

双人自由滑中，短节目排名首位的中国组合彭程/金杨将压轴出场，另一对中国组合王雪涵/王磊在第四位出场。而仅以微弱劣势排在短节目第二位的加拿大组合杜哈梅尔/拉德福德将在彭程/金杨的前一位、第六位出场。

StN.	Name	Nation	Rank	Points
	Warm-Up Group 1			
1	Miriam ZIEGLER / Severin KIEFER	AUT	7	52.19
2	Sumire SUTO / Francis BOUDREAU-AUDET	JPN	6	52.65
3	Tarah KAYNE / Danny O'SHEA	USA	5	57.02
	Warm-Up Group 2			
4	Xuehan WANG / Lei WANG	CHN	3	65.66
5	Mari VARTMANN / Ruben BLOMMAERT	GER	4	61.23
6	Meagan DUHAMEL / Eric RADFORD	CAN	2	72.95
7	Cheng PENG / Yang JIN	CHN	1	73.33

图 4-3　双人自由滑出场顺序

15:50—17:39 女单自由滑

女单自由滑比赛中，短节目排名第一的俄罗斯选手博格里拉娅在第九位出场，紧随其后的是短节目排名第三的东道主选手、日本一姐宫原知子。另外一名选手俄罗斯新秀索特斯科娃压轴出场。

StN.	Name	Nation	Rank	Points
	Warm-Up Group 1			
1	Dabin CHOI	KOR	11	51.06
2	Nicole RAJICOVA	SVK	10	53.43
3	Karen CHEN	USA	7	58.76
4	Alaine CHARTRAND	CAN	8	58.72
5	Elizabet TURSYNBAEVA	KAZ	9	55.66
	Warm-Up Group 2			
6	Mirai NAGASU	USA	4	63.49
7	Wakaba HIGUCHI	JPN	5	62.58
8	Yura MATSUDA	JPN	6	60.98
9	Anna POGORILAYA	RUS	1	71.56
10	Satoko MIYAHARA	JPN	3	64.20
11	Maria SOTSKOVA	RUS	2	69.96

图 4-4　女单自由滑出场顺序

18:30—20:25 男单自由滑

黄金时间进行的男单自由滑比赛中,短节目得分破百的羽生结弦将在倒数第二位出场,美国华裔小将陈巍紧随羽生,压轴出场。

StN.	Name	Nation	Rank	Points
	Warm-Up Group 1			
1	Grant HOCHSTEIN	USA	11	68.31
2	Deniss VASILJEVS	LAT	10	70.50
3	Jason BROWN	USA	8	74.33
4	Ryuju HINO	JPN	9	72.50
5	Alexei BYCHENKO	ISR	7	75.13
	Warm-up Group 2			
6	Mikhail KOLYADA	RUS	4	78.18
7	Elladj BALDE	CAN	5	76.29
8	Nam NGUYEN	CAN	6	75.33
9	Keiji TANAKA	JPN	3	80.49
10	Yuzuru HANYU	JPN	1	103.89
11	Nathan CHEN	USA	2	87.94

图 4-5　男单自由滑出场顺序

中央电视台体育频道和体育赛事频道届时将对比赛进行转播。

来源:新浪体育[EB/OL].(2016-11-25)[2016-08-19].http://sports.sina.com.cn/others/figureskating/2016-11-25/doc-ifxyawmp0177039.shtml.

这条新闻报道对即将开始的花样滑冰大奖赛最后一站日本札幌站的比赛情况做了介绍,内容完全没有对成绩的预测,但是对短节目成绩的解读很到位。短节目的成绩决定了自由滑的上场顺序,而评委和观众的焦点都集中在出场的最后一组,一般来说,冠军会是最后几位(对)出场的选手。比赛竞争激烈的时候,出场顺序还会对裁判打分起到一定的牵制作用,这也是此条新闻对官网给出的出场顺序进行着重报道的原因。同时告知冰迷央视有同步的比赛转播,除了关注焦点运动员之外,对每个单项比赛的时间也是精确报道的。

曾经有一段时间,媒体痴迷于对竞赛结果的预测,这无可厚非,因为比赛结果是大家最关心的,悬念最大,但是赛前报道中的预测报道容易被不良媒体所利用,成为假新闻的源头和泛滥之地,危害了新闻的客观和公正。因此,建议媒体要掌握相当丰富的资料和具有一定的报道经验后,再对比赛结果进行大胆预测。

阅读材料6:冬奥会花样滑冰表演滑庞清佟健

接下来,我们将要看到的就是以本届冬奥会作为谢幕表演的双人滑选手,来自中国的庞清、佟健,在这次比赛中获得了第四名,他们的表演音乐同样来自他们的自由滑《我曾有个梦》。

当你知道这是最后一次踏上冬奥会的征程,你的心中还会涌动? 回首过往,太多的回忆。成功的喜悦、失败的苦楚、希望的落空、迷人的坚持,在这过程中,你的身体逐渐老去,心变得沧桑,你是否还有梦想? 是否还能坦然面对今后的淡薄? 在2014年索契冬奥会中国代表团领奖服冠军服的颁奖仪式上,第四次征战奥运会的庞清、佟健给出了他们的回答:我们依然有梦,他们这个赛季选择了这个曲目作为他们自由滑和表演滑的曲目。

来源:作者根据历届奥运会资料整理。

这是央视解说陈滢对庞清、佟健2014索契冬奥会花滑谢幕表演登场前的一段解说报道,内容不涉及对两人成套配合的介绍,不涉及对专业技术动作的分析和对成绩排名的预测展望,仅仅是略带忧伤的祝福。又是一个四年周期的准备和付出,两位35岁的老将与奥运领奖台擦肩而过,其中的失落和遗憾很多人都能够读懂。奥运会是运动员职业生涯中最重要的舞台,庞清、佟健用他们的坚守和大度展现了奥林匹克精神,犹如洁白的冰面,他们的职业生涯是干净的、是值得敬佩的。《我曾有个梦》会激励一代又一代人向他们学习,引导观众带着祝福的心态去欣赏他们的表演。

阅读材料7:短道速滑大战充满看点　安贤洙欲追平美名将纪录

索契冬奥会到了最关键的收尾阶段,而2月21日晚的短道速滑大战,将注定成为一场书写历史的比赛。

短道速滑最后一天,将产生3枚金牌,分别是女子1 000米、男子500米和男子5 000米接力。围绕这三块金牌,必会产生众多看点。

首先是中国队。中国队本届冬奥会已经夺得三金,有两金来自短道速滑。21日的三个项目,中国队都有夺金的希望。

最有希望的是男子5 000米接力。在韩国队和加拿大队出局之后,中国队的最主要对手将是俄罗斯队。从预赛看,中俄两队相差不大,虽然俄罗斯队成绩略好,但中国队最后显然有意收了一下。接力是一个讲究配合的项目,以前俄罗斯队的短道速滑水平不高,虽然安贤洙的加盟对全队实力有所提升,但配合的效果如何还有待检验。

除了男子接力,中国队的梁文豪、韩天宇、武大靖闯入男子500米四分之一决赛,李坚柔和范可新闯入女子1 000米四分之一决赛,李坚柔的小组对手是韩国的金雅朗,范可新则要面对沈石溪和方塔娜,任务都很艰巨。

除了中韩对抗,短道速滑还将出现两个标志性的人物:安贤洙和方塔娜。

安贤洙在1 500米比赛中为俄罗斯获得首枚冬奥会短道速滑奖牌,在1 000米比赛中他又夺得金牌,成为第一个获得4枚金牌的短道速滑选手。至此,他已经在冬奥会上获得了6枚奖牌,如果在21日的比赛中能夺得两枚奖牌,他将追平美国名将阿波罗创造的8枚奖牌的纪录。

"他的机会很好,我相信他能夺得500米金牌。虽然俄罗斯队不是冰上最强的,但拿一块奖牌还是没问题的。"阿波罗在接受记者采访时看好这名后辈,"他的身体非常适合短道速滑,他的技术是最好的,如果他能追平我的纪录,我不会感到吃惊。"要知道,阿波罗拿到8枚奖牌,用了3届冬奥会,而因为没能代表韩国队参加温哥华冬奥会,安贤洙这才是第二次参赛。

另一位有望创造奇迹的是意大利的方塔娜。如果在女子1 000米比赛中获得金牌,她将追平中国名将王濛6枚奖牌的纪录。方塔娜曾经在都灵冬奥会获得3 000米接力铜牌,温哥华冬奥会获得500米铜牌,在本届冬奥会上,方塔娜获得了500米银牌、1 500米和3 000米接力的铜牌,外界普遍的观点是,21日的1 000米决赛,方塔娜不仅有望追平王濛的纪录,还有可能获得她个人的第一枚金牌。

来源:刘瑞平[N].齐鲁晚报,2014年2月21日。

这是一篇具有前瞻性的赛前报道,对2014年2月21日的短道速滑比赛结果进行分析和预测,并在对比赛中的标志性人物的预测上给观众留下悬念。

这则报道在开头用简短的语言介绍了即将产生的夺金点,言简意赅,使观众了解相关赛程,不错过精彩看点。这三场比赛对中国队的意义重大,媒体发挥一定的舆论影响力,使观众将民族使命感和比赛结果相关联,并且中国队在这三场比赛中都有望夺金,会大大增加节目的收视率。

接下来,作者依次分析了三场比赛夺金的可能性。最有可能夺金的是男子5 000米接力比赛,作者对夺金对手俄罗斯队展开详细的交手分析,还对另外两个夺金热点的运动员进行详细介绍。这种赛前介绍不仅能提高观众观看比赛的兴趣,也能产生一种良好的媒介舆论:无论比赛结果如何,中国队是有实力夺金的。

本篇报道的亮点就在于将视角放在竞技比赛的层面,而不仅仅是民族国家层面。着重分析比赛中的典型人物,分别对安贤洙和方塔娜即将创造历史进行渲染,成功地吸引观众的好奇心。

然而,新闻的准确率才是前瞻性赛前报道的生命线。无论哪家媒体做出的赛前报道,其目的就是给观众提供一些意见,从而帮助他们更深入地了解比赛。这则报道中作者没有特别肯定的语气,却给观众阐述了比赛可能出现的结果,是一篇比较成功的赛前报道。

第六节　体育赛事报道

大到一届奥运盛事,小到一个小型活动,赛事本身结束了,但是报道的脚步却没有停止。每次大赛之后都会呈现出新的格局、新的热点、新的焦点、新的亮点、新的问题,总会或多或少留下些经验和教训、完美和缺憾,这些不仅是体育界关注的热点,也是广大体育爱好者欲知而未知的内容。体育赛事的报道一般经历赛前、赛中和赛后三个阶段,赛前是对体育赛事报道的预热过程,赛中更加突出“直播”特点,赛后是对比赛相关内容的连续报道和深度报道,这里面赛事赛后报道所占比重是最大的。

近些年,随着科技水平的提高,我国电视媒体和新媒体的冬奥会报道,无论从数量上还是质量上,都有了长足的进步。从报道规模上说,一届比一届大,外派参与的报道工作人员越来越多;从节目制作水平上说,拍摄制作和宣传报道的质量明显提高。这些不仅让观众全方位了解了冰雪运动的知识,还通过精彩的赛事直播为大家提供了思考、参与和愉悦的机会。

温哥华冬奥会期间,除了对比赛进行全程直播和转播外,中央电视台体育频道每天安排了10档关于冬奥会报道的新闻节目,如每天7:30—8:30播出的《早安奥林匹克》,12:30—13:00播出的《奥运速递》,18:00—19:00播出的《直通温哥华》,19:00—19:30播出的《人在温哥华》,22:30—23:00播出的《全景冬奥会》等,这些节目从早到晚,滚动式地向观众介绍最新的比赛动态,有的节目后面还不断更新金牌榜与奖牌榜的情况。由于时差关系,有些比赛是在北京时间凌晨进行的,很多观众不能在第一时间看到比赛,体育频道会在第二天下午播放一些录像回放。CCTV1、CCTV7等也配合CCTV5直播赛事,满足不同观众的需求。加拿大籍的大山是中国人民的老朋友,长期活跃在央视舞台上,他的冬奥报道为观众带来了轻松愉悦的体验。

索契冬奥会期间,央视实施"一云多屏"的报道战略,注重与新媒体展开合作,体现了全媒体时代电视报道的创新探索。央视总共派出了208人组成报道团队,前往索契,CCTV1、CCTV5和CCTV5+三个频道对冬奥会进行了全面直播、转播和新闻报道。CCTV5作为传播的主力军,全天24小时播出冬奥会节目,《体育晨报》《体坛快讯》《体育新闻》《体育世界》等栏目一天当中不同时段报道最新资讯,此外还制作了《冬奥典藏》《体育世界在索契》《风云会》等专题节目。在发挥新媒体联动方面,央视除了自主研发APP应用,还在新浪微博、腾讯微博上开通账号,通过平台发布冬奥会的相关信息。使用人数最多的新浪微博平台,粉丝数量超过了200万人。

在体育赛事报道的过程中,除了赛事成绩本身之外,为抓住受众兴奋点,不少媒体在"难忘的人和瞬间"方面下足了功夫。

冰雪情深,点滴凝华。2010年温哥华冬奥会带来的冰雪温情,让很多观众深深感动。申雪、赵宏博18年追梦,梦圆温哥华的温情时刻,现场响起了雷鸣般的掌声,申雪和赵宏博向观众挥手致意,深情相拥。王濛夺冠跪谢恩师李琰,这一幕让世界动容。周洋奇迹夺冠,赛后质朴感言"告诉自己我行,希望夺金让父母生活好点"感动世界;冰壶女队摘铜泪洒赛场,她们的眼泪是释放、是感动、是勇敢;空中技巧队的男女队员,他们的每一次腾飞都是青春的绽放,真的很感动于他们挑战难度、挑战自我的勇气。

回眸2014年索契冬奥会,最让人感动的不是金牌,而是那一幕幕真情流露、难忘的瞬间情景。

维克·维尔德:有缘千里来相会

美国人维克·维尔德与西伯利亚姑娘阿莲娜·左瓦尔金娜在单板滑雪比赛中认识。相互对视、做好朋友、结婚,然后阿莲娜建议丈夫移居俄罗斯。维尔德便加入了俄罗斯国籍,作为一个男人和一名运动员而大放光彩,并且在索契赢得了两枚金牌!阿莲娜也毫不逊色,她的铜牌装点了团队和家庭收藏。“当我第一次遇到她的时候,我知道有一些东西变得不一样了。有缘千里来相会,执子之手,这是我做得最正确的决定。”维尔德的“爱情宣言”,情比金坚,感动无限。

李妮娜:不倒的“中国红”

高高冲向天空、滚落在陡立的雪道、长久地痛苦倒地、匆忙待命的医务人员……冬奥会“四朝元老”、两枚银牌得主李妮娜的索契最后一跳让人揪心,然而这个顽强的姑娘最终还是站了起来,在工作人员的搀扶下一瘸一拐走下雪坡,挥手致意,现场观众报以经久不息的掌声。“现在整条腿都很疼,还不知道伤到了哪,但那么多人都在关心我,站起来那一刻,只想让大家放心,也是为了让大家看一看我们这个项目残酷的一面!”

庞清、佟健:因为爱情

退役、复出、坚守,虽然依旧未能触及梦想中的金牌,但她微笑着带来的感动,却早已让人泪眼婆娑:“我四届冬奥会,已经值一块金牌了,很多人都跟我说,你即使没拿到金牌,在我们心中也是冠军,这就够了!”曲终人未散,此刻最浓情。从2002年盐湖城第九,2006年都灵第四,2010年温哥华银牌,到2014年索契第四,从一对互相看不上的冰上小伙伴到执手偕老将共度一生的情侣,冬奥会见证着庞清、佟健的“因为爱情”。虽然又一次与金牌擦肩而过,但赛后深情对望时佟健的誓言犹在耳畔:“就算输得什么都没有了,我还有庞清啊!”山有木兮木有枝,心悦君兮君不知?如此情深,怎能不知,这份珍惜是比夺得金牌还美妙的回忆。

来源:今日早报[N/OL].(2014-02-24)[2016-08-19].http://jrzb.zjol.com.cn/html/2014-02/24/content_2545250.htm? div=-1.

冬奥赛场上，不仅有奖牌和笑容，也有泪水和那些在背后默默付出的人。虽然还有很多不为人知感人的一幕幕，但奥林匹克精神在不断传承和发扬，这些令人感动的画面，经过媒体的润色报道，更加体现出了独特的人文精神。

网络体育赛事报道互动性强，能够实现双向交流。它改变了传统媒体单向传播的格局，受众可以参与发表自己的看法，并且与他人实现交流。网络媒体报道体育赛事的形式也十分丰富，可以综合运用文字、图片、视频、音频等元素对赛事进行全方位报道。不过网络媒体也存在虚假新闻多、娱乐化明显、标题党滥用和版权纠纷等问题。在“互联网+”时代，大型体育赛事报道已经开始呈现新的形式和内容。如何借助相关技术力量，让大型体育赛事得到最大范围的推广和宣传，使其更具影响力，这是每个赛事主办方最关心的问题。体育赛事媒体创意是指创造性思维在体育赛事传播领域的运用，是通过综合考察城市特色、赛事定位、项目特征及受众需求制定的具有创新性或创造性的策略和构思；依据媒体创意的基本理论及体育赛事媒体创意的典型案例，总结体育赛事媒体创意策划的基础、定位、关键与核心要素，归纳创意实施的阶段特征及体育赛事媒体创意的整体流程。

大型体育赛事报道考验记者的专业功底与快速反应能力，考验编辑的选稿标准和独特的版式处理技巧，考验媒体的整体协调作战能力与多层次、多角度深度报道的水平。同时，体育报道中的规律与问题也往往集中体现在大型赛事报道中。因而，大型体育赛事报道对新闻报道的运转机制、观念、人员素质都提出了很高的要求，这种要求又随着技术的发展和传播手段的多样化而不断提高，不断需要突破素质局限与非素质局限去创新。

在人人都可以当解说员的新媒体时代，体育解说员、体育记者和体育主持人的人格魅力越发凸显出重要性，体育口语传播工作者一定要具备扎实的专业知识、广博的见闻和实战报道的经验。在智能终端和移动互联网的不断发展中，用户的媒介诉求扩大了，如何最大化地满足受众的信息、娱乐、社交需求，是新媒体平台参与报道时需要改进和思考的问题。

阅读材料1:中国实现冬奥会金牌零的突破

44秒铸辉煌

任脚下的冰刀在冰面上轻轻滑动,杨扬弯腰轻轻地捶了捶腿,蹲下活动了一下关节,然后深深地吸了一口气。过去的72小时里,一个噩梦压得她喘不过气来……

在2月13日晚进行的盐湖城冬奥会短道速滑女子1 500米决赛中,赛前夺冠呼声最高的杨扬出人意料地输了,而且输得“一败涂地”。紧张、压力大、想赢怕输、患得患失……中国体育代表团团部领导准确而及时地为杨扬找到了败因,并尽最大努力为她减压力、卸包袱。然而这场失利仍像一场噩梦缠绕着她、折磨着她。

“预备!”裁判员的口令清晰而有力地响起。刹那间,杨扬明白,在冰面上做的噩梦需要在冰面上结束。她凝神做好准备,等待那一声发令枪响。

“啪!”占据着内道有利位置的杨扬如离弦之箭直窜出去,以迅雷不及掩耳之势抢占了领先位置。她身旁以起跑速度极快而著称的500米世界纪录保持者拉达诺娃反应也非常快,但还是慢了一步,落在了杨扬身后。

5秒、10秒、15秒……时间飞快地流逝着,两万名现场观众的喊声震耳欲聋。25秒、30秒、35秒,曾多次在500米比赛中战胜过杨扬的拉达诺娃始终只能面对杨扬的背影,杨扬牢牢地控制着领先的优势。40秒、42秒、44秒、44秒187——时间凝固,噩梦结束,欢呼四起。

仅仅44秒钟,杨扬就挥去了困扰她72个小时的噩梦,实现了中国人22年来苦苦追寻的冬奥会金牌梦。

在全场观众的欢呼声中,杨扬、王春露滑到辛庆山的面前。这位两天前还在“痛骂”杨扬的东北汉子在含泪紧紧拥抱了她俩后,把一面鲜艳的五星红旗交到了中国第一枚冬奥会金牌得主的手上。杨扬、王春露高擎红旗,缓缓地绕场滑行,向观众致意。

杨扬深深地吸了一口气,眼角闪着晶莹的泪光。她俯下身子,把头埋在双手之间蹲了好一会儿之后,才重新微笑着站立在冰面上……(昕华)

22年风雨历程

1979年国际奥委会恢复了中国在国际奥林匹克大家庭的合法地位之

后,中国于1980年派出28名运动员,参加了在美国普莱西德湖举行的第十三届冬奥会。

四年之后,中国派出37名运动员参加了在萨拉热窝举行的第十四届冬奥会。

1988年加拿大卡尔加里冬奥会,在当时还是表演节目的短道速滑比赛中,中国女将李琰勇夺1 000米金牌、500米铜牌和1 500米铜牌,五星红旗第一次在冬奥会的赛场上升起。

1992年在法国阿尔贝维尔举行的第十六届冬奥会上,风华正茂的叶乔波连夺女子速滑500米和1 000米两枚银牌。此外,李琰也在首次成为正式比赛项目的短道速滑比赛中为中国队添上一枚银牌。

第十七届冬奥会于1994年在挪威北部小城利勒哈默尔拉开帷幕,日趋成熟的花样滑冰名将陈露在女子单人滑比赛中抢下一枚铜牌;老将叶乔波在女子速滑1 000米比赛中拖着"一条半"腿为中国队拼得一枚铜牌;遗憾的是,在女子短道速滑500米决赛中拥有领先优势的张艳梅在即将到达终点时意外摔倒,让眼看就要到手的金牌随风飘走。

1998年日本长野冬奥会,短道速滑女子1 000米决赛,如日中天的杨扬最后关头被韩国选手超越,与金牌失之交臂;短道速滑男子1 000米比赛,"背着药罐子的孙行者"李佳军以"一刀之差"痛失金牌;在短道速滑女子3 000米接力赛中,中国队又眼看着韩国队在最后时刻将金牌抢走。(昕文)

用冰刀改写历史的女孩——记中国第一位冬奥会金牌获得者杨扬

杨扬赢了,这位中国姑娘用脚下的冰刀改写了历史,为中国赢得了历史上第一枚冬奥会金牌。

1983年,年仅8岁的杨扬走上了中国北部边陲的一块室外冰场,少年体校,哈尔滨体工大队,杨扬把一串串坚实的脚印留在身后。1995年,她正式成为国家短道速滑队的一员。1997年,杨扬获得了她的第一个世界冠军,从此一发不可收,连连在世界大赛中摘金夺银,至今她已连续5年荣登世界女子个人全能冠军的宝座。人们惊呼:这位中国姑娘开创了一个短道速滑的"杨扬时代"。

很少有人知道,这位站在颁奖台上的中国第一位冬奥会冠军,当年居然是经过特殊"照顾"才入选国家队的。国家队刚成立时,所有的队员都来自吉林省,为了平衡地区间关系,从哈尔滨体工大队挑选了成绩尚可的杨扬作为替补队员。一进国家队,杨扬立刻感觉到一种无形的压力,她在女队员中年龄最大,水平却是最低的。

"我一定要成为最好的。"杨扬横下一条心,每天都是一大早就出现在训练场上,111.12 米的银色跑道,成了杨扬实现自己梦想的"摇篮"。不但保质保量地完成教练要求的训练科目,杨扬还暗暗地为自己加量,滑冰服湿了又干,干了又湿,往往是一天的训练结束,杨扬累得浑身像散了架一样,一头栽倒在冰面上再也不想起来了。训练最苦的时候,一个多月里杨扬的体重就减少了十几斤。几分耕耘几分收获,一年后,杨扬终于成为国家队中一名绝对主力。

在杨扬的妈妈姜帆眼中,"杨扬是一个性格坚强的女孩,她进入国家队以后,我从来没看到过她哭"。但在昨天的比赛结束后,一向坚强的杨扬终于哭了,不过这是激动、幸福、喜悦的眼泪。

身披着一面鲜艳的五星红旗,一位中国姑娘在冰场上滑行着,这是昨晚盐湖城最美的风景。(王刘)

来源:泉州晚报-体育新闻[N/OL].(2002-02-18)[2016-08-19].http://www.66163.com/Fujian_w/news/qzwb/gb/content/2002-02/18/content_411111.htm.

这篇来自泉州晚报的《中国实现冬奥会金牌零的突破》是一份成功的赛后报道作品。作品共有三个层次,第一个层次"44 秒铸辉煌",将大家的思绪带回中国获得冬奥历史首金的画面,作者通过扎实的文字功底和细致的心理变化的描述,为读者呈现出了金牌诞生的详细过程。"仅仅 44 秒钟,杨扬就挥去了困扰她 72 个小时的噩梦,实现了中国人多年来苦苦追寻的冬奥会金牌梦",激情洋溢的文字让人为之心动。第二个层次"22 年风雨历程",为受众梳理了中国冬奥竞赛队伍的艰难起步和与首金一次次擦肩而过的遗憾,错失多次机会,成为中国冬奥历史跨世纪的遗憾。第三个层次"用冰刀改写历史的女孩——记中国第一位冬奥会金牌获得者杨扬",进行了人物特写报道,回忆了奥运冠军杨扬的成长之路。正是有了很多像她一样艰苦训练的运动员,正是有了中国代表团迎难而上、勇于突破的精神,才让金牌离我们越来越近。"杨扬身披鲜艳的五星红旗,含着激动、幸福、喜悦的眼泪慢慢滑行,接受着对手的纷纷祝贺,这是那晚盐湖城最美的风景。"作者细心地发现了"44 秒"和"22 年"的关键数字,在数词上着色分析,让漫长的 22 年和短暂的44秒形成鲜明的对比，这种迷茫前行和渴望突破的矛盾心理在杨扬率先冲过终点线的那一刻犹如坚冰被重重打破，让人异常振奋。

阅读材料2：我们没有遗憾——记申雪/赵宏博展现绝技勇夺铜牌

随着《图兰朵》的旋律响起，全场观众的头就紧紧地跟着申雪和赵宏博的滑行而摆动，因为节目单上清楚地写着，这对中国选手将要展示一个当今世界大赛上还从未有过的高难动作——四周抛跳，谁也不愿意错过这历史性的一瞬……

在第一个乐章奏出最后几个音符时，只见赵宏博潇洒地用双臂一送，申雪轻盈地腾起转体，急速向前飘去……就在申雪平稳落下的同时，挡板外的姚滨教练情不自禁地跳了起来。为了决定到底用不用这个名为“沙霍夫四周抛跳”的高难动作，他反反复复地思量，已两个晚上没休息好。奥林匹克的精神是“更高、更快、更强”，四周抛跳是当今花样滑冰最高难度的动作，既然练出来了，就理应拿到冬奥会上让世人共享，可是，这同时又意味着将面临巨大的风险。凭申雪和赵宏博的实力，用三周抛跳可稳保铜牌，而用四周抛跳，一旦失手，极有可能鸡飞蛋打，和奖牌无缘。终于，这位心存大志的汉子横下心来，因为他知道为了练出这一动作，两位爱徒付出了多大的努力，患得患失将会在他们心中投下怎样的阴影，中国的双人滑能取得今天的成绩是拼出来的，要继续前进就得首先保住这股拼劲。

想明白了这个道理，这个决定也就锁定在了姚滨的心里。就是昨天申雪和赵宏博四次试跳这个动作都未成功后，也没能动摇这个决心。此时此刻，当他看到申雪转完四周落下地来，就如同千钧重压一下消失。可是，还没等他欢呼出口，意外发生了，只见申雪右脚一滑，身体失去了平衡……赵宏博见状一惊，随即，他就和顺势爬起的申雪，重新进入了角色。是的，在此之前，该想的都已统统想过了，特别是当前面的俄罗斯和加拿大选手比赛结束时，他们在场后听到场内的掌声如滚雷，就知道对手完全发挥了水平，明白金牌银牌已离自己而去，留在他们心中的想法就更简单清晰了：当今之世，四周抛跳只有我们能做出来，只有在冬奥会上做出来才能被承认，只有尽力了，才不会有遗憾。

其实，严格地说，他们的动作是完成了，只是在落地后申雪想把动作做得更完美一些，没有及时结束，可抛跳产生的力量却不足以使她滑得更远，才出现了失衡。但失误归失误,追求完美是没有错的,也正是这种坚定的追求,使申雪和赵宏博在后面的 4 分多钟里,用出神入化的完美舞姿征服了观众和裁判,最后,捧得了铜牌,为中国代表团在本届冬奥会上的第一道冲击波画上了圆满的句号。

来源:缪鲁.2002 年《人民日报》报道盐湖城冬奥会摘录[N/OL].(2014-02-02)[2016-08-19].http://sports.sohu.com/20140202/n394467993.shtml.

这篇报道出自于《人民日报》记者的笔下,与广播电视和新媒体相比,纸媒的生存压力非常大。报纸的现场感和观赏性处于绝对劣势,只有依靠突出纸媒的独特视角和深度报道,才能把其他媒体的受众吸引过来。报纸要想抓住受众的眼球,一定要在版面和标题上下功夫,使读者一看到它就能产生浓厚的兴趣。作者为我们讲述了两个勇于挑战自我的运动员在奥运会节目编排中的心路历程,有失败也有成功,有遗憾也有成就,这样的报道内容准确体现了媒体传播中对奥林匹克价值与精神的引导。

阅读材料 3:索契冬奥会首金诞生 美国选手夺得单板滑雪金牌

主持人:刚才呢,我们提到了本届冬奥会第一金产生在单板滑雪的赛场上,那么男子障碍技巧冠军归属也是刚刚产生,他的名字叫做库兹伯格。

单板滑雪障碍技巧是索契冬奥会新增的一个比赛项目,比赛在玫瑰庄园极限公园进行,从这个赛场名称也不难理解,这是从极限运动的经典项目转入冬奥会的。决赛呢,共有 12 名选手参加,滑两轮取最好的成绩。第一轮比赛过后,身披 22 号的美国选手塞奇·库兹伯格是获得 93.50 分,排名第一位。本届单板滑雪障碍技巧赛道全长为 565 米,垂直的落差达到了 147 米,六名裁判根据选手通过赛道的各种障碍所展示的滑行技巧以及飞行和跳跃的难度和创意来打分,满分为 100 分。第二轮呢,所有选手的表现都比较正常,最终库兹伯格还是维持了他在第一轮中积攒的这种优势,获得了最终的冠军。

来源:央视体育新闻[EB/OL].(2014-02-08)[2016-08-19].http://2014sochi.cntv.cn/2014/02/08/ARTI1391851406349756.shtml.

本条新闻从索契冬奥第一金的话题出发,很具焦点性,引起多家媒体的关注。从冠军的刚刚产生,可以看出这条新闻是对比赛的及时报道,体现了新闻的时效性。本届冬奥会新增了单板滑雪障碍技巧赛,这是观众朋友比较陌生的一项赛事,如果只是单纯地介绍比赛的结果,观众也只能是一头雾水。为此,作为一篇赛后报道,这则新闻简单介绍了这个比赛项目。从比赛的场地名字,引入项目的来源,简单介绍比赛的场地情况和规则要求,帮助观众更好地理解新闻。另外,主持的语言较为口语化,贴近生活,风格较为轻松。

阅读材料4:女子冰壶王冰玉率队7-4 美国 获循环赛两连胜

主持人:好,来关注一下冰壶赛场的最新战报,中国冰壶女队呀是结束了循环赛第三场的争夺,结果她们以 7:4击败了美国队,取得了两连胜。

中国女队呢今天两次关键的得分呢,分别是来自于第五局和第八局,第五局中国队拿下了两分,总分上取得了 3:2的领先。美国队此前是三战皆负,她们四垒是一名 41 岁的老将布朗,布朗已经是两个孩子的母亲了,此前参加过 1988 年和 1998 年两届奥运会,经验非常丰富。第六局在中国队搁置了五个冰壶在营垒区之后,这个布朗非常镇静准确地将冰壶投掷到了圆心区,帮助美国队将比分扳成 3:3平。但是第八局,中国四垒王冰玉用同样的方式做出了反击,中国队在这一局再次拿下了两分,虽然美国队第九局得到 1 分,不过中国在第十局拥有后手优势,最终姑娘们再取两分,以 7:4获胜。中国女队目前的战绩是两胜一负。

来源:央视体育新闻[EB/OL].(2014-02-12)[2016-08-19].http://2014sochi.cntv.cn/2014/02/12/ARTI1392209492027182.shtml.

这是一则关于女子冰壶的比赛报道,通过新闻的导语,观众直接获得比赛的结果信息。新闻的导语简明扼要,简单介绍了比赛的双方和胜负;新闻的主体部分则主要讲述了比赛的精彩过程,重点还原了比分从 3:2到 7:4的竞赛过程,通过比赛的画面和现场音效的有机结合,使观众身临其境,很有现场感。这条新闻还重点抓住了比赛中的明星运动员,通过观众熟知的明星运动员来烘托比赛,表明运动员对比赛结果有重要影响。在语言上,主持人运用“镇静准确”这样的词语,突出明星球员在关键时刻的重要表现,渲染了比赛的激烈紧张氛围。另外,又通过“虽然……不过……”这样的句式,表现了比赛过程的曲折性,很好地调动了观众的情绪。新闻还介绍了美国队此前的战绩和比赛过后中国队的战绩,为观众补充了背景知识,增加了信息量，让观众对比赛有了更好的认识。

所以，这并不是一篇记述“流水账”的赛果报道，这则新闻在选题上，从细节入手，重点选择了有价值的新闻人物，选取了有价值的比赛瞬间，呈现了一场紧张激烈的比赛。通过这篇新闻，即使是没有看过这场比赛的观众也能很好地了解比赛，了解中国冰壶女队获胜的过程。

阅读材料5：贾宗洋：离冠军仅有一步之遥 待下一届冬奥会圆梦

（主持人口播）在刚结束的索契冬奥会男子自由式滑雪空中技巧的比赛当中，抚顺的小伙子贾宗洋夺得了一枚铜牌。回到家乡的贾宗洋表示，为了实现自己的金牌梦，他会一直奋斗下去。

（视频资料画外音）1991年出生的贾宗洋在2010年温哥华冬奥会上就有不俗的表现，首次参加冬奥会的他取得了第六名的成绩。本届索契冬奥会贾宗洋一路高歌猛进最终杀进决赛，但由于在最后一跳时冲击高难度动作失误，最终获得一枚铜牌。

（记者采访问答）给国家肯定会留下一点遗憾，对我个人的话我感到非常的满意。经过温哥华冬奥会，经过这四年，可能从这届冬奥会来说自己成长了许多，也成熟了许多。在赛场上的经验呀，或者那种感觉，会比以往的比赛或者是温哥华冬奥会稳定一些。

（视频资料画外音）从温哥华冬奥会的第六名到索契冬奥会的第三名，贾宗洋实现了自己的突破，但离冠军还有一步之遥，他将在下一个奥运周期实现自己的金牌梦。

（记者采访问答）还有四年就是韩国平昌冬奥会嘛，我也希望尽自己最大的努力把这个奥运冠军或者是国家的一个梦给实现了。

（视频资料画外音）虽然在自由式滑雪空中技巧队，23岁的贾宗洋已经是一员老将，但是贾宗洋表示为了实现自己心中的梦想，他会一直奋斗下去。

（记者采访问答）目前的话想练到30岁吧，我也希望尽自己最大的努力去表现自己。

——体育新闻记者沈阳报道

来源：央视体育新闻[EB/OL].(2014-02-12)[2016-08-19].http://sports.le.com/video/20013278.html.

随着信息技术的发展，电视、网络等多种媒体能以现场直播的形式将比赛情况直接传递给受众，所以比赛赛后报道的重心逐渐从比赛结果、比赛中发生的重要的、突发的事情转移到体育明星和赛后的影响上。这则电视新闻报道选择的是在索契冬奥会上获得铜牌的自由式滑雪运动员贾宗洋，从报道对象的选择上看，贾宗洋在此次冬奥会上取得了不错的成绩，具有典型性，符合新闻选择的价值取向。从报道的内容上看，这则报道既有对贾宗洋的背景介绍，可以让陌生的观众对他有个初步印象；又有贾宗洋在索契冬奥会上的比赛回顾，帮助观众快速地了解他的比赛成绩和影响他比赛成绩的关键事件；此外，还穿插有对贾宗洋的采访，以第一手资料的方式向观众呈现新闻对象的内心活动和主观想法。从报道的逻辑组织来看，主播口播介绍简单的导入，接着是对报道对象的背景介绍，然后穿插采访部分，最后以对下一届奥运会的展望结尾，整个报道逻辑也较完整。这篇体育报道具有信息量足、叙述流畅、口语化强的特点。

阅读材料 6：李坚柔载誉回长春受热捧　感谢家乡人民支持

（主持人口播）在刚刚结束的索契冬奥会上，吉林省运动员获得了 2 金 2 银 1 铜的佳绩，昨天晚上 17 名奥运健儿满载荣誉返回长春。

（视频资料画外音）下午五点不到长春龙嘉机场内就聚集了众多迎接奥运冠军的群众，来自各个体校的小运动员们更是早早地挂好条幅，手捧鲜花，翘首企盼心中偶像凯旋。

（记者采访问答）

吉林市短道速滑队 李明泽：将来也要像他们一样，为家乡争光，好好练。

李坚柔的父亲 李金海：现在心情不一样，有点激动、高兴！

（视频资料画外音）下午五点半，运动员们乘坐的班机抵达长春，两名奥运冠军周洋和李坚柔并肩走到候机厅，热情的群众和媒体记者迅速将她们团团围住。韩天宇和武大靖紧随其后，英俊帅气的小伙子们也同样受到追捧。

（记者采访问答）

李坚柔：非常感谢家乡人对我的支持，为吉林省添了一块金牌，我觉得特别地高兴。

韩天宇：这一次奥运会结束了，也证明了下一届的开始，所以说我会脚踏实地走好每一步。

（视频资料画外音）据了解索契冬奥会上我省17名运动员共参加了短道速滑、速度滑冰、花样滑冰、自由式滑雪和冬季两项，5个大项的比赛，是历史上吉林省运动员参赛人数最多、项目最全、成绩最好的一届。我省选手共获得2金、2银、1铜，有8人进入前八名。

（记者采访问答）

吉林省体育局局长 **宋继新**：抓好青少年后备人才培养，搞好青少年冰雪运动，培养大批有潜质的运动员，推进我们省冬季项目发展。

来源：央视体育新闻[EB/OL].(2014-02-12)[2016-08-19].http://sports.le.com/video/20011441.html.

这则新闻主要是围绕奥运健儿回乡所作的报道，开头是主播的导入接奥运健儿回长春的时间，接下来承接的是现场画面，这个地方不足的是画外音大部分是现场画面的转述，现场画面已经展示的内容再次重复，显得有些多余。现场采访部分，既有新闻当事人，也有新闻当事人的亲属和接机的群众，现场采访人物的选择比较多元。在采访的后面插入了一段对索契冬奥会上吉林省运动员整体出战情况的介绍作为延伸材料，丰富了报道的内容，报道的最后以对吉林省体育局局长的采访结束。从新闻摄像这方面来看，现场拍摄画面的构图和人物采访时机位的摆放略有不足，但从现场摄像的角度来看，摄像师的处理还是比较老练的。整个新闻报道选题符合常规，叙事中规中矩，是一个较为常见的采访报道模型。

阅读材料7:2014索契冬奥会花样滑冰男单自由滑 闫涵出场解说

解说：陈滢　嘉宾：陈露

比赛前

陈滢：观众朋友，您正在收看的是在俄罗斯索契的冰山滑冰宫为您现场直播的索契冬奥会，花样滑男单自由滑的比赛。现在上场的是中国选手闫涵，短节目之后排名第五，但是跟排名第三名的选手分差只有1.5分。本赛季，自由滑音乐来自世界名曲《蓝色多瑙河》和电影《汉尼拔》。

比赛中（比赛实况）

比赛后

陈滢:17 岁的中国小将闫涵

陈露:哇,太紧张了,我觉得闫涵今天应该为他自己的这个表演而感到满意,而感到高兴。尽管说,这个,其实,也是在这个很简单的三周跳上有他这个难度动作都完成得非常漂亮,真是太激动了。小将就像他自己说的那样,我这么年轻,我怕谁?所以也比出了他的风格,也真的为他高兴,也为中国花滑队而鼓掌。

陈滢:是的,那么闫涵呢,他的这种初生牛犊不怕虎的这种闯劲儿、冲劲儿使他能在这么小的年龄段没有参加过世界锦标赛,直接就登上了奥运会的赛场。回放中我们来看他的这个后外点冰的四周跳,接后外点冰三周,这套动作可圈可点的是他的阿克塞尔三周跳,因为他大奖赛的中国站法国站总决赛这个动作都摔了,这次他能够出色地完成也是真的替他高兴。

陈露:而且他的这个动作如果他要是完成了的话执行分上一定会给他加分,因为他的这个速度非常快,而且他起跳的这种高度、远度,这个是,我们可以说是很惊人的。基本上他完成了的这个三周半或者他的四周跳都会给他一个加分。

陈滢:唯一遗憾的是后外结环三周,因为他在后半程做的,所以要比他的基础分值 5.1 还要再多半分之十,那就是将近有 5.78 左右。但是做的是空调,空调等于 5 分就没有了。

陈露:希望我们今天能创造历史。

陈滢:教练是贾史光。艺术分 80.60,节目内容分 79.94,160.54 分只是他这个赛季的自由滑的最好成绩,也是他职业生涯当中自由滑最高分加上短节目成绩排在了暂列第二位,因为之前来自哈萨克斯坦的丹尼斯凭借高质量的自由滑总分是 255.10 排在了第一。

来源:作者根据历届奥运会资料整理。

本场花样滑冰比赛解说报道由两位女性组成,陈滢在多场世界大赛的解说都有非常出色的表现,她解说的花样滑冰、体操都很专业。她的解说很注意话语分寸和节奏的掌控,运动员滑行时为了让观众静静享受艺术的美,全程保持沉默;而赛后点评时,她侃侃而谈,也不乏专业的解读。解说嘉宾陈露是世界冠军、奥运会铜牌获得者,主要从专业角度进行补充分析,两人配合默契。

第一段比赛前解说共包含四个要点:第一要点是向观众强调本场是花样滑冰男子自由滑的比赛;第二要点重点推介中国小将闫涵要出场;第三要点对闫涵进行补充介绍,说明他的排名情况;第四要点介绍他的滑行配乐曲目。短短的赛前介绍分为层次清晰的四个要点,解说员的语言组织能力很强、重点突出,用最简短的话语向受众提供最完整的信息。

在体育解说中,说与不说,什么时候说、什么时候不说是一个值得探讨的问题,而且不同比赛项目也有不同的语言表达要求,适当"留白"的重要性不言而喻。一些体育比赛项目的性质决定了传播中受众应该充分享受比赛本身带来的艺术美感,不要打破背景音乐的衬托作用。例如花样滑冰、花样游泳、艺术体操。此时,解说员一旦解说,便破坏了比赛的美感。花样滑冰更多地是由运动员自己在冰上展示,并且运动项目伴有背景音乐,需要观众静静享受,如果此时解说员进行评述,就会破坏美感。通常情况下,解说员应该选择在比赛即时回放或播放慢动作的时候进行解说,以帮助受众进一步了解比赛的专业知识。

目前,很多体育运动项目解说会采用双人搭档解说,它的优点在于:话语权不会集中在一个人身上,双方有主次但较为平均,观众欣赏比赛的角度更加多元;不同的声音,不易使受众产生听觉疲劳。两个人的解说会更加具有议论性,不会出现一个人解说的刻板情况;增加一个嘉宾解说,会使比赛解说更具有专业性和权威性,增加受众的比赛专业知识,也可以让退役运动员的才华有用武之地。

第七节　非体育赛事报道

21 世纪,国内体育新闻报道进入了空前的活跃期,纸媒面临转型生存挑战、广播可视化直播、电视引入虚拟 VR 技术、一大批互联网媒体横空出世,新媒体上线并逐渐成熟……随着北京夏奥会的成功举办和冬奥会的顺利申办,人们对体育的关注程度逐渐增加,越来越多的媒体参与到对大型体育赛事的报道中来,与此同时,对报道资源的竞争也格外激烈。

然而除了赛事本身,还有很多比赛以外的体育活动、体育事务以及其他与体育相关的报道都是可以挖掘的。比如说体育政治报道、体育经济报道、体育文化报道、体育科技报道……主要包括社会体育、大众体育、学校体育,体育政治、体育文化、体育事务、体育财经、体育商务、体育法律、体育娱乐等方面。

作为一项大型体育赛事，宏伟壮丽的奥体中心、精彩圆满的开幕式表演、激动人心的竞赛场面，乃至台前幕后的精彩花絮，都是令人兴奋和难忘的，抓住这些兴奋点，赛事的报道也就成功了一大半。

赛场内外皆新闻，明确宣传报道侧重点，找到有价值的选题，非体育赛事的报道也同样值得关注。

阅读材料1：北京获得2022冬奥会主办权　申办成功创造历史

腾讯体育7月31日吉隆坡讯　中国北京击败哈萨克斯坦阿拉木图，获得2022年冬奥会主办权！

2015年7月31日，在马来西亚吉隆坡举行的国际奥委会第128次全会上，国际奥委会主席巴赫宣布：中国北京获得2022年第二十四届冬季奥林匹克运动会主办权。北京创造了历史，成为第一个既举办过夏奥会又将举办冬奥会的城市。

北京申冬奥“三大理念”高度契合奥运精神

北京张家口此次申办冬奥会的三大理念是“以运动员为中心、可持续发展、节俭办赛”。这三大理念与《奥林匹克2020议程》的高度契合，给国际社会留下了深刻的印象。

国家主席习近平亲录视频力挺北京申冬奥

在中国代表团陈述时，大屏幕播放了中国国家主席习近平的视频讲话。

习近平视频讲话全文：“尊敬的巴赫主席、女士们、先生们：我代表中国政府和人民向在座的各位委员、各位朋友表达对北京举办2022年冬奥会最坚定的支持。2022年冬奥会在中国举办将有利于推动中华文明同世界各国文明交流互鉴，带动中国13亿多人关心、热爱、参与冰雪运动。让中国人民再次有机会为奥林匹克运动发展和奥林匹克精神传播做出贡献。中国政府高度赞赏奥林匹克运动的价值观和国际奥委会的改革主张，将全面兑现每一项承诺，全面践行奥林匹克2020议程。中国人民期盼和等待着这次机会，我相信如果各位选择北京，中国人民一定能在北京为世界奉献一届精彩、非凡、卓越的冬奥会！”

北京申冬奥陈述人副总理领衔　阵容强大

北京派出强大的陈述阵容，中国国务院副总理刘延东亲自带队陈述，陈述人还包括中国奥委会主席、国家体育总局局长刘鹏，北京冬奥申委主席、北京市市长王安顺，国际奥委会副主席、中国奥委会副主席于再清，中国残奥委会主席张海迪，张家口市市长侯亮，羽毛球世界冠军李玲蔚，冬奥会短道速滑冠军杨扬，北京冬奥申委总策法务部负责人杨澜，北京2022形象大使、著名篮球运动员姚明，北京2022形象大使、自由式滑雪空中技巧世界冠军李妮娜，北京冬奥申委工程规划技术部负责人张利。

中国国务院副总理刘延东在陈述中郑重承诺："我代表中国政府和中国人民，全力支持北京申办2022年冬奥会和冬残奥会。"

北京冬奥申委主席、北京市市长王安顺则邀请人们到北京体验一届充满中国独特文化韵味的冬奥会，一届欢乐祥和的冬奥会，一届安全、可靠的冬奥会。

中国国家体育总局局长刘鹏表示，北京的申办规划"已经得到国际雪联的批准；事实上，每个国际冬季单项体育联合会都批准了我们的规划"。他相信，在国际单项体育联合会的支持和外籍专家的指导下，"我们的赛事组织能力将为北京2022冬奥会和冬残奥会的圆满成功提供最可靠的保证"。

国际奥委会副主席于再清则用"千里之行，始于足下"，吁请国际奥委会成员"投北京一票，因为这一票将影响中国几代人"。

杨扬身怀六甲任陈述人　杨澜用法语拉票

北京申冬奥组委会陈述团共有12人，不过因为杨扬身怀六甲，上场前，她与身旁的李妮娜笑言："咱们多一个人，是13个人上台。"说罢，杨扬抚摸着自己的肚子，也将身旁的代表团成员逗乐了。

作为北京申冬奥陈述人之一，杨澜3分钟的法语演讲博得全场掌声。北京申冬奥代表团结束演讲后，法国奥委会主席特意找到杨澜。"你的法语越来越好了。"并对杨澜伸出大拇指。"您投北京一票，我保证2022年时用法语和您交流。"杨澜以更幽默的回应，为北京"拉票"。

作为北京申冬奥代表团陈述代表，姚明笑对陈述中"埋梗"，更直言陈述过程比排练时出色，整个团队发挥至最佳。有趣的是，在台上紧张地进行陈述时，姚明还不忘调侃："我其实也是冬季项目运动员，因为篮球比赛总是在冬天举行（NBA 常规赛和全明星赛都在冬季举行）。"

节俭办奥运：65%场馆建设预算来源于社会投资

此前，2022 年冬奥会申办工作领导小组成员、财政部副部长余蔚平表示："中国政府是北京申办冬奥会的坚强后盾，保证提供财政支持。"在北京冬奥申委提交给国际奥委会的申办报告中，国际奥委会针对财政预算给出了八个字的评价：科学、合理、务实、可信。关于财政预算有两个数字，一个是赛事编制预算，约为 15.6 亿美元，另一个是包括竞赛场馆和非竞赛场馆在内的场馆建设预算，约为 15.1 亿美元。

北京 2022 冬奥申委财务及市场开发部副部长周星表示："在这 15.1 亿美元当中，有 65% 来源于社会投资，比如说三个奥运村全都是社会投资。在赛事结束后，北京和张家口崇礼的奥运村将作为商品房出售，延庆的奥运村则将成为度假村酒店。"

北京PM2.5 十年要降45%

2022 年冬奥会申办工作领导小组成员、国家环保部副部长翟青表示，北京 2022 年 PM2.5 年平均浓度预计要比 2012 年下降 45%。

即便在 2022 年冬奥会举办期间出现极端天气状况，北京也准备好了应急预案。方力说："届时优良天数肯定会大幅上升，而且到时候面临的空气问题肯定要比现在小很多，无论是'高原蓝'还是'APEC 蓝'都会大大增加。即便出现极端天气，我们也有应急预案，可能会包括机动车单双号限行。"

来源：腾讯体育［EB/OL］.（2015-07-31）［2016-08-20］. http://tech.qq.com/a/20150731/050459.htm.

国际性体育赛事与政治关系紧密。围绕奥运会等国际大赛的体育传播，也一直承担着如国家形象塑造、凝聚和整合社会、实现集体情感共鸣、文化认同等政治性传播功能。

国家主席习近平出席 2014 年索契冬奥会开幕式，是中国最高领导人首次出席国外举行的国际大赛开幕式。访问期间的一系列新闻事件广受瞩目，透射出十八大之后我国领导人借助国际体育赛事进行新的外交与政治传播的策略。此后，中国政府宣布北京、张家口联合申办 2022 年冬季奥运会。

中国获得 2022 年冬奥会和冬残奥会举办权，这是国际奥委会和国际社会对中国和中国人民的信任和支持。北京将成为世界上第一个既举办过夏奥会、又将举办冬奥会的城市。这是全体中国人民的大事、喜事和盛事。申办成功之后，习近平依然对冬奥会保持着高度的关注。2015 年 8 月 22 日，习近平再次与巴赫会面，他向国际奥委会承诺“为世界奉献一届精彩、非凡、卓越的冬奥会”。

国务院副总理刘延东亲自带队陈述，体现出了我国政府部门对申办的重视程度。重大体育赛事所具有的建构国家形象等政治传播价值，在当前新的国际环境和传播语境下重新得到了彰显。除此之外，还提到了明星运动员的价值、节俭办奥运的理念和治理空气、环境的决心。

阅读材料 2：游客抢订冬奥会旅游团　张家口或成“旅游黑马”

北京冬奥会刚刚申办成功，已经有游客迫不及待想去张家口看看了。

8 月 5 日，澎湃新闻记者从国内部分旅行社了解到，北京、张家口等短途旅游团人气涨幅惊人。旅游业内人士预测，张家口有望成为下一匹“旅游黑马”。与此同时，不少想要去张家口崇礼滑雪胜地的客人可能面临“订票难、住房难、行车难”的窘境。

北京冬奥会“带动 3 亿民众参与冰雪运动”的承诺将催生一个巨大的冰雪产业市场。有机构估算，此次冬奥会所涉及的冰雪运动带动的其他关联产业收入将达到 3 000 亿元以上，“白色经济”借力冬奥会登上风口。其中，旅游产业受冬奥会带动明显，国内部分旅游企业已经推出冬奥会旅游团，布局京张旅游区域。

虽然离北京冬奥会开幕还有七年时间，很多网友已迫不及待想去未来的冬奥会场抢先体验了。有网友说：“鸟巢开幕式，水立方的速滑，五棵松的冰球、冰壶等比赛，延庆地区和张家口的户外项目……我想提前体验冬奥会的现场。”

旅游业内人士表示，像这样心急的游客其实不在少数。以往想要见识奥运级别的比赛，冰雪爱好者不得不选择出国，高昂的交通和住宿成本让很多人望而却步。如今在国内就可以体验世界顶尖级的滑雪场地，交通住宿花费大大降低，旅游人气必然急升。

不过，目前张家口崇礼县酒店资源稀缺，特别在冬天滑雪旺季，有可能出现像去年雪乡酒店爆满"一炕难求"的窘境。业内人士建议，游客可以选择相关资源充足的旅行社报团前往，或者提前预订。

冬奥会的举办必将促使崇礼成为世界滑雪爱好者聚集的胜地。张家口崇礼从每年 11 月初到第二年 4 月初，雪期长达 5 个月。崇礼县发展较成熟的万龙滑雪场和云顶滑雪场，加上一个在建的太舞四季滑雪场，均已被纳入 2022 年冬奥会的规划场馆。届时，万龙和云顶滑雪场都将根据赛事要求进行改造和扩建。

澎湃新闻记者在携程网上看到，张家口、北京冬奥会主题旅游线路已经上线。如一条"北京+张家口五日四晚跟团游 · 展望冬奥冰雪崇礼"旅游线路，从今年 11 月底到 12 月期间，每周末都有旅游团出发，价格为2 352元起。"这条线路将留足两天的时间在张家口，游客可以在崇礼滑雪胜地度过。"携程相关线路产品经理介绍，届时，游客既可以挑战奥运高级滑道，尝试风险与乐趣共存的中级雪道，也可在平缓的初级道上初尝滑雪滋味。

来源：顾亦滢，陈逸欣. 澎湃新闻[N/OL].（2015-08-06）[2016-08-20]. http://news.qq.com/a/20150806/018527.htm.

《游客抢订冬奥会旅游团 张家口或成"旅游黑马"》是一篇体育旅游经济报道。长期以来，河北景区发展缺乏精品意识，具有优势的旅游资源并未得到有效整合。张家口崇礼县作为冬奥会的举办地，滑雪资源"白色经济"借力冬奥会得到了快速发展。冰雪运动的火热，只是体育旅游产业快速发展的一个缩影。体育旅游是全球旅游市场中增长最快的，河北旅游的升级转型，必将进一步扩大冰雪运动的品牌辐射效应。"旅游+体育"是一个极具潜力的新的增长点，而冬奥会能带来最直接的影响就是促进体育旅游休闲的发展和普及。记者通过对旅行社的询问调查，为老百姓带来了最新的资讯，同时崇礼旅游口碑也得到了再次宣传。

阅读材料3：冬奥会融化冰冻的心

冰雪项目在我国相对小众，说得上来的大牌明星屈指可数，诸如“北欧两项”这样的项目，你甚至不知道它比的是什么。而对重庆这个主城区几乎不下雪、夏天超过40度的“火炉”来说，冬奥会或许与我们毫不相干：它是北方城市的自娱自乐，离我们太遥远。

最近，一部名叫《冰雪奇缘》的电影很火，不论南方北方，不论大人小孩，都很喜欢。电影里，一个梦想夏天、不知道自己会化掉的萌蠢雪人，人气极高。可见“冷”与“热”的隔绝不是绝对的，只要像电影里所说“融化你冰冻的心”，你就能感受到不一样的风景。

北京和张家口已提出申办2022年冬奥会，结果将在明年揭晓。若成功，北京将成为历史上第一个同时举办过夏季奥运会和将举办冬季奥运会的城市，我们也将真正地走进冰雪的竞技世界。上周结束的索契冬奥会，恰好给了我们一个认识冬奥、融化内心的机会。

比起严肃的夏季奥运会，冬奥会显得新奇很多，冰球很刺激、雪橇很好玩，但容易让人忽略的是，冬奥会的某些项目，甚至比夏奥会更接近体育的内核。英国人认为，运动是人在与自然的配合和搏斗过程中产生的愉悦，若按此观念，越野滑雪和空中技巧等雪上项目，完美地契合了这一理念。雪上项目都在室外进行，长距离项目需要在漫天飞雪中和疲劳、寒风搏斗，空中技巧项目需要克服捉摸不透的风向和风力……千里冰封，冬奥会并不是看上去那么简单。

比悬念，冬奥会毫不逊色。在短道速滑这块充满惊奇、曲折和偶然性的赛场上，或许选手不摔跤才是意外。李坚柔的夺冠一时成为热词，这给了人们一个认识短道、喜欢短道的契机：111.12米一圈的赛道，随时等着你摔跤，开始领先别骄傲，一直落后别着急。一圈圈赛道就像你每天重复的人生，不到最后一刻，你永远不知道结果会是什么。

冬奥或许也是最为特殊的赛场，尤其是花滑。若观众想为选手点赞，除了报以掌声，还能向场地掷花，金妍儿和浅田真央表演结束后，场地内的花束最多。花滑这种类似艺术剧场的氛围和互动，在奥运赛场上，或许仅此一家，它不但很美，还很人性化。

最令我印象深刻的，是单板滑雪U型池选手在摔倒后的表情：他们常常是兴奋地振臂一呼。选手们只在乎挑战酷炫技巧和极致难度，成功了，很爽，失败了，也很嗨！

多年以后，你还会记得索契的什么？本届冬奥会，13 亿美元的营销收入和全球收视率都数倍于上届，赛事的国际影响力提升，而温度差异并不是我们与冬奥之间的阻隔，随着经济的进步，体育需要发挥更大的价值，它不是金牌，不是成绩，而是愉悦、向上和享受。冰雪主题的电影可以在南方受追捧，电影里的雪人可以向往夏天，我们为什么就不能拥抱冬奥，和冰雪发生一段奇缘呢？兴趣是第一步，这或许是索契留给我们的最大财富。

来源：包靖.重庆晨报[N/OL].(2014-02-26)[2016-08-20].http://sports.sina.com.cn/r/2014-02-26/02207040845.shtml.

《冬奥会融化冰冻的心》是一篇感悟体育文化的报道，生活在重庆的记者从地理位置与北方世界的巨大反差写起，借用一部很火的名叫《冰雪奇缘》的电影，告诉读者“冷”与“热”的隔绝不是绝对的，只要像电影里所说“融化你冰冻的心”，你就能感受到不一样的风景。索契冬奥会，文章以一个老百姓的视角从不懂到观赛，再到产生兴趣，巧妙地传递出自己的内心世界被竞技体育的魅力所融化的过程，潜移默化地影响民众的参与兴趣。

阅读材料 4：冬奥男子冰球决赛：加美两国对决　总统也疯狂

冰球是加拿大的国球。作为本届冬奥会的压轴大戏——男子冰球决赛，更是让世人见识了加拿大人疯狂的冰球热情。

加拿大人对其关注程度之高，已经超过了本届冬奥会的任何一个项目。开赛前，一张男子冰球决赛的门票竟然被炒到了 1 万加元左右（约合人民币 7 万元）。虽然能够进入球场亲自观战的观众毕竟只有少数，但这一点并不影响加拿大人对冰球的狂热。比赛开始之后，在温哥华，甚至整个加拿大，凡是有电视屏幕的酒吧、咖啡厅、市场广场等地方都挤满了狂热的球迷。当加拿大队精彩问鼎一刻，加拿大人疯狂了。

比赛一结束，大批球迷涌上街头，温哥华市区主要道路和广场都挤满了庆祝的人群；不少人手持加拿大国旗，身着加拿大冰球队队衣，或者以各种打扮亮相；人们大声呼喊口号和歌唱，即便是未曾相识的陌生人迎面走来也会相互击掌、拥抱；汽车司机一边从车窗伸出国旗呐喊，一边鸣笛庆祝，热烈的场面一直持续到夜晚。

甚至就连两国领导人——美国总统奥巴马和加拿大总理哈珀也来凑热闹。比赛开始前,俩人以个人名义为这场"尖峰对决"下注,输的一方领导人将赠送对方一箱本国产的传统啤酒。如果美国队赢了,哈珀将为奥巴马购买一箱云岭(Yuengling)牌啤酒;如果加拿大队赢了,奥巴马也要为哈珀购买一箱摩森加拿大人(Molson Canadian)牌啤酒。

气势如虹的加拿大队经过加时赛,以 3:2力挫老对手美国队,夺得本届冬奥会最后一枚金牌。加拿大人以完美的表现结束了本届冬奥会,他们的总理哈珀也赢了一向号称是资深体育迷的奥巴马一回。

来源:梁斌.津报网-每日新报[N/OL].(2010-03-02)[2016-08-20].http://sports.qq.com/a/20100302/001043.htm.

一场紧张激烈的男子冰球决赛大战,记者换一个视角去报道,就会让读者觉得非常轻松幽默。新闻评论的标题除了有效地传达内容信息之外,它自身作为一个文本,也有一些形式上的要求。其中比较突出的,就是形式的美感。有形式美感的标题能增加亲和力,它们会在"眼球的竞争中"取得一些优势。这篇报道《冬奥男子冰球决赛:加美两国对决 总统也疯狂》将"总统"写入了标题,无疑是一个巨大的阅读噱头,这是一个借用名人影响力的传播策略。

阅读材料5:都灵冬奥会花样滑冰裁判问题至今未现争议

(新华网都灵2月18日电)在2002年盐湖城冬奥会上,花样滑冰双人滑比赛中出现的裁判争议成为最大的丑闻之一。迄今为止,本届冬奥会的花样滑冰比赛已经过半,在新的评分规则之下,尚未出现争议。

盐湖城冬奥会上出现的关于双人滑金牌的争议改变了这项运动。由于法国裁判勒古涅承认,自己是迫于压力将俄罗斯选手别列日娜亚/西哈鲁利泽排在加拿大选手塞尔/佩尔蒂埃的前面,国际奥委会破天荒地为塞尔/佩尔蒂埃追加了一枚金牌。

不仅如此,这一丑闻还促使国际滑联废弃了过去旧的评分系统,引入了新的评分系统。

为了尽可能减少裁判在评分时的主观因素,尽可能避免出现裁判"作弊”的情况,国际滑联的新规则还将包括跳跃、旋转、步伐在内的主要动作的评分等级细化,运动员在艺术表现力方面的得分也有相应的评定标准。此外,每场比赛总共有12名裁判打分,由电脑随机抽取其中的9个,再去掉最高和最低分,得出运动员的最后得分。因此,最终只有7个裁判的打分是真正的有效分。

本届冬奥会首次在奥运会比赛中使用新的评分系统。在双人滑和男子单人滑的比赛结束之后,没有出现关于裁判和新的评分系统的争议。

国际滑联主席钦宽塔认为,新的评分系统比四年前在盐湖城冬奥会上使用的老系统好。因为在新系统下每位运动员的得分都被细化,这比以前他们靠裁判的印象得分要强得多。

钦宽塔还说,新的打分系统得到了大多数运动员和裁判的支持。在本届冬奥会上,它的应用也很成功。钦宽塔说:“今后我们也许会对诸如有效分的数量等细节问题进行微调,但是新系统的总体构架是没有问题的。并不是说新系统一点问题都不存在,但至今为止我们很满意。”

据钦宽塔介绍,国际奥委会也一直在关注着国际滑联推出的新打分系统,“他们对新系统表示肯定,说这很好”。

来源:王镜宇,丁莹.新华网[N/OL].(2006-02-19)[2016-08-20].http://sports.sina.com.cn.

这是一篇关于体育法务监督的新闻报道,记者为受众介绍了都灵冬奥会新的花样滑冰打分系统,其目的是尽可能规范评委打分的公正性,且通过几天运行后没有出现申诉,获得国际奥委会的肯定。这种深化体育报道内容、强化舆论监督、引导体育舆论的报道不多见。

阅读材料6:全球最令人毛骨悚然的五条雪道 你敢试试吗?

如何判断一个人的滑雪水平?最简单的方法就是看他能滑下什么级别的雪道!但有些雪道,即使你是高水平的大Pro(老手),也未必敢滑!而今天所介绍的五条雪道,考验的不仅仅是滑手的技术,更是胆量!

Top 5:Delirium Dive

Delirium Dive雪道是加拿大班夫著名滑雪场——阳光村滑雪场中最惊

险的一条雪道，它是世界上最容易引起雪崩的雪道之一。即便是救援装备齐全的世界顶尖滑手，滑下去的一瞬间也难免对其心生恐惧，上万吨的粉雪随时可能轰然而下！

即便如此，征服它仍是大 Pro 们的梦想，也是检验能否成为一个顶级滑手的标准！正所谓古有华山论剑，今有 DIVE 论道！

Top 4：Grand Couloir

作为法国最“臭名昭著”的雪道，Grand Couloir 是世界上唯一一条在地图上显示的雪道。其中最难的一点在于滑行中会突然出现多得让你难以应付的“大野蘑菇”，而且大多数蘑菇中会暗藏岩石，这让它成为世界上危险系数最高的蘑菇道，同时也是落差最大的蘑菇道。

对滑此雪道的滑手来说，只有过硬的滑行技术并不足以完成该雪道，更重要的是运气，只有运气好的顶尖滑手才可能安全地滑下来，否则，凶多吉少！

Top 3：Corbet's Couloir

考比特峡谷（Corbet's Couloir）是全世界最著名的双黑道，位于美国怀俄明州的杰克逊霍尔度假村（Jackson Hole），该雪道被列为“滑雪者在死之前不能错过的 50 件事之一”。

这条雪道入口处被三面岩壁环抱，入口狭窄约有 3 米宽，但雪道随即向下越变越宽。滑手们需要从入口的岩壁处直滑降 6 米左右，虽然落差距离不大，但是需要迅速右转避开北面的岩壁，这一段雪道的平均坡度约为 45 度，这要求滑雪者有非常好的力量与技巧的结合。

Top 2：Backside of the Valluga

Valluga 是奥地利圣安东雪场的一条双黑道，从表面上看，这条雪道的惊险程度明显低于前列的雪道，同时对技术水平的要求也不是很高，但它的“好戏”在后头。当你滑到一半时，在左侧会突然出现一段长达 700 米的近乎垂直的高落差雪道，同时四周布满岩石，稍不留神就可能丧命！因此，越是表面上“风平浪静”的雪道，越需要滑手们集中注意力。当越过这段最惊险的雪道之后，便可以放松地“吸粉”了！

Top 1:Tortin

瑞士韦尔比耶的Tortin是世界上最困难的雪道之一!它最恐怖的一点就是积雪厚度惊人,滑手们很难估算出雪道的厚度,更无法预测滑行时的风险程度,因此,这是一条充满未知风险的雪道!

此外,该雪道拥有全球最困难的蘑菇道,并且坡度惊人,每前进一段便会增加一分恐惧。当然,这只是在正常雪面的情况下,当雪面结冰时,难度系数将呈指数上升,其危险程度不言而喻!

来源:新浪体育[EB/OL].(2016-06-12)[2016-08-20].http://sports.sina.com.cn/others/winter/2016-06-12/doc-ifxszmaa1882316.shtml2.

阅读材料7:凡事有意外,当滑雪场缆车发生事故时该如何应对?

2016年1月2日下午三点半左右,北京一雪场缆车突然失控,向后倒开,不少滑雪者在缆车上将雪具扔下并跳缆车自救。据称,事故疑为停电导致,幸而事故并未造成重大人员伤害。

图4-6　北京一雪场缆车突然失控

除了失去动力造成倒行,更常见的缆车事故是悬停。2015年12月27日,Banff的Sunshine Village缆车索道的主变速箱中途坏了,导致约110人被悬挂在空中。救援人员用绳索把滑雪者们降到地面。营救时间从下午一点开始,时长约两小时。

在雪场缆车(或吊厢)发生事故的情况并不多见,也很少有人去了解被困之后的应对方法,一旦遇到就有可能会惊慌失措。那么遇到这种情况我们应该怎么办呢?

当被困缆车时作为游客我们需要做什么?

遇到缆车停止时,首先要保持冷静,利用通讯工具,自己携带的手机、对讲机等保持与地面人员的通联。

如果长时间被困在缆车或吊厢里，特别是天气寒冷时，需要及时补充一些能量或水，“老鸟们”一般都会背个小包，包里装着必要的营养能量食品和水。当营救队员靠近的时候，要积极配合，依据营救队员的指示做动作，例如当营救队员从外面打开吊厢门的时候，游客要远离吊厢门口；配合营救队员顺利系上各种安全装置。

缆车停止时雪场需要做的：

救援工具、救援小组、救援计划的准备；

场地紧急广播系统的启动；

游客被营救下来后的救援。

摘自红花梁：安全滑雪：索道救援与如何配合.[EB/OL].(2016-01-02)[2016-08-20].http://blog.sina.com.cn/honghuaski.

材料6是一篇关于体育户外拓展的报道节选，标题不直接表达论点，而仅仅表达论题的范围。与其他标题不同，本篇报道的标题格外突出报道对象的主体作用，引人注目且充满挑战意味。文中“高水平的大Pro”指的是专业运动技术能力高的人，随后行文格式采用倒序式，像揭榜一样不断留下悬念和关注。“凡事有意外，当滑雪场缆车发生事故时该如何应对？”通过提出问题，回顾事件，为受众讲解如何解决困难，这样的报道无疑增加了很多知识，是冬季冰雪爱好者愿意主动阅读的内容。

第八节　出镜记者现场报道

出镜记者现场报道是可视新闻报道的重要组成部分，特别是在民生新闻以及突发事件中，已经成为一种常态报道行为。出镜记者现场报道最大的信息载体是有声语言，而此处的报道语言与新闻播音员、新闻主播的新闻语言存在着明显差异。体育出镜记者的报道包括赛事报道、赛事播报、赛事采访、赛事评论等形式，出镜记者需要熟练掌握他们各自的语言表达技巧，在报道时才能娴熟、准确、恰当地使用。

出镜记者是指在新闻现场，通过镜头进行新闻传达、人物采访、事件评论的电视记者和主持人的总称。“现场出镜”和“新闻事件播报”是出镜记者最主要的两个属性。1963年11月22日，美国总统肯尼迪遇刺，CBS年仅31

岁的记者丹·拉瑟进行了17分钟的现场紧急报道，这被公认为电视出镜记者产生的标志。此后，随着电视事业的发展，特别是突发事件直播、大型会议和赛事的连线，出镜记者报道形成了常态化和专业化。

体育电视出镜记者是指在体育活动现场，通过媒体镜头进行赛事相关活动播报、采访和评论的新闻工作者。在体育电视节目中，记者出镜报道的历史由来已久。美国日播电视新闻节目《60分钟》自1968年诞生以来，就多次在全美职业棒球联赛决赛、全美职业篮球总决赛等重要场次安排记者出镜报道。中国体育电视最早的记者现场报道可以追溯到1984年，在洛杉矶奥运会的报道中，央视曾安排节目主持人到中国体育代表团驻地对相关人员进行采访，并对此进行拍摄、编辑和播出。20世纪90年代中期，央视体育频道、上海有线电视台体育频道等专业频道陆续成立，真正意义上的体育电视出镜记者也随之出现。

记者是什么？这个问题的答案有好多种。有人说，记者乃是人身体上的某种器官，如舌头；有人说，记者乃是一种智商较高的鸟类，如八哥；也有人说，记者就是一种简单的乐器，如喇叭；还有一种流行的说法，对记者的评价似乎不低，比如“无冕之王”“历史记录者”之类。但是，鉴于这种话往往出自记者自己之口，当不得真。

记者是一种职业，与医生、律师、厨师、清洁工一样普通，也具有一些特点。首先，这个职业有一定的危险性，记者上战场报道新闻就跟士兵上前线打仗一样，是“分内”的事。但跟中国的矿工兄弟们相比，你好意思说危险吗？其次，记者经常跟官员、明星、学者这类成功人士打交道，出入各种社交场合。表面上似乎风光无限，实际却对记者的心灵造成了“扭曲”。如果你并不想发大财出大名，如果你不想天天朝九晚五地上班，如果你喜欢永远充满变化的工作，记者倒是个不错的选择。当然，就跟农民会种地、司机会开车、厨师会炒菜一样，做记者，尤其是做电视记者也得具备一些基本技能，凤凰资讯台的新闻总监吕宁思自己总结出了一套“新世纪新潮记者的13个条件”：

1.对新闻有发烧热情。你要做新闻首先要看新闻，不但要看新闻还要喜欢追踪新闻，不但喜欢新闻还要痴迷新闻，也就是所谓的“新闻发烧友”。

2.有英雄主义气概。说白了就是强烈的个人表现欲望，有了这种欲望，就会无所畏惧、一往直前，越是艰险越向前。

3.有强烈的好奇心。看着什么都新鲜,前后左右都是新闻,脚下的石头都有故事。记者一定不能熟视无睹、见怪不怪。

4.熟悉当地事务,掌握人脉关系。记者应是公关人才。在香港,你要想申请当记者,特别是跑内地新闻的记者,别的不说,先在总编辑面前拿出你的人脉联络图,你就成功了一半。

5.掌握一门应用外语。即使你不出国采访,也难免要报道参加奥运会的英国足球队,停泊在黄浦江上的法国军舰,到西安看兵马俑的西班牙首相,更不要说随时有可能派你去巴基斯坦山区采访联合反恐,或者到海地专访中国维和部队,或者到监狱去专访某位罪犯。地球都成了一个村,你不可能整天守在自家小院里不外出串门。

6.会使用DV摄影机。高科技解放生产力,现在的摄影机,体积迷你,功能多样,而且专业摄影机同家用摄影机之间的区别日益减少。在这样的大好形势下,有志于当电视记者的年轻人,应该至少会简单使用DV摄影机。

7.熟练使用计算机及操作电子视像专线发送。这是除摄影机之外,新世纪电视记者必须能够操作的第二种武器。现在我们的记者不管到世界何处,只要那里有互联网设备,都要通过计算机传片。这就要求记者不但会使用手提电脑,并且熟练进行计算机操作、能在计算机上简单剪辑电视片而且可以通过计算机专线把电视片传给总部。

8.会驾车。如果你要做记者却偏偏还没有学会开车,那要抓紧。在今天,汽车就是你的腿,请相信《南征北战》中那位国军张军长的话:你的两只脚,永远跑不过汽车轮子。

9.出镜报道形象不错。不一定要求你有西施之容、潘安之貌,电视记者形象不是选美。我们要求的是,当人们在电视上看到你,第一印象是承认你是个不错的记者,这虽然先要看你爹妈的造化,主要却是看你自己的举止和内涵。

10.有忧国忧民之心而无哗众取宠之意。记者有时是一种明显的符号代表,忧国忧民是正义感的基础,但遇事必须保持清醒和冷静。

11.有政治敏感而无政治野心。虽然记者不是政治家,但新闻永远和政治相关联。懂政治是一个成熟的新闻工作者的标志,至于玩政治,那不是记者的专业。

12.写稿编稿打字如飞。不管记者的装备如何迅速发展，大脑和创意总是你自己的，纵然我给了你十八般兵器，做出新闻还是有你自己的特殊印记。

13.既要服从指挥又能独立作战。换言之，既能独立作战又要服从指挥。

虽然我国体育出镜记者现场报道比以前有了长足的进步，但是不可否认还可以在以下八个方面进行提高：

1.语言表达能力欠佳。个别记者普通话不标准，偶尔还会突然冒出来几个方言词语，阴阳上去调值也存在不规范现象。有声语言是否流畅，直接决定传播信息的准确和受众的接受度。在出镜报道中磕磕巴巴，不仅影响记者的形象，也损害媒体的形象。表达不流畅还集中体现在语句重复、逻辑混乱、语调生硬等方面。

2.即兴口语水平有限。对出镜记者来说，即兴口语表达是出镜报道的基础。今天的赛事报道模式，越来越多地要求出镜记者能即兴完成现场直播报道工作，出镜记者的即兴口语表达能力直接关系到出镜报道质量的高低，但是不少体育记者在面对镜头时即兴口语的表达能力较弱。

3.肢体语言不够得当。出镜记者在镜头前进行现场报道传达信息，除了利用有声语言之外，另一个重要的信息传输渠道就是肢体语言。视觉媒体最大的特点是“夸张”，它可以把一个在日常生活看来不明显的动作放大，使得一些不起眼的细节尽现在观众的眼前。如果出镜记者在报道时频繁地摇晃或者手势语过多，一定会让观众眼晕，观感不舒服。

4.镜头感不足，目光呆滞。出镜记者遇到的最大问题是不知道怎么看镜头，“死盯着镜头”是缺乏经验的新人的通病。日常生活中，有些动作都不会造成什么影响，可是在出镜报道时，如果你东张西望、目光闪烁不定的话，观众会认为你精力不集中，心不在焉。

5.内容不深，范围不广。体育赛事现场报道中，出镜记者往往边报道新闻事件边做现场评述。记者前瞻性的分析和赛后的点评总是报道中的闪光点。然而不少记者的采访报道只是停留在比赛成绩的表面，没有揭示事物的本质所在，主要原因在于记者对体育，特别是冬季项目的不了解。从范围角度来说，对国内运动员的报道较多，忽略了一些世界优秀运动员的精彩表现。

6.时空零碎，现场感弱。目前个别现场报道两头是记者出画面的同期声，中间则是画外音或在一大段画外音中插入一个现场问答的同期声，显得不伦不类，徒有现场报道的外在形式，却没有实质内容。有些特别兴奋和激动的场面，观众看到的却是记者的面部表情平静，语速不温不火，着实令人着急。

7.音乐音响使用不当。有些体育赛事的出镜报道由于出镜地点选择不佳，录下的声音混乱嘈杂，主次不分、喧宾夺主，干扰了报道的视听效果。

8.突发控场能力较弱。大多数出镜记者现场报道都是习惯性地做重复工作，准备的表达提纲只有一个版本，对于体育竞赛当中的突发事件和情况束手无策，特别是直播报道中遇到裁判改判成绩，运动员不配合采访等往往会呈现出尴尬的场面。

近年来，随着国内外大型体育赛事的逐渐增多和电视观众对于增加现场报道的要求，央视体育中心在奥运会、亚运会等重大赛事成功报道经验的基础上，逐渐摸索出了一套相对成熟的现场报道方式。现场报道中"注入点"的选择、记者自身的心理调节以及现场报道的语言组织成为大型赛事报道中的重要环节。

由于体育比赛变化速度快、突发状况多的特点，体育赛事中的现场报道对现场性提出了更高的要求。因此，对体育比赛而言，现场报道是赛事直播的延伸，是一种视听信息的重要补充，它能烘托比赛气氛、增强赛事直播吸引力，带领受众了解台前幕后的故事。现场报道的成功与否，起决定因素的无疑是出镜记者的现场表现。记者们可以从以下八个方面提高自己的出镜报道技能：

1.提高语言表达能力。出镜记者手持话筒面对镜头，以事实信息为基础运用有声语言完成叙事。事实清楚，层次分明，条理清晰，叙事顺序符合视听习惯，是出镜记者利用有声语言进行新闻叙事的基本要求。语言能力差有两方面因素：心理素质、口语表达能力。锻炼心理素质时，首先要提高自信心，不要害怕面对镜头；锻炼口语表达能力要敢说，经常模拟说话，不用害怕说错。整体上要做到赛事叙事有条理，加强导语信息含量。要开门见山地亮出底牌，事实的语句组织要围绕报道目的展开。要以短句为主，每句都有明确的内容信息，简单利落，注意事实之间的逻辑关系。要想实现报道的流畅，记者在平时报道中应尽量采用"提纲+腹稿"的形式，抓要点，然后口头复述几次，加深记忆。不要背诵稿件，因为记者在写稿时容易使用复句，而口语表达多用单句。

2.提高即兴口语水平。对于口语表达方面，需要多读书多看新闻，不仅要增加自己的谈资，还要加强自己的语言逻辑性。当前体育赛事越来越多，“直播”对于出镜记者的即兴口语表达能力提出了更高要求。提高方法是：一要在脑子里制定提纲，总结自己想要说的内容；二要以少量分段、阶段性、切割式的方法进行即兴口语表达；三即兴口语表达句式要简单、条理清晰。如果准备时间有限，实在不知道说什么，可以采用“三么”法则，即“是什么，为什么，怎么办”。

3.明确肢体语言作用。肢体语言也叫副语言，出镜记者除了保证报道内容准确、简洁之外，更要重视肢体语言在信息传达方面的重要作用。“站有站相”是老百姓最基本的要求。正确的身姿、动作演示和身体位置，对出镜报道会产生积极的正面影响。记者在报道过程中，在表达兴奋、无奈、质疑的情绪时，会自然地使用手势、身体前倾等体态语言。在演示实物时，出镜记者需要借助体态语言传达信息。一个简单的转身或伸手示意，都会反映出镜记者的动作力度、速度和幅度，这三个“度”的把握，一定要考虑观众对画面的接受习惯。

4.加强镜头交流感。看镜头时，不要把目光聚集成一个点，那样就容易形成“死盯着镜头”的感觉。眼神的转移不宜过快，特别是不要扫视。尽量直视镜头，同时想象观众的存在与观众的反应，并积极运用自己的语言表达和眼神交流。

5.扩充内容的深广度。作为出镜记者要对自己即将报道的项目非常熟悉，从项目起源、项目发展、项目设置到中外优秀运动员的代表都要知道，平时加强对运动项目知识的学习与积累，以增加报道的深度。以国际化的视野对赛事进行报道，除了本国运动员，还要尝试与外国运动员交朋友，给予他们关注的目光。

6.增强真实和现场感。出镜记者报道一定要有“现场”意识，强化“我就是”和“我就在”的关系，要忠实地记录完整的现场时空。平时多做“说”的练习和丰富词汇的练习以增加语言编码的迅捷性。表达清晰、严谨、流畅只是初级要求，现场报道记者在语言表达上还需要提高表达的生动性，增强新闻的真实感和现场感，替受众的眼睛、耳朵、鼻子感受现场。

7.合理利用音乐音响。完整而连贯地运用现场同期声，是确保报道现场感的一个重要方面,是强化赛事报道主题的一种重要手段。正确运用同期声,能增加比赛的现场气氛,缩短场地与观众的距离,起到身临其境的最佳效果。

8.提升现场控制能力。要在有限的时间内把观众认为有价值的东西传达给他们,没有好的业务能力是无法做到的。要有提问采访的技巧,也要有追问的深度和对回答者说偏之后的引导能力。要通过敏锐的应变能力和岗位经验,对突发事件进行内容补救和话题转移。

在出镜记者现场报道中,记者的叙述、表情、神态、动作、眼神都有传递信息的作用,语言符号与非语言符号同时进行传播,最能体现体育赛事独特的魅力。出镜记者需要努力提高自身的业务素质,从根本上提高赛事报道的质量,在激烈的行业竞争中成为佼佼者。

阅读材料1:莎娃化身主播报道冬奥　连线记者表现有板有眼

2014年索契冬奥会,作为开幕式内场火炬手的莎拉波娃并没有结束她的冬奥工作,作为NBC报道团队的一员,她参与了一期介绍索契的节目,在镜头前,娓娓谈起自己美丽的家乡。

虽然莎拉波娃现居住在美国,但小时候她曾随父母居住在索契,并在这里开启了自己的网球生涯,对这里,她也是有着特殊的情感的。早在索契申奥之时,作为形象大使的她就不遗余力地向世人介绍这个运动设施尚未完备的城市,之后的时间,她也是积极投身于索契冬奥会的宣传和推广工作。

图4-7　莎拉波娃参与记者连线

图 4-8　莎拉波娃出镜采访报道

莎娃上一次回到索契还是在一年以前，她的一些亲戚朋友仍然居住在这里。本次重回故土，她出席了 Riviera 公园新球场的揭幕仪式，那里正是她拿起球拍的地方。此外，她还和体操选手柳金组成美女组合，一同为大家带来报道。

来源：2014 年索契冬奥会，腾讯体育[EB/OL].(2014-02-12)[2016-08-20].http://sports.qq.com/a/20140212/014002.htm.

近些年，在体育赛事的报道中，特别是大型综合性赛事的报道中，媒体会邀请一些体育界和演艺界的明星以出镜记者的身份参与报道，以此提高受众关注度。此条新闻中，莎拉波娃作为国际知名度非常高的网球运动员，加之自身俄罗斯国籍的背景，对索契冬奥会进行宣传是再合适不过的了。记者在现场报道的仪表也不容忽视，仪表看似一种外在的形象，但它却从另一个侧面反映出记者的内在气质。记者的仪表往往给受众"第一印象"，在一定程度上影响着现场报道的吸引力。在镜头前，莎拉波娃娓娓谈起自己美丽的家乡。她修长的身材，1.88 米的身高，甜美的笑容和流畅的表达都是提升报道质量的因素。

阅读材料2：2003年花样滑冰世锦赛　申雪、赵宏博赛后采访

对话：(英文采访)

记者：结束后的感想？

赵宏博：当时我觉得，在我做完第二个抛跳之后，我感觉那一刻已经不属于我自己了，我属于所有的观众。

记者：怎么评价这次美好的滑冰之旅？

申雪：我觉得，我会继续滑下去，希望能以新的节目展示给大家，希望在以后的比赛中能完成抛后内四周跳。(害羞)

记者：谢谢你们，你们是最棒的！

赵宏博：(用英文)你们是最伟大的观众，我们爱你！

来源：作者根据历届奥运会资料整理。

2003年的申雪、赵宏博还是一对年轻的选手，刚刚跻身世界顶尖水平行列，在整个接受采访过程中显得很内敛、羞涩。由于是外国记者的采访，申赵的英语也比较一般，所以记者和选手之间几乎没有沟通，但是赛事的圆满结局还是让整个采访气氛十分愉悦。出镜记者从外表上看，是一位年纪稍长的成熟女性；从采访面部表情和身体放松程度看，是一位采访经验十分丰富的记者；从问话方式看，虽然并没有表达太多的专业知识，但是对于申雪回答“抛后内四周跳”后记者的表情可以看出她懂得花样滑冰。整段采访，记者都是面带微笑地看着二位选手，由于语言的差异，记者应该听不懂申赵的回答，但依然及时给予肯定的姿态，这是专业记者的最基本素质。作为一名出镜记者，不仅要有轻松应对镜头的心态，更应该有夯实的运动理论支撑。

阅读材料3：2014年索契冬奥会李坚柔意外获得短道速滑500米金牌

记者：再次祝贺李坚柔！金牌挂在胸前是怎样的一种感受？

李坚柔：嗯……其实，我觉得还是很平静，就是内心是非常高兴的，但是说因为接下来还有更重的比赛嘛，所以说还是觉得应该更谨慎地面对接下来的比赛。

记者：刚才我看你在颁奖仪式的时候一直在深呼吸，其实我特别想看到你一个灿烂的笑容。

李坚柔：对，因为我觉得可能在真正颁奖的时候才觉得有一些紧张，包括可能到决赛的时候都没有这样。

记者:颁奖的时候反倒紧张。

李坚柔:对。

记者:因为你这是中国代表团在本次冬奥会上第一枚金牌,我们特别想看看金牌是什么样子的,给大家,给电视机前观众朋友们展示一下吧。

李坚柔:(展示金牌)

记者:嗯,这个是一个中间镂空的一个玻璃的,好像说这个金牌有500多克,一斤多重,很沉,很有分量的金牌。

李坚柔:对,是的,可能这枚金牌我们很早就看到它的样子,然后没想到,我可以获得这枚金牌。

记者:在拿到金牌之后的这段时间里,有和家人、朋友,或者谁联系过吗?有没有谁和你说过什么呢?

李坚柔:对,给家里打电话了,然后都非常高兴,之后也有跟王濛通过电话,她也非常高兴,可以去替她拿到这枚500米的金牌,我也很高兴。

记者:你延续了中国短道在500米这个金牌的一个连冠,而且这一个项目是四连冠,在冬奥会短道项目速滑上也是唯一的一个。

李坚柔:对,能为中国短道去延续这么一个500米的金牌,我觉得非常的荣幸,非常的骄傲。

记者:很多人在你夺冠之后都哭了,包括李琰教练,包括很多冰迷,很多支持你的人。

李坚柔:对,因为一路走来真的很不容易,可能真的会让很多人感动吧。

记者:接下来的比赛,在拿到这枚金牌以后是不是更加轻松,会放松一些?

李坚柔:可能对我来说,我觉得是更谨慎,因为接下来的比赛才是最重要的,尤其是我们女子3 000米接力,还想通过自己的努力,去取得这枚最宝贵的金牌。

记者:在你眼中接力是最重要的?

李坚柔:对,因为那是我们的团体项目,也是中国的优势项目。

记者:继续加油,谢谢坚柔,加油!

李坚柔:谢谢!

来源:作者根据历届奥运会资料整理。

参赛取得好成绩,记者通常首先分享喜悦恭喜获奖者,其次再追问其获奖感受。从李坚柔的第一个回答,可以看出她比较淡定,并没有表现出大喜,甚至表示更注重后面的比赛。作为一名专业记者,面对即将到来的采访对象应投入更多的关心,比如观察面部表情等,这名记者敏锐地看出了李坚柔在颁奖时的紧张,依靠深呼吸放松自己,所以在赛后提到了这个问题。确认李坚柔比较紧张之后,记者主动引导轻松愉快的话题,比如李坚柔熟悉的家人、队友和朋友,这样会有更多的话想表达。这一段出镜记者采访总体来说是成功的,不但化解了被采访者紧张的心理情绪,而且使电视画面不尴尬、有话聊。因为首枚金牌的关注度是非常高的,所以记者提出希望李坚柔向观众展示金牌,并且补充了金牌有一定分量的说明。最后的采访对话展示了李坚柔注重团队的品质,也是爱国心的集中表现。在整个采访中,不仅展示了记者丰富的专项采访经验,还从侧面展示了李坚柔的爱国情怀。

阅读材料4:2014 索契冬奥会出镜记者现场报道十条

1.冰球赛场[口播](记者:黄惠馨)

(冰球场外)索契冬奥会开幕式之前,有俄罗斯冰球队参加的小组赛门票都已经销售一空,现在比赛尚未开始,俄罗斯人的热情已被点燃,让我们一同走入赛场,去感受冰球带给俄罗斯人的疯狂。

(冰球场内)在冰球馆现场观众的热情似乎是用不完的,不仅要在比赛的时候为运动员加油鼓劲,在中场间隙的时候更要不时地玩起人浪,热闹的场景不间断。

2.室外报道[口播](记者:黄惠馨)

冬奥会的到来让世界的目光聚焦俄罗斯,东道主希望通过奥运会为其国家增色,而世界也期待俄罗斯人的智慧能成就一届精彩奥运。央视记者俄罗斯索契报道。

3.张虹夺冠后采访(记者:佚名)

记者:这枚金牌我们等待了22年了,有想过这枚金牌在你自己的身上来实现吗?

张虹:我从没那么想过,但我一直在尽力而为,我一直在把自己做到最好,就是这样。

记者:还有什么更多的想要去说、想要去感谢的吗?

张虹:哇,我现在不知道感谢谁,我谁都感谢。只能说我的运气很好,非常好,我珍惜了上帝给我的机会。

记者:那说说今天整个比赛这个发挥吧!从出发、过程到结果,给我们来描述一下这个 fantastic(了不起)这样的一个过程。

张虹:其实我今天有一个最大的想说的,因为我教练昨天过生日,但是他并不知道我知道,所以我想送他一个最大的生日礼物,嗯,就是今天。

记者:说说今天自己的滑行过程,出发过程以及结束的这样一个过程。

张虹:嗯,因为首先呢,在一个月前的世锦赛,我就跟奈斯贝德一组,而且道次也一样,我今天没有过多的紧张。整个过程滑的心态很稳定,我觉得已经发挥得淋漓尽致了,今天在没比完全过程的时候,教练就跟我说:"你已经完成最好了,不管第几,咱们已经做到最好了。"嗯,就是这样。

记者:现在拿到一枚奖牌的第一个梦想实现了,拿到金牌也实现了,我不知道你下一个目标或者下一个梦想是什么?

张虹:我已经是最好了,(笑)其他的以后再想吧,我现在已经想不了别的了。

记者:晚上怎么庆祝?

张虹:不知道啊,哈哈哈哈。明天我就要回国了,嗯,就要回家了,我现在终于可以放假了,终于可以吃肉了,你能明白吗?哈哈哈。

记者:好谢谢,谢谢张虹,再次恭喜,再次祝贺,谢谢。

4.安保调查[口播](记者:贾宇辰、蒋超)

本次索契冬奥会的安保系统,可以说是历史上最庞大的,安保措施也堪称史上最严的,从本次冬奥会的安保投入看,费用达到了近 30 亿美元,而且所采取的措施也是空前的,目前索契部署有 4 万多名警察,相当于 2012 年伦敦奥运会警察人数的两倍。

实际上索契冬奥会的场馆没有一座在城里,像我身后不远处的奥林匹克公园所在的阿德勒区距离索契市区有大约 20 多公里,这里紧邻索契机场。而在这里,6 座冰上项目的场馆围成一个圈,而奥运村和媒体村也集中在不远处。雪上项目的场馆则集中在高加索上河谷。主办方如此集中地规划奥运场馆,最大限度地缩小了核心安保控制区,避免因警力分散,给恐怖分子带来可乘之机。

(采访运动员,感觉很安全)

目前来看,一系列看似“过度”的安保措施,并没有遭到当地媒体的批评。人们需要理解的是,经历了去年年底的伏尔加格勒连环恐怖袭击之后,再严格的安保措施,在俄罗斯人看起来也是十分必要的。毕竟只有在安全的环境下,人们才能够在这里感受到那句奥运口号:“激情冰火属于你。”

5.交通状况[口播](记者:徐洪波)

虽然冬奥会的主场馆和奥运村都坐落在索契郊区,但是在奥运会期间,索契市区也会接待很多外国游客。如何解决好交通拥堵的问题,保证游客顺利出行,已经成了索契市政府所面临的又一个重大难题。

6.短道速滑接力周洋被判“犯规”[口播](记者:尉迟学敏)

尽管这样的一个结果是我们所有人都不愿意看到的,不过在整个的过程当中我们看到了四位姑娘的努力,看到了四位姑娘的这种奋力超越的精神,也看到了她们的实力。不以成败论英雄,不以结果论英雄。我想正像李琰教练所说的,只要我们做到了最好的自己就不会遗憾。也希望在接下来的比赛当中,中国短道队的队员们能够有好的发挥,做最好的自己。

7.索契冬奥会给索契火车站带来“春运”[口播](记者:嵇梦珩)

如果平时来呢搭乘火车,可能要付40—50卢布的票价,您看到我们这个证了没有?我们凭着媒体证就可以免费换到这么一个火车票。

我们看了一下时刻表,还有10分钟才开车。利用这10分钟,我们来看一下火车上的设施。因为那个起点到奥林匹克公园一共才40分钟的路程,所以这辆火车上是没有餐车的,但是有一样是非常重要的,就是卫生间(卫生间怎么了?没表达出来)。这俄罗斯的火车啊,有一点可能跟中国的不太相同,就是你要下车的时候,它的门是不会自动开的,你必须自己按一下这个按钮。

(画外音:下了车,我们今天愉快的火车之旅也就结束了。)

8.索契冬奥会新闻中心开始运行[口播](记者:杨晓波)

奥运会的新闻中心,是24号正式对外开放的,那么,25号才迎来了第一批报道冬奥会的记者。这是一座蓝白相间的建筑物,它的外表装饰非常具有俄罗斯的风格。我的很多同事都说,这也是他们报道奥运会以来见过的最漂亮的一个新闻中心。

这里就是中央电视台在本届索契冬奥会的主演播室,大家可以看到啊,主演播室现在已经搭建完毕了。那么,由于本届冬奥会期间正好是中国传统的佳节——春节,因此在演播室我们也悬挂了十几串红色的灯笼,给演播室增添了很多节日气氛。那么在这里呢,我觉得最吸引人眼球的是我旁边的这个平台。那么,这是一个圆桌的造型,在它的上面特地制作了金色的五环标志。在这个圆桌的表面呢,特意仿照冰雕,非常晶莹剔透。在本届索契冬奥会期间,我们将从这里为大家带来精彩的报道。

9.语言服务志愿者——索契冬奥从"说"开始[口播](记者:李武军)

在本届奥运会上像谢娜这种一口流利中文的洋面孔还有很多,不仅如此,组委会还提供了8种官方语言的同声传译。更多的语言服务是为了让各代表团在索契能够找到回家的感觉,毕竟语言服务是冬奥会服务的重要组成部分。

10.关注索契冬奥会(主持人和记者宁珂连线)

(让我们来连线央视记者宁珂。你好,宁珂,今天你在索契感受如何?还有我们之前知道你目睹了开幕式彩排的情况,给我们大家透露一下会有哪些看点。)

(记者歪头,上身倾斜,神情奇怪)你好,主持人。嗯,好的。首先呢,我想向大家介绍一下,我身后这个鱼形的建筑(转身)就是今天晚上即将举行开幕仪式的主要的场所,它的名字叫 *fisht*?(应该是俄语的鱼)也就是"鱼"的意思,可以容纳四万名观众,可以说是非常先进、非常漂亮的一个建筑。那么今天晚上的开幕仪式究竟有哪些亮点呢?我2月4号曾经观看过带妆彩排,所以说呢,可以说已经提前欣赏到了开幕仪式的这个场面。呃,首先呢,我想跟大家说的是,整个的开幕仪式显得非常的壮观、非常的华丽,而且充满了俄罗斯特色。它包括三套车、彼得大帝、克里民工、红场,呃,套娃等等。只要看到这些元素,大家立刻就会明白,这里是俄罗斯。整个的开幕仪式,它是由一个名叫"爱的女孩儿"贯穿始终的。通过这件事情,我们也可以知道,俄罗斯希望通过这个小女孩儿,向外地传递一个怎样的信息,这就是爱的信息。索契欢迎大家。

(停下……清嗓)另外呢,呃,这个开幕仪式开始以后,呃,首先是通过俄语字母带出一系列的俄罗斯名人,比如说字母"B",它表示俄罗斯的这个彼得大帝,呃(俄语彼得大帝),另外呢,这个字母"D"代表的是俄罗斯大文豪托尔斯泰。

图 4-9　央视新闻频道主持人连线驻莫斯科记者宁珂

（调整站姿，依然是歪的）呃，可以说，通过这样精巧的设计，在短短的时间内可以向大家介绍俄罗斯的历史和文化，可以说是，呃，非常的、很特别的一个构思。另外呢，按照传统，呃，还会在开幕式出现这个，呃，奥委会的这个五环的标志，那么，这次将会以怎样的形式出现呢？呃，我们在现场看到，呃，它首先是以，这个灯光打出，呃，雪花的这种形式。然后，大家在不经意间，它慢慢地演变成为五环，显得美轮美奂，非常的漂亮，令人印象非常的深刻。呃，除此以外呢，它还会通过大型的这种道具，在空中和地面上同时进行，然后，展示苏联和俄罗斯主要的几个历史阶段。除此以外呢，还有一个环节，给我的印象非常深刻，这就是由数十名女性一块儿来表演的一个舞蹈，她们的打扮非常像这个电影《阿凡达》（结巴）里面的生命之树的情节，显得非常的空灵，很有艺术气息，令人印象非常的难忘。除此以外呢，在这个主会场以外，全城现在也举办了很多的，呃，这个活动，目前呢，在城市的几个主要的广场上，比如说在火车站，在，呃，海边的林荫道上都已经搭建了，呃，几个主要的舞台，这几个舞台呢，上面还有大型的这个屏幕，可以让那些不能够抵达现场的观众一同分享，呃，今天晚上的这个奥运带来的这种欢乐。呃，除此以外呢，今天还有一项重要的活动，这就是奥运火炬的传递，啊，到目前为止呢，奥运火炬传递一共已经进行了 123 天，行程是六万五千公里，呃，我参加了其中的一段，呃，感觉呢，现场是非常的欢乐，呃，而且秩序也非常井然。虽然说呢，现在的温度不是特别高，尤其是前几天。呃，但是呢，很多人在寒风中等待了将近两三个小时却没有任何的怨言，等这个火炬出现的时候，大家兴高采烈，挥，挥舞（结巴）着这个国旗啊，高呼：俄罗斯！俄罗斯！呃，如果你在现场，能够非常明显地感受到这个呃，普通的老百姓，他们对于这一刻的期待是多么的强烈。呃，现场的情况就是这样的，主持人。

来源：作者根据历届奥运会资料整理。

以上十条出镜记者现场报道片段来自2014索契冬奥会的不同场合。在全媒体时代，应当充分发挥音视频的独特优势，出镜记者是帮助接近观众和赛场之间距离的最好帮手，使受众加强“身临其境”的感受。无论是直播状态还是录像的形式，出镜记者都需要在赛事相关的现场通过镜头，以观赛者、体验者、参与者和见证者的身份面对观众进行描述式、评论式和采访式报道。体育电视出镜记者的播报内容一定要注意，应有强烈的现场感，强化细节描述的同时，要避免与其他节目的环节雷同。

记者出镜的作用有：带领观众亲临现场，增强报道的可信度。很多情况下记者出镜是“带领式”的，它消除观众对现场的部分疑虑，使报道内容更可信；使现场信息更加条理化、秩序化。由于出镜记者具备逻辑思维能力，现场的信息会在记者的提问、交流过程中逐渐形成一定的主题或段落主题，去除那些无关的信息；搜集摄像机不能直接记录的信息，特别是人际关系、内心情感、思想观念等不具有直观形象的信息，使其形象化、立体化，使采访更加深入。生活自身总是杂乱的、平淡的，仅仅用镜头去客观记录，在短时间里往往难以拍到具有深刻内涵的画面。记者出镜是一种比较直接简便的采访手段，它能使一些抽象意义的话题得到直接的发展，从而比较快地实现采访主题的深入。

体育比赛竞争激烈，时空转换速度较快，突发情况也较多，因此对体育赛事现场报道的工作要求比较高，好在大多数出镜报道都是可以提前设计的。美国学者J.H.特纳在1978年提出人际交流的五个阶段学说：(1)互相注意；(2)意欲沟通；(3)互相体会表态；(4)预想各种可行的方式；(5)调整反应，以期达到交流的目的。记者要善于与人交流，一般来说，性格开朗的记者更容易融入新的环境，这种沟通效率对提高出镜报道的效果是有帮助的。从十条出镜记者现场报道片段来看，在岗时间长、经验丰富的记者报道技能更加娴熟,反之刚入职不久,经验欠缺的记者报道水平还有很大的提升空间。

出镜记者报道的第十条“关注索契冬奥会(主持人和记者宁珂连线)”从信息量角度来说,内容是非常丰富的。记者宁珂是中央电视台驻莫斯科的记者,对俄罗斯历史文化、风土人情都是很熟悉的,不过这段连线的语言表达不好。口语化更贴近生活交流,但是过分口语化就打乱了正常的语流节奏,会造成听感的不流畅,典型代表就是“呃”的大批量使用。这段出镜报道的文字量约有 1 200 字,长篇幅的话语容量最容易出现丢句子和词语临时替换的问题,出镜记者要避免忘词和结巴的尴尬境地,需要反复识记核心要点。对出镜记者来说,平时观看自己的出镜画面,反复总结和纠正特别重要。一些日常生活中的小动作和坏习惯不能带到出镜报道中去,比如频繁眨眼睛、舔嘴唇、肩膀高低不平、驼背,等等,观看自己的出镜画面有助于发现自身缺点,以便改正。服装和发型同样会影响出镜记者的报道效果。时政和大型开闭幕式的现场报道需要出镜记者着正装;施工和事故的出镜报道有时需要记者戴安全帽;颁奖庆典的现场报道需要记者穿晚装,但又不宜过于前卫。另外,在一些主题的活动报道中,为了增加亮点,可以穿着唐装、旗袍或是活动统一的服装。除了服装,出镜记者的发型、妆容也要符合现场气氛,否则会给人不伦不类的感觉,甚至会影响报道的可信度。

在体育电视出镜记者报道的过程中,记者应当首先注意收集与报道内容相关的信息,观察相关细节,在对信息和细节进行梳理和归纳之后,编辑整理出自己要口播的内容。在一些重要和关键的场合,气氛往往更加热烈,作为亲历者记者要描述现场状况、表现现场气氛,口头播报可以相对减少,把更多的现场气氛和状态通过摄像镜头展现出来。有现场采访互动的出镜现场报道,记者一定要把握时机设计出有针对性的提问,同时应注意体现出人文关怀。出镜报道的摄像镜头在某些情况下,也可以根据报道的需要采用不规则构图以及推、拉、摇、移等手法。出镜记者应具备至少一级乙等的普通话水平,努力提高自身业务水平,才能从根本上提高体育赛事现场报道的质量。

主要参考书目和网站

一、主要参考文献

田辉.生命的保护密码——体育百科[M].北京:中国画报出版社,2013.
王巍.《人民日报》冬奥会报道研究(1980—2010)[D].北京:北京体育大学硕士论文,2011.
王仁周,朱志强.冬季奥林匹克运动[M].北京:人民体育出版社,2005.
赵晶,闫育东.中国参加冬季奥林匹克运动会考证[M].北京:北京体育大学出版社,2014.

二、主要参考网站

新浪体育奥运官网
搜狐体育奥运官网
网易体育奥运官网
腾讯体育奥运官网
国际奥委会官网
中国奥委会官网
国家体育总局冬季运动管理中心
百度百科
央视网
人民网
新华网

三、主要参考节目

CCTV5《历史上的今天》

后　记

时光飞逝,2001 年 7 月 13 日 22:06,原国际奥委会主席萨马兰奇宣布北京获得 2008 年奥运会主办权的感人时刻还历历在目,如今北京获得 2022 年冬奥会主办权已过去三年了。北京获得 2022 年冬奥会举办权,成为奥运历史上第一个既举办过夏季奥运会,又举办冬季奥运会的城市,这是属于国人的骄傲!

央视在温哥华冬奥会之后拍摄了一部名为《中国冰雪记忆》的纪录片,开场语这样写道:“如果把历史视作辽阔的苍穹,我们目光所及的不过是少数耀眼的星尘,还有无数沉默的英雄,用心血和智慧成就了百年奥运的浩瀚传奇。”

实现中国冬季奥运会金牌零的突破,这个目标是那样令人向往,而过程又是那样艰辛。从 1980 年首次参加美国普莱西德湖冬奥会,到 1998 年日本长野冬奥会,李琰、叶乔波、张艳梅、李佳军、陈露等众多中国冰雪健儿为夺取冬奥会金牌进行了不屈不挠的努力。9 枚银牌、5 枚铜牌的成绩尽管距离冠军仅一步之遥,但这始终不能令人称心如意,中国冬季健儿留下了世纪的遗憾。2002 年美国盐湖城冬奥会让所有中国人、中国冰雪人了结了他们多年的苦苦等待和期盼,而这一切都归功于一个名叫杨扬的短道速滑运动员。

杨扬说过,她觉得“从零到一”很艰难,但是当有了“一”之后,所有的一切都是那么顺其自然。中国冰雪健儿在世界舞台上奋力拼搏,争金夺银,树立了良好的国际形象。让我们记住杨扬、申雪/赵宏博、韩晓鹏、王濛、武大靖、周洋、张虹、李坚柔、叶乔波、李琰、张艳梅、王曼丽、李佳军、庞清/佟健、张丹/张昊、隋文静/韩聪、李妮娜、徐囡囡、郭心心、刘佳宇、张鑫、陈露、王北星、王春露、任慧、王冰玉/柳荫/岳清爽/周妍等运动员开创和延续了中国的冬季传统优势项目,还有很多优秀的运动员也值得我们尊重和敬佩,历史会铭记他们。

当《我曾有梦》的音乐缓缓响起,庞清/佟健执手亮相索契冰山滑冰馆,翩翩起舞。这首曲子,是他们特意为职业生涯谢幕所准备的。每一个音符,化作两人过去在冰面上的每一个瞬间，诉说着这对组合21年来对于梦想的无悔追求。庞清/佟健凭借一曲《我曾有梦》，创下自由滑历史最高分，用一块银牌圆了自己多年来的奥运梦。他们追梦无悔的精神，很好地契合了堂吉诃德《梦幻骑士》中的歌词：

要做那不可能实现的梦，
对抗无法匹敌的对手，
承受难以承受的悲痛，
去往勇者以畏惧之地。
纠正那无法改正的错误，
成为远远超越自己的人。
即使双臂疲惫不堪，
仍要尽力去尝试。
要摘下那遥不可及的星星。
这是我的追求，
去追随那颗星，
不管多么绝望，
不管多么遥远。
毫不犹豫地为梦想而战，
即使向地狱进发也毫不退缩。
而我明白，
只有坚守着这光荣的使命，
闭上双眼，
内心必能得到安宁与平静。
世界也将因此而更加美好。
无所畏惧，
带着伤疤的人，
将战斗到最后，
直到摘到梦想中的那颗星。

携手走过四届冬奥会，是这对冰上伉俪一路感情最好的见证。音乐戛然而止，庞清和佟健的冰上生涯，在这一刻画上了句号。但未来，这对因冰结缘的冰上伉俪还将携手为中国的花样滑冰事业贡献力量。

冬奥赛场上，让我们感动的瞬间太多太多，不仅仅是中国人，也有外国人。维克多·安在全世界有着很多粉丝，当韩国人怀念她们心目中的安贤洙的时候，维克多·安已经成为俄罗斯人民的骄傲。俄罗斯前总统梅德韦杰夫盛赞他是俄罗斯的荣幸，如宝石一般的选手。现任总统普京认为维克多·安在索契冬奥赛场上拥有完美的技艺，且比对手更快、更强、更具技术性。不得不承认，为了从事心爱的运动，从安贤洙到维克多·安，让人们见证了一个运动员的坚持与蜕变。

每每想起这些场景和人物，我都会内心澎湃，波澜起伏，为之感动……

与夏季奥运会相比，我国的冬奥会项目起步很晚，发展过程中表现出了明显的项目不均衡，雪上项目还有很多空白，但具有一定的后发优势，“北冰南移”也不是梦想。让更多的老百姓关注冬季奥运项目,喜欢和参与进来,是政府与媒体义不容辞的责任。我们的媒体报道对于冬季奥运项目还有一些陌生,奥林匹克知识和技能还有很多需要提升的空间。希望此手册能够为大家梳理和总结一些数据和经验,更好地服务于媒体工作和冬奥宣传。本人在编著的过程中,查阅了历届奥运会的大量历史资料和文献,选取了一批有代表性的材料和图片,在此对各位前辈的努力表示感谢!

还要感谢新华社媒体运行专家陈越先生为本手册提出宝贵的建议,感谢短道速滑世界冠军、我的同事刘秋宏提供照片素材。陈越老师经验丰富,长期活跃于冬奥会申办和报道的一线,积累了丰富的工作经验。刘秋宏作为一名优秀的世界冠军,唯独缺少一枚奥运会的金牌,索契冬奥会中国代表团闭幕式旗手,是对她充满遗憾的运动生涯最好的褒奖。再次感谢二位为我写下些许文字。

还要感谢责任编辑吴磊女士,从手册的选题申报到校对审核和出版发行,她都付出了很多心血。感谢中国传媒大学出版社对于本手册给予的肯定和支持!

近些年,为了满足项目发展和电视转播的需要,国际体育组织不断对竞赛规则和评分标准进行修订。因此,个别项目呈现给大家的竞赛规则和评分标准可能不是最新版本,作者将会在再版时修订完善,敬请谅解!

谨以此手册,献给所有为中国冰雪运动作出贡献,关心冰雪运动发展的人们!2022 年大年初四,让我们在家门口一起欢欢喜喜看冬奥!

陈岐岳

2018 年 8 月于蓟门烟树

图书在版编目(CIP)数据

冬季奥运项目报道手册 / 陈岐岳编著.--北京:中国传媒大学出版社,2019.1
21世纪体育传播丛书第二辑
ISBN 978-7-5657-2031-4

Ⅰ.①冬… Ⅱ.①陈… Ⅲ.①冬季奥运会-体育项目-新闻报道-手册
Ⅳ.①G86-62 ②G212.2-62

中国版本图书馆CIP数据核字(2017)第114574号

冬季奥运项目报道手册
DONGJI AOYUN XIANGMU BAODAO SHOUCE

编　　著　陈岐岳
策划编辑　吴　磊
责任编辑　吴　磊
特约编辑　冬　妮　张　蕊
责任印制　曹　辉
封面设计　风得信设计·阿东 FondesyDesign

出版发行　中国传媒大学出版社
社　　址　北京市朝阳区定福庄东街1号　邮编:100024
电　　话　86-10-65450528　65450532　传真:65779405
网　　址　http://www.cucp.com.cn
经　　销　全国新华书店

印　　刷　北京玺诚印务有限公司
开　　本　710mm×1000mm　1/16
印　　张　26.5
字　　数　420千字
版　　次　2019年1月第1版
印　　次　2019年1月第1次印刷

书　　号　ISBN 978-7-5657-2031-4/G·2031　　定　　价　98.00元